「元晖学者教育研究丛书」

THOUGHTS ON
FREE-SPIRIT EDUCATION

率性教育之思

于 伟 / 著

NORTHEAST NORMAL UNIVERSITY PRESS
WWW.NENUP.COM
东北师范大学出版社
长 春

丛书序言

在实践领域，教育在全球化、信息化、现代化的背景下，不再呈现为简单有序、线性透明的样态，而是出现了各种各样的复杂样态。因此，这就需要我们更为审慎地思考和更为敏感地把握。在现实生活中，从教育与社会的发展来看，教育越来越多地成为实现国家目的的重要工具，成为实现理想的重要手段；从教育与人的发展来看，教育在满足人的发展需要、培养理想人格方面还有很大提升空间。综观教育的发展，教育的改革不再仅仅是地方性质的，而是成了世界各国政府为实现国家利益和国际诉求的重要手段。教育在应对人的发展的不确定性、人的发展需要的变化性等方面面临着各种各样的挑战。另外，教育的复杂性吸引着思考者不断地进行探索，试图去发现教育世界的"秘密"，找到变革教育世界的"钥匙"，从而使我们更好地认识和改造这个丰富多彩而又纷繁复杂的领域。

东北师范大学教育学部召集十余位教授，整理了近二十年的研究成果，系统诊断教育实践问题，不断追问教育的真理，并创新教育理论。这些研究既有理论模型的构建，又有实践领域的深刻探究；既诊断问题、分析原因，又提出对策、措施；既追本溯源有历史大视野，又关心现实展望未来；既关心国家宏观政策制度，又在微观层面提出具体可操作的方法；既扎根本土研究注重原创，又注重以国际视野进行深度学习。

本套丛书是东北师范大学教育学部教育研究的总结，是十余位教授多年教育研究的记录，是他们对中国教育改革的独特认识。我们希望以这套丛书为支点，与读者展开对话，共同探寻教育的真理，在对教育的凝视中不断地思辨、判断、检视。

吕立杰

2019 年 11 月

于东北师范大学田家炳教育书院

自　　序

从现代性、本土性到率性：我、我们走过的路

路已经走得不算短了，得回头看一看为什么要出发。我从事教育基本理论、教育哲学研究快有二十年了，人这一辈子没有几个二十年。从 1985 年到 2000 年，我有十五年时间从事学生工作，而这为后来的教育理论研究奠定了非常好的微观教育经验基础，使我有机会进一步体验、感悟和理解学生与教师意味着什么。教育需要体验，它不完全是知识体系，也是情意体系，还是技能体系，更是信念与信仰体系。没有体验，是难以把握好对教育场域中的角色认知的。教师意味着什么？如果没有当过教师，那么对教师的理解就是有限的。教育需要认知，需要文字的认知，需要理性的认知，更需要"润物细无声"的感情体验。我在做学生工作的十五年里最大的收获就是知道了什么是教育、什么是好的教育、什么是学生喜欢与厌恶的教育。只有经历过才知道什么是值得爱的，事儿也好，人也好，都是如此。这些经历现在想起来觉得可笑，但是如果没有这样的经历，我不会在附小提出"率性教育"，不会对天性、个性那么敏感。我从事学生工作的十五年，在外人看来似在读书研究方面有荒疏，但实际上我在读书和教育理论、实践方面的收获都不小。

2000 年到 2014 年，我在教育科学学院工作。我之所以选择教育哲学为科研与教学方向，一是因为当时教科院由于种种原因还没有开设教育哲学，二是因为我喜欢哲学。很多哲学著作我在 2000 年之前都读过了，后来写的博士论文《现代性与教育》，有人说写得快，只用了三四个月时间，但是在动笔之前我思考了很多年，"书底儿"都有十几年了，所以不是一日之功。从此，我就踏上了一条艰难之路——搞教育哲学是很难的，因为需要深厚的哲学基础，但我的哲学基础不深厚，

所以这二十年比较累，需要不停地学。我对哲学有感悟，2000年第一次讲教育哲学就提到了福柯和布迪厄，一直提到现在。我大概是全国教育理论界关注福柯和布迪厄最早的一批人之一。

二十年来，我关注和研究的第一个重要主题是现代性与教育问题。我从2002年6月起开始读王老师的博士生，选择了理性和教育方向。后现代关注的问题，其核心是怎么看待理性和主体性的问题，所以题目就定为"现代性与教育"。这样开始了二十年研究的第一站，即关于现代性和教育问题的研究。研究的成果有两个，一是成功申报获批了国家社科基金教育学类课题——《后现代哲学思潮与我国教育基本理论研究方法论、核心观点和研究视域的变化问题研究》。二是于2014年将课题研究成果编纂成《现代性的省思——后现代哲学思潮与我国教育基本理论研究》。这本书有三十多万字，我及我们研究团队的相关论文的精华观点尽收其中。我在《教育研究》上发表的第一篇文章的基础就是博士论文的开题报告，题目是《教育观的现代性危机与新路径初探》；第二篇是博士论文的一部分，题目是《论人类中心主义与教育观问题》。博士论文《现代性与教育——后现代语境中教育观的现代性研究》经陆有铨教授和石中英教授的推荐，由北京师范大学出版社于2006年出版。此外，还有几篇我的学生的博士论文，如戴军的博士论文《教育理论研究的后现代思维倾向——以〈教育研究〉为个案的微观学术谱系研究》，分析了三十年来我们国家后现代主义思潮对教育研究的影响。

第二个重要主题是教育研究的本土性问题。出于关注本土性的需要，我研究了中国教育学史和中国教育哲学史。对于本土性的相关研究成果，我发表了几篇文章，还出版了一本书，是纪念陈元晖先生一百周年诞辰的文集，即《教育学家之路》（2013）。这本书是中国教育学史的一部分，也是中国教育哲学史的一部分，更是教育学本土化的一部分。我在《教育研究》上发表了几篇文章，第一篇是《本土问题意识与教育理论本土化》，第二篇是《教育理论本土化的三个前提性问题》，第三篇是《先秦儒家之"礼"与我国教育的教化功能》（这篇是由在华南师范大学举办的全国教育基本理论学术委员会年会上的大会报告文稿修改整理而成的）。同时，我开始研究中国教育的内涵是怎样的、什么是中国教育的传统、教育对中国来说意味着什么等问题。这些问题是"寻根"的产物。基于这些问题的需要，我特别关注陈元晖先生。他指出了中国教育学的四大源头——《论语》《孟子》《礼记》《荀子》。因此，我关注《礼记》，关注儒家思想。我发表的第四篇文章是《儒家的濡化与国民性问题再思》（在西南大学举办的全国教育基本理论会议上的大会报告）。后面的这两篇文章都是我思考教育理论本土化问题的重要支撑。我写了几篇关于陈元晖先生的文章，一篇是在《中国教育科学》上发表的《陈元晖先生与我国当代教育学研究》，介绍了教育学本土化问题、陈元晖做了哪些研究以及是如何探索的；还有两篇发表在《教育研究》上，即《陈元晖先生的教育学家之路》《陈元晖中国教育学史研究管锥》。这些文字有的看似为追忆，其实都是在研究教育理论的本土化问题。我在《教育学报》上发表了两篇文章，也是有关教育学本土化方面的，一篇是《黄济先生教育哲学思想研究》，另一篇是和栾天写的《历史本体论与走向情本体的教育》。我不仅研究教育，还重视本土化的理论资源，其中，李泽厚、陈元晖是我关注的非常重要的资源。2014 年，我在《人民教育》上发表了一篇约稿——《中小学教育研究本土化：必要与可行》。2017 年，我们附小团队在《中小学管理》上发表了约稿《原生态实践性研究：小学教育研究的本土化行动——来自东北师范大学附属小学的实践与思考》。栾天的博士论文《教育思想场域中的知识、情感与权力——以 20 世纪 30 年代"中国教育哲学讨论"为中心的研究》，论文选点好，研究了别人没有研究的内容；白冰的博士论文原来想写凯洛夫教育学在东北的传播，但是由于种种原因，只写了《1956：中国教育学的本土化的艰难探索》，即 1956 年我们是怎么做的。我的硕士研究生也写了好几篇这方面的硕士论文，比如李立柱写的《吴俊升教育哲学思想研究——基于〈教育哲学大纲〉为中心的考察》、李春影写的《瞿菊农教育哲学思想研究》、高甜写的《当代台湾教育哲学非正式微组织研究——基于五位台湾学者的质性研究》、潘宛莹写的《后现代哲学思潮对台湾教育哲学的影响问题研究——基于十年来台湾 34 本教育哲学著作的文本分析》以及李雅琛写的《布鲁纳〈教育过程〉在中国的传播及影响问题研究》也属于这一主题的研究。

第三个重要主题是教育理论与教育实践的关系问题。2012 年 9 月，在我当学校教育学部部长大概 4 个月的时候，我们组织召开了全国教育基本理论专业委员会常务理事会层面的高峰论坛。当时来了一批在全国很有影响的学者，如叶澜、扈中平、涂艳国、董标、李政涛等。在大会上，我的发言主题就是教育理论与教育实践的关系，探讨了为什么要关注教育理论与教育实践关系这一问题。在来到附小之前，我之所以关注实践问题，是因为受了叶澜老师的影响。叶澜老师长期从事基本理论研究，是研究基本理论的学者。她之所以能创立"生命·实践"教育学派，与她深厚的教育理论素养、几十年关注及研究中小学教育有密切关系。一种实践不仅需要一种理论指导，可能需要N个理论指导。我在2012年就提出理论是"理论束"，就是将一捆理论打包或许能解决某个问题。说到底，一线的老师之所以对有的教育理论嗤之以鼻，有部分原因是理论本身不成熟，同时没有让一线老师体会到掌握理论到底有什么用处。如果感觉理论没用，那学习理论做什么？那么，附小的老师和我们这些博士生、硕士生在一起研讨交流有什么好处呢？就是能够优势互补。

教育理论和医学理论两者可以类比，教育理论要像医学理论那样能够解决实际问题。研究医学理论的学者没有不关注癌症等现实的疑难杂症的。教育研究的核心就在于要像医生一样得治病救人。但是，在教育学部思考这些问题时，我还只是一个近距离的旁观者，还没有想到要做一名校长。来到附小之后，我真切感受到，将来我们国家应当设立一门教育学专业——临床教育学。"临床"一词不仅仅属于医院，也可以属于教育，因为这个词很接地气。我们的一线老师写文章、做研究，应当和实际工作联系起来，能够应用到实践当中，像医生一样关注"病症"的解决。如果发表了一百篇文章，却连一个实际的教育问题都解决不了，那理论研究的意义何在？附小的老师写文章要考虑是否能够改进课堂教学以及是否有利于学生的学习。现在，我指导的附小在职研究生已经超过十位了，这些人写的博士或硕士论文就很接地气，比如薛春波研究方程、伏凯研究电子书包、顾思研究数学符号，这些都是很具体、很接地气的，用诗化的语言表达就是有泥土的芳香，有鲜活的实践气息。

第四个重要主题是率性教育研究。这是在全国有着重要影响的话语，现在的社会科学研究强调话语权，即提出什么话语、引领什么话语等。率性教育是我们在理论上研究、实践上探索的重要主题，话语是我们引领的，所以率性教育研究虽然起步晚，但对于我们来说是很重要的。我在教育学部当部长时成立了一个重要的机构，叫"长春基础教育研究院"。那时候我就有意识地去过中小学校 50 多次，冥冥之中也为现在的研究奠定了基础。

　　2014 年 8 月，我到任东北师大附小后就意识到要提出理念，指引方向。方向的一个重要标志就是倡导什么样的教育，所以，我到附小之后首先着手研究附小近 70 年的办学历史。附小从建校以来一直有着试验、示范、引领的地位，在全国范围内都很有影响。另外，附小还有着悠久的创新传统。不论是最初的校长，还是后来的校长都做了很多的研究，如熊梅的开放式、个性化教育研究等。在这种背景下，我面临的任务是怎样传承附小的传统。我首先想到的是个性，其次是天性，即怎么能让孩子愿意学习，因为愿意学习是孩子的天性。来附小之前我就在考虑怎么让孩子愿意学习，特别是让小学和中学的学生愿意学习。来到附小后经过一段时间，我于 2014 年 10 月提出了"率性的教育"，并在 2014 年 12 月新生家长会上首次正式提出"率性的教育"。2015 年 2 月，附小张澜老师建议不能叫"率性的教育"，应该把"的"字去掉，叫"率性教育"。这个建议提得非常好，虽然只有一字之差，但意义不同。在附小两千多天以来，我发表了一些文章，包括在《中国教师报》上发表的《一位大学教授的小学教学之问》等五六篇文章，还有在中国教育科学研究院创办的《教育文摘周报》2016 年 1 月 6 日第一版上发表的文章，提出了教育就是要"保护天性、尊重个性、培养社会性"。另外，我还有几篇有代表性的文章，第一篇是《人民教育》的约稿《一位小学校长的教育哲学之思与本土行动》（2017 年第 5 期），第二篇是《中国教育学刊》的约稿《教育就是要保护天性、尊重个性、培养社会性》（2017 年第 3 期），第三篇是在《教育研究》上发表的《"率性教育"：建构与探索》（2017 年第 5 期）。我们团队的好多人都参与了对第三篇文章的思考与讨论。这篇文章虽然于 2015 年就开始写了，但当时的实践和认识还不够深入。不过，我确信我们的文章会有影响，因为有理论和实践基础。我当时在微信朋友圈里写了一段话："与其说这篇文章是用手写出来的，不如说是用脚写出来的。"可能有人会调侃，你用脚能写成什么样的文章呢？这句话的意思是想说这篇文章不仅是用脑袋想出来的，更是用脚"踩"出来的。如果不到附小亲临一线，就写不出这样的文章或者说写不出这样结构的文章。来到附小之后，我所做的是有问题意识、有本土情怀、有实践眼光的研究。所以，当《"率性教育"：建构与探索》这篇文章在《教育研究》上发表之后，我说"这是我沉浸在附小1000天的产物"。我本来是从事教育理论研究的，当突然来到教育现场，进入"田野"，在附小看到这么多具体的、鲜活的教学活动，看到了老师、学生之后，我开始思考应该如何观察以及该如何进行解释和改进，而这些都是需要理论作为支撑的。实践是理论的火车头，只有当实践产生了需要，理论才会成为重要的工具，才会为他人所学习。如，附小的教师读儿童哲学的作品比其他学校的教师要多和快，为什么呢？因为他们有实践的需要，这些作品中涉及的内容能够应用于教学实践中。我的第四篇代表性文章是2019年《人民教育》的约稿《童心同行，率性而歌——东北师范大学附属小学与共和国共成长》。这次约稿进一步表明：附小七十年来的办学方向、办学理念是正确的，是具有全国影响力的。附小的发展反映了中华人民共和国成立七十年来基础教育改革发展的新面貌、新气象。

关于率性教育的理论基础研究问题。率性教育的理论基础之一是中国教育理论基础。从《中庸》以来的教育哲学理论，我们要做梳理，还有外国教育理论基础、其他学科理论基础。最近发现了贾馥茗先生，我在给《教育研究》写文章时还没有关注贾馥茗，仅仅关注了陈元晖。后来发现，不仅陈元晖关注《中庸》开篇三句话，贾馥茗尤其关注。滕大春先生在研究卢梭的时候也反复提到卢梭的教育就是率性教育。我看了之后特别有感慨，虽然这三个人都不在世了，但他们宝贵的思想都在。

另外，我还主持编写了关于率性教育的丛书。丛书于2016年7月第一次出版。这套丛书不仅能够全面展示附小的教育教学改革，而且起到了留下历史资料的作用，也便于我们和全国的同行交流。最初出版的两本书都是有关学生德育的：第一本是记录赴美游学的《七彩梦·游学路——东北师范大学附属小学学生赴美游学纪实》，图文并茂；第二本是关于学生的职业微体验方面的《行动·成长——东北师范大学附属小学学生职业微体验研究》，因为附小的许多社团为学生提供了很多职业微体验的机会。后来，我们出版了第三本，即《与儿童对话——儿童哲学研究的田野笔记》，还做了学校的校刊《东师附小教育研究》，叶澜老师看到后建议书名改为"率性教育研究"，目前已经出版了五本。2018 年是附小建校七十周年，在教育研究部的策划下，我们出版了率性教育的系列丛书。丛书包括《率性教育的理论与实践探索》《王祝辰集》《我们与率性教育——来自教师的思与行》《小学社团课程设计与实施》《童心绘世界》《童心话世界》《儿童的话与画》《儿童的学习故事》等等。其中，《率性教育的理论与实践探索》这本书，我们特意邀请顾明远先生为本书作序，题目是"让懂教育的人办教育"。顾先生认为，东北师范大学附属小学的探索给大家带来了新视角，"有过程的归纳教学"是实实在在的理论与实践创新，认为我们团队"用了短短四年的实践完成了从书斋到田野的转变"。顾老师的话语，是对我们研究团队莫大的肯定和鼓励。"率性教育"的提出是长期关注本土理论资源、关注我国中小学教育实践的产物，具有较强的本土性与实践性，而这得益于我长期从事教育基本理论、教育哲学研究，又对小学教育比较熟悉。

第五个重要主题是儿童哲学研究。我从 2015 年开始关注儿童哲学研究，虽然起步晚，但速度不算慢。研究儿童哲学跟我来到附小遇到的苦恼有直接关系。我是研究教育哲学的，来到附小之后就在想：来附小能做哪些研究？教育哲学和附小最大的交集是什么？后来，我们经过研讨确定了儿童哲学就是教育哲学和附小最大的交集，所以开始关注儿童哲学。来附小之前，我虽然对儿童哲学也有所关注，如，在我主编的北师大版《教育哲学》中就提及了儿童。那本书是 2013 年年底交稿，也是我拟定的提纲，其中第三章就有"儿童是什么"，也算是有些先见之明吧，但总的来说我关注得还不够。后来，我们开了四次全国儿童哲学会议，包括台湾学者在内的一批有影响力的学者都有参加。儿童哲学是我们研究的生长点，是率性教育研究的一部分。比如，儿童理性的发展、儿童的道德判断、儿童的秘密、儿童的运算等，这些主题都有助于我们对研究的领域、重点及当前研究的现状有所了解。

我现在倡导的研究是扎根研究，而我们的儿童哲学研究就是这种扎根研究，即让哲学精神通过课堂教学、学科教学浸润到儿童心里。我们需要教给儿童的是质疑的精神、合作的态度、交流的方法、探究的氛围等哲学精神，而不是直接教给学生什么是逻辑、什么是推理等等，因为这些在小学讲授太早了。哲学在小学中不是讲授的事，而是行动的事。想问题、平常心、异常思，才叫哲学。平常心，异常思，要用别人都懂的话说出别人没有说出的道理，熟知未必是真知……这些话是吉林大学孙正聿教授说的。人们虽然熟悉一些情况、有一些经验，但如果没有哲学的反思工具和方法照样难以有真知，教师也是如此。因此，陈元晖先生曾强调过：我们需要经验，但我们不能迷恋经验主义，如果有经验却没有理论，犹如一盘散沙，得到的认识永远只是碎片化的，经验要靠理论通过反思串起来。对于儿童来说，经验是第一位的。他们不需要学习太多理论，学太多的理论反而有违儿童的认知规律。因此，上来就讲理论是不行的，要一步一步来进行。康德说过，不能把游泳的理论技术都掌握了才开始游泳，而这也是布迪厄所说的实践具有紧迫性。就是说，理论往往赶不上实践的步伐。

东北师大附小是一个蕴藏着丰富的、先进的教育实践经验的宝库，有一支素质高、有经验、能研究的优秀团队。我们做了几件很有意义的事，第一件是2015年教育部责成我负责牵头制定《中小学教师培训课程指导标准（班级管理）》。如果能制定某个领域的标准，那就意味着在这个领域的研究和实践应该是全国领先的水平。我们附小研究团队历时4年多研究，制定的培训课程指导标准最终通过了教育部专家的审核。回望研究历程，正是这种实践中的智慧与经验给予了我们更多的营养，让培训课程指导标准更接地气，更可落实、可操作。第二件是我和附小道德与法治学科教师参与了义务教育道法学科的课程标准的修订工作，完成了《品德与社会课程标准（2011版）调研报告》《道德与法治学科课程标准美、韩等七国比较研究报告》。有机会参与国家义务教育课程标准的修订工作，一是可以及时了解、把握国家基础教育改革的最新动态，心中有全局；二是通过调查与研究让附小优秀的学科研究成果与经验为国家研究和决策提供借鉴。第三件是我一直积极鼓励和推荐我们学校的老师参与申报国家高级别项目。附小有20多位博士，这些博士教师就是未来附小研究与发展的核心力量。目前，我们学校已经有4位老师申报了全国教育科学规划项目、教育部人文社会科学项目，并获批立项；有20多位老师成功申报了省级教育科学项目。

2018年，我们的研究成果《基于"率性教育"理念的小学教育教学改革研究与实践》获第二届基础教育国家级教学成果奖二等奖。成果的取得是附小 70 年优良办学传统的继承与创新，更是全体附小人努力探索小学教育改革中国经验的重要阶段性成果。2018 年 12 月，经过大半年的申报、答辩、筹备，学校成功承办了中国教育学会第 31 次学术会议的以"儿童的经验、思维与有过程的归纳教学"为主题的微论坛，是当年承办微论坛的 12 个单位中的唯一一所小学。此次活动将附小的研究成果首次在全国范围内的最高平台上进行推广，获得强烈反响。2019 年，基于学校有过程归纳教学实践研究的成果《基于归纳，关注过程——东师附小有过程归纳教学的行与思》在第五届中国教育创新成果公益博览会上荣获 2019 年优秀教育创新"SERVE 奖"。

让我感到珍惜和欣慰的是海内外同行、专家对我的关注和厚爱，让我有机会站在更高的平台思考、研究教育问题，不断审视附小的教育发展。2018 年，我被遴选为教育部"长江学者"特聘教授；2018 年 11 月，受聘为教育部高等学校教育学类专业教学指导委员会副主任委员；2019 年 11 月，受聘为教育部小学教师培养教学指导委员会副主任委员；2019 年 12 月，当选中国教育学会教育学分会副理事长。由卢乃桂、王芳撰写的以我为访谈对象的六万字的研究报告，2017 年在美国出版了，是国际著名专家威廉·派纳主编的一套书中的一本。麦克莱伦教授曾多次来到附小，教授在其文章《具有历史意义的新型学校建设：一个发生在中国的弗莱雷式实践》（*Making History through Making New Schools: A Case of Reinventing Freire in China*）中，关注了率性教育的相关想法与实践。这些不仅是对于我个人的荣誉和褒奖，更对全体附小人提出了更高的期待和要求，即如何让孩子健康成长，使其愿意学习，具备核心素养，而这无论是从学术角度还是社会服务角度来说都是重要命题，也是儿童教育的中国模式、中国道路要破解的问题。

最后是儿童教育的中国道路问题。很多问题最初可能提炼不出来，都是在之后的思考、研究过程中生发出来的，也许最初关心的和二十年后关心的内容有所差异。但是，我们可以在今天给昨天命名——儿童教育的中国道路问题。换言之，这二十年的思考是为未来做铺垫。我到附小后思考的问题就是儿童教育向何处去，前十几年是准备工作，来到附小之后就要脚踏实地地做。我们要研究儿童教育的中国道路问题。儿童教育的中国道路问题应该是我们的追求，是我们研究所有教育理论和教育实践问题的最后的归属。我们一个重要的实践和理论指向，就是儿童教育的中国道路问题。显然，儿童教育的中国道路问题就意味着在国际化、全球化的大视野下怎么给我们的儿童教育定位。我们既要向国外学习，又要很好地结合实际，要把中国的文化、教育传统、教育风俗弄明白，把中国人现在的心理状态搞明白。学校教育里重要的一环就是我们的率性教育。如果中国道路有 N 个内涵，率性教育肯定是其中一个。儿童教育的中国道路问题，第一是理论篇，是理论基础，即：提出儿童教育的中国道路的根据是什么？或者说合理性、合法性在哪里？这是学理研究，也是必要性、可能性和针对性研究。第二是借鉴篇（国外篇），就是国外怎么做。第三是实践篇，即对以附小为代表的儿童教育的优质典型进行分析。第四是政策篇，即：政策根据在哪里？虽然叫儿童教育，但是我们的核心还是关注小学教育。显然，国外篇是背景，实践篇是我们的核心，要边构建边实践。它与我们的率性教育是一样的，一边提一边实践。通过这个研究我们可以实现理论自觉、实践自觉和文化自觉。另外，我们要对生成的理论进行反思，即：优在哪里？缺在哪里？对实践进行反思，即：好在哪里？坏在哪里？对文化不断反思，即：传在哪里？弃在哪里？最后，要体现我们的教育文化自信。我们的率性教育不仅仅是提出来就完事了，现在已经发展到率性教学、率性德育这一步了。作为师范大学的附属小学，我们的改革要真正影响基础教育改革，要为基础教育创新发展提供本土的实践范例，可以说使命在肩，任重道远！

目　　录

第 一 编

率性教育的理论前思（上）
——教育学史的追踪

陈元晖中国教育学史研究管锥

作为我国著名的哲学家、心理学家和教育学家，陈元晖从多学科的视角出发重视对中国教育学史的研究。20 世纪 80 年代末，陈元晖不断地讲要写一部中国教育学史。"我们还没有一部'教育学史'……我们的中国教育史，只注意教育家一点一滴的思想和各时代的教育制度，没有系统地介绍各个时期的教育学者的教育理论"[1]67。写《中国教育学史遗稿》的意义"不仅可以提高我国教育学的学术科学水平，而且具有世界意义，让更多的外国人了解中国，认识中国人的聪明才智"[1]序2，还在于"中国教育学的发展道路时而平直，时而曲折"[2]的现实困境。若要解决这一问题，摆脱人们在教育学发展过程中的迷惘，就需要对从古至今的中国教育学历史进行细致的研究与反思，而"教育学史就是研究教育学这一门科学的发生和发展的历史，研究教育学与其他科学的关系的历史及其如何从其他科学独立出来的历史，研究它的独立史，研究教育学怎样摆脱经院哲学的历史，研究它从自然科学中怎样汲取方法上的指导的历史"[3]。因此，陈元晖在年逾古稀、身患绝症的情况下，按月、按年地制订计划，拖着病弱的身躯，在离世的前两个月，硬是写出了这一浩大工程的一"首"一"尾"，完成了近十万字的手稿。他的以《中国教育学史遗稿》为代表的一系列作品为我国教育学史研究做了奠基，为中国新教育学的发展指明了方向。

一、意旨

（一）儒家：开中国教育学之源起

陈元晖认为，只有先认清"儒"的概念与源头，才能认清什么是儒家，什么是儒学，进而才能谈儒学在中国教育学史上的地位，然后才可以谈《礼记》在中国教育学史上的作用。"从儒家的发展历史来看，儒的概念是从广义的儒，发展到狭义的儒。"[1]74 "中国教育学起源于儒家，这是事所必至和理所固然的。"[1]111 第一，儒家的主要职业是教师与社会活动家。儒家从孔子起，以"为人师"为手段，以入世为态度，以《周礼》为指导，以"仁"为核心，以图建立"大同"社会。因此，从孔子开始，"为人师"成了儒家主要的社会活动事务。① 第二，儒家创立私学，"孔、墨之后学显荣于天下者众矣，不可胜数"。孔子不仅有弟子三千，贤人七十二以传扬其思想，还删述"六经"，弟子编撰《论语》，这都成为后世乃至今日教育的重要资源。第三，儒家具有长期的教学经验，并将其总结编撰成为教育理论著作。这些典籍主要宣传"五常之道"，而儒学就是围绕五种常道即"五伦"进行讲解、阐述、研究与实践的。因此，儒家教育思想着重于道德教育由此而来。陈元晖认为，中国的教育理论家最早出现在儒家学派。陈元晖重视孔子之学，提出《论语》是中国乃至世界最早的教育学著作，认为"可以从《论语》之古，来发展现代的一些事业，如教育方面的学而不厌、诲人不倦，学与思的结合，以及培养人的日常行为准则，等等"[1]75。他认为"以'六经'为典籍，以孔子为先师"[1]101 的儒家是中国教育学的重要源起。

（二）《礼记》："大教学论"之教学论专著

陈元晖十分关注《礼记》的教育学意义，认为"《礼记》在哲学阵营中是一位侏儒，但在教育学的阵营中是一位汉子"[1]102。他经过深思熟虑后提出："《礼记》是一部教育学著作，是一部儒家教育学说的集大成的作品……汉代出现的《礼记》，就是一部儒家的教育理论的论文集。它汲取了先秦及当代（汉）的各家文章，汇成文集，这就成为戴圣的《礼记》。《礼记》这一书的名称是以'礼'的面目出现，但'礼'的主要内容是教育。古代将'礼'和'教'合称为'礼教'，礼中有教，教中有礼。"[1]102从"礼"的概念发展来看，"礼"由巫始，"夫礼之初，始诸饮食，其燔黍捭豚……蕢桴而土鼓，犹若可以致其敬于鬼神"，"儒，最早的活动也就是从事于'事神致福'的事情"[1]76。礼"是原始巫术礼仪基础上的晚期氏族统治体系的规范化和系统化"[4]8。礼最初始于对鬼神之敬，之后发展为讲

---

① "孔子布衣，传十余世，学者宗比之。自天子五侯，中国言六艺者，折中于夫子，可谓至圣矣！"（参见：司马迁著《史记》）

信修睦、治民为政之人事"大端"①。"夫礼，天之经也，地之义也，民之行也。天地之经，而民实则之"。"礼从饮食开始，发展到养生、送死、事鬼神的大端，成为'人的大端'，再进为治政安君的大端，成为'君之大柄'，到礼成为教育的大端……这也就是儒家的'礼学'发展为教育学的过程。"[1]119 "在这一过程中，礼乐由宗教祭祀以及与宗教秩序有关的仪式，转变为道德律令和自我人格养成的手段。教化，从此成为中国传统社会最为理想的政治方法，'厚人伦，美教化，移风俗'成为历代最重要的政治目标，并一直延续到今。"[5] "礼"的功能与范畴不断扩大，并与"政"紧密地结合起来，"化民成俗"，"礼"必由学，在教育上便要以"礼"为"教"。

因此，"礼"由"巫"始，从天地宇宙的普遍法则到渗透日常的伦理规范，自上而下，由外至内地实现"化民成俗"的自然教化，这就是所谓的"修道之谓教"，是礼的理性化教育。[6]先秦儒家将"内容"与"手段"融为一体，通过"明礼""习礼""执礼"的教育教学过程来实现"化民"。[7] "明礼"为明礼之标准，即思想层面的教育，如孔子以仁明礼，而"执礼"则是一种行为层面的训练。"《诗》《书》、执礼"② 是孔子教学的重要课程。陈元晖认为："这两门课程是必读的。与这两门课程同样重要的就是'执礼'。《诗》《书》是诵读和讲解的课程，而'执礼'则是一种行为训练。"[1]106−107

由此可见，孔子的教育思想与行为并重，"仁"与"礼"相辅相成，形成了统一的教育理论体系。"无论是丧礼、祭礼及冠、昏、乡、饮酒、射、燕、聘各礼，都包含有教育的意义和教育的目的。"[1]102 与《仪礼》专讲礼仪的繁文缛节不同，《礼记》专讲义理，"重在思想，不重节文，所以《礼记》不是一本礼仪的书，是一本教育人的书，是教育人知礼向善的著作"[1]102。"礼，不仅是学校教育的内容，不仅是师生授受的教学活动，而

---

① 古代礼分为五大类，即吉、凶、宾、军、嘉五经，祭礼属于"吉"礼，居吉礼之首。祭礼的意义，不仅限于祭神祇，祭祖先，而且影响到君与臣、父与子、夫与妇、长与幼、贵与贱、上与下、亲与疏的关系，影响到国家的政事，影响到爵赏的公平合理。（参见：陈元晖著《中国教育学史遗稿》，北京师范大学出版社，2001 年版，77—80 页）

② 孔子谈礼，总与乐、诗结合着谈。如，孔子在回答子夏何为"五至"这一问题时说："志之所至，诗亦至焉。诗之所至，礼亦至焉。礼之所至，乐亦至焉。乐之所至，哀亦至焉。"诗、礼、乐是相继而起的，诗是礼之原，礼是乐之原，这三者是相连接的，在心为志，发言为诗，所以志至而诗亦至。兴于诗而履之，就是礼，所以诗至而礼亦至。立于礼而成于乐，所以礼至而乐亦至。（参见：陈元晖著《中国教育学史遗稿》，北京师范大学出版社，2001 年出版，第 104 页）

且它可以扩大到全社会、全国家，扩大到政治领域，这就是儒家所谓'大教'，比学校教育大。"[1]78 礼成为万事之规范，是"定亲疏""决嫌疑""别同异""明是非"之大事①。把伦理学、政治学、教育学三者结合起来，儒家的教育学说就从这里起步。由此观之，《礼记》是一本记"教"之学，记"学"之学，而不只是记"礼"之学，《礼记》甚至可以是被称为《大教学论》的教学论专著。[1]112−113

（三）《学记》：应为《礼记》各篇之首

《学记》记录了我国教育实践与教育思想理论的发展轨迹，是中国教育学史研究的重要节点。

古代学者尤其是宋儒重《仪礼》而轻《礼记》，如，朱熹便认为"《仪礼》，礼之根本，而《礼记》乃其枝叶"[1]98，宋儒只垂青于《礼记》中的《中庸》和《大学》，并将其列为"四经"之半壁，因为这二者的哲学理论能够为理学即新儒学的发展奠定思想基础。但是，从教育学的学科视角来看，从《礼记》作为教学论之专著来看，《学记》应为各篇之首，其中论述的教学内容、功能、方法、目的及效果是儒家教育实现"大顺"②的教育要求。陈元晖认为《学记》最为重要的便是"道而弗牵，强而弗抑，开而弗达"，这是成功教学的12字诀，反映了教学过程的辩证性。他认为，教与学是一对矛盾，这一矛盾直接决定着教师与学生谁为主导这一核心问题。教学最终要达到的目标就是"喻也"，"道而弗牵则和，强而弗抑则易，开而弗达则思"，通过"和""易""思"最终能达到"喻"的目的。"喻有不言自契"之意，"喻"需要启发学生的积极思维，因此，"思"居于最高地位。在这一原则的指导下，学生要能做到自动、自契、自由发展，而教者要能做到不倦、不厌、不自满，学生的"三自"与教师的"三不"是教学成功的关键。[1]144 陈元晖还提出，《学记》两处用到"类"字，

---

① 《礼记》中说："道德仁义，非礼不成；教训正俗，非礼不备；分争辩讼，非礼不决；君臣上下，父子兄弟，非礼不定；宦学事师，非礼不亲；班朝治军，莅官行法，非礼威严不行；祭祀鬼神，非礼不诚不庄。是以君子恭敬、撙节、退让以明礼。"孔子从反面论无礼之害，说："若无礼则手足无所措，耳目无所加，进退揖让无所制。是故，以之居处，长幼失其别；闺门三族失其和；进行官爵失其序；田猎戎事失其策；军旅武功失其制；宫室失其度；量鼎失其象；味失其时；乐失其节；车失其式；鬼神失其飨；丧纪失其哀；辩说失其党；官失其体；正事失其施；加于身而错于前，凡众之动，失其宜。如此，则无以祖治于众也。"

② 《礼记》中说："天子以德为车，以乐为御，诸侯以礼相与，大夫以法相序，士以信相考，百姓以睦相守，天下之肥也，是谓'大顺'。"

在开篇时有"知类通达"句，在终篇时有"比物丑类"句。这两句话，虽都只有四个字，但说明了一个深刻的道理。"知类通达"是对在学弟子的最高要求，"比物丑类"则是《学记》的结论。"在教学上解决了教学相长、长善救失、兴四兴、废四废以后，提出了'比物丑类'，这是合乎逻辑的结论，形成了《学记》的教学论的科学的系统，使这一篇著作焕发的光辉两千年而不衰。"[1]162

（四）《大学》：一部教育论

陈元晖从《礼记》中"大"字释义观之，"大"意为深、远、高，如，"大教"① 含"郊射""祀""朝觐""耕籍"等；"大孝"为"尊亲"，高于"不辱"与"能养"；"大礼"是爱与敬，即为政之本。因此，"大学"可与"大教"相对应，也可理解为"大学习论"[1]186。朱熹认为："大学者，大人之学也。""大人之学"可与"小人之学"相对，并非百家众技的惑世诬民之说。同时，"大人"又可与"童蒙"相对，指习"六艺"，入大学的学子。陈元晖赞成郑玄之见，即"《大学》者，以其记博学可以为政也"。他认为"大"旧音为"泰（tài）"，其与"太"同义，而太学者，博学也。因此，"大学"包括两个含义，即"博学"和"为政"。这一释义符合"大学之道"的"为政""为学"之意。可以说，《大学》全书浸润着"博学以为政"之精神。

陈元晖认为《大学》篇首提出的"大学之道，在明明德，在亲民，在止于至善"三纲领，并非如朱熹所释"亲民"为"新民"、"明德"为"虚灵不昧"，大学之道不仅是"新民"之道，更是为政、为民之计，是培养治国平天下的人才之计。如贾谊所说："夫民者，诸侯之本也。教者，政之本也。道者，教之本也。有道，然后教也。有教，然后政治也。政治，然后民劝之。民劝之，然后国丰富也。"在"八条目"中，陈元晖对格物、致知、诚意进行了分析。陈元晖认为，朱熹与王阳明的"格物致知"与"致良知"看似对立，实则类似，朱熹认为格物所得之知来自"人心之灵"，这与王阳明排斥格物的致知相似，将"致知"神化了。而"格物"之"物"也有所争论，陈元晖认为所格之物必须具有物质性、社会性及客观性。他认为，"格物致知"是为政之基础，因此，博学才可以为政为学，

---

① 《礼记》中说："祀乎明堂，所以教诸侯之孝也。食三老五更于大学，所以教诸侯之弟也。祀先贤于西学，所以教诸侯之德也；耕籍，所以教诸侯之养也。朝觐，所以教诸侯之臣也。五者，天下之大教也。"

培养人才。致知之后，"养心"则为重。荀子说："君子养心莫善于诚。"只有将诚意内化，形成信仰与常德，才能实现为政、为学的目的，"诚者，君子之所守也，而政之本也"[1]207。因此，"《大学》是一部教育论……包括道德教育、政治教育和哲学等更广博的学习和施教的理论，以及教育与道德、政治、哲学等的关系。古代郑玄称其为'博学'，现代的国际中国学家勒格称其为'大学习论'，都反映了"大学"这一书名的真正含义"[1]191。

（五）《中庸》：中国最早的教育哲学

陈元晖十分关注教育哲学的发展。他曾说："研究教育哲学，不能只看外国人的书，要看中国人的书……《中庸》开篇的三句话，'天命之谓性，率性之谓道，修道之谓教'，凝练地表达了我们中国人关于天命、人性和教育关系的看法。"[8]并指出《中庸》开篇三句话是"具有哲学意味的论述"，"哲学家、教育学家陈元晖先生把《中庸》看成我国第一本教育哲学著作，并且给予很高的评价"[9]。陈元晖的这一思想提升了教育哲学领域对《中庸》的关注，也破除了中国没有教育哲学的偏见。"教育哲学的内容主要包括两个方面：一是有关教育何以发生、教育缘何存在。这是教育自身存在的合法性问题。二是有关教育究竟为何物。对这一问题的不同解答直接影响教育原则的制订、教育方法的选择等。《中庸》正是对教育领域的这两大基础性、根本性的问题做了解答。"[10]《中庸》开篇关于性、道、教的论述将教育与天命论、人性论相结合，回答了教育何以发生、缘何存在的问题。"修道之谓教"，"自诚明，谓之性；自明诚，谓之教"回答了教育为何物的问题。因此，陈元晖认为《中庸》是中国第一本教育哲学自有其缘由。陈元晖重视教育哲学在教育学中的重要作用："任何一门教育学都是教育哲学。同样，任何一本哲学都是哲学教育学，因为它是教人们如何哲学地思考的学问，是研究如何教学的学问。教育哲学不是把教育学隶属于哲学，也不是削足适履地把哲学隶属于教育，而应当是并辔而行，并肩前进。"[11]因此，对于中国教育学的研究起于先秦原始儒家的教育思想，对于中国教育哲学的研究始于《中庸》是合理的。

（六）中国教育学的来源

"在希腊哲学的多种多样的形式中，几乎可以发现以后的所有看法的胚胎、萌芽。因此，理论自然科学要想追溯它的今天的各种一般原理的形成史和发展史，就不得不回到希腊人那里去。"[12]陈元晖认为，教育学的发展也要回到古代教育思想中去。因此，他认为中国教育学的四大来源可追溯至《论语》《孟子》《荀子》《礼记》，其中对《论语》与《礼记》最为关注。他认为，《论语》是一部中国最早的教育学，是总结孔子多年教学经验与教育理论的儒学著作，其教育思想在今天仍有其借鉴价值。如，其教学论的思想核心为培养理论思维能力。"'怎样学'的理论包括'时习'的学习态度和'学'与'思'结合的方法；'怎样教'的理论包括启发式教学和因材施教的思想。"[13]"不愤不启，不悱不发"的教学论思想更是被陈元晖视如珍宝。陈元晖对《礼记》也非常推崇，"不谈它的教育学方面的理论贡献，就不可能提高它在儒学中的地位"[1]102。陈元晖认为，《礼记》"汲取了前三书的精华，加上新的教学经验，综合而成为教育理论的汇集"[1]111，是中国教育学的四大来源之一。

（七）中国教育学七十年

五四新文化运动后的七十年正逢中华民族之大变局，也是中华文化面临冲击与涤荡的七十年。在此期间，陈元晖作为历史的亲历者与见证者，梳理了中国教育学这七十年来的变革与发展，为中国本土化教育学的发展开辟了道路。

"自19世纪以来，教育学蔚然而成一科之学。溯其原始，则由德意志哲学之发达而已。"[14]五四运动前，以康德哲学为指导，以赫尔巴特教育思想为代表的"唯理论"教育学影响着中国的教育实践，"没有康德，就没有赫尔巴特"[15]。五四运动之后，由于杜威、罗素等人来华讲学的广泛影响与传统教育方式的失利，经验论指导下的教育学成了五四运动后教育学界的主流思想。另外，苏联十月革命一声炮响，为中国带来了马克思列宁主义，早期的共产党人如李大钊等明确了政治与教育的关系，杨贤江于1929年编写了教育学著作《新教育大纲》。其后，延安大学在抗日战争时期创建了教育系等。最为重要的是于1941年成立教育研究室，陈元晖作为研究室成员在这一时期完成了《杜威批判》一书，对经验主义教育思想有了深刻的研究。

1949年，中华人民共和国成立后，凯洛夫教育学的引入取代了经验论对教育学的支配，成为主导理论，并指导教育的社会主义方向。凯洛夫教育学一方面明确了教育学是培养共产主义新人的科学，将心理学知识应用于教育并建立了完整的教育学结构体系，但另一方面也表现出偏机械而少辩证，重教师而轻学生，重智育、德育而轻美育等问题，体现出较为明显的形而上学的特点。陈元晖梳理了列宁、克鲁普斯卡雅、加里宁、马卡连柯乃至其后苏联及美国心理学家、教育家的新思想。相比于这七十年来对外国先进教育思想与经验的引进与发展，陈元晖认为中国的本土教育学发展相形见绌，显得"千人一面"，需要重视中国的教育经验，尤其是要重视对以《论语》等为代表的教育理论名著的研究。

二、探径

（一）哲思通透，高屋建瓴

陈元晖自称"杂而成家"，"是以教育学和心理学为经、文史哲为纬的博学'杂家'"[16]。但陈元晖对其研究领域定位清晰，目的明确，明确研究哲学是为了研究教育。"我学哲学并不是'改行'，我也是想为教育学寻找一朵彩云，把它托上天去。"[17]序4他常对学生说："哲学和教育不是两种不通的'行业'，而是'同行'，教育学如果不同哲学结合，就失去了理论基础，而缺乏理论基础的学科，就不能成为科学。"[18]他认为，"教育学之所以长期处于贫困的境地就是由于它忽视哲学"[17]序3。因此，在研究我国教育学史时，哲学成为陈元晖重要的研究工具。他从不同的哲学维度审视中国教育学史，为反思重构中国新教育学提供了强有力的理论基础。

陈元晖具有深厚、多维的哲学理论基础，哲学研究是其学术人生中的重要组成部分，学哲学、用哲学是其重要的研究旨趣。陈元晖早年间受中国传统文化的熏陶和洗礼，中国哲学基础深厚。在中央大学读书时，陈元晖还特别选修了佛教哲学和康德哲学，其中，由李证刚讲授的佛教哲学，陈元晖还曾获得过满分。[19]在大学期间，陈元晖便打下了深厚的西方哲学基础。在之后的学术研究中，他对实用主义哲学、康德哲学、马赫哲学等均进行了深入的研究与批判。在中央大学读书期间，陈元晖加入了中国共产党，树立了对马克思主义坚定不移的信仰，走上了"红色学者"的道路。对马克思主义哲学的信仰使陈元晖的教育学具有辩证法的精神与坚定的马克思主义立场，认为"新教育学应该是辩证法的"。

中国哲学、西方哲学与马克思主义哲学的融会贯通使得陈元晖的教育学史研究高屋建瓴，哲思通透。"他钻研范围广泛而深入……以马克思主义为指导，说空间，从中国写到外国……说时间，从古代写到现代。"[20]对中国传统教育理论著作与教育经验的关注体现了陈元晖深厚的传统中国哲学学养，从古之宋儒到今之教育学者，或对《中庸》《大学》青睐有加，或视《学记》为重中之重，而将《礼记》作为整体的教育学著作来看待是前所未有的，为中国新教育学的发展提供了全新的研究起点与丰富的理论资源。他对五四运动后七十年外国先进教育经验的梳理与比较体现了陈元晖扎实的哲学研究底蕴。"唯理论"是以康德哲学为代表的理性主义，在此理论下形成以赫尔巴特为代表的教育理论与实践；"经验论"是以杜威为代表的经验论哲学，形成了以实用主义为代表的教育理论与实践；"唯物论"是马克思主义的辩证唯物主义，形成了以杨贤江的《新教育大纲》为代表的唯物主义教育著作。陈元晖认为，中国教育学史的发展演变受到西方哲学理论的深刻影响，也正是循着这一研究轨迹。陈元晖坚定了哲学是将教育学托上天空的"彩云"，必须将教育与哲学结合，才能建立中国的新教育学；贯串教育学史研究始终的对马克思主义哲学，尤其是辩证法的熟练运用体现了陈元晖坚定的马克思主义哲学立场①。陈元晖将辩证法作为审视教育学史的重要工具，大而观之，他类比中外，贯通古今，研究教育学的发生、发展历史及其与各学科的关系，并研究不同教育思想之间的内在联系与发展历程；微而观之，他将辩证法的精神渗透于对诸多教育理论的分析与批判当中。这种从不同哲学维度对教育学史的梳理与审视使陈元晖的教育学史研究形成了其独特的优势，通过哲学这朵"彩云"将教育学引领至新的天地。

（二）以史为基，考据训诂

对中国教育学史始于何时这一问题的探讨在教育学史研究中的争议颇多。姜琦认为，教育学史，叙述关于教育学说变迁之历史也，故称教育学史者，系思想之变迁史。[21]瞿葆奎、郑金洲从"元教育学"视角透视教育学史，将中国教育学史之起点定位于教育学作为一门学科在我国出现之时，因此，取其狭义，认为中国教育学史仅存百年。[22]而陈元晖则认为，教育学是教育思维发展史之学，是理论思维在教育方面发展的历史之学。严格地说，"教育史应该叫作'教育学史'，是教育理论（教育学）在各部门体现的历史"[23]序3。因此，陈元晖将中国古代教育著作纳入中国教育学史的研究当中，如《论语》《学记》等教育著作均标志着中国教育学理论

---

① 1990年，陈元晖在东北师范大学教育系石佩臣《马克思主义教育思想引论》一书的题词中指出："马克思主义是社会主义教育的指导思想，广大教育理论工作者、教育实践工作中的教师和干部都应该学习和理解马克思主义教育思想，坚持和发展马克思主义！"

思维的变迁与发展。建设中国新教育学，必须以史为鉴。

陈元晖深谙中国文化，以史为基，对中国古代的教育学著作进行了深入的考据。以《礼记》为例，陈元晖字斟句酌，考据训诂，仅分析"儒"这一名词，便引证了二十余种经典文献。从时间上看，他引用的文献从古代典籍《吕氏春秋》《论衡》《孟子》等到近代章太炎的《原儒》、胡适的《论儒》等；从内容上看，其引证文献从史学的《史记》《汉书》到文学诗词《陋室铭》等，可谓考证严谨，学贯古今。他认为，《礼记》不仅是记"礼"之学，更是一本"大教学论"著作，不仅含有狭义的教学之意，更蕴含教化之意。全书不仅论述何以成人，更是论教化之所为。这一记"教"、记"学"、记"礼"的著作，是中国教育学应重而未重之理论资源。陈元晖认为，教育学从儒家始，儒家是最早的私学教师。因此，对教育学史的考察应从对"儒"的考据开始。陈元晖解释道："'礼'的左偏旁'示'的意义为神，右偏旁为豐（'丰'字的繁体字），下面'豆'是盘的象形字，盘之上是供祭祀的农作物。"[1]117 因此，"礼"最早是宗教性的词汇，与祭神相关，而儒最早是术士，最早从事宗教性的活动。随着"礼"的范围的扩大，儒的工作范围也扩大到政法与教育方面，儒者逐渐从执礼转到执教、执政上，"礼"成为儒家建立理想社会秩序的主要工具，成为万事万物各得其宜的主要手段。[1]109 礼是"大教"，是区别人与禽兽的重要标准，"鹦鹉能言，不离飞鸟；猩猩能言，不离禽兽。今人而无礼，虽能言，不亦禽兽之心乎……是故圣人作，为礼以教人，使人以有礼，知自别于禽兽"。儒家将"礼"与"仪"从外在的规范约束解说成人心的内在要求，把原来的僵硬的强制规定提升为生活自觉理念，把一种宗教性、神秘性的东西变为人情日用之常，从而使伦理规范与心理欲求融为一体。[4]20 由此观之，陈元晖从儒、礼之释义及其关系为始，对中国古代教育学著作进行了深入的考释，从而得出结论，认为《礼记》礼中有教，教中有礼，是一部儒家的教育学著作，在中国教育学史上具有开创性的意义。

（三）类比中外，激荡争鸣

对于外国和中国古代的教育理论和经验，陈元晖认为："学习外国的教育理论和教育经验与学习中国古代的教育理论和教育经验都是需要的。以古为鉴，可知得失，现在所说的洋为中用、古为今用就是这个意思。但我们可以看到：对某一位外国教育学家的介绍好的就是绝对的好，就是无所不好，不去分析这一位教育学家，他的经验用在何时，用在何地，在什么条件下使用这一经验，无条件地接受他的经验，无条件地崇拜他，这也是违反辩证法的。"[24]不仅如此，陈元晖还认为，同样的理论指导下也可能产生不同的学术流派。"实践面有宽窄，见解不一样，佐证的材料不相同，都会产生不同的学术流派……中国教育学界就是因为没有不同的学派，所以也没出百家争鸣的学风，这就是教育学这一门关系人类百年大计的科学不能有长足进展的重要原因之一。"[1]38教育是具有普遍性的，东西方问题的一致性决定了问题解决方案的相似性，尽管具体的实践是有所差异的，但其人生态度是多元统一的。他斩钉截铁地说："文化有东西，但真理无东西，是真理，就无分东西。"[23]序5因此，在研究教育学史时，应强调"洋为中用"，通过类比中外的方式取长补短，实现中国教育学的原创性发展。

在空间上，陈元晖关注教育学史的中外问题；从时间上，他认为对古今问题的处理更加值得关注。如何处理传统文化与现代化的关系，古今"厚""薄"之争不绝于耳。对此，陈元晖认为，文化具有内源性，即一个国家或一个民族的文化是在内部或从内部产生的。这是一种内在的力量，意味着文化的"创造力"。传统文化是具有连续性与再生性的，需要被重新评价，不能"虐古荣今"。因此，在教育学史的研究中，陈元晖并不如大多教育学史研究者一般从百年前教育学的"引进"作为教育学史研究的起点，而是借清初画家石涛之言，改"古为今用"为"借古开今"。"鉴古可以知今，借古是用以开今，知今和开今，都必须有积极的思维。"[23]序6将中国古代的论述教育教学的著作如《礼记》纳入其中，倡导中国教育学要善于总结自己的优秀文化遗产，这源于陈元晖对教育学的独特定位，源于他对中国教育学发展的责任感、使命感与文化自信。

三、开新

（一）教育学不是记问之学，而是使人聪明之学

陈元晖认为，教育学是教人"举一反三""闻一知十"的聪明之学。子曰："不愤不启，不悱不发，举一隅而不以三隅反，则不复也。"因此，教师的任务是启发学生的积极思维，至好的老师不仅仅是让学生有所知，更要有所不知。这是一个循环上升的过程，是从"知"到"不知"再到"新知"的过程，而"不知"就是为学生创造积极思维的契机。陈元晖认为，这是教育家与教书匠的区别。在担任东北师范大学附属中学第一任校

长期间，陈元晖曾勉励附中的老师不要当教书匠，要做教育家。"记问之学，不足以为人师，必也其听语乎。力不能问，然后语之。语之而不知，虽舍之可也。""教亦多术矣，予不屑之教诲也者，是亦教诲之而已矣。"在陈元晖看来，"舍之""不教"也是一种教，能够使学生养成独立思考的习惯，启发学生积极思考，要做到引导而不牵着走（道而弗牵），勉励而不压制（强而弗抑），启发而不做结论（开而弗达），这说明两千多年前的儒家已关注到了启发思维的教学。

教育学要使学生通过"比物丑类"达到"知类通达"，培养综合思维与抽象思维。陈元晖通过对文献的梳理，发现对"比物丑类"之"比"的解释主要有两种，一种将其解释为"比较法"或"比方"，另一种将其作为《荀子·不苟》中的"天地比"的"比"字来理解，为"合同异"或"齐等"之意。他认为，后者更为合理。"比物丑类"是在经验的基础上，通过积极的思考对经验进行多次综合与分析，通过具体与经验的多次推演，将经验升华和深化为原理，以理解事物的本质。这一方法依赖的不是常识，而是超常识性的和超直观性的综合思维与抽象思维。由此可见，陈元晖对综合分析与抽象思维很重视。他认为，"教学论所要达到的目的在于提高学生的思维能力，在于从经验的基础上提高思维的能力，'比物丑类'就是提高思维能力的办法"[1]162。

教育学是使学生"博学覃思"，形成积极思维之学。"学而不思则罔，思而不学则殆"，"记问之学"是培养博闻强识的人才，但博学易，覃思难。教育的真正的目的是培养能够洞察事理，自主进行思维与创造的人才，因此，启发学生的思维更加重要。教育学的发展应与心理学合作，更多关注思维研究成果与教育学的结合，以提高学生的思维与智能。除心理学外，思维科学的引入对教育学的发展尤为重要。教育学是培养人的学科，要求理解人的规律与行为特点，并以此为据来培养人。陈元晖认为："人类行为的特点是做中在思，思后再做，做后又思。思维是人类区别于哺乳纲灵长目的其他动物的标志。只有思维，人类才能摆脱本能的控制成为人。"[25]"想象能力和抽象能力是人与动物的关于思维方面的最根本的区别，那么，人所独有的其他的思维能力就必然是这两个基本能力的派生。"[26]可见，培养思维能力尤其是抽象能力是教育的重要目标与任务。因此，将思维科学引入教育学中是培养人的必然要求，使教育学成为使人聪明之学。

（二）教育学要提高不能单靠借鉴外国人，要善于总结自己的优秀文化遗产

陈元晖重视对中国古代教育学理论遗产进行系统性总结。在引进外国先进教育理论的同时，中国古代教育学的宝贵理论资源也不容忽视，因为这是实现中国教育学本土化的重要资源。"对中国古代的教育学理论遗产的继承，不是以引用古人的只言片语为标志，应该是一种系统的总结。当我看到某一本教科书中引了几句中国古人的名言，来证实外国某一种理论时常有喧宾夺主之感。"[1]71 近现代的中国教育学史呈现出一种"教育学的普遍主义，养成了对自身经验的忽视，对规律的坚信甚至迷信的态度"[27]。因此，本国与本民族的教育学资源与文化传统亟待被重视与系统化地总结。陈元晖将《礼记》作为始端，并纳入中国教育学史研究便表明了陈元晖对中国本土教育学优秀文化遗产的珍视。

要关注中国传统文化的教育性与内源性，实现对本民族文化遗产辩证的继承与发展。文化的教育性体现为文化的传递与发展，它经由教育和培养而来。教育是文化的内容，也是文化创造、继承与发展的手段。文化的变化，未有不经过教育的，二者你中有我，我中有你，不可分割。文化的内源性指一个国家或一个民族的文化是在内部或从内部产生的，意味着本民族文化的独立思考与"创造力"。"在外民族特定条件下形成的文化，它不能带来生产具有本民族特点的文化的能力。"[28]21 因此，要"分析文化的教育性与内源性，使人们共同承认衡量文化的价值，要与教育结合起来考察，并且使大家承认文化的动力，内源性不能忽视，传统不能一概都不要。文化要'引进'，但也要在传统的基础上，发挥内源性的作用"[28]29。传统文化反映了民族性、连续性与再生性，一方面，"文化发展绝不意味着民族性格的泯灭和民族遗产的抛弃"[28]23；另一方面，文化交往也受到"优胜劣汰"的支配，文化遗产的继承需要进行"新陈代谢"，在吸收别国优良文化遗产的同时，要正确区分本民族文化遗产中的精华与糟粕。

（三）建设中国的新教育学

新教育学应当是辩证法的。陈元晖身体力行地将辩证法引入教育学的研究中，乃至教育实践中。他说，我们一些口里天天喊"实践"而轻视理论、轻视辩证法的人，就不免坠入迷信的陷阱中去。迷信一鳞半爪的经验，沾沾自喜一孔之见，把自己的经验看成不能变动的教条，这不是最荒唐的迷信吗？他认为，"教育是一种矛盾运动，是一种过程……只有认真研究这种过程，研究运动的辩证发展的过程，才能编写出真正科学的教育学来"[29]。

新教育学要与未来学相结合。"人类是面向未来的，没有教育的未来，也就没有人类的未来。"[1]70 教育是培养理想的工作，是面向未来的工作。① 新教育学所结合的未来学是共产主义的未来学，是面向未来信息社会的未来学。陈元晖有预见性地认为，智能环境的改变要求人类具备更高的智能以适应新环境，因此，教育需要摒弃注入式的教育而精明地使用启发式，这是适宜未来的，是提高学生智能的教育方式。教育学必须积极寻求变革，以实现培养未来人的要求与历史使命。

新教育学是"出口教育学"。自教育学学科进入中国以来，部分学者对外国教育理论与实践的长期的追随与引介，使中国教育学离"根"离"土"，与本国的文化传统相分化，难以内生出系统的、独立形态的中国教育学。因此，"新教育学应该是总结中国古代文化遗产的著作，它不是'进口教育学'，而是自己的 2 000 年的宝贵经验的结晶"[1]71。"教育学在新世纪发展的方向不应再是以西方为本作为前提的'中国化'，而是要创建'中国教育学'……教育学的世界宝库中应该也有中国的原创性成果，中国教育学人为此也要为中国教育学界与世界其他国家教育学界交流时能平等对话、交互影响做出努力。"[27]"在走向世界、融入世界，被世界理解、认同和尊重的过程中，深度挖掘教育学的中国品质，形成建构性甚至原创性的研究成果，为世界教育学研究做出贡献。"[30]并且，"自信豪迈地弘扬我们自身的文化传统的同时向一切优秀人类文明开放"[31]。以陈元晖为代表的众多教育学人饱含着对"出口的教育学"的希望，建设中国的出口教育学，创建在中国、为中国和属中国的教育学。可以说，构建属于自己的教育学"家园"为陈元晖执着的探索与毕生的追求。

新教育学要与自然科学相结合。教育活动有无规律可循？陈元晖认为答案必然是肯定的。"年轻一代的身心发展规律，是教育的依据……栽培水稻，有稻作学；养牛喂马，有畜牧学。而培养年轻一代是延续和发展社会的头等大事，难道可以没有教育学吗？"[24]教育学人虽认为教育学是研究人的一门科学，但其地位并未得到普遍的承认，如何使教育学成为科学的教育学，还需要在将其与自然科学的结合中寻求答案。自然科学的发

---

① 1985 年 10 月，陈元晖在给华东师范大学瞿葆奎的致信中表达了对教育与未来关系的重视，指出教育应该面向未来，现在教育学对未来的考虑太少了。

展，使哲学摆脱"神学的婢女"的可悲地位，使心理学摆脱哲学附庸的地位，因此，教育学也需要从自然科学中汲取新的养料，以摆脱对其他学科的一味依附，从而生长出自己的学科"枝芽"。脑科学、人类学、进化心理学、博弈论等学科的发展，是建设中国新教育学的强大动力。

　　建设中国教育学有诸多门径，唯独没有捷径，从研究中国教育学史起步走向中国教育学是一个路径，是漫长艰难的路径，需我辈学人秉承陈元晖等先贤之精神，借古开今，挖山不止，守正出新。

参考文献

[1] 陈元晖. 中国教育学史遗稿 [M]. 北京：北京师范大学出版社，2001.

[2] 瞿葆奎. 教育与教育学 [M]. 北京：人民教育出版社，1993：743.

[3] 王炳照. 陈元晖教育文集 [M]. 南京：江苏教育出版社，2011：前言 2－3.

[4] 李泽厚. 中国古代思想史论 [M]. 北京：人民出版社，1986.

[5] 过常宝. 制礼作乐与西周文献的生成 [M]. 北京：中国社会科学出版社，2015：2.

[6] 李泽厚. 由巫到礼 释礼归仁 [M]. 北京：生活·读书·新知三联书店，2015：52.

[7] 于伟. 先秦儒家之"礼"与我国教育的教化功能 [J]. 教育研究，2013 (4).

[8] 石中英. 寻找把教育学托上天空的彩云：怀念陈元晖先生 [M]. // 于伟，李桢，缴润凯. 教育学家之路：纪念陈元晖先生诞辰一百周年集. 长春：东北师范大学出版社，2013：118.

[9] 石中英. 教育哲学 [M]. 北京：北京师范大学出版社，2007：45.

[10] 樊华强.《中庸》教育哲学思想探微 [J]. 哲学研究，2007 (3).

[11] 于伟. 陈元晖先生的教育学家之路 [J]. 教育研究，2014 (1).

[12] 中共中央马克思恩格斯列宁斯大林著作编译局. 马克思恩格斯选集：第三卷 [M]. 北京：人民出版社，2012：877.

[13] 陈元晖. 卓越的教育思想家：孔子 [J]. 孔子研究，1986 (2).

[14] 王国维. 王国维全集：第一卷 [M]. 杭州：浙江教育出版社. 2010：34.

[15] 陈元晖. 康德与近代西方教育思想 [J]. 华东师范大学学报（教育科学版），1987 (1).

[16] 苏国勋. 师从陈元晖先生小记 [M]. // 于伟，李桢，缴润凯. 教育学家之路：纪念陈元晖先生诞辰一百周年集. 长春：东北师范大学出版社，2013：71.

[17] 陈元晖. 陈元晖文集：上卷 [M]. 福州：福建教育出版社，1992.

[18] 王炳照. 王炳照口述史 [M]. 北京：北京师范大学出版社，2010：110.

［19］于伟，张聪. 陈元晖先生与我国当代教育学研究［J］. 中国教育科学，2013（4）.

［20］高时良. 乌麓深情，沙滩益智：怀念元晖同志［M］. ∥于伟，李桢，缴润凯. 教育学家之路：纪念陈元晖先生诞辰一百周年集. 长春：东北师范大学出版社，2013：11.

［21］姜琦. 西洋教育史大纲［M］. 上海：商务印书馆，1933.

［22］郑金洲，瞿葆奎. 中国教育学百年［M］. 北京：教育科学出版社，2002.

［23］沈灌群，毛礼锐. 中国教育家评传：第一卷［M］. 上海：上海教育出版社，1988.

［24］陈元晖. 教育实践和教育科学［J］. 人民教育，1984（1）.

［25］陈元晖. 教育学不是记问之学 而是使人聪明之学［M］. ∥王炳照. 陈元晖教育文集. 南京：江苏教育出版社，2011：151.

［26］史宁中. 试论教育的本原［J］. 教育研究，2009（38）.

［27］叶澜. 中国教育学发展世纪问题的审视［J］. 教育研究，2004（7）.

［28］陈元晖. 论文化的四种性质［M］. ∥王炳照. 陈元晖教育文集. 南京：江苏教育出版社，2011.

［29］陈元晖. 教育科学研究的若干问题［J］. 教育研究，1981（2）.

［30］李政涛. 走向世界的中国教育学：目标、挑战与展望［J］. 教育研究，2018（9）.

［31］刘铁芳. 培养担当民族复兴大任的时代新人：论新时代我国教育目的的蕴含［J］. 教育学报，2018（5）.

［本文原载于《教育研究》，2019 年第 11 期］

陈元晖先生的教育学家之路

2013 年是我国著名哲学家、心理学家、教育学家陈元晖先生（1913—1995 年）一百周年诞辰。"一生布衣，半世坎坷。唯读书是好，非真理不从。"陈元晖先生的夫人赵洁珍女士亲自撰写在陈元晖墓碑上的文字，生动地概括了陈元晖先生波澜壮阔的教育与学术生涯及其与教育的不解之缘。他的思想、品格和精神是我们今天办好教育的弥足珍贵的精神财富，对于深化教育改革、积极开展教育学研究、构建具有中国特色的教育理论体系具有重要意义。

一、"薪灭火也传，光前复耀后"的教育学思想

坎坷的人生历程和丰富的教育生涯，铸造了陈元晖不屈的性格和坚毅的教育研究品性。陈元晖戏称自己为"杂家"。他不断地从多学科角度为教育学寻求研究思路和发展出路，正如公木先生在陈元晖挽词中所概括的："生得其所久，死而不亡寿；薪灭火也传，光前复耀后。"而最应得到传承、"耀后"的便是陈元晖丰富的教育学思想。

（一）先办好附中，才能办好教育系

1950 年，东北师范大学校长张如心请陈元晖创办教育系，陈元晖认为："先办好附中，才能办好教育系。"陈元晖强调，教育理论一定要和一线实践紧紧捆在一起，因为教育理论有鲜明的应用性，时刻离不开一线的实践。离开一线的实践，理论就变得苍白、枯萎，缺少活力。教育思想是在实践的田野中火热地生成、提炼出来的。"组建师大附中是东北师范大学为国家培养师资力量的教育实验和教育实习基地"[1]51，陈元晖首先从三中选聘优秀教师，并另从东北师范大学毕业生中招聘了一些优秀学生，开始创办东北师范大学附中（以下简称附中）。面对初创的艰辛条件，陈元晖说："你们现在看到的学校条件很差，但是将来一定会好的，国家刚刚解放，一切都是百废待兴。我们的任务是要办好附中，完成好党交给我们

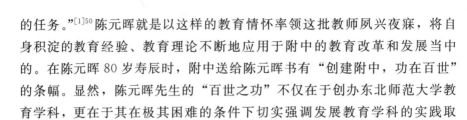

的任务。"[1]50 陈元晖就是以这样的教育情怀率领这批教师夙兴夜寐,将自身积淀的教育经验、教育理论不断地应用于附中的教育改革和发展当中的。在陈元晖80岁寿辰时,附中送给陈元晖书有"创建附中,功在百世"的条幅。显然,陈元晖先生的"百世之功"不仅在于创办东北师范大学教育学科,更在于其在极其困难的条件下切实强调发展教育学科的实践取向,为教育学科的后续发展发挥了重要的引领、示范作用。

(二)附中老师"要当教育家,不要当教书匠"

陈元晖曾明确指出,"外国教育理论也是从他们的观点出发,是对他们教育实践经验的总结"[2],不一定适合中国本土的教育实践。为了突破理论束缚,培养优秀教师,陈元晖要求附中教师"要当教育家,不要当教书匠",要求教师既要有先进的教育理论,又要有创造精神,敢于突破传统教育的窠臼。在陈元晖看来,"使学生闻一知一的教学,是一种'教书匠'的教学,'匠'的含义是墨守成规,不敢发挥创造性;而闻一知十的教学,则是启发学生积极思维,是'教育家'的教学。教育家的教学和教书匠的教学,区别就在于能否启发学生积极思维"[3]480。启发学生思维、培养具有创造力的学生是陈元晖眼中的教育家的重要标志。附中之所以有今天的成就和影响力,源于几十年来附中积淀的"培养教育家"的浓厚氛围。在附中,超过四十位教师被评为特级教师、国家级骨干教师等,这在全国基础教育界并不多见,而这与陈元晖创办、发展附中的理念和思想有着密切的关系。

(三)教育学是"使人聪明之学,不是记问之学"

陈元晖鲜明提出,教育学是"使人聪明之学,不是记问之学"。他认为,教育学不是一门让学生死记硬背的学问,而是一门让人学会思考、学会动脑、提高思维能力的学问。1990年,陈元晖回到东北师范大学教育系,在学术报告中提及了自己对教育学研究的反思。他说:"这几年我强调培养学生,是为了使学生聪明,不是使学生记住好多东西,重点应该放在培养思考力,不是培养记忆力……所以,我主张废除考试,或者要考试,就是开卷考试,出教科书里的问题,这就可以比较,你读这门课,和人家的见解不一样,考出他不同的思考能力。高考怎么考呢?现在高考也是主要考学生记忆力。所以,我们教师不是创造性的教师,培养的学生不是具有创造性的学生。"对于当时已经78岁高龄的陈元晖而言,这段表述直白且寓意深刻的教育学言论，的确能够代表陈元晖毕生的教育学思考。教育学既不是实践科学，也不是群众科学，更不是独立科学，而是以培养学生思考能力为重点的科学，是一门使学生"聪明之学"。你有什么教育思想，你应该实践，才能得出结论。教孩子，不在于教他记多少东西，学多少东西，而在于把他教聪明了，有自学能力，自己懂得怎么去学习。这些深刻地折射出陈元晖作为一代教育学家所具有的学术态度和学科信念，也恰恰印证了陈元晖积极为教育学寻找"彩云"的生命意义。

（四）中国教育学要善于总结自己的优秀遗产

作为我国著名的教育学史研究专家，陈元晖一直在积极处理中国教育学"中"与"西"的辩证关系。陈元晖认为，"学习外国的教育理论和教育经验与学习中国古代的教育理论和教育经验都是需要的……以古为鉴，可知得失，现在所说的洋为中用、古为今用就是这个意思。但我们可以看到：对某一位外国教育学家的介绍好的就是绝对的好，就是无所不好，不去分析这位教育学家，他的经验用在何时，用在何地，在什么条件下使用这一经验，无条件地接受他的经验，无条件地崇拜他，这也是违反辩证法的"[4]。

陈元晖以辩证的观点审视中国教育学发展过程中的开放与保守之间的关系，强调中国教育学既要处理好自身的教育思想传承与创新问题，又要以正确的态度面对外来教育思想文化的影响问题。陈元晖十分重视教育史尤其是中国古代教育遗产的深入挖掘。他编著的《中国古代的书院制度》，将书院这一中国传统教育机构放在了教育发展的高度上来审视，强调书院这一特殊形式的教育机构带给现代中国教育的思想遗产是需要引起重视的。同时，《卓越的教育思想家——孔子》《孔子的德育思想》《孔子的美育思想》等则奠定了陈元晖在孔子研究方面的重要地位。陈元晖倡导中国教育学要"善于总结自己的优秀遗产"。陈元晖认为，《礼记》《论语》《孟子》《荀子》是中国教育思想的四个源头。陈元晖将《礼记》看作"儒家的教育学说的集大成的专著"，是中国教学论的重要发端。"《学记》是一本教学论，是《礼记》中的教学论专文，而《礼记》全书则应称为'大教学论'的教学论专著。"[5]2 可以说，《学记》为中国本土化教育学的发展提供了思想史的线索。

（五）建设中国的"新教育学"

"善于总结自己的优秀遗产"是构建中国教育学的重要路径，建设中国的"新教育学"则是提升我国教育发展水平的未来指向。在陈元晖看来，"新教育学"之"新"正在于它摆脱了传统教育学范式，摆脱了凯洛夫教育学的束缚，强调中国本土教育经验的系统总结和现代阐释。"新教育学应该是总结中国古代文化遗产的著作，它不是'进口教育学'，而是自己两千年的宝贵经验的结晶。"[5]113 "只有在总结了我们的教育学的丰富的宝贵的遗产后，才能真正摆脱'进口教育学'，而有'出口的教育学'……在学术上，中国学者应为教育学发展做出世界性的贡献。"[6]而这种"世界性的贡献"，首先是"对中国古代的教育学理论遗产的继承，不是以引用古人的只言片语为标志，应该是一种系统的总结。当我看到某一本教科书中引了几句中国古人的名言，来证实外国某一种理论时，常有喧宾夺主之感"[5]71。

对教育学研究的执着追求，让陈元晖首先想到的便是要系统总结中国现代教育学的现状、不足与发展趋势。为此，陈元晖以历史见证人的身份系统总结了新文化运动以后70年来我国当代教育学的发展历程，对蔡元培教育思想、凯洛夫教育学在中国的本土化演进等当代教育学重大命题进行了审视，科学预测了中国新教育学的发展趋势。他认为，新教育学应该是辩证法的，要与未来学相结合，并认为人类是面向未来的，没有教育的未来，也就没有人类的未来。

陈元晖尤其重视自然科学与教育学的内在关系，强调自然科学研究成就对教育学的重要的借鉴意义。他认为，新教育学不是封闭的，"仍须开放门户，吸收最新的其他部门的科学成果，充实它，丰富它，并巩固它的科学地位，孤立无援将难以使其地位牢靠"[3]494。"我感觉教育学的突破，还得靠自然科学，要重视自然科学，要研究数学能不能用在教育学上。"[7]对科学前沿命题的不断探索，切实深化了陈元晖对教育学的研究，使新教育学不仅深深植根于中国传统教育，而且更积极地关注新近的学术研究成就。可见，教育学之"新"正需要研究者切实认清当下所处的这种时空维度。

二、"唯读书是好，非真理不从"的教育学家之路

教育家首先应当是教育学家。陈元晖先生酷爱读书，杂涉百家。陈元晖博古通今，学贯中西。他能够在教育学研究领域达到很高的水平，离不开持之以恒的自学和读书。他一生积攒了一万多册书，文、史、哲各类图书均有收藏。陈元晖自己说，仅《史记》一书他就能背下来不少篇。很长

一段时间，陈元晖写文章时基本上不用查资料，因为很多文献都已熟稔于心。这种对基本文献的占有特别值得教育学研究者学习。陈元晖一生力求从多学科的视域转换中为教育学寻找科学基础，其探索未知新理与开拓新知的学术生涯启人深思。陈元晖所走过的教育学家之路，无疑对当代教育学研究者具有强烈的价值引领作用，激励着教育工作者朝着"教育家"这一理想迈进。

（一）深厚的哲学素养

成为教育学家，办好教育事业，需要有良好的哲学思维。"教育学如果不同哲学结合，就会失去理论基础，缺乏理论基础的学科就不能称之为科学"，而"教育学之所以长期处于贫困的境地就是由于它忽视哲学"[3]3。这方面，陈元晖堪称表率：他精通中国哲学、西方哲学和马克思主义哲学，并坚持在这一基础上进行教育学研究。他曾在《哲学研究》上发表过《实用主义的真理论》《严复和近代实证主义哲学》《王国维的美学思想》等有影响的论文。20世纪80年代，我国出版了一套《中国大百科全书》，其中，哲学卷编辑委员会主任是胡绳，陈元晖是四个副主任之一，并亲自参与起草了其中的"外国哲学"条目。陈元晖从延安时期便开始撰写批判西方哲学的著作，撰写了多部批判实用主义、实证主义等的专著，并在三联书店、商务印书馆、上海人民出版社出版。另外，陈元晖还是国内屈指可数的康德哲学研究专家，曾两次代表我国哲学界到德国参加康德哲学方面的国际学术会议。

在陈元晖看来，当时中国教育学研究的弊病之一，就是千人一面，缺少特色。虽然已出版的教育学教科书多达一百多种，但拥有本土特色、自成体系的著作屈指可数，这是因为中国自己的教育学著作缺少哲学基础。"我学哲学并不是改行，我也是想为教育学寻找一朵彩云，把它托上天去。"[3]4 深厚的哲学素养使得陈元晖具有其他教育学家难以比拟的学术优势，使其能够从不同的哲学维度审视教育学的基本理论问题。他高扬"新教育学应该是辩证法的"大旗，从马克思主义哲学的视角探讨教育实践，为其构建"真正的教育哲学"奠定了重要基础。

（二）良好的心理学素养

教育学发展始终与心理学密不可分，教育学研究的不断深入更需要有扎实的心理学功底。大学的心理学专业的学习为陈元晖打下了扎实的学科基础。大学期间的陈元晖学习刻苦，思想进步，论文多次获得相关奖励，并以较难的"知觉单元形成之条件"为研究主题作为毕业论文。中华人民共和国成立后，他参与筹建中国心理学会和中国社会心理学会，并担任重要领导职务。他长期担任《心理学报》等我国心理学界重要刊物的学术顾问，并曾担任《中国大百科全书》心理学卷的副主编。陈元晖撰写过许多有影响力的心理学学术论文和著作，是我国近现代心理学研究绕不开的重要学者。如，1960 年，陈元晖在《心理学报》发表的《心理学的方法学》一文中，强调了重视自然实验法的意义，肯定了实验法及数学法对科学心理学的方法论意义，重申了巴甫洛夫条件反射法心理学研究的正确性。1963 年，他发表的《皮亚杰论儿童的逻辑思维》一文，不仅公正地评价了皮亚杰对儿童心理发展研究所做出的卓越贡献，而且重点论及了皮亚杰将数理逻辑用于心理学研究的重要意义。陈元晖是我国曾与心理学家皮亚杰见面的少数学者之一。陈元晖于 1979 年所撰写的《论冯特》一书是"文革"后我国出版的第一本心理学著作，这无疑是一个重大的突破。良好的心理学知识使陈元晖积极地从心理学视角关注教育问题，深化教育学研究。1983 年，陈元晖被遴选为博士生导师。陈元晖曾长期担任中国心理学会副会长、中国教育学会副会长以及中国社会心理学会会长，并曾兼任国务院学科评议组第一届、第二届成员、召集人，为我国教育学学科建设做出了重要的贡献。

（三）精湛的教育学研究

陈元晖一生出版了多部教育专著，其中许多著作都力透纸背，彰显着他对教育学研究的执着与眷恋。如，从 20 世纪 40 年代在延安就开始写的《实用主义教育学批判》、20 世纪 50 年代写的《教学法原理》、20 世纪 60 年代写的《中国现代教育史》及 20 世纪 80 年代写的《中国古代的书院制度》等，都在学术界有广泛的影响。陈元晖出版过二十多本书，基本上都收录在由他亲自审定并由福建教育出版社出版的《陈元晖文集》中。陈元晖的教育学研究不仅具有浓厚的情感，而且具有独特的研究思路。他先后发表了《教育科学研究的若干问题》（1981）、《"人才学"还是教育学》（1984）、《科学与教育学》（1985）、《教育学不是记问之学，而是使人聪明之学》（1989）及《"一般系统论"与教育学》（1990）等文章，在全国教育学理论界产生了重要影响。其作品内容主要涉及以下几点。

首先，注重对中国教育遗产的挖掘。陈元晖不仅撰写了《中国现代教育史》《中国古代的书院制度》等，还主编了多部很有影响力的中国教育史方面的文献集，像《中国近代教育史资料汇编》等。直至晚年，陈元晖仍在尝试对中国教育学的发展进行重新整理与系统思索，试图书写一部总结优秀遗产的属于中国的合乎教育发展逻辑的教育学史。病痛中诞生的六万余字的《中国教育学七十年》虽然只有中国教育学发展的"尾"，却让我们永远铭记这位教育学老人的毕生追求。此书被誉为"教育学今后良好发展的新起点"[8]。

　　其次，注重对外国教育思潮的评介批判。早在 1941 年 9 月至 1942 年 3 月，陈元晖就在位于延安的中央研究院教育研究室研究整理了杜威教育思想的材料，并撰写了《实用主义教育学批判》一文。20 世纪 80 年代，陈元晖又撰写了《康德与近代西方教育思想》。他认为，"外国教育理论也是从他们的观点出发，是对他们教育实践经验的总结"。

　　最后，注重对教育哲学的研究。陈元晖认为，中国最早的教育哲学应为《中庸》。教育科学应当包括教育哲学，任何一门教育学都是教育哲学。同样，任何一本哲学都是哲学教育学，因为它是教人们如何哲学地思考的学问，是要研究如何教学的学问。因此，不应把教育学隶属于哲学，也不应削足适履地把哲学归于教育学，二者应并肩前进，或者是你中有我、我中有你。同时，要打破形而上学的研究方法论，使辩证法成为研究教育哲学问题的重要思维方式。"教育哲学的核心问题是把辩证法引进教育学中来"[5]71，只有认真研究这种过程，研究运动的辩证发展的过程，才能编写出真正科学的教育学来。陈元晖的教育学研究始终坚持以马克思主义为指导。陈元晖"对马克思主义的信仰坚定不移"[9]，他主张"在教育研究中坚持马克思主义的立场和方法"[10]，运用辩证法来理解教育问题。就陈元晖的知识发生体系而言，如果说最先进入陈元晖知识体系的是早年的国学知识，那么，康德的批评哲学则使陈元晖洞悉了经验论及独断论的缺陷，而辩证唯物论则深深地为陈元晖的理论注入了辩证分析的因子。正是在马克思主义哲学的方法论的指引下，陈元晖对晏阳初的"平民教育运动"、陈鹤琴的"活教育运动"以及陶行知的"生活教育运动"等进行了深刻反思，这为今天研究我国现代教育思想奠定了重要基础，其研究理念至今仍具有重要的借鉴意义。

　　陈元晖先生的学术历程虽然横跨多个学科，但始终没有离开他深爱的教育学研究岗位。陈元晖曾对弟子王炳照深情地回忆说："我在 1930 年秋季进师范学校开始学教育学，到现在已过了一轮甲子，到 1990 年整整 60

年……在学校从事教学工作，也是以教育学为主。"[5]70 这种对教育学执着的探索精神和真挚的情感，这种以教育为原点坐标的学术人生，这种在苦难历程中仍难割舍的教育情怀，永远值得教育学的后来者认真学习。可见，似乎只有具有这种生命的韧性和宽厚的胸怀，才能真正寻找到"把教育学托上天空的彩云"。

参考文献

[1] 张君贤. 教师要做教育家，不要当教书匠 [M]. // 于伟，李桢，缴润凯. 教育学家之路：纪念陈元晖先生诞辰一百周年集. 长春：东北师范大学出版社，2013.

[2] 陈元晖. 教育科学研究的若干问题 [J]. 教育研究，1981（2）.

[3] 陈元晖. 陈元晖文集：上卷 [M]. 福州：福建教育出版社，1992.

[4] 陈元晖. 教育实践和教育科学 [J]. 人民教育，1984（1）.

[5] 陈元晖. 中国教育学史遗稿 [M]. 北京：北京师范大学出版社，2001.

[6] 叶澜. 中国教育学发展世纪问题的审视 [J]. 教育研究，2004（7）.

[7] 陈元晖. 谈谈教育学成为一门科学的五个前提问题 [M]. // 于伟，李桢，缴润凯. 教育学家之路：纪念陈元晖先生诞辰一百周年集. 长春：东北师范大学出版社，2013：279.

[8] 方文. 原道之路：学习陈元晖先生著作的一点体会 [J]. 社会心理研究，1996（1）.

[9] 潘懋元. 一位教育与哲学双辉的学者 [M]. // 于伟，李桢，缴润凯. 教育学家之路：纪念陈元晖先生诞辰一百周年集. 长春：东北师范大学出版社，2013：4.

[10] 顾明远. 怀念陈元晖先生 [M]. // 于伟，李桢，缴润凯. 教育学家之路：纪念陈元晖先生诞辰一百周年集. 长春：东北师范大学出版社，2013：2.

[本文原载于《教育研究》，2014 年第 1 期]

陈元晖先生与我国当代教育学研究

一、陈元晖：中国教育学发展的重要坐标

综观中国现代教育学发展的艰难历程，不难发现，教育学研究之所以能取得今天的成就，与许多默默奉献的老一辈教育学人是分不开的。他们甘当教育学发展的铺路石，在继承传统教育学思想、拓展教育学研究领域、创新教育学研究命题等方面发挥了居功至伟的建设性作用，教育学史也因他们的执着探索而异彩纷呈。尤其是那些具有重要影响力的教育学家更成为中国教育学发展史上的重要人物，其光辉的学术思想永远值得教育学后人凝思垂想。陈元晖先生便是这样一位具有里程碑意义的教育学家。回顾中国现代教育学发展历程，我们总能体会到陈元晖当年奠基教育理论研究的艰辛以及开创之功的卓著。因此，陈元晖是我们研究中国教育学发展史绕不开的一位重要的思想家。2013 年是陈元晖先生一百周年诞辰，深度挖掘陈元晖的教育学思想，探讨其教育学家的成长之路，无疑具有十分重要的学术价值。

（一）陈元晖与中国教育学史研究

新的历史时期，教育学的"元研究"正持续进行，不断强化学科的反思意识与批评精神正逐渐成为教育学研究的一种趋势。从外延来看，教育学研究也在与诸多学科的碰撞、融合中形成了新的共同点，方法论的创新正为教育学的接续发展提供新的契机。然而，我们仍共同面临着一个难题：应如何构建一种属于中国自己的教育学？中国教育学应向何处去？要想走出教育学的困境，找到出路，就迫切需要重新审视教育学的发展脉络，关注教育学史的相关问题。相比其他教育学家而言，陈元晖极为关注教育学史。他认为："教育学史就是研究教育学这一门科学的发生、发展的历史，研究教育学与其他科学的关系的历史及其如何从其他科学独立出来的历史，研究它的独立史，研究教育学怎样摆脱经院哲学的历史，研究

它从自然科学中怎样汲取方法上的指导的历史。"[1]因此，教育学史是对教育学自身发展的历程的反思与思想建构，研究教育学史是教育学科走向科学化的重要标志。虽然教育学史如此重要，但研究者长期疏于对教育学史进行梳理并做系统化的研究。在《中国教育学七十年》一文中，陈元晖指出了这种苦恼，即到目前为止，我们还没有一本教育学史方面的专著。2[2]写中国教育学史不仅可以提高我国教育学的学术科学水平，而且具有世界意义，可以让更多的外国人了解中国。这种想法传达出陈元晖教育学思想的一种价值关怀，即以提升中国教育学的理论自信与文化自信为使命的教育学研究。这种想法一直影响着陈元晖，以至于直至他去世前的几年时间里，陈元晖仍在对中国教育学的发展轨迹进行重新整理与系统思索，试图书写一部属于中国的合乎教育发展逻辑的教育学史。他指出："新教育学应该是总结中国古代文化遗产的著作，它不是'进口教育学'，而是自己两千年的宝贵经验的结晶。"[3]113对教育学如此深沉而执着的学术追求使陈元晖对教育的思考达到了新的高度，然而，残忍的病魔并没有给陈先生更多的时间去完成这项艰巨的教育学使命，只留给先生不多的时间去撰写中国教育学史的开端与末尾。于病痛中诞生的六万余字的《中国教育学七十年》留给教育学界无限的遗憾，但也为教育学研究者提供了思考的空间。

按照学术界的一般说法，近代西方教育学自夸美纽斯至今已经走过了300余年的发展历程，期间涌现出了众多的教育学家，并形成了诸多有影响力的学术派别。如此丰富的教育学理论，有以教育史的视域来审视教育学发展历程的研究，但较多地引用历史上著名的教育家及其思想，很少从方法论的角度探讨教育学理论的历史发展规律，很少从思想的连续性、系统性角度探讨教育思想的演进。同时，自20世纪80年代以来，人们对教育学所表现出的质疑与非议不绝于耳，教育学的发展道路不断受到质疑，而这就需要教育学研究者从更深刻的角度揭示出教育学理论发展的内在动力与演化机制，从历史与现实的双重维度纾解教育学的危机。陈元晖反思了自五四运动以来我国教育学几十年来的发展历程，系统总结了我国教育学从学德、学美、学苏到创建中国自己的教育学的历史经验和教训，体系化地呈现了我国教育学几十年的主要发展成就，并由此开启了我国教育学史研究的先河，而这篇文章也被誉为"教育学今后良好发展的新起点"[4]。

事实上，陈元晖较早地看到了我国教育学学科自身研究的困境，提出了教育学发展的道路选择问题。陈元晖本人也一直没有间断对我国教育学史的持续探索。陈元晖于20世纪40年代在延安撰写的《实用主义教育学批判》、20 世纪 50 年代撰写的《教学法原理》、20 世纪 60 年代撰写的《中国现代教育史》及 20 世纪 80 年代撰写的《中国古代的书院制度》等著作都在学术界产生了广泛影响。这些著作从不同侧面揭示了教育学发展史的相关问题。例如，在《中国现代教育史》中，陈元晖探讨了教育发展与现实之间的内在关联，进而思考平民教育、民主教育等对我国教育学发展的深刻影响；在《中国古代的书院制度》中，陈元晖不仅认为书院制度在我国古代教育制度中有重要影响，而且认识到书院在丰富古代德育思想、促进教育学术探讨、提倡思想交流、创新本土教育经验等方面的重要功能；在《实用主义教育学批判》中，陈元晖鲜明地指出，"在中华人民共和国成立之前的 30 年间，实用主义教育学一直影响着中国教育界"[5]，进而对实用主义教育学对我国教育理论和实践的影响进行了深刻探讨。这些对教育思想史上重要命题的深刻诊断，实现了从思想史上升到教育理论的发展过程，进而形成了教育学史。因此，陈元晖不仅积极致力于对教育基本理论问题和教育思想史的探讨，而且不断探索教育学自身的发展脉络，而这也形成了陈元晖特有的教育学研究的思维模式。

值得一提的是，从 1958 年到 1960 年，陈元晖带领中央教育科学研究所的一些年轻人，对革命根据地、老解放区的教育情况进行了全面而系统的调查，在搜集的资料的基础上主编的《老解放区教育资料》已经成为研究中国共产党教育思想以及老解放区教育实践的基础性素材，而这与陈元晖一贯重视教育学史的基本思想是分不开的。时至今日，我们看到，郑金洲、瞿葆奎主编的《中国教育学百年》，杜成宪等人主编的《中国教育史学九十年》等都已成为翘楚之作。这些都与当年陈元晖大力倡导关注教育学史的学术建议是分不开的。

（二）陈元晖与我国教育学著作出版

中国教育学需要有中国自己的基础教育教科书和教育研究书籍，陈元晖充分利用在人民教育出版社工作的便利条件，为促进我国教育学发展做出了极大的努力。

1953 年 5 月，中央组织部根据毛泽东和中央政治局的指示，从各地抽调一批得力干部进入人民教育出版社工作，编辑出版一套适应我国社会主义教育的中小学教科书和师范教育类教科书。1954 年 8 月，陈元晖由东北师范大学调入人民教育出版社，出任教育编辑室主任，负责师范院校教科书的研究和开发工作，主持或参与主持编写、编译了一系列具有深远影响的教育学科教科书和相关学术书籍。其中，比较有代表性的就是凯洛夫主编的《教育学》。在教育"学苏"的时代背景下，陈元晖于 1957 年主持翻译出版的这本书具有很大的影响力。对此，陈元晖自己也说："如从1949 年算起，到 1989 年，这一著作已在中国流行达 40 年之久，影响之深和影响时间之久，还没有一本其他教育学专著可以与它相比拟。凯洛夫的《教育学》对中国教育理论界的影响，有好的一面，但也存在不好的一面。只说它不好是不公平的，但说它尽善尽美，也是不切合实际的。"[3]16 与此同时，陈元晖还主持翻译出版了大量苏联版本的教科书，如冈查洛夫的《教育学原理》、叶希波夫等编写的《教育学》、斯米尔诺夫的《教育学初级读本》、申比廖夫等的《教育学》、达尼洛夫等的《教学论》等。不仅如此，陈元晖还与相关专家拟写了《师范学校教育学教学大纲》，并对苏联教育学进行了本土化的尝试：组织出版了中等师范学校教科书《教育学》（张凌光、丁浩川主编）以及《教育学通俗讲座》（曹孚著）。虽然这两本教科书的理论体系类似于凯洛夫的《教育学》，但对中国教育学产生了深远影响。对此，陈元晖功不可没。同时，在陈元晖的主持下，一批批教育学著作也纷纷诞生，为当时中国教育学的发展提供了相关经验。如，俄汉对照的《教育学名词》（1957 年版）、《苏联大百科全书选译·教育学和教育史》（1956－1957 年版）、《列宁教育文选》（1957 年版）、《马克思恩格斯论教育》（1958 年版）、《马克思主义经典作家论教育》（1958 年版）、《列宁论国民教育》（1958 年版）、《克鲁普斯卡教育文选》（1959 年版）、加里宁的《论共产主义教育和教学》（1957 年版）、凯洛夫的《关于苏维埃学校和教育科学问题的几个报告》（1956 年版）以及马卡连柯的教育文选等一系列教育著作。可以说，陈元晖为引进苏联教育学做出了巨大贡献。在这一时期，陈元晖还直接或间接参与编写或编辑出版了《毛泽东同志论教育工作》等。在任人教社教育编辑室主任期间，陈元晖还撰写了多种教育论著，其中以《实用主义教育学批判》（1956 年版）和《教学法原理》（1957 年版）最具代表性。

陈元晖先生于 1961 年担任高等学校文科教材建设教育组的组长，负责全国高校教育学科通用教科书的建设。在他的主持下，集中全国的力量，编写出版了一大批至今仍然十分经典的教科书，如《中国古代教育史》（毛礼锐等）、《中国近代教育史》（陈景磐）、《中国古代教育文选》（孟宪承）等。另外，他自己撰写的《中国现代教育史》几经周折后在1979 年 5 月正式出版。时至今日，当我们回顾教育学史时仍不能忽视这些著作对中国教育学发展的贡献，而这也正是陈元晖为中国教育学发展所做出的贡献。

（三）陈元晖与我国教育学研究团队建设

教育学研究离不开学术团队建设，为此，陈元晖先后参与了中央教育科学研究所和全国教育学研究会的筹建工作，并为此尽心竭力。

1955 年 6 月 2 日，教育部党组同意成立中央教育科学研究所筹备处，由戴伯韬任筹备处负责人，陈元晖等参与筹备。以陈元晖为主任的人教社教育编辑室全体编辑干部被抽调到筹备处。1957 年 1 月，国务院正式批准筹建中央教科所。1960 年 10 月，该所正式成立，陈元晖遂调到中央教育科学研究所教育史组任研究员。

作为教育学研究的重要学术团体，全国教育学研究会一直在引领教育学理论、团结教育学研究者、推动教育学实践等方面发挥着积极的建设性作用，而这种作用的良好发挥与其最初的理念设计与构想是分不开的。陈元晖作为全国教育学研究会重要的创建者，不仅主动参与了研究会的创建过程，而且将自身的教育学思想深深地融入了研究会的发展之中。

1978 年，"实践标准"的讨论激发了陈元晖等一批教育学研究者的学术热情。可以说，在这种时代背景下的教育学研究者充满了对科学化重构教育学研究体系、开启教育学研究新时代的美好愿望。陈元晖等一大批教育学研究者首先商讨的便是如何凝聚共识、同心协力推动教育学研究，而全国教育学研究会的创建便是这一商讨的结果。

1978 年 10 月 15—30 日，人民教育出版社在河南开封举办了全国教育学教材研讨会。陈元晖参与主持了这次会议，并在大会上做了题为"教育实践与教育理论"的学术报告，号召大家解放思想，敢于坚持真理，充分认识实践标准大讨论的重大意义。与会期间，陈元晖和其他与会代表共同倡议成立全国教育学研究会，认为应率先成立筹备组，并起草研究会章程等。1979 年 3 月 23 日—4 月 13 日，陈元晖在北京参与并主持召开了第一届全国教育科学规划会议。会议闭幕前，4 月 12 日，中国教育学会正式成立，陈元晖当选为第一届理事会副会长；4 月 13 日，全国教育学研究会正式成立，陈元晖主持成立大会，报告筹备过程，主持通过了研究会的相关负责人，并当选为第一副理事长。陈元晖不仅参与创建了全国教育学研究会，而且更加积极地投入到研究会后续的各项活动中。如，1979 年 7 月 5 日，在研究会的第一届理事会上，陈元晖报告了参观瑞士学校的情况；1981 年 4 月 15—25 日，在研究会的第二届年会上，陈元晖做了题为"美育在人的全面发展中的地位和作用"的学术报告，并代表研究会致闭幕词，着重讲了今后如何联系实际开展教育学研究等问题。后来，由于戴伯韬理事长不幸逝世，陈元晖被选举为研究会代理事长。虽然 1983 年 8 月在长春召开的研究会的第三届年会期间陈元晖因病在长春住院，但躺在病床上的陈元晖依旧关注着会议的进展，并委托徐毅鹏承担会议纪要等工作。[6]30

时至今日，中央教育科学研究所已更名为中国教育科学研究院，正发挥着国家教育"智库"的作用；全国教育学研究会已更名为中国教育学会教育学分会，其下属的教育基本理论专业委员会、教育哲学专业委员会等在凝聚教育学研究者力量、提升我国教育学研究水平等方面发挥着积极的引领功能。1981 年，陈元晖担任国务院学位委员会教育学科评议组成员，为新时期我国教育学科建设和人才培养做出了历史性的贡献。更值得说明的是，近些年来，教育学分会学术年会的主题正不断拓展着教育学理论研究的边界，积极地关注了哲学、心理学等学科与教育学的边界融合等问题，也在积极地将哲学、心理学等学科引入教育学。在某种意义上说，这也是在不断实践着陈元晖所提出的为教育学"寻找托上天空"的"彩云"的过程。

二、立足本土，密切关注教育学研究中的"中"与"西"问题

"中"与"西"的关系问题是教育学研究中的基础性问题。如何对待中国传统教育思想以及外来教育思想，历来是研究教育学时必须面对的基本问题。陈元晖在教育学理论研究本土化方面进行了有益探索。陈元晖学贯中西，博古通今，在人文、社会、科学诸多研究领域有着独到的见解。陈元晖早年考入福建著名的教会学校荣美中学（即现在的福清三中），具有较好的德语和英语基础。这为陈元晖后来引介西方的教育学、心理学和哲学文献及思想打下了坚实的基础。但是，陈元晖更为关注的是中国本土的研究状况。1948 年，陈元晖被调入东北师范大学前身，即东北大学，担任教育问题研究室副主任，并兼任图书馆馆长。在此期间，陈元晖组织了有关人员学习教育学理论，系统搜集并整理了中国教育史资料，为后来东北师范大学教育系的建立和教材建设创造了良好的条件。

陈元晖主张不能忽视外国的教育经验，为此，他从教育学史的视角审视研究外国教育经验的作用，认为我们对某些外国教育经验的态度是片面

的，认为我们对于资产阶级的教育学要具体分析，要转化为本土知识，因为"外国教育理论也是从他们的观点出发，是对他们教育实践经验的总结"[7]。他认为，教育观点之所以相悖，就在于出发点不同，而我们对待外国教育经验也要有自己的出发点，应"取其精华"。1984 年，陈元晖在《人民教育》上撰文指出："学习外国的教育理论和教育经验与学习中国古代的教育理论和教育经验都是需要的……现在所说的洋为中用、古为今用就是这个意思。但我们可以看到：对某一位外国教育学家的介绍好的就是绝对的好，就是无所不好，不去分析这一位教育学家，他的经验用在何时，用在何地，在什么条件下使用这一经验。无条件地接受他的经验，无条件地崇拜他，这也是违反辩证法的。"[8]时代的不断发展需要教育学研究者既要处理好自身的教育思想传承与创新问题，又要以正确的态度面对外来教育思想文化的影响。陈元晖的这篇文章无疑在提醒改革开放之初中国教育学界要理性面对外来的教育思想，审慎处理教育理论本土化的问题。

在很多学者欣羡于外国教育理论时，陈元晖却认为，教育学要提高不能单靠借鉴外国经验，要善于总结自己的优秀遗产。陈元晖十分重视对教育史尤其是中国古代教育遗产的深入挖掘。在陈元晖看来，中国古代丰富的教育遗产在构建"新教育学"的过程中发挥着奠基性的作用，所以决不能忽视积累长达两千多年之久的教育遗产。陈元晖十分推崇《学记》，将《学记》看作中国古代的教学论专著。陈元晖的《中国古代的书院制度》对书院这一具有中国特色的教育机构进行了深入研究，而《卓越的教育思想家——孔子》《孔子的德育思想》《孔子的美育思想》等则奠定了陈元晖在孔子研究方面的重要地位。

陈元晖认为，中国教育学有《论语》《孟子》《荀子》《礼记》四大来源，尤其推崇《礼记》。陈元晖认为："不谈它（《礼记》）的教育学方面的理论贡献，就不可能提高它在儒学中的地位。"[3]102陈元晖还认为："《学记》是一本教学论，是《礼记》中的教学论专文，而《礼记》全书则应称为是'大教学论'的教学论专著。"[3]113这种将《礼记》看作儒家的教育学说的集大成的专著的观点深化了我们对教育学理论研究的认识，也从思想史的维度厘清了中国本土化教育学的发展思路。同时，陈元晖以历史见证人的身份系统总结了五四新文化运动后我国教育学的发展历程，对蔡元培教育思想、凯洛夫教育学在中国的本土化演进、列宁主义教育思想在中国的传播等重要教育学理论问题进行了梳理与反思，并认为，中国教育学未来七十年发展趋势主要是：①新教育学应该是辩证法的；②教育学要与未来学相结合；③人类是面向未来的，没有教育的未来，也就没有人类的未来。中国教育学不只是指教育学要从本国的文化传统中找到自己的根，挖掘其当代价值，也不只是指教育学要以本国的教育实践和教育问题作为发展教育理论之不可或缺之源，而是指中国学者应为教育学发展做出贡献。陈元晖认为，只有在总结了我们的教育学的丰富的宝贵遗产后，我们才能真正摆脱"进口教育学"而有"出口教育学"。这也恰恰是中国学者应为教育学发展做出的贡献。他认为，"对中国古代的教育学理论遗产的继承，不是以引用古人的片言只语为标志，应该是一种系统的总结。当我看到某一本教科书中引了几句中国古人的名言来证实外国某一种理论时常有喧宾夺主之感"[3]71。在陈元晖的思想世界中，教育学者要在"中"与"西"的关系中合理明确中国教育学的发展定位，因为只有明确这一前提才能推动我国教育学的发展。

陈元晖对教育学研究中的"中"与"西"的问题的深刻剖析让我们看到，教育学科不仅要在微观层面处理好"中"与"西"的关系，而且要从宏观上厘清中国教育学发展的整体趋势。其实，近些年来，教育学理论研究者在长期学习和借鉴西方教育理论之后，已经越来越感觉到教育理论缺乏对本土教育实践的关切，全球化语境下的中国教育理论研究也似乎呈现出"东张西望"的特点。于是，在一些学者的疾呼下，近些年来我国教育理论研究渐起"本土化"的反思趋势，"但并未改变中国教育学界与国外教育学界相比的弱势状态"[9]。因此，陈元晖所致力于的"出口教育学"正是从教育学史的视角摆脱中国教育学的道路迷茫与意义失落，率先垂范，试图构建起能够面向世界、走向世界的中国教育学，在将有价值的国外教育理论"引进来"的同时更加关注中国教育学理论"走出去"的发展问题，而这恰恰凸显了陈元晖作为中国教育学研究者的文化自信。

三、实践关怀，积极倡导教育理论与实践的有机结合

教育理论与教育实践的关系是每一位教育学研究者首先面对的重要问题。长期以来，教育理论与教育实践分离的状况一直没有得到较好解决。虽然教育学研究者为此做出了长期努力，但教育理论脱离教育实践、教育实践得不到有价值的教育理论引领的现实仍令人担忧。陈元晖立足中国国情，结合我国教育理论和教育实践的状况，系统阐明了教育理论与教育实践的关系，并率先垂范，进行教育实验，创办东北师大附中等教育实践基地，这些都值得我们深入研究。

（一）教育科学的源泉是实践

1984 年，时年 71 岁的陈元晖针对当时教育理论与教育实践关系模糊的社会现象，撰写了《教育实践和教育科学》一文，发表于 1984 年第 1 期的《人民教育》。他认为，教育学成为一门科学，是总结了前人的教育经验，成为一种指导教育活动的理论，为什么不掌握这一理论去指导实践？为什么还要去摸索前进？摸索前进，事倍功半，而在理论指导下的前进，则可以事半功倍，何乐而不为？可以说，陈元晖始终主张教育理论与实践的有机结合，并多次进行了教育实践。那么，教育理论和教育实践是什么关系呢？陈元晖不赞成把马克思主义经典著作和毛泽东著作看作教育学的源头，也不赞成把凯洛夫的教育学看作源泉，而是认为"教育科学的源泉是实践，新的教育学应当来源于实验学校、重点中小学、工读学校的实践"，同时，"不能忽视前人的实践"[10]。总之，陈元晖十分重视教育学研究中的实践问题，把实践当作教育理论的主要来源。这种实践观在陈元晖晚年体现得十分明显。20 世纪 90 年代，陈元晖曾在一次演讲中回应了当时"教育学的贫困"一说。他说："教育学为什么贫困？无非是两个原因：一个是我们教育科学实验搞得少，对实践经验重视和总结不够；再一个原因就是我们研究的范围太狭窄。"[11] 从本质上说，陈元晖认识到了教育学是连接教育理论和教育实践的科学。理论研究过少或者实践经验不足，都无法切实推动教育科学的发展。陈元晖认为，教育学与人的活动密切相关，如果人们仅仅将教育学看作一种教育现象的总结，就无法形成对教育实践的理论关怀；如果不对教育理论进行多角度、多学科的研究，就无法生成崭新的教育理论，更无法促进教育学科的建设。因此，陈元晖力主教育理论与教育实践的有机结合。从陈元晖的一生来看，他对教育理论和教育实践皆身体力行，始终没有放弃对教育理论的终极追求和对教育实践的现实关怀。他认为，在高校中尤其要倡导教育理论与实践的紧密结合。陈元晖创办了东北师大教育系，鼓励大学生参加中小学的见习、实习活动，鼓励学生毕业后到艰苦地方教书、办学，并一直将这些作为常规的教学活动加以开展，而这主要源于陈元晖当年所开创的教学传统。他认为："高等学校一定要把专业知识同专业实践打成一片。一个只有专业知识但没有专业实践能力的老师，只能把学生培养成书呆子。"[12]47 另外，理论与实践的有机结合也是推动我国特色教育学生成的重要前提。正如陈元晖所说的那样，我们中国的教育学，不大可能产生于某些学者的书斋里，

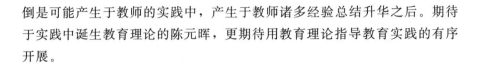

倒是可能产生于教师的实践中，产生于教师诸多经验总结升华之后。期待于实践中诞生教育理论的陈元晖，更期待用教育理论指导教育实践的有序开展。

（二）先办好中学，才能办好大学的教育系

教育理论与教育实践的有效结合首先应表现为教育实践的有序开展。正如陈元晖晚年在研究苏霍姆林斯基的教育理想时所指出的那样："研究教育理论必须有教育实验基地，这从马卡连柯的事业上得到证明，又从苏霍姆林斯基的事业上再一次证实这一真理。研究教育理论不接触学校教育实际，这叫作缘木求鱼。理论不与实践结合，理论经不起实践的检验，都会成为空洞的理论。"[3]44

陈元晖思考、研究教育问题多年，也在不断尝试建立教育实践基地。20世纪40年代在延安期间，他任职于中央研究院教育研究室。1947年，陈元晖担任哈尔滨大学的副教务长兼任教育系主任，并任实验小学校长。虽然我们目前无法考证任职实验小学期间，陈元晖具体的教育实验效果如何，但不可否认的是，陈元晖这段时期的办学理念在日后接续创办教育实践基地的过程中得到了充分体现。1950年，东北大学更名为东北师范大学，时任校长的张如心鉴于学校性质改为高等师范院校，提出要在教育问题研究室的基础上筹建教育系，并请陈元晖负责筹建工作。陈元晖认为："先办好中学，才能办好大学的教育系。"因此，陈元晖提出："先让我办一所附中，然后再办教育系。"[13]这一带有前瞻性的创举让我们看到了陈先生对于教育实践的重视。为支持东北师大进行教育实践活动，当时的东北人民政府将长春市第三中学划给东北师范大学，定名为东北师大附中。陈元晖从1950年至1952年，亲自担任东北师大附中校长。在此期间，陈元晖十分重视附中的教师队伍建设，不仅组织教师学习新的教育思想，安排他们到东北师大进修学习，而且亲自到东北师范大学各系选拔优秀毕业生，计划将东北师大附中打造成国内著名、国际有一定影响的名牌学校。为此，陈元晖提出："附中教师应当是教育家，不要做教书匠。"他要求教师既要有先进教育理论的指导，又要有创造精神。在教师基本素养相对不高的情况下，陈元晖曾多次为全校教师和干部做学习辅导报告，而所有这些努力都成为东北师大附中后续发展的重要源泉。然而，陈元晖留给我们一个重要的命题："教育家"和"教书匠"有何区别呢？四十多年后，陈元晖对此进行了系统反思，认为："使学生闻一知一的教学，是一种'教

书匠'的教学，'匠'的含义是墨守成规，不敢发挥创造性；而闻一知十的教学，则是启发学生积极思维，是'教育家'的教学。教育家的教学和教书匠的教学，区别就在于能否启发学生积极思维。"[14]480 可见，能否将教育理论联系教育实践是陈元晖关注的焦点，也是教育家诞生的关键因素。从这个角度说，陈元晖所进行的教育实践紧扣"人"的问题，从教师入手，以学生个性化发展为目标，而这也成为后来东北师大附中发展的核心理念。

其实，不仅中学教师要成为教育家，大学教师也不能满足于成为教书匠。陈元晖认为："当好大学教师不容易，对自己要有高标准、严要求，因为大学老师对学生成人、成功、成才有极大影响。一个只管教书、不管教人的教书匠是不配当大学老师的；一个不搞研究、只会照本宣科的'传声筒'是无法胜任教学工作的。"[12]46 因此，大学教师要处理好教学与科研的关系，努力成为教育家，不能只是一个教书匠。这在今天深化高等教育改革、提升教育质量方面有着十分重要的意义。

四、视域转换：多学科背景下的教育学研究

陈元晖一生著述颇丰，在教育学、心理学、哲学等领域涉猎广泛，但纵观先生一生的学术著作不难发现，他最为关注的学科是教育学，最为关注的事业是教育事业。这种关注并非一般地涉猎，而是深深地植根于教育事业之中，以"局内人"的身份为教育理论的发展寻求适合的路径，并大胆进行尝试性的探索。陈元晖一生都没有离开过教育理论的研究，这种对教育学的执着与坚守与陈元晖"杂家"的研究取向密不可分，尤其是深厚的心理学和哲学功底更是让陈元晖能够深刻地透视教育理论的基本问题。到了晚年，陈元晖更加关注自然科学，提出要重视自然科学与教育学的关系，而这些命题值得我们深入反思。

（一）先成为深刻的哲学家再写教育学

陈元晖认为，要很好地研究教育或者从事教育研究，拥有良好的哲学素养是十分重要的。陈元晖先生具有深厚的中国哲学、西方哲学和马克思主义哲学修养，特别关注马克思主义哲学中的辩证法观点。在陈元晖看来，我们不但需要从教学方法等技能问题上谈教育，从教学对象的心理样态上论教育，而且更为重要的是要不断地"跳"出教育来反观教育事业，而哲学无疑为教育理论研究提供了一个反思的视角和平台。陈元晖认为，

教育学如果不同哲学结合，就失去了理论基础，缺乏理论基础的学科就不是科学，而教育学之所以长期处于贫困的境地就是由于教育学研究者忽视哲学。

陈元晖毕生都没有离开对哲学的研究，学哲学、用哲学成为陈元晖研究的重要旨趣。他经常说："我学哲学并不是'改行'，我也是想为教育学寻找一朵彩云，把它托上天去。"早在大学读书时陈元晖就特别地选修了佛教哲学和康德哲学。在大学时代，陈元晖积淀了丰厚的心理学和哲学基础，为后来从事教育学研究做好了充足的理论储备。先生1964年出任中国科学院哲学研究所研究员，曾担任《中国大百科全书·哲学》编委会副主任。陈元晖先生曾两次代表中国出席国际康德哲学研究年会，为我国哲学界的康德研究奠定了重要基础。作为我国哲学界有重要影响力的著名哲学家，陈元晖先生在哲学方面有许多精湛的研究，主要表现在三个方面：

一是对实用主义、实证主义的研究。1941年，陈元晖在延安写了《杜威批判》一书，对杜威的实用主义提出了疑问；1952年，陈元晖再次发表《实用主义真理批判》；1954年，陈元晖的《实用主义批判》一书由三联书店出版，紧接着又写了《论假设和实用主义对它的歪曲》（上海人民出版社，1957年）以及《现代资产阶级的实用主义哲学》（上海人民出版社，1963年）等论著。陈元晖对杜威哲学批判的这些著作已成为我国杜威哲学研究不可或缺的重要文献。同时，陈先生一直关注实证主义的评价问题，先后撰写了《近代实证主义哲学批判》《严复和近代实证主义哲学》等论著，对实证主义在中国的传播与发展情况进行了深刻的诊断和评述。

二是对康德哲学的深入研究。从现存文献来看，陈元晖先后发表过《康德的"纯粹理性批判"》《论康德的哥白尼式的革命——康德哲学的特点及其在哲学史中的地位》《康德与近代西方教育思想》等，尤其以1982年《康德的时空观》（中国社会科学出版社）一书为其研究理论的主要标志。

三是对马赫主义的批判。作为西方典型的经验主义思潮，马赫主义曾在哲学界和教育学界产生过重要影响。陈元晖运用列宁《唯物主义和经验批判主义》中采用的思想武器，对马赫哲学进行了深入批判，并写出了《中国的马赫主义》《英国的马赫主义者毕华生和他的著作〈科学入门〉》《十九世纪后期和二十世纪初期的自然科学和马赫主义》《马赫主义批判论文集》《马赫主义》等论著。

　　1981 年春，陈元晖在福州主持召开了全国教育学研究会第二届年会，并作为中国科学院哲学研究所研究员在会上做了题为"美育在人的全面发展中的地位与作用"的报告。在报告中，陈元晖认为，从哲学的角度和美学的角度研究教育科学很有必要。他认为，教育本质和教育基本规律的最终揭示，很可能将借助于哲学和美学的研究。不难看出，陈元晖一生从事哲学、心理学研究的最终目的其实仍是为更好地从事教育学研究做好准备，并不止一次地对身边的助手说："要写出好的教育学必须以哲学、心理学和史学作为基础。"[15]

　　应该说，在我国教育学研究者中从事教育哲学研究的人并不少，但陈元晖认为，这些教育学研究缺乏真正意义上的哲学基础，即便有的研究谈到了哲学也只是"一堆沙石"，而不是"混凝土"。要想真正研究教育学，就要用真正的教育哲学来"教学生哲学地思考问题"，并反对先前那种用形而上的方式来研究教育对象的做法。对教育哲学进行研究就要反对形而上学，所以教育哲学的核心问题是把辩证法引进教育学中来。只有引进辩证法，重新审视教育学的体系构建与话语方式，才能科学地掌握真正意义上的教育哲学。对此，陈元晖认为，真正的教育哲学不能只从哲学家那里去寻找教育哲学，教育哲学应由教育学家来写。但教育学家如果要写出一部真正的教育哲学，则应先成为深刻的哲学家。让教育学家成为哲学家，再去构建教育哲学的体系，无疑会深刻推动教育哲学的发展。而这种独特的教育哲学观也开启了我国教育哲学的新路，使得我国的教育哲学研究在马克思主义哲学的基础上更加关注辩证法在教育学理论研究和实践中的运用。正如陈元晖所说的，只有认真研究这种过程，研究辩证发展的过程，才能编写出真正科学的教育学来。值得注意的是，陈元晖认为中国最早的教育哲学著作应该是《中庸》。《中庸》里朴素的辩证思想深深地吸引了陈元晖，使其不断去思考教育学的问题。陈元晖认为，教育科学应当包括教育哲学，任何一门教育学都是教育哲学，同样，任何一门哲学都是哲学教育学，因为它是教人们如何哲学地思考的学问，是研究如何教学的学问。因此，陈元晖认为，教育哲学不隶属于哲学，哲学也不隶属于教育学，二者应当是并辔而行，并肩前进，或者是你中有我，我中有你。

　　可以说，中国哲学、西方哲学和马克思主义哲学的融会贯通使得陈元晖具有其他教育学家无法比拟的优势，所以他能够从不同的哲学维度审视教育学的基本理论问题，高扬起"新教育学应该是辩证法的"大旗，以马克思主义哲学的视角深度探讨教育实践，为构建真正的教育哲学奠定重要

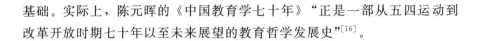

基础。实际上，陈元晖的《中国教育学七十年》"正是一部从五四运动到改革开放时期七十年以至未来展望的教育哲学发展史"[16]。

（二）以扎实的心理学功底推动教育学研究

陈元晖的教育学研究之所以取得如此大的成就，是与其心理学的学术背景分不开的。

陈元晖1936年考入中央大学心理学系，开始从事心理学方面的学习和研究。当时的中央大学心理学系由我国著名的心理学家潘菽任系主任，聚集了大批心理学人才。大学期间，陈元晖学习刻苦，思想进步，其论文多次获得相关奖励。同时，他的毕业论文以较难的"知觉单元形成之条件"作为研究主题。

陈元晖先生作为著名心理学家，他在我国心理学界有重要的学术地位和影响。1955年，陈元晖当选为中国心理学会第一届理事会常务理事；1956年，兼任《心理学报》副主编；1960年，续任第二届常务理事。"文革"结束后，中国心理学会得以重新调整，陈元晖于1978年、1981年连续担任中国心理学会理事会副理事长，并担任教育心理专业委员会主任，为中国心理学会的创立、恢复、调整做出了突出贡献。同时，陈元晖还是《中国大百科全书·心理学》的编委会副主任。这里不能不提到陈元晖的《心理学的方法学》《论冯特》以及有关巴甫洛夫和皮亚杰的研究。陈元晖在《心理学的方法学》一文中，强调重视自然实验法的意义。该文肯定了实验法及数学法对科学心理学的方法论意义，重申了巴甫洛夫条件反射法心理学研究的正确性。陈元晖于1979年撰写的《论冯特》一书是"文革"后我国出版的第一本心理学著作，这无疑是一个重大的突破。

陈元晖对心理学的研究始终与其教育学研究密不可分。早在1941年，陈元晖进入中央研究院教育研究室从事教育研究工作时，便进行了批判杜威和筹建心理学实验室两项任务。对于心理学的实验研究，连陈元晖自己也承认："心理学是实验的科学，我的工作环境缺少实验室这一类研究条件，所以就没有什么成果可以向读者报告。"1958年，全国心理学界大争论后的陈元晖更加注重对巴甫洛夫、皮亚杰等西方心理学家的引介和研究，对心理学界鼻祖冯特的研究更是为我国心理学研究提供了丰富的素材。其中，他在1963年发表的《皮亚杰论儿童的逻辑思维》一文中不仅公正地评价了皮亚杰对儿童心理发展研究所做出的卓越贡献，而且重点论及了皮亚杰将数理逻辑运用于心理学研究的重要意义。另外，陈元晖也是曾与心理学家皮亚杰见过面的我国少数学者之一。

自 1962 年到 1963 年的两年间，陈元晖作为中国心理学会教育心理研究会主任，先后在上海、广州、天津、长春和北京等地召开的心理学会议上进行了八次学术报告。1980 年，陈元晖在《论濡化》（《社会心理研究》，1990 年第 1 期）一文中提出用"濡化"概念来解释高级心理学的发展，呼吁社会心理学研究者应积极汲取多学科营养，努力尝试将社会学、人类学的理论及方法借用过来，不断丰富社会心理学研究。同时，他指出教育心理学的产生和发展应该源于教育实践，但高于教育实践。在陈元晖的倡议下，中国社会心理学研究会成立，陈元晖任首届会长，为我国社会心理学的发展奠定了重要基础。值得注意的是，陈元晖先生在报告中着重讲了教育学的相关问题，如，以"教育学研究的若干问题""资产阶级教育思想批判的几个问题""现代资产阶级实用主义哲学""实用主义教育观——教育即生长"等为题的专题报告。这些专题报告在全国教育心理学和教育学专业领域引发了强烈反响，对当时的教学改革无疑是一次积极的促进。以心理学和哲学为基础来开展教育学研究，这在我国教育学理论领域中并不多见，而这也成为陈元晖在教育学领域中贡献颇大的重要因素。

（三）要重视教育学与自然科学的关系

虽然教育学可以成为一门独立科学，但这并不意味着否认教育学与其他学科共生共融的发展趋势。陈元晖十分重视教育学的学科发展问题。他认为，"教育学仍要开放门户，吸收最新的其他部门的科学成果，充实它，丰富它，并巩固它的科学地位，孤立无援将难以使其地位牢靠"[14]494。而在陈元晖看来，充实并丰富教育学最需要的是来自自然科学方面的知识补充。

陈元晖认为，我们搞教育学的老师，很少考虑自然科学的问题，很少考虑自然科学有翻天覆地的发展，很少想伸手去自然科学里边拿一点东西过来。为此，陈元晖先后撰写两篇文章来论证教育学与自然科学的关系，即《"一般系统论"与教育学》和《科学与教育学》。在《科学与教育学》一文中，陈元晖谈到教育学研究者应懂得一般系统论等自然科学的新发现，但很多教育学研究者并不愿意把知识面加以扩展，吸收别人的东西，这让陈元晖很不解："自然科学发展得这么厉害，影响了社会科学没有？到底自然科学影响社会科学的哪些方面？自然科学对教育学有没有影响？……我感觉教育学的突破，还得靠自然科学，要重视自然科学，要研

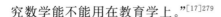

究数学能不能用在教育学上。"[17]279

陈老写过多篇关于"新三论""老三论"与教育问题的论文，并十分关注科技发展。陈元晖认为，要学会用自然科学的方式来思考教育问题，重视研究教育规律。例如，陈元晖曾类比地说道，养猪养牛养马都是学问，甚至都是科学，人比马、比牛、比羊复杂多了，但为什么培养人的学问不是科学呢？你没有研究出来不等于没有，不等于不存在。这个类比不仅将教育学置于科学史的视域之下，而且增强了教育学学科的独立性和科学性。陈元晖满怀信心地说："教育学不仅不会从科学史上消失，还会发展壮大，成为一门与物理学并驾齐驱的学问。有人类就有教育，有教育就有教育理论，有教育理论就有教育学。"[3]68 这种对教育学的信心支撑起陈元晖发展教育学科的强大信念和严谨的学术态度。从这个意义上讲，我们也能进一步体会到陈元晖要寻找把教育学"托上天空的彩云"的思想前提。

五、与时偕行，深入思考教育学的学科定位与创新

陈元晖多次说要寻找把教育学"托上天空的彩云"，实际上就是要不断夯实教育学的发展基石，切实构建中国教育学理论体系。为此，陈元晖不断回应他人对教育学的诸多质疑，对教育学的学科定位等进行了深入研究，并对坚守马克思主义的方法论等问题进行了缜密的分析和独特的判断。

（一）教育学是"使人聪明之学"

教育学究竟是一门什么样的学科？它能否成为一门相对独立的学科？这两个问题即便在当代也不断受到质疑和拷问，就连"很多从事教育学教学和研究多年的同志，也愈研究愈怀疑，愈教愈觉得信心不足"[14]490，而教育学正在这种争议中不断向前发展。陈元晖从当时的时代背景出发，将这些争议从三个方面加以反驳：

一是教育学究竟能否成为实践科学？很多人将教育学仅仅看作实践科学，似乎只有实践才能表征教育学的原本内涵。这种忽视理论的观点遭到了陈元晖的反驳："实践必须有理论的指导，才不至于盲目，而理论必须经过实践的检验，才不至于空洞。理论必须联系实际，这是教学活动的天经地义的原则。"[14]491理论与实践相结合的观点使陈元晖看到仅仅将教育学看作实践科学的观点是盲目而自发的，真正科学的教育实践必须要有科学

的教育理论作为指引，而这也促使陈元晖更加坚定了教育理论研究的信念。

二是教育学究竟能否成为群众科学？很多人仅仅将教育行为看成人类的一种主动行为，而忽视了教育理论的指导价值，使得教育学在人文社会科学中的地位逐渐下降。陈元晖鲜明地指出了教育学理论的重要性，认为："教育学是教育学家长时间地、多层次地思维和实践的产物。自然，这种产物是否是真理必须经过实践的反复检验。可以说，教育学家是教育行为的先知先觉人物。"[14]492 这种对教育学家的高度评价不仅超越了教育学的一般共性，而且提升了教育学的时代地位，并提升了教育学家作为社会科学家的学术身份。

三是教育学究竟能否成为独立科学？很多人看到教育学研究者在进行教育现象分析和教育理论研究时所依凭的心理学、伦理学、哲学等学科门类，而忽视了教育学自身的学科逻辑。陈元晖认为："人类的教育行为有它的自己的规律，是培养人类的智能、提高人类素质的一门学问，完全有资格列为一门社会科学。"[14]492 陈元晖的观点不仅从学科内容上规定了教育学的学科性特征，而且从逻辑上指出了教育学作为一门社会学科的重要价值，从而在一定意义上拓展了教育理论研究在人文社会科学领域内的话语权。

陈元晖经常以"举一反三"为例，认为成功的教学不仅是授予学生以知识，更重要的是启发学生思维，认为"教育学不是记问之学，而是使人聪明之学"。这句话成为陈元晖教育思想的核心。陈元晖认为，教育学"是为了使学生聪明，不是使学生记住好多东西，重点应该放在培养思考能力上，不是培养记忆力"[17]280。教育学既不是实践科学，又不是群众科学，更不是独立科学，而是以培养学生思考能力为重点的科学，是一门"使学生聪明之学"。这种观点深刻地折射出陈元晖作为一代教育学家所具有的学术态度和学科信念，对于摆脱教育学研究者的诸多盲动行为具有重要的启示作用。陈元晖的夫人赵洁珍女士也证实："他一直是这样一个想法，你有什么教育思想你应该实践，才能得出结论。教孩子，不在于教他记多少东西，学多少东西，而在于把他教聪明了，有自学能力，自己懂得怎么去学习。"[18]

（二）把教科书编慢一些，先搞专题研究

陈元晖一直很关注教育学教科书的编研问题。陈元晖认为，教育学的表面繁荣不能遮蔽教育学发展的困境——"千人一面"或"大同小异"。首先，这种困境表现在方法学上，因为方法的单一化难以促进教育学的发展，所以教育学应向自然科学学习，不断进行方法论方面的创新；其次，表现在教育学的研究者习惯于闭户研究，对那些与教育学关系密切的学科充耳不闻；再次，是由相关学科所延伸过来的困境，虽然这些都是教育学学科发展过程中不可避免的问题，但这种盲从于其他学科的现象显然不利于教育学的学科建设；最后，这一困境表现在形而上学的片面的研究视角。时至今日，教育学教科书名称各异，纷繁复杂，花样迭出，但真正兼具教学与研究功能的教科书并不多见。可以说，陈元晖对教科书编写困境的总结对于今天我们编撰教育学科教科书仍具有重要的启示。

陈元晖在筹建东北师范大学教育系的过程中遇到了许多难以预料的难题，其中一个重要难题便是开设哪些课程、编写什么样的教材等。为了解决这些难题，陈元晖带领一部分老教师，借鉴苏联办教育系的经验和翻译过来的少许教科书，边学习，边讨论，边研究，"硬是在一年时间里，初步确定了新的教育系的课程设置，完成了教材建设任务"[12]46。陈元晖在这一过程中不仅考虑了教育系组建的相关问题，而且完成了教育学学科体系构建的探索性实验，为中国教育学科的教学和研究工作做出了奠基性的贡献。然而，在陈元晖看来，教科书编写并不是最急迫的，很多教师为了编写出具有自身特点的教育学教科书而"抄来抄去"，缺乏自己的真知灼见。陈元晖以康德的《论教育学》为例，认为康德的弟子之所以能将康德的批注辑录成书，就在于康德虽然在大学任教四十一年中没有编写过一本教科书，但康德总是以批注的巴泽多的书来作为课本，并将自己的评述作为课堂的内容。陈元晖列举这一事例旨在说明，"这四十年来教育学没有相应的发展，就是老师都把精力放在了编教科书上"，所以陈元晖建议应"集中精力搞专题研究"，因为"没有专题研究就没有新的教育学出来"。[17]276 这种"新的教育学"首先应突破凯洛夫教育学的长期影响。陈元晖认为，现在要想写出比凯洛夫更高明的一部教育学，应该重新考虑"四育"或"五育"这种长时期不变的结构。在"四育"或"五育"中，德育中有智育，智育中有德育，它们之间是我中有你、你中有我的关系。因此，陈元晖认为："'四育'是一个小系统，教育学是个大系统，我主张从大系统中论述教育学理论，从综合和统一中来阐述各'育'的基本理论和要求……分开论述，固然方便于安排材料，眉目清楚，但往往会顾此失彼或'各自为政'。"[3]23 因此，编写新的教育学教科书要在实践层面关注教学的需要，在理论上关注传统观点的弊端，在体系上关注既有编写模式的缺陷，在程序上从关注研究专题开始。陈元晖对于教育学教科书编写问题的思考对于今天重新撰写当代教育学教科书无疑具有重要的理论价值。

（三）坚守马克思主义的研究方法论

科学的方法论是引领教育研究的重要因素，也是陈元晖重视教育研究的一个切入点。可以说，陈元晖经历了很多教育思潮的争辩，但当陈元晖接触到了马克思主义后，就再也没有动摇过马克思主义的教育研究立场。"他对马克思主义的信仰坚定不移"[16]4，主张"在教育研究中坚持马克思主义的立场和方法"[19]2，并用马克思主义的观点和方法评判教育学发展史的诸多人物和事件。如，陈元晖《论王国维》一书就运用了马克思历史唯物主义观点来研究王国维的学术思想、学术贡献、学术影响和治学精神。就陈元晖的知识发生体系而言，如果说最先进入陈元晖视野的是国学知识，那么康德的批评哲学则使陈元晖洞悉了经验论及独断论的缺陷。可以说，辩证唯物论深深地在陈元晖的思想中打上了辩证分析的烙印。

陈元晖多次提出要重视教育学科的指导思想和方法论，并建议东北师范大学教育系要有人专门研究马克思主义教育思想，应该把它作为一门指导思想来研究，并鼓励青年教师坚定马克思主义教育思想的研究信念，尤其主张将马克思主义的辩证法运用到教育学中，分析和解决各种问题。如，陈元晖对康德、马赫主义、杜威等人所代表的哲学流派和哲学著作都有相当深刻、系统的研究和评价。1956年，陈元晖撰写《无神论浅说》一文，用通俗的语言大力宣传马克思主义的唯物论和辩证法思想。1957年，陈元晖又撰写了《范缜的无神论思想》的长篇学术论文，并将范缜的《神灭论》翻译成现代汉语，同时发表了考证论文。可以说，在20世纪50年代，陈元晖所撰写的这些论文以及所做出的大量工作，有力地抵制和打击了一度泛滥的唯心主义思潮，对于宣传马克思主义发挥了重要作用。

1960年，在列宁九十周年诞辰之际，陈元晖写了《列宁和自然科学》的长篇学术论文，对马克思主义与自然科学的发展做出了系统而有力的论证。正如徐毅鹏所说："陈元晖是中华人民共和国成立后最早用马克思主义研究中国教育和教育理论的学者之一……先生的'大道之行'就是他对中华民族优秀文化传统的继承与弘扬的不懈追求。"[6]42在学习苏联教育学的高潮时期，陈元晖调到人民教育出版社，直接或间接地参与了许多师范教育图书的策划编写和编辑出版工作，为马克思主义教育思想在中国的传播做出了不容忽视的贡献。

值得一提的是，在马克思主义教育学取代教育科学的时代里，陈元晖仍坚持进行教育学科学体系研究。他认为，"经典著作和毛泽东同志的著作是可以为我们提供分析教育现象的正确立场和科学的观点方法，但还不能说他们的某一种关于教育的意见就科学地概括了全部的教育规律，就是最系统、最完备的教育理论了"。也正因如此，陈元晖的文章历来为学界所关注。黄济认为，陈元晖"有着心理学、教育学和哲学等多方面的知识，又有丰富的革命经历和马克思主义的理论修养，因而在他的文章和专著中，既有一般老学者的扎实知识基础，又有马克思主义方法论的指导，还有长期革命教育的实际经验，因而他的发言和文章便持之有效，言之成理"[20]7。坚守马克思主义的研究方法论使陈元晖认识到教育学科学化研究的艰辛，但这丝毫没有影响陈元晖的研究。

六、严谨求实：兼收并蓄、从善如流的教育风范

兼收并蓄，从善如流，在学术研究中"不囿于门户之见"[21]是陈元晖生前留给后人的精神写照。在以教育为坐标原点的生命历程中，陈元晖深深地影响了一大批教育学者。这中间，既有他所指导的博士研究生，又有在他的研究生班听课的学生；既有年龄与之相仿的亲朋故友，又有与之原来素不相识的教育学晚辈。

（一）永难忘怀的同事追忆

王逢贤于1953年从北京师范大学研究生班毕业，然后回到东北师范大学教育系给时任系主任的陈元晖做助教。在王逢贤的回忆中，陈元晖在课堂上很少引经据典，但"基本上是通俗简洁，概念明确，逻辑清晰"。有人认为，陈元晖不论从他的革命经历、知识还是工作能力等方面来看，到某些党政部门担当领导工作，总比整天关在他那两间小书房里埋头读书写作好很多。对此，也有人直言相劝过，可是他对做学问、对教育学已铁了心，矢志不渝。这种对教育学的执着而质朴的情怀深深地感染了东北师范大学教育系的师生们。陈元晖的工作间仅仅是"一个能坐40人的小教室，屋内只有3排15架图书，一张两屉办公桌和他坐的一个小板凳"，初次看到这样简陋的工作条件，令人心灵深处"受到了震撼和洗礼"[12]45。

陈元晖"为人耿直，学风严肃，在学科评议组会议上，总是秉公办事，对学术问题一丝不苟，总会直截了当地提出自己的意见"[19]2。这是因

为，陈元晖不仅是"杂家"，而且是一位"知识广、经历丰富、贡献突出、学贯古今、为人率直、生活简朴的革命学者"[20]6。"搞科研、写文章、说话一定要有事实和数据依据"，陈元晖"从来不说空话、大话，这个给我们留下的印象很深"。陈元晖总是说："做学问，要坐十年冷板凳，才能有所成就。"[22]13 "读书、做学问必须掌握第一手材料，这是学术发展的源泉。"[12]46

（二）"为人向下"的师生情结

在陈元晖的学生和朋友的记忆中，陈元晖为人耿直，安贫乐道，平等待人，深受后辈的尊敬和爱戴。"先生出行讲学，想见他的人不是旧交便是新友，但他总是把后辈介绍给朋友。"[12]48 陈元晖这种"为人向下"的高贵品格给很多学生留下了深刻印象。

陈元晖对青少年学子严若父；对他工作过的学校和培育过的学生，总是念念不忘。在这些学生中，尤以王炳照对陈元晖的感情最深。当代教育史专家王炳照曾是陈元晖研究生班的学生，陈元晖对王炳照费尽心血，而王炳照也对陈元晖尊崇有加，甚至王炳照"在病危之际，为编纂《陈元晖教育文集》，还让学生到病床前一字一句地读文稿给他听，其深切的师生之情，难以言表"[20]9。

后人的追忆永无止境，"中国现今的教育科学，要想有自己的气派、特色和风格，这条路还很漫长，所以我们更应该吸取老一辈教育家总结的经验，学习他们严谨治学的精神，摒弃浮躁之风和功利主义"[22]14。陈元晖留给众多教育学后人的学术影响让我们感觉到，他并未远去，其思想永驻，其风范长存。正如陈元晖指导过的博士方文所说的，陈元晖先生自觉地实践作为学者的人文理想，以其文章道德为表率，超越了有限的生命，而融入奔腾不竭的智慧之流。

（三）学术风范的深刻影响

虽然陈元晖的学术研究"不囿于门户之见"，但陈元晖并不反对学术流派的存在。恰恰相反，陈元晖在晚年曾深刻地指出："有学术流派的存在，才有百家争鸣的需要，才能活跃学术的讨论，真理才易于求到。中国教育学界就是因为没有不同的学派，所以也没出百家争鸣的学风，这就是教育学这一门关系人类百年大计的科学不能有长足进展的重要原因之一。"[3]38陈元晖的这一观点无疑挑明了中国教育学饱受争议并难以迅速发展的原因，所以他认为中国教育学要想得以更有效地发展必须高度重视教育理论研究以及不同观点的争鸣问题。

学风是教育学理论研究的重要支点，也是陈元晖一直关注的焦点。20世纪 50 年代初，在东北师范大学教育系创建初期，陈元晖便十分重视教育学科的建设，尤其重视教育学基础理论的学习和研究。他不仅组织教师学习新的教育思想，同时着力选拔与培养青年教师，或选派教师出访深造，或组建研究生班加以培养。为此，陈元晖亲自主讲教育学课。在教育学科的学习中，陈元晖要求学生应首先学好教育学、心理学、教育史的理论和相关知识。1990 年秋，陈元晖在东北师范大学教育系做报告时就专门以学风问题作为寄语。他说，搞理论工作要避免"两注"，而是要动脑筋自己去想自己的心得，同时，要力戒"四言"，即不要言不由衷、言过其实、言不及义以及言而无信，这些牵涉"学者的品质与品德"[17]281 的问题恰恰是陈元晖晚年特别关心的话题。这种科学而严谨的教风与学风，一直深深地影响着东北师范大学教育学科的发展，使得东北师范大学在教师教育、农村教育、教师培训等领域逐渐形成了自己的品牌，而这与陈元晖当年的开创之功密不可分。正如陈元晖所说："教育学是百年树人之学，是培养人才之学，是提高人类素质之学。"[14]490 从这个意义上说，凝心聚力、努力建设好教育学理应成为东北师范大学教育学科发展的内在要求。

瑞士著名心理学家皮亚杰认为，在 1935 年至 1965 年的几十年时间内，几乎所有的我们所谓的自然科学、社会科学或人文科学中，都能够提出一些伟大的作者、具有国际声望的人物的名字，却没有出现过伟大的教育学家。皮亚杰对于教育学家的苛求也时常令当代教育学研究者反思：我们应以何种标准来界定教育学家？教育学家的生成为何如此艰难？但不可否认的是，一个成功的教育学家必定是一位教育家，必定是一位"以教育为志业，追寻和守护教育的普遍价值，并把这些价值贯彻在学校教育实践中的人，是把教育理想转变为教育现实的人"[23]。就此而言，陈元晖理应成为现代中国教育学发展史上当之无愧的教育学家。陈元晖先生毕生致力于教育理论研究，做出了许多具有开创性的理论贡献。他所创办并担任多年校长的东北师大附中如今是国内高级中学中的翘楚；他所关注的哲学、心理学学科与教育出现了协同创新；他所执着追寻的"彩云"也正在艰难地将教育学"托上天空"，成为人文社会科学的重要阵地。对于这样一位在教育理论与实践领域均有造诣的大家，我们只有将缅怀与追忆化为推动教育理论研究的精神动力，才能真正实现陈元晖的教育梦，才是对陈元晖最好的学术告慰。而这正如公木先生在陈元晖挽词中所写的那样："生得其所久，死而不亡寿；薪灭火也传，光前复耀后。"

当然，任何一位教育学者都不可能是完美无瑕的，总是不可避免地受到来自时代、社会的诸多影响，所以教育学者也往往在"应为""可为"与"能为"间选择。作为后来者，我们是不能苛求前人的。"一生布衣，半世坎坷。唯读书是好，非真理不从。"赵洁珍女士在陈元晖墓碑上撰写的这段文字是陈元晖对教育学家之路的最好写照。

参考文献

［1］王炳照. 陈元晖教育文集［M］. 南京：江苏教育出版社，2011.

［2］陈元晖. 中国教育学七十年［J］. 北京师范大学学报（哲学社会科学版），1991（5）.

［3］陈元晖. 中国教育学史遗稿［M］. 北京：北京师范大学出版社，2001.

［4］方文. 原道之路：学习陈元晖先生著作的一点体会［J］. 社会心理研究，1996（1）.

［5］陈元晖. 实用主义教育学批判［M］. // 陈元晖. 陈元晖文集：中卷. 福州：福建教育出版社，1992：575.

［6］徐毅鹏. 我与陈元晖先生交往的十六年［M］. // 于伟，李桢，缴润凯. 教育学家之路：纪念陈元晖先生诞辰一百周年集. 长春：东北师范大学出版社，2013.

［7］陈元晖. 教育科学研究的若干问题［J］. 教育研究，1981（2）.

［8］陈元晖. 教育实践和教育科学［J］. 人民教育，1984（1）.

［9］叶澜. 中国教育学发展世纪问题的审视［J］. 教育研究，2004（7）.

［10］徐毅鹏. 陈元晖谈哲学教育学研究中的问题［J］. 吉林日报，1980.

［11］陈元晖. 美育在人的全面发展中的地位和作用［M］. // 中国教育学会教育学研究会. 论教育和人的全面发展. 北京：人民教育出版社，1982.

［12］吴玉琦. 我最敬仰和怀念的一位大师［M］. // 于伟，李桢，缴润凯. 教育学家之路：纪念陈元晖先生诞辰一百周年集. 长春：东北师范大学出版社，2013.

［13］赵家骥. 陈元晖先生生平与学术思想［M］. // 周毓方. 群星璀璨：我们心中的东师名人. 长春：东北师范大学出版社，2008.

［14］陈元晖. 教育学不是记问之学，而是使人聪明之学［M］. // 陈元晖. 陈元晖文集：上卷. 福州：福建教育出版社，1992.

［15］徐毅鹏. 回忆教育学家陈元晖：纪念陈元晖 90 周年诞辰［J］. 吉林教育，2003（12）.

［16］潘懋元. 一位教育与哲学双辉的学者［M］. // 于伟，李桢，缴润凯. 教育学

家之路：纪念陈元晖先生诞辰一百周年集. 长春：东北师范大学出版社，2013.

[17] 陈元晖. 谈谈教育学成为一门科学的五个前提问题［M］. ∥于伟，李桢，缴润凯. 教育学家之路：纪念陈元晖先生诞辰一百周年集. 长春：东北师范大学出版社，2013.

[18] 赵洁珍. 忆元晖［M］. ∥于伟，李桢，缴润凯. 教育学家之路：纪念陈元晖先生诞辰一百周年集. 长春：东北师范大学出版社，2013.

[19] 顾明远. 怀念陈元晖先生［M］. ∥于伟，李桢，缴润凯. 教育学家之路：纪念陈元晖先生诞辰一百周年集. 长春：东北师范大学出版社，2013.

[20] 黄济. 温良敦厚、融汇中西的学者、教育家：纪念陈老 100 周年诞辰［M］. ∥于伟，李桢，缴润凯. 教育学家之路：纪念陈元晖先生诞辰一百周年集. 长春：东北师范大学出版社，2013.

[21] 苏国勋. 师从陈元晖先生小记［M］. ∥于伟，李桢，缴润凯. 教育学家之路：纪念陈元晖先生诞辰一百周年集. 长春：东北师范大学出版社，2013.

[22] 滕纯. 忆元晖先生［M］. ∥于伟，李桢，缴润凯. 教育学家之路：纪念陈元晖先生诞辰一百周年集. 长春：东北师范大学出版社，2013.

[23] 金生鈜. 以教育为志业：教育家的精神气质［J］. 中国教育学刊，2011（7）.

［本文原载于《中国教育科学》，2013 年第 4 期］（于伟　张聪）

往事并不如烟
——追忆王逢贤老师

我国当代著名教育学家、东北师范大学终身教授、我的授业恩师王逢贤先生离开我们快一年了。一年来，我积极组织编写纪念王老师的文集，有机会看到王老师的一些原始档案。为了拍摄王老师的纪录片，我和我的研究团队分赴北京、南京、上海、武汉和大连等地，走访王老师的故交、亲友和学生，对王老师的认识又进了一步。人们常借"往事如烟"来感慨时光的流逝，然而，每当我回想起王老师的谆谆教诲与殷殷嘱托，回想起他对教育基本理论问题尤其是德育研究的深度关切，就不免思绪万千，往事历历在目。

一、追忆：初识王老师

初识王逢贤老师是在 1983 年 9 月初，距今已有三十多年。那时，王老师给我们讲德育原理。这年暑假，东北师范大学教育系由王老师牵头举办了一期全国性的德育原理研讨班，当时我是本科生，暑期在系里值班，参与了接待工作，因此，对这个班有印象。王老师为这个班编印了约十万字的书——《德育原理纲要》。王老师给我们讲授的德育原理，用的就是这本书。这本书是以他发表的德育论文为主整理加工而成的。

从 20 世纪 50 年代开始，王老师就研究并撰写思想教育、德育方面的论文。如，1959 年，31 岁的王老师撰写了一篇长文，即《关于普通学校思想政治教育的几个问题》，发表在中国科学院吉林分院教育研究所编辑出版的《教育研究文集》第二集一分册上，写作的时间是 1959 年 11 月，落款是"吉林师范大学教育系教育学教研室教师"。时隔 20 年，王老师在《教育研究》1979 年第 3 期上发表了一篇非常重要的论文，题为"学校德育过程特点初探"。在这篇论文中，王老师提出了德育的多种开端，首次总结了著名的"知情意行"的德育过程论。如今，他主张的"知情意行"多种开端以及德育过程特点的思想，已经成为全国德育教材的重要内容，甚至成为常识，这是王老师对我国教育理论界、对德育研究的重大贡献。

另外，这篇论文也奠定了王老师在国内德育界的领先地位。同时，这篇论文是王老师给我们授课的一个重要内容。

在王老师的课上，他的讲课纲要的第七讲是《教育爱和陶冶教育》。这一讲是以他1980年发表的题为"爱的教育，陶冶教育新探"为基础整理而成的。文中，王老师谈了这样几个问题，即"救救孩子"与教育的信仰危机，提出"教育爱"是教育力量的"能源"，谈到了陶冶教育过程的特点，所以这一讲给我留下了深刻的印象。

王老师还给我们讲了《少年期的本质特征和教育》，即第八讲，是以他后来在《教育研究》上发表的《少年期的本质特征与教育的几个问题》为基础整理而成的。这篇文章主要谈了该怎么看待少年期的问题，王老师对此有很多重要观点。他主要围绕以下几个问题展开：①少年期的本质特征是危险性还是独立性？②少年期的自我意识和自我教育能力的培养；③少年期是反抗性最强、最难教育的时期，还是可塑性最大、进行教育的最佳时期？王老师比较早地进行了顺境和逆境对青少年成长的影响的分析，并阐明了后来影响深远的是"以防为主"还是"放中有防"等观点。后来，我跟王老师读博士，王老师给我讲了这篇文章的来历。1983年，王老师参加了一个会议。当时，《教育研究》的一位总编觉得这篇文章非常好，就对王老师讲："老王，你开完会路过北京的时候，在北京停两天，把这个稿子修改一下，在《教育研究》发表。"我在王老师那里看到过这篇文章的最初修改稿，而这篇文章发表之后也的确引起了较大反响。

我那时是德育原理课的课代表，现在还能想起王老师在黑板上写"马卡连柯"、讲"教育爱"的情景。王老师的教学注重趣味性，深入浅出、结合大量一线的案例进行讲解是他授课的最大特征。譬如，谈到教育机智时，他多次引用马卡连柯的话说，对孩子要学会用不同的说法讲"你过来""你到我这里来"等，意思就是教师要有很好的教育技能、教育智慧和教育素养。王老师出题考试愿意使用案例分析题，当考试时，他会出一些案例题目让我们解答。后来，在博士生入学考试时，王老师也用案例分析题来测试学生。王老师曾嘱咐我："你读书多是好事，但是不能猎奇，不能不求甚解。"三十多年前的这句话至今铭刻我心，时时激励自己：读书，愿意读书，读书多是好事情，但是不能不求甚解！

二、师恩：我的博士生涯与王老师

1985年，本科毕业之后，我留校做教育系分团委书记。1994年初，当时我刚评上副教授，我就到王老师家去跟王老师说我要考博士。王老师说："你别考博士了，你做你的学生工作吧。你能坐住板凳吗？能做学问吗？"搞研究就是要"坐冷板凳"。王老师就这样婉言谢绝了我的申请，我就没好意思继续坚持，所以，第一次报考博士就这样失败了。后来，我也经常跟王老师接触，但再也没有提报考博士的事。

我做东北师范大学教育科学学院党总支副书记的时候，有一次，院党总支要向学校推荐中宣部"五个一工程"奖候选论文，我推荐了王老师一篇 1993 年发表在《东北师大学报（哲学社会科学版）》的题为"中国教育的现代化与跨文化交流结合点的探索"的文章，而且这篇文章被《新华文摘》全文转载了。该文是王老师在加拿大出席中加合作项目的国际会议时发表的一篇重要报告。这篇论文获得了中宣部"五个一工程"论文奖，王老师还去北京出席了颁奖典礼，我在中央电视台的《新闻联播》中看到了王老师的镜头。

2000 年 6 月，我回到教育科学学院做分党委书记，跟王老师有了更多的接触。2001 年 10 月的一天，王老师对我说："你想不想读博士呀？你要想读我就带你。"我说："我考！"我是 1998 年评教授的，好几年没有考博士的想法了。2002 年，我顺利考上了王老师的博士生。这是我人生中的一件大事情，使我有机会接受系统的、正规的、严格的学术训练，有更多机会跟王老师接触，向王老师学习。

我家离王老师家不到千米，我经常是晚上六点钟以后到王老师家，基本上要待到晚上十点半，主要是听王老师讲，听王老师讲天下大事。正是在王老师的耳提面命中，我深切感受到老师博大的胸襟与开阔的视野，以及对人类文明的大问题尤其是对人的终极关怀问题的关注。王老师常说，自己能写出来的只是自己思想的十分之几，能说出来的只是自己思想的三分之一。

在读博士期间，给我留下深刻印象的事情，除了每周到王老师家中长谈之外，就是王老师给我们授课。王老师给我们主讲两门课，一门是大课——世界教育理论重大前沿问题，所有博士生都上；另一门课是小范围的课，只给几个人上，讲的是教育过程论前沿问题。这两门课都是王老师从 20 世纪 80 年代带博士生就开始讲授的。他讲课的内容均是国际及国内关注的重大的理论问题，如教育的新属性、教育产业的性质、教育先行论、教育投资论、教育体制结构论、教育功能全方位和重心移动论、现代人的素质与教育目标论、全面发展教育结构层次论、教育过程优化论、整体教育改革论、全程全人教育管理评价论等，我们听了很受启发。我的博士论文选题就来自王老师讲的世界教育理论重大前沿问题中的第十七个专题——关于存在主义、后现代主义与教育理论的问题。

王老师上课时挥洒自如，不拘一格，不受时间限制，他已将授课提升为一门艺术。王老师备课极其认真，虽然讲了十几轮（到我们那时候讲了快二十年了），但每次讲课时，他上课之前都要写提纲、查资料，往往要准备到半夜。第二天讲起来，王老师如果计划要讲四个问题，往往一个问题没讲完就到下课时间了。他的授课内容极其丰富，有很多他自己原创的思想，我至今还保留着听王老师课时所做的笔记。后来，我不顾王老师的反对录制并保存下了王老师给博士生上课的音像资料。现在，王老师不在了，我们能做的就是把王老师生前讲课的音像资料整理出来，而这是我们学校也是我们国家教育理论界一笔难得的财富。

在读博士期间，王老师的人格、观念和价值观对我影响极深。王老师专门给我们讲读博士不能以拿文凭作为主要目的。他强调：做研究生，特别是读博士，应当有献身教育研究的精神。他常说，研究生不仅要做学问，还要坚持做人，并说学者的本色就是不做跟着感觉走的低俗人，而做一个对真善美和假恶丑爱憎分明的高雅人。他主张，在研究中应淡泊名利，以学术为生命，尽享治学之乐；坚定学术无禁区，对治学中的成败和风险，要做到不唯书、不唯上、不唯情，刚正不阿。王老师还讲，在攀登学术高峰的征途中，要做到不怕艰苦、锲而不舍，敢于独树一帜。他说："写博士论文不要怕失败，我主张博士论文失败了也可以给博士学位，无非是证明像自然科学一样，经过实验证明，有的方法是不行的，有的思路是不行的。因此，我们要鼓励这种探索，虽然难以保证所有探索都是成功的，但不冒风险就没有创新，不冒风险就没有原创。"王老师总嘱咐我要坚持读书，坚持思考，要坐住板凳。这些充分体现了王老师有强烈的历史使命感、社会责任心和忧患意识，有独立思想、批判精神、理论兴趣及创新勇气，也有对学生关爱、负责和诲人不倦的师道风范。

三、铭心：我参与王老师著作的整理出版

在读博士期间，我遇到了一件事情：人民教育出版社在"十五"期间设立了一个国家重点图书出版规划项目，这个项目叫"中国当代教育论丛"，就是为从1978年以来在我国教育理论界有重要影响的一些理论家出版文集，第一批有十位，其中就有王老师。人民教育出版社多次约王老师出版一本文集，但都被王老师以种种理由推辞了，说："我不是理论家，

我写的东西好多都没有什么价值。"后来，经过编辑的反复劝说，以及柳海民老师和我反复做工作，才使他勉为其难答应出版一本自选集。我有幸全程参与了王老师这个文集论文的选取工作。在这个过程中，我深刻地感受到了王老师的低调、不张扬和严肃认真的学者风范。

出版文集的一个重要方面就是选文，我现在手里就有王老师亲自拟定并经多次修改的选文目录。后来，文集选了王老师写的 53 篇论文，分三类：第一类是关于教育基本理论问题的，选了 17 篇；第二类是关于学校德育问题的，选了 18 篇；第三类是关于教育理论研究创新问题的。给我留下深刻印象的是王老师用了一个多月时间，写了一篇一万五千字的长篇自序，题目是"教涯夕话"，写得力透纸背、情透纸背，是王老师对自己 50 年教育生涯的一个回顾与反思，浓缩了王老师 50 年的艰辛、困惑、求索与遗憾。

王老师跟我讲："我这个文集，叫《优教与忧思》。为什么叫'优教'？因为我们人类教育研究的目的就是要研究优质的教育，就是中央说的'人民满意的教育'，我的所有研究都是为优质的教育服务的。'最好的教育'就是'优质教育'，简称'优教'。"为此，他提出"优教"应坚持以人为本、以育人为本等八个目标。他还说："我的'忧思'和人们日常生活中的以忧伤为核心的忧愁、忧愤不一样，我崇尚的'忧思'是以忧患、忧深思远为核心的上下求索、排忧解难、创生'优教'的过程，是一种乐观的创新性的教育理论思维过程。"这里就包括了树立以人为本的理念、教育"三个面向"的新视野以及选择文明教育价值取向等含义。现在看来，这是王老师教育思想的核心，也是王老师从 1953 年至今从教 60 余年来一直不断思索与总结的思想高峰。几经努力，王老师的《优教与忧思》终于在 2004 年 11 月问世了。

王老师还有一本 1980 年给高校教育学教师进修班编的《教育学原理》教材。当时只写了上册，后来王老师主要讲德育原理了，就没有接着讲教育学原理，所以下册就没有写完。20 世纪 80 年代，一些出版社约王老师出版《教育学原理》一书，王老师始终不同意。

我在 2013 年 10 月 22 号到医院去看望他，我跟王老师谈到这两本书，我建议："王老师啊，原来出版社要给您出《教育学原理》，给您出《德育原理纲要》，您都不同意。咱们学校快要 70 年校庆了，学部要出版老教师们写的文集，学部就打算把您这两本书合在一起出版，就是您现在已经写完的《教育学原理》上册和原来编写的《德育原理纲要》，整合在一起以

'教育学原理'为题，行不行啊？"王老师可能感到病情比较重，就无奈地说："唉，行吧！"现在，王老师没有机会再写了，吾辈能做的就是把王老师的这两本书整理好，编辑好。王老师的这部遗著将由教育科学出版社于2014年12月出版。

四、缅思：王老师的学术思想与风范

应该说，我没有资格对王老师的学术思想做出评论，只能就自身与王老师的近距离接触，来对王老师的学术思想和人格境界管中窥豹。

（一）学术研究始终坚持以马克思主义为指导

王老师1948年参加革命，1949年申请加入中国共产党，20世纪80年代实现了入党夙愿。这期间，王老师经过了很多磨炼，在理论和实践上对马克思主义理论有了深入的认识，对中国共产党和马克思主义始终坚信不疑。王老师搞德育研究最根本的是坚持马克思主义方法论。王老师始终坚持学习马克思主义经典著作，多次跟我讲要认真读《德意志意识形态》《1844年经济学哲学手稿》等马克思主义经典著作。

王老师始终坚持从马克思主义的立场、观点和方法出发，研究我国当代教育改革与发展面临的重大理论问题，在诸如教育投入与优先发展问题、德育过程的特点与规律问题、中国教育的现代化与跨文化交流问题、教育理论创新问题等方面都提出了富有创新性的重要思想。这是与王老师深厚的马克思主义理论修养分不开的。

（二）注重人类教育遗产的传承

王老师具有开放的胸怀，潜心学习并借鉴古今中外优秀的教育研究成果，并能与时俱进地把握好德育研究的方向，尤其注重对人类教育遗产的传承。王老师不是教育史专家，但从王老师的讲授、著述和报告中可以看出，王老师有深厚的教育史素养。我曾多次到王老师家听王老师教诲，每一次我都到王老师家的书柜前浏览。王老师家有几千册书，其中，教育经典著作不少，《学记》《论语》这些书上都有王老师的圈圈点点。王老师经常跟博士生讲，所有博士生面试一定要考《学记》，《学记》一定要背下来，这是做博士生的基本资格。同时，一定要读《论语》，还要读外国名著。从王老师的著作里面，我们可以看到，王老师读了夸美纽斯、赫尔巴特、杜威、布鲁纳、皮亚杰、马卡连柯的著作，也读了自然科学、哲学、社会学、文化学等其他学科的重要著作。正是因为具有比较深厚的教育史和相关学科的学养，所以王老师看问题、研究问题、撰写著作能高屋建瓴，独辟蹊径。

王老师很重视自然科学和未来学的研究。当年，他给我们讲德育原理的时候，就给我们提出了自然科学的前沿问题，如"纳米人""芯片人"。王老师也始终关注教育学史研究。他说，陈元晖先生很重视教育学史的研究，你们也要看教育学史。很多人只知道有教育史，却不知道有教育学史。我现在之所以这么重视教育哲学史，重视中国百年教育学史的研究，是与王老师的启发、引领分不开的。

（三）重视教育实践

王老师十分重视教育实践，他的理论研究与社会实践密切结合，有理论深度，更有实践情景，深入浅出，生动感人，发人深省。王老师本科专业是地理，他曾从事了多年的教育学公共课的教学，而我也曾经看到一本王老师 1957 年编的教育学参考资料。正是因为有这一学科背景与教学经历，所以王老师十分重视教育实践，重视教育学教学和研究中的实践环节，重视教育理论和教育实践的结合。30 年前，王老师给我们上德育原理课时曾组织我们参加了两次活动，我到现在仍记忆犹新。一次是 1983年 10 月，我们参加东北师范大学附属小学的少先队活动，观摩了一次大队会；还有一次是王老师组织我们到吉林省管教所参观。王老师经常嘱咐我们，要深入到中小学中去，要关注教育实践中的具体问题。

多年来，王老师一直坚持将同一个主题的、来自一线的案例进行分类搜集，有些案例出自《中国青年报》，有些出自《中国教育报》。每当上课或者是我们到他家去时，他就给我们讲案例。在他看来，一线的鲜活的实践和案例是我们理论的一个重要源泉，理论分析必须结合实践。从王老师的著述中能看到，王老师论文的针对性、现实性很强，许多论文都直指现实问题。王老师反对把教育学搞成书斋里的学问，认为真正的教育学问蕴藏在学校、在课堂、在学校的革新过程当中。所以，王老师的论文有很强的时代性和实践性。

王老师人格高尚，不仅是我国新时期德育研究的主要开拓者和奠基人之一，还是做人与做学问相契合的一个人。王老师胸襟开阔，充满激情，充满智慧，将永远留在我们记忆的深处。

［本文原载于《教育研究》，2014 年第 10 期］

黄济先生教育哲学思想研究

在我国著名教育学家、中国教育哲学重要奠基人黄济先生 90 华诞之际，所有尊重黄济先生、热爱教育哲学的人都在衷心祝福先生身体康健，精神爽朗，学术长青。对于黄济先生这样一位从教六十年、以探索教育的历史经验与改革为一生追求、耄耋之年仍笔耕不辍的教育学家和思想者而言，最诚挚的祝福莫过于重温其平凡中见伟岸的思想以及浅白中见深邃的学问。我们今天围绕"中国教育哲学三十年：回顾与展望"进行研讨就是对黄先生的最好祝福。黄先生是我国教育哲学的重要奠基人之一，我国教育哲学从起步到发展的每一过程都凝结着黄先生的智慧指引和深沉关怀。中国教育哲学的三十年深深地留下了黄先生的雪泥鸿爪。因此，回顾过去三十年，我们能体会到先生当年创建教育哲学研究大业之艰难及先生开创之功的卓著。展望未来，共商当今我国教育哲学研究所面临的挑战、机遇与未来走向之大计，促进我国教育哲学的可持续发展，无疑是对黄先生的最好回报。

一、中国特色教育哲学的创建

教育哲学作为一门近代意义上的学科发端于西方，在民国时期传入我国，并有了较快的发展，在民国时期出版的以"教育哲学"为名的著作就有 15 部。从中华人民共和国成立一直到 1978 年，由于受苏联影响和其他历史原因，教育哲学的教学与研究基本中断了。[①] 1979 年，教育部下达通知，决定将"教育哲学"正式列入 1978—1985 年文科教材编选计划，[1]并委托北京师范大学和华东师范大学两校来编写教材。这样，黄济先生就从 1980 年开始试讲教育哲学，并着手构建有中国特色的教育哲学体系，编

---

① 从 20 世纪 50 年代至 60 年代初，中国大陆教育学者中断了教育哲学的研究和教学。20 世纪 60 年代初以后，开始有一些介绍当代西方教育哲学流派的翻译和选编的书籍出版，但在"文革"期间基本中断了。（参见：傅统先、张文郁著《教育哲学》，山东教育出版社，1986 年版，第 13 页）

写《教育哲学初稿》一书。

　　在这一过程中，黄先生对我国传统教育哲学思想进行了梳理，对范寿康的《教育哲学大纲》、吴俊升的《教育哲学大纲》和林砺儒的《教育哲学》等民国时期有代表性的著作进行评鉴，并对现代西方教育哲学流派进行评价。在构建教育哲学体系的过程中，首先，黄济先生对教育哲学进行了学科定位。在黄济先生看来，教育哲学是以某种哲学思想为指导来研讨教育问题的，一定的哲学思想必定对教育问题的探讨起着方法论意义上的重要作用。黄先生认为，"教育哲学应该成为一门独立学科。顾名思义，它既有边缘学科的特点，但又不是一般的边缘学科"[2]318。他的这一观点说明他从教育学与哲学角度对教育哲学的属性进行了确定，并提出了教育哲学学科的价值性问题。其次，黄济先生以马克思主义为指导，认为教育哲学的研究对象应当以辩证唯物主义和历史唯物主义作为指导思想，对教育中的一些根本问题，从哲学的高度进行研究和探讨，从中找出一般的规律，作为教育理论和实际的指导。"教育哲学研究的问题，虽然来自教育学，但高于教育学，具有理论性、综合性（或概括性）、批判性等特点。"[2]319最后，黄济先生以教育的基本问题为主，对教育哲学体系进行了理论构建，包括教育本质论、教育价值论、教育目的论、知识论与教学、道德论和道德教育、美学和美育、宗教与教育等。

　　黄先生在吸纳前人成果的基础上，吸收我国古代教育哲学思想的精华，借鉴国外教育哲学流派的学说，结合当前教育面临的实际问题，熔古今中外教育哲学思想于一炉，建立起了具有中国特色和现代教育意识的教育哲学。这是新时期第一次创造性地"从马克思主义哲学出发，系统地阐释教育理论中的根本问题，构建完整的教育哲学体系"[2]1。这样的体系不仅适应了时代发展对于教育提出的新要求，还适应了教育哲学学科自身的规范化、科学化建设。

　　《教育哲学初稿》于1982年由北京师范大学出版社出版。这是我国第一本教育哲学著作。笔者在1984年看到了这本书。这是我看到的第一本教育哲学著作，这本书成为我走进教育哲学的启蒙书。难能可贵的是黄先生后来一直不断探索，不断丰富、完善自己的教育哲学体系，于1985年出版了《教育哲学》，后又出版了《教育哲学通论》，彰显了黄济先生一以贯之的学术思想、不断开拓创新的学术气魄以及为教育哲学拓荒开路的学术责任。应该说，近三十年来我国大陆教育哲学有了比较大的发展，在探索中国特点的教育哲学方面有不少可贵的尝试，出版了一批教育哲学论著。回过头来反思，可以说已经出版的教育哲学教材大都受其思想体系的影响；数以百计的教育哲学、教育基本理论论著、博士论文深受他的思想启发和思维启迪。可以说，黄济先生所创立的有中国特色的教育哲学对于当前的教育哲学学科建设、教材建设具有深远的影响。

二、坚持马克思主义哲学的指导思想问题

进入 20 世纪 80 年代以来，以存在主义为代表的现代西方哲学思潮开始在我国流行。20 世纪 90 年代，西方的一些学者又提出各种新理论，如新自由主义、后人类主义、后现代主义等。他们的核心观点是所谓的"马克思主义过时"了，普遍性、规律性、必然性、根源性、基础性、统一性、崇高性，一概颠覆，主张"存在先于本质"（存在主义）"只有存在没有本质"甚至"没有存在也没有本质"（后现代主义），认为人的主观意志是最高的存在，反对普遍对个别的规范、现实对根源的依赖、必然对偶然的支配、规律对创造的制约、统一对选择的导向。他们把个人主观的绝对自由、边缘化、模糊化、相对主义奉为圭臬，倡导极端自由主义、极端个人主义和无政府主义。这一思潮对中国的社会转型、生活方式转变、学术发展，尤其是对教育改革和教育学术研究产生了一些影响。因此，在教育哲学研究中坚持以马克思主义哲学为指导是教育理论研究的重大课题。

历史的经验和严峻的现实告诉我们，马克思主义哲学作为世界观与方法论，其历史唯物主义的科学性经得起实证和考验。黄济先生认为，"教育哲学的研究，最根本的就是要以马列主义、毛泽东思想为指导，这不只是为了深入学习、全面掌握马列主义创始人和毛泽东同志有关教育的学说，更为重要的是要用马列主义的立场、观点和方法来分析问题、研究问题和解决问题"[3]18。黄先生做教育哲学研究贯彻始终的指导思想就是马克思主义哲学。他在《教育哲学初稿》《教育哲学通论》中都探讨了教育哲学研究的指导思想和方法。① 他认为，"教育哲学的研究方法与教育学的研究方法是不同的。教育学为了总结教育的实际经验，观察法、实验法等等都是必不可少的方法。然而，教育哲学所面临的任务，主要的不是直接地去总结教育经验，而是要对已经总结出来的教育经验、教育理论以及教育方针、政策等，进行理论上的分析和评价，以确定其正确与否。因而，历

---

① 刘佛年先生在评价黄先生的《教育哲学初稿》一书时指出，黄先生"就一些关键问题，对中外的重要观点，用马克思主义观点进行了深入的论述、分析、评价，是一本非常成功的著作"。（参见：黄济口述、樊秀丽整编的《黄济口述史》，北京师范大学出版社，2010 年版，第 185 页）

史的、比较的、抽象的、批判的方法，是教育哲学研究中常用的方法"[3]18。实际上，历史的、比较的、抽象的、批判的方法，恰恰是马克思主义的方法论特征，体现了唯物辩证法的对立统一、世界的普遍联系和永恒发展以及否定之否定三大规律。第一，坚持历史的方法，就是要求我们要全面地、发展地看待一切教育思想和流派，既把握它的历史渊源，又看到它的发展变化。此外，还要把历史分析和阶级分析恰当地结合起来。简单地乱贴标签不是马克思主义的历史唯物主义的观点，相反的，企图"超阶级"的所谓客观的来看待问题，也必然违背历史的真实。第二，比较法是科研工作中常用的一种逻辑方法，通过比较找出差异，了解异中之同，同中之异，就可以从特殊中看到一般，又可以从一般中看到特殊，这显然是马克思主义认识论和方法论的重要观点。第三，抽象法对教育哲学研究十分重要。黄先生曾在论著中指出，抽象的过程不仅仅包括"从感性的具体上升到科学的抽象，进而形成对事物本质的了解这一过程，还包括进一步由抽象的规定上升到思维中的具体这一步"[3]26。教育哲学的研究恰恰需要将这两个过程很好地结合在一起，这样才能实现科学抽象的全过程，进而通过完整的思维过程充分认识事物的本质，把握问题的实质。黄先生的这一思想也是来源于马克思主义经典著作对于思维过程的论述。① 第四，批判法是马克思主义对待文化历史遗产和分析当今资产阶级各种思想流派所应当抱有的科学态度。批判不是单纯的否定，而是一种有所扬弃的继承。"对待历史上和当代资产阶级教育哲学提出的命题和材料，要看哪些是有用的，应加以吸收；哪些是无用的，要予以扬弃……这一切，目的都在于建立我们自己的马克思主义教育哲学，为发展马克思主义教育理论和指导社会主义教育实践服务。"[3]23换言之，只有在以马克思主义为指导进行教育科学研究的情况下，才能使得教育哲学研究呈现开放、多元的态势。

在《教育哲学通论》中，黄济先生不仅广泛涉猎西方教育哲学思想，而且以马克思主义哲学为指导分门别类地予以阐释、评价。他认为，西方

---

①　马克思指出，具体之所以具体，因为它是许多规定的综合，因而是多样性的统一。因此，它在思维中表现为综合的过程，表现为结果，而不是表现为起点。在第一条道路上，完整的表象变为抽象的规定；在第二条道路上，抽象的规定在思维过程中导致具体的再现。黄先生据此说："抽象思维的过程，既包括了从具体到一般，又包括了从一般到具体（第一个具体是感性上的具体，第二个具体是思维上的具体），必须把这两个过程很好地结合起来，才算是实现了科学抽象的全过程。"（参见黄济著《教育哲学初稿》，北京师范大学出版社，1982年版，第26页）

哲学和西方教育哲学是时代的产物，是现代资本主义社会和资产阶级思想的不同要求的反映。他还认为，虽然在形而上学的思维方法的指导下，不同思想经常是坚持一端互不相让，但在极端对立的思想夹缝中，也可能走出一条新路来，而这在科学发展史中也是常有的事。当然，这不是简单折中、调和，而是要"用马克思主义、历史唯物主义的观点和方法，去做实事求是的分析和批判，批判其片面性和错误的东西，挖掘其正确的因素，加以创造性地运用，以求得科学的解决"[2]282。黄济先生对待西方教育哲学思想的科学态度不仅为我国教育哲学的持续发展开拓了新路，而且为解决由西方教育哲学思想带来的理论困扰提供了方法论指引。

三、教育哲学研究中的"古与今"问题

"古与今"的问题 150 多年来一直困扰着我国的思想界、理论界，而教育哲学的发展亦是如此。近年来，伴随着改革开放、全球化的到来，诸如中国传统哲学有没有价值、中国古代的教育哲学思想还有没有价值、如何借鉴外国的教育哲学思想等问题迫切需要回答。对此，具备深厚传统文化底蕴的黄济先生也进行了深入的思考。①

中国教育的"古与今"问题实际上是对中国教育传统与现代化关系的一个概括。它不仅仅是时序上的前后相继和相对差异，更为主要的体现是教育上"旧质"与"新质"的差异和更迭。这种古今关系的圆满解决，就是要处理好教育现代化进程中对中国教育传统的继承与转化问题。从各个国家现代化的经验来看，任何国家都不能走完全抛弃民族文化传统的全盘西化道路。故此，今天留给我们的使命之一就是把中国教育传统这一历史前提和资源转化为现代化的"活水源头"。经过现代化改造和转化，中国教育传统就不仅仅代表过去和历史，而更多的应成为"现代化教育的有机成分"[4]。我国有丰厚的哲学遗产，也是一个教育古国，有丰厚的教育理论遗产，传统教育哲学思想十分丰富，有自己的一套特殊概念、范畴和命题，有自己所特有的争论和讨论的问题，比如，哲学上的阴与阳、有与无、气与理、心与物以及天人、人我、物我、知行关系等，教育思想中的文与道、学与思、博与约、义与利以及内省、笃行、慎独等，都体现着中国传统哲学思想和教育思想的特色。中国传统教育哲学思想不仅制约着中国教育的发展，而且形成了中国传统文化的特色，其核心精神已流淌在中

---

① 黄济先生七岁入私塾读书，对古典文学、传统文化有比较深的体认。（参见：黄济著《雪泥鸿爪——黄济教育文选》，北京师范大学出版社，2001 年版，自述第 1 页）

国人的精神血脉中。五四运动以来，对传统思想的批判、思索与重建一直在持续，这涉及如何对待我国传统教育哲学思想遗产问题。对这方面的研究，我国的哲学界和教育史学界虽有所涉及，但是由于历史条件的限制，"过去出版的教育哲学专著大都以西方教育哲学所提出的课题为研究对象，甚至有些学者把教育哲学的教学和研究仅仅局限于对西方教育哲学流派的评介，对中国传统教育哲学思想缺乏系统的整理和研究"[5]2。黄济先生认为教育哲学的研究要有中国特色①，强调"学习古代文化遗产应持科学分析态度"[6]。他主张有选择、有分析地学习历史文化遗产，并恰当地联系实际，做到"古为今用"。同时，他强调"我们是要学古，而不是复古，要执信而不是迷信，要重效果而不是重形式"[7]。对于学习内容的筛选、学习方式的选择、学习国学的"度"的把握等问题都是教育哲学需要思考和回答的问题，也是构建中国特色教育哲学的有机组成部分。

黄济先生认为，研究中国传统教育哲学思想是建立具有中国特色的教育哲学学科体系的重要基础。为此，黄济先生主编了中国第一本评介我国传统教育哲学思想的著作，即《中国传统教育哲学思想概论》。那么，该如何对待中国传统教育哲学思想呢？受其私塾先生朱子勃的影响，黄济先生继承了他的老师"学古而不泥古，尊儒而不排他"的创新性和批判精神。他认为，中国古代有丰富的教育哲学思想，在两千多年的中国封建社会中，基本上是以儒家思想为主体，天人合一、政教统一、文道结合、知行一致是儒家教育哲学思想的基本特点。研究中国的传统教育哲学，应以儒家为主，并兼采众家。既是传统，就难免有历史的和阶级的局限，为此，要以实事求是的科学态度予以批判继承。具体而言，一是坚持历史的观点，二是坚持科学的分析态度，三是要在现代化上下功夫，[2]174-179四是要对中外文化持对等原则，五是要对中国文化传统进行积极反思。[5]410-411这样的态度不仅与对待我国传统思想的社会主流意识相契合，而且对深化教育哲学史的研究深度、延展教育哲学研究的命题、拓宽教育哲学思维方式具有巨大价值。

四、明白、朴实的哲学文风与谦逊、民主、包容的学术品格

哲学史包括教育哲学史上有不少象牙塔式的把问题阐释得玄而又玄的

---

① 黄先生曾提及丁浩川想写一本具有中国特色的教育学，对此，他激动地说："我是多么希望他能很快地写出这本教育学来，为我们和青年一代的成长提供更多的精神食粮啊！"（参见：黄济口述、樊秀丽整编的《黄济口述史》，北京师范大学出版社，2010年版，第182页）

纯粹哲学的研究，也有使局外人云里雾里的深奥研究，所以哲学在一些人看来是抽象、艰深、晦涩的代名词。但是，哲学研究更需要深入浅出，明白如话，而要做到这一点是相当不易的。一般而言，思想与著作可分三个层次，一种是浅入浅出，一种是深入深出，最高境界则是深入浅出，而这是需要长期钻研、积淀方能达到的境界。阅读黄济先生的教育哲学论著，给人的强烈的感受就是朴实无华，如若行云流水一般，读来令人畅快淋漓。文如其人，为人和为学、人品和学品总是融合在一起的。

黄济先生常讲自己并没有高学历，无大才能，但相信勤能补拙，总是虚心好学、孜孜以求，以他人之长补己之短。他常说自己在听任何一次报告、参加任何一次研讨会时总是虚心听讲，认真思考，用他人所讲的来对照自己的认识，总结哪些是自己学到和想到的，哪些和自己原来的认识是有差异的，从而择善而从，补己之短，由疑而思，鉴别正误。[8]2 黄济先生也曾谦逊地写道："虽然在书名上删去了'初稿'二字，但不等于说这本拙著已臻成熟……不妥之处可能还不少，诚望广大读者批评指正。"由此可见其为人之朴实谦逊、为学之踏实严谨。作为研究者的我们，也应当传承这种治学态度，要抛却浮华，做有生命的研究，做有精神的研究，做有气象的研究。

黄济先生说过，华东师大刘佛年校长对他有深刻的影响，是他最尊敬的良师。他说："刘校长不仅学贯中西，而且对中国古代文化有着深厚的修养。但他从不以学者自居，和大家平等地讨论问题，而且注意吸取实际工作者的意见。他的民主的学风，敦厚、谦虚的品质给了我深刻的影响。"[10] 黄先生与刘校长可谓良师益友，志同道合。

黄济先生重视儒学，用自己的行动实践着教育学者的高尚人格和儒者风范，将做人与做学问融为一体。先生几十年如一日，为人谦卑，与人为善，淡泊名利，不张扬，不造作。学术上，在六十多年来理论界、学术界的风风雨雨中，黄先生不激进，不伤人，不投机，不跟风，不矫揉造作，不盛气凌人，讲求学术民主，坦然做人，淡然处世①、欣然为学②。黄济

① "在常人眼中，先生是一位平易亲切、温文恭谨的谦谦君子，绝无半点盛气，殊不知他温润如玉，内心却志存高远……像先生这样，'行至水穷处，坐看云起时'，饱经忧患而沉稳淡定，这样的人大概已不多见。"（参见：劳凯声著《〈三册纪实——黄济自传〉读后感言》）

② "黄济同志在治学上严谨笃学，在为人上平易谦和。他应该是我的老师辈，但对我们亲如兄弟……他淡泊名利，一心只知道做学问，虽已九十高龄，仍笔耕不辍。"（参见：顾明远著《新中国教育理论的开拓者——祝贺黄济教授90华诞》）

先生达到如此境界的诀窍就是虚怀若谷，海纳百川，锲而不舍，实事求是，知行合一。无论身处顺境还是逆境，黄济先生对研究始终严谨求实、居敬持志，对工作踏实谨慎。有人说，时代有其气象，人有其气象，学术研究亦有其气象，而学术研究的气象与研究者的气象息息相通。我想，无论是学术的气象还是人的气象，都源于人的精神、品格，只有本着对生命的热爱、对真理的追求、对学术的尊重之心，才能做好人，做好研究者，做好学问。

学术的发展离不开学术共同体，国外的教育哲学研究团体大都建立得比较早，我国在 1986 年之前还没有学术共同体。全国从事教育哲学研究的学术共同体——全国教育哲学专业委员会正是在黄济先生的倡导和带领下于 1986 年诞生的。黄济先生倡导的民主、包容、和合之风气逐渐成了教育哲学专业委员会的学术传统。教育哲学专业委员会能团结全国各地具有不同学术背景的研究者共同致力于教育哲学领域的学术探讨，和衷共济，团结协作，与黄济先生的努力密不可分。可以说，20 多年来我国教育哲学队伍的发展壮大、教育哲学影响力的日益增强以及学术成果的日益丰富，所有这些都与研究会的影响分不开，也与黄济先生的学术影响和人格魅力分不开。2001 年 7 月，笔者第一次拜访黄济先生，就被先生的儒者风范和人格魅力所吸引，被先生的为人、为学之道所折服。在其后的十余年里，黄济先生多次赠书于我，无论是电话中还是当面教导，先生总是说，哲学在教育研究中的指导作用十分重要，要重视对中国古代哲学和马克思原著的学习。

教育哲学学科的独特性对研究者提出了较为严格的学理要求，要进行颇为严谨的学术训练，所以，能够持久地对教育哲学进行研究的教育学者无疑应具有深厚的哲学功底和扎实的教育学积淀，"教圃耕耘几十春，喜看桃李已成林。一生两投任评说，三校持鞭务纯真。行不负人常用忍，文求出己莫效颦。天公若肯何年月，自当续播争寸分。"[9]"许身孺子甘为牛，学海苦航勤作舟。"黄济先生 90 高龄仍笔耕不辍，诠释了教育哲学研究者的人生价值和学术生命。黄济先生的教育哲学思想和学术风范是我们教育理论界宝贵的文化财富，值得吾辈传承。

参考文献

[1] 傅统先，张文郁. 教育哲学 [M]. 济南：山东教育出版社，1986.

[2] 黄济. 教育哲学通论 [M]. 太原：山西教育出版社，2004.

[3] 黄济. 教育哲学初稿 [M]. 北京：北京师范大学出版社，1982.

[4] 黄济，郭齐家. 中国教育传统与现代化基本问题研究 [M]. 北京：北京师范大学出版社，2003：207.

[5] 黄济. 中国传统教育哲学思想概论 [M]. 郑州：河南教育出版社，1994.

[6] 黄济. 再谈如何看待"国学热" [J]. 中国教育学刊，2008 (1).

[7] 黄济. 国学十讲 [M]. 南京：江苏教育出版社，2010：304.

[8] 黄济. 雪泥鸿爪：黄济教育文选 [M]. 北京：北京师范大学出版社，2001.

[9] 黄济. 教育哲学 [M]. 北京：北京师范大学出版社，1985：3.

[10] 黄济. 黄济口述史 [M]. 北京：北京师范大学出版社，2010：185.

[本文原载于《教育学报》，2010 年第 4 期]

史宁中教育哲学思想述要

　　研究史宁中（1950-）的教育哲学思想主要基于他是哲学家、教育家和数学家。史宁中对中西哲学的浓厚兴趣与深厚积累使其对教育哲学有着深刻的见解；长期从事教育理论与实践工作使其对教育有着精准的认识与深切的关怀；在数学、数学教育专业领域的长期浸润使其教育哲学研究具有严密的逻辑与独特的视角。多元的知识积累与多重的身份角色决定了史宁中的教育哲学研究视角独特，逻辑清晰，力透纸背。

　　作为哲学家的史宁中。说他是哲学家，可能出乎意料，但他有自己的哲学思想。他对西方哲学、中国哲学都有自己独特的见解，撰写了不少有影响的哲学论文，如《论〈老子〉的思维逻辑》《论定义中的殊相与共相——公孙龙子〈指物论〉评析》。他在《哲学研究》上连载了《中国古代哲学中的命题、定义和推理》《从八卦到六十四卦——试论〈周易〉的思维逻辑》《关于教育的哲学》。史宁中在《中国古代哲学中的命题、定义和推理》（上、下）中对中国古代的思维模式与推理方法进行了系统的总结与澄清。他提出：与西方思维方式不同，中国古代通过不可名的"悟性"认识人与人之间的事物。中国古代并非没有命题、定义与推理，如《墨子》中"以名举实，以辞抒意，以说出故"便说出了中国古代先哲们推理的精髓，《公孙龙子》中的《指物论》对定义中的殊相与共相进行了充分的讨论。以归纳与类比为思维基础，以正名与中庸为伦理准则的"分类"是中国古代处理人与人之间错综复杂关系的最为重要的推理与判断的方式。因此，我们可以得出这样的结论：中国有"定义"，有"命题"，只不过更多的是关于"人伦"方面的。关于"物和物"之间的"定义"与"命题"虽然比较少，但也十分精彩。总的来看，史宁中对当代哲学的核心命题，如偶然与必然、原因与结果问题，对中国古代的定义、命题和推理问题做了系统的总结与重要的推进。

　　作为教育家的史宁中。他当了十几年东北师范大学校长，有独特的教育实践和教育思想。东北师大有几件事都是他倡导的，比如，倡导开展农村教育研究，建立了教育部人文社会科学重点研究基地东北师大农村教育研究所（现为中国农村教育研究院）。在教育管理上，倡导教授委员会制度。这是新时期我国高等教育领域的首创，并且他还提出了"尊重的教育"理念。他曾担任中国教育学会副会长，这是一个重要符号。他在基础教育方面还有很多重要主张，如"四基""四能"问题，已经成为义务教育课程标准的一部分。学术主张能变成文件、变成纲领很不容易。他是国家教师教育专业标准、数学课程标准研制的重要组织者、审定者。他对于数学教育、基础教育、教师教育、农村教育都有重要的思想，认为理想的教育是归纳的教育、智慧的教育和过程的教育。他对教育学的基本理论问题，如教育的起源、本质等问题提出了有影响的创新观点。其中，他的一些重要教育主张，如儿童第一、教育的重要起点是人的先天本能、归纳的教育、学会思考等思想是东北师范大学附属小学"率性教育"理念的重要来源。难道有这样的实践、这样的思想的人还不是教育家吗？最近，商务印书馆出版了史宁中的著作《教育的本源与思考》（2018）。

作为数学家及数学教育家的史宁中。作为数学家大概没有多少人质疑，在数理统计方面他是很有影响的。他于 20 世纪 80 年代在日本九州大学拿到了博士学位。全国懂数学的人不少，懂数学教育的人不多；数学家不少，数学教育家不多。最近，商务印书馆出版了史宁中的著作《数学基本思想与教学》（2018）。

一、教育的起源、层次以及本质论

史宁中对教育的起源有一些不一样的观点。他认为，动物也有教育，并认为社会性不一定是人和动物的本质区别，因为动物也有社会性。比如，群居的动物更明显，像羊、马、牛、狗等。他认为，"教育产生于生存的需要"[1]。教育起源于生存"意识"，生存"意识"保存于先祖的 DNA 中，并在代际传递过程中通过突变与自然选择而不断深化。但是，这种信息的传递缺乏目的与方向性。从本质上说，它是一种无失真的传递。因此，这一过程并不能称作教育。教育产生的前提是大脑。通过大脑，信息得以整理、保留与传递。传递的方式可以通过语言，也可以通过动作，甚至可以通过只可意会不可言传的心灵感应。在传递的过程中，教育也就随之产生。我们可以发现，动物中也存在这种"教育"，教育的内容包括捕食的经验、逃避天敌的方法、筑巢的技巧等等。至今在一些原始部落里也存在着类似的教育。可以说，"人类最初的教育，比动物也高明不了多少"[2]。

史宁中提出人和动物的根本区别是人有想象力和抽象能力，"抽象"来自于本能，教育的根本来自于人的先天本能。比如数学，人有能够学习数学的本能和遗传基因，而教育就是为这种本能的释放和表达提供条件。我们的教育如何培养孩子的抽象能力和发展孩子的想象力？这是已有的文献很少提及的。通过文献梳理即可发现，大量的文章提及知识、经验、智慧，但鲜有文献专门论述抽象能力和想象力的培养。为此，在传统的观点中，人们论述教育的本质、教育的功能，很多时候都是从哲学、经济学理论角度出发的。史宁中认为仅仅这样不够，容易僵化，所以史宁中采纳生物学的相关理论，借鉴西方人类起源的一些著作作为理论基础进行分析，特别是美国两位生物化学家威尔逊和萨里奇的发现。威尔逊和萨里奇比较了现代人和非洲猿的血液蛋白结构后发现，人类物种大致最早出现在距今500万年左右的时间，后来有研究认为人类物种最早大约出现在700万年之前。因此，我们不能把两足行走作为人与动物的区分性标志。其实，对现代的研究成果进行归纳分析便可发现，人之所以能够成为现代的人，有两个重要的物质基础，那就是扩充了脑容量的大脑和喉位较低的发音器官，以及在这个基础上的行为变化。

在史宁中看来，动物的抽象力和人不能比，这是因为人有两个特别的生理器官。一是扩充了脑容量的大脑。有人认为人的大脑容量最大，当然，还有人认为有比人的大脑容量更大的。二是人有喉位较低的发音器官，就是人能够说话，这是很重要的。人还有两个特别的行为方式，即工具制造和语言交流，至少制造工具是属于人的。史宁中说使用工具动物也会。心理学有个实验：香蕉怎么能够得着呢？猩猩就能做到。它会用工具，但不会制造工具。人还有两个特别的思维能力，即想象能力和抽象能力。美国著名神经病学和精神病学家科特·戈德斯坦认为抽象思维能力是人区别于动物的标志。[3]《人的本性》这本书是科特·戈德斯坦从精神病理学视角对人性进行的探索。人性有其生理器官作为基础，有行为方式作为表象，人性的本质体现为思维能力。生理器官、行为方式和思维能力这三者之间互相促进、相辅相成，是一个统一体。

二、教育目标理论

史宁中提出了明确的教育目标理论：把"双基"改为"四基"，把"双能"改为"四能"，培养学生的"四种精神"[4]。史宁中提出的"四基"指的是基本知识、基本技能、基本思想与基本活动经验，"四能"指的是分析问题、解决问题、发现问题、提出问题的能力，"四种精神"指生活的勇气、向上的精神、创造的激情和社会责任感。前两条就是他对中国基础教育的重要贡献，他之前没有人进行过这么系统的研究，尤其没有变成义务教育课程标准的思想。

（一）把"双基"改为"四基"

近几十年来，"双基"成为我国基础教育的目标，即通过教育使学生获得基本知识、基本技能。1992年，国家教委颁发的《九年义务教育全日制小学、初级中学课程计划（试行）》中提出，小学阶段的目标是具有阅读、书写、表达、计算的基本知识和基本技能，初中阶段的目标是掌握必要的文化科学技术知识和基本技能。基础知识和基本技能的目标逐渐成为中小学教师的指导目标并深入人心，也作为我国基础教育的特色目标在海内外产生了较大的影响力。

在"双基"目标的指导下，我国基础教育培养的学生在知识与技能的掌握方面取得了不菲的成绩，如果我们从人的发展、从创新型人才培养以及从提高人才国际竞争力的战略目标等角度考虑，仅仅掌握基本知识与基本技能并不足以让我国基础教育水平处于世界前列，也不足以满足我国经济与社会发展的新要求。培养创新人才需要增加基本思想和基本活动经验。所谓基本思想，主要指一门学科教学的主线或一门学科内容的诠释架构和逻辑架构。所谓基本活动经验，指学生亲自或间接经历了活动过程而获得的经验。将这二者加入基础教育的培养目标并非只是简单的叠加，加上了基本思想和基本活动经验这"两基"，培养学生的实践能力，目标才能得到真正的落实。当然，在构建数学课程体系时，要一以贯之，要对内容的选择精益求精，避免简单堆砌知识。在数学教学活动中，以基本思想为主线整合全部内容，基本活动经验亦是不能缺少的内容。活动经验是过程性教育的结果，而会想问题、会做事情是经验的积累。

（二）把"双能"修订为"四能"

数学教育中的"四能"，是指在分析问题和解决问题能力的基础上，再加上发现问题与提出问题的能力。"双能"和"双基"思想在我国的中小学教育历史上皆有其重要的意义。把分析和解决问题能力的培养作为我国中小学教育的基本目标，具有其合理性和必要性，因此不能摒弃。但是，从逻辑层次和难易程度来看，分析问题与解决问题涉及的是已知，而发现问题与提出问题涉及的是未知。发现与提出问题的难度比分析和解决问题的难度更大，也更为重要。发现与提出问题对教师来说是微不足道的，但这对于学生来说是十分重要的。一方面，它是学生对自我的超越。学生发现了课本中不曾提到的新方法、新观点，而这种发现对他们来说是对自我的一种突破，是难能可贵的成功的经验；另一方面，通过发现问题与提出问题，学生的好奇心与求知欲得到保护与发展，能够产生学习的内部驱动力，让学生喜欢学习，学会思考。

（三）四种精神

这里所说的"四种精神"是史宁中在担任东北师范大学校长时对高等教育提出的要求。他多次提问："东北师大培养什么样的学生？"他认为，教学除了要教会学生必要的知识之外，必须培养学生具有生活的勇气、向上的精神、创造的激情和社会责任感。史宁中还提出了"'尊重的教育'的学校理念，核心就是要尊重教育规律，特别是人才成长的规律，强调要尊重受教育者，尊重他们的人格、人性，尊重他们的学习兴趣和个性发展"[5]。只有学生的人格、人性受到尊重，学习兴趣和个性发展受到尊重，学生的生活勇气、向上精神、创造激情和社会责任感才能得到更好的锻炼或培养。

三、理想的教育论

史宁中认为理想的教育非常重要，他的很多对理想的教育的畅想对新一轮的课程改革都产生了重要的影响。概括起来有几点：第一，理想的教育即经验的教育；第二，理想的教育即过程的教育；第三，理想的教育即归纳的教育。

（一）理想的教育即经验的教育

从培养创新型人才的角度说，教学不仅要教给学生知识，更要帮助学生形成智慧。知识主要以书本为载体，智慧则需要借助经验的过程才能形成，在所经历的活动过程中逐渐形成。学生在所经历的思考活动、探究活动、抽象活动、预测活动、推理活动、反思活动等过程中，在应用知识解决实际问题的实践活动过程中，会亲身感悟解决问题、应对困难的思想和方法，逐渐形成正确思考和正确实践的经验。比如数学，数学是抽象的，之所以难就是因为脱离了具象。在小学数学的教学过程中，教师经常会让学生通过数手指头来进行计算，这其实就是一个操作体验的过程，把抽象变为具体，易于学生理解。由具体到抽象，这是一个台阶，也是小学教学的难点。没有抽象思维是很难理解算理的，所以数学就比其他学科更需要经验，特别是鲜活的经验、操作的经验。数学来自于人类的生产实践，是人类智慧的表现。在没有信息化的时代，知识记忆很重要。信息化时代不是说记忆不重要，而是显得没有那么重要。智慧是和自由是连在一起的，如果没有自由选择的机会，智慧就很难显现，而让学生自主学习、探究学习、小组互动，就是给学生机会让他们释放、张扬、迸发。传统的教育在智慧培育方面差一点，学生们的思考是有限的，学生没有选择的机会，所以智慧发展会受影响。因此，学生可能有机械的记忆，但是他的智力发展水平可能不行。另外，史宁中还提到人类遗传基因里就有好多前人的经验和智慧。

（二）理想的教育即过程的教育

史宁中认为，在工业化时代，教育需要培养符合工业发展需要的专门人才，由此便产生了时代需要的课程大纲。课程大纲是针对专门职业所需要的知识与技能进行设计的，体现的是"知识为本"的教育理念。知识是什么？知识在本质上是一种结果，可以是经验的结果，可以是思维的结果。他认为，过程的教育在中国强调得还不够。我们过去很重视结果的教育，以知识为本的教育在本质上是结果性的教育。但是，结果性的教育并不等于是有智慧的教育。智慧的教育是理想的教育，是注重过程的教育。如，在数学课上，教师不仅要让学生学会计算，还要让学生学会算理；在科学课上，教师不仅要让学生知道实验的做法，还应学会实验的设计。智慧是表现在过程中的，所以我们要注重过程中的教育。[6]智慧诞生于过程中，可能智慧表现在结果上，但对于学生来说，所有的过程都需要智慧，过程越复杂越需要智慧。

（三）理想的教育即归纳的教育

人类认识的第一个过程就是归纳的过程，譬如《诗经》里面为什么我们好多字不认识？因为很多字都是具象的。如，那时候没有植物的概念，但是有各种花、草的名称，包括青蒿素。《诗经》中有青蒿，著名科学家屠呦呦的"呦"就取自《诗经》。《墨经·小取》中的"明同异之处""以名举实，以辞抒意，以说出故；以类取，以类予"便是一种归纳的思想。因此，也有人认为墨子是我国归纳法的始祖。如果我们从思维能力的角度来看，影响人类创新能力的两大因素是演绎能力和归纳能力。爱因斯坦也曾提出过类似的观点。他认为，西方的科学发展依凭两个伟大成就，一个成就是希腊哲学家发明的体现在欧几里得几何中的形式逻辑体系，即演绎能力。然而，演绎能力只能检验真理，并不能发现新的真理，只能模仿，却不能创造。二是文艺复兴时期通过系统的实验发现有可能找出的因果关系，这就是归纳能力。归纳能力是建立在实践基础上的，归纳能力的培养可能更多地依赖于过程的教育，依赖于经验的积累。多年以来，我国基础教育对培养学生的归纳能力的关注并不充分，从而阻碍了创新型人才的培养。

李泽厚说"经验成先验"，意思就是我们前人的经验对后人来说往往就是先验。比如汉字等，这些是经过很多代人千百年经验的积累后得出的。前人的经验对后人来说特别是对孩子来说往往就是先验的东西，所以经验成先验。

史宁中认为教育、教学过程，特别是在小学教育阶段，归纳的方法非常重要。归纳是和经验联系在一起的，就是从个别到一般，从直接到间接。逻辑推理有两种形式，命题内涵由小到大的叫归纳推理，包括我们常说的类别推理。就是用曾经经验过的东西推测未曾经验过的东西，所有的猜想都是这么得到的。用曾经经验的东西去推断未曾经验的东西，这种教学是发现真理的根本。我们曾经实践的"双基"教育还缺什么呢？基础知识和基本技能的"双基"教学教的都是不变的知识，并没有教智慧，亦没有注重通过教学培养学生从条件预测结果的能力，也没有教如何从结果探究成因的方法。从条件预测结果与从结果探究成因凭借的能力是什么？凭借的其实是归纳推理能力。当然，归纳推理所得到的结论并不一定就对，它的结论也许成立，是对的，也许并不成立，是不对的。但是，只有凭借可能是对的这样一种推理，才有可能发现新的结论。经验的教育、过程的教育、归纳的教育之所以重要，就在于我们教学中讲的内容往往带有先验性质。如，英文的写法是约定俗成的，包括构词法、语法。再比如，网络语言，像"给力""正能量"等词语，都这么讲，都讲就觉得有道理。语言就是这样，我们讲课要少讲语法。比如，一岁的孩子经过一年的努力把汉语学会了，会说中国话了，谁按语法说的？就是模仿练习。对于语法、字、词、句的分析，古人讲"书读百遍，其义自见"。"核"的教育就是教育要讲"核"。外语的"核"是什么？就是能听懂，能说明白，或者对小学生来说是愿意说外语。愿意说外语是第一目标，写都不是第一目标，听说更重要，然后再能读一点就更好了。小学数学的核心是什么？第一条是愿意学数学，因为好多学生不愿意学数学，那我们就解决愿意学数学的问题。能让一个学生愿意学就是最好的老师，能把学生教会的老师是合格的老师。老师如果把数学的"核"和小学数学教学的"核"想明白了就上了一个层次。想象的教育，就是让孩子能想进去，能想出来，回家还想。小学的孩子愿意想、能想比会想还重要。因此，我们不能要求太高了，想出来的不一定就正确，但愿意想很重要，有一百个想法，其中有两个是对的就很了不起了。

四、直观的教育

"直观"这个词很难理解。什么叫直观？什么叫数学直观？"从柏拉图开始，唯实论的支持者都有一个共同的观点，就是强调'直观'的作用。虽然他们的论述方法有所不同，但他们都认为这种直观是独立于经验的，只与心灵有关……以至于到后来数学的几个学派都非常强调理性的作用，并且认为直观是认识数学的基础。"[7] 从这段话可以看出，这里的直观并非感性直观，而是理性直观。数学直观从某种意义上讲，是理性直观。史宁中认为，好的教育是思维的教育。到了思维这个阶段，学生是用概念来思考的。如，数学知识的形成依赖于直观，数学知识的确立依赖于推理。也就是说，在大多数的情况下，数学的结果是"看"出来的而不是"证"出来的。所谓"看"，是一种直接判断。这种直接判断建立在长期的、有效能的观察和思考的基础上。我们的数学教育可以从中受到启发：一是注重教育时机，即应当在适当的时机给予适当的教育。每个孩子都存在着巨大的学习潜能，教育目的就是在适当的时机激发这些潜能，使其转化成现实的能力。二是在传授知识的同时应当注重培养直观，其中很重要的是学生的体验。由此看来，我们可以把"积累活动经验"作为更为直接的数学教育目标。当然，对数学知识的传授这个目标依然应当受到重视，但鉴于目前我国中小学数学教育的状况，我们应强调在传授数学知识的同时培养学生的数学的直观。这就是说，我们应当在帮助学生积累活动经验的过程中，重视对他们的数学直观能力的培养。

五、教育规律论

史宁中认为教育是有规律的。教育要遵循三个规律：第一，社会发展规律；第二，人的发展规律；第三，学科的规律。

（一）社会发展规律

教育必然要走向社会。教育不是被动的，它并非是社会的产物，而是基于生物的生存本能而产生的。教育是生机勃勃的，是主动的行为。对于上述观点，史宁中另辟蹊径，从数理角度对这一论述进行了解释。数学中的数理统计方法认为，游离的被称为异常值。根据自然逻辑推理可知，集团行为虽然有着很强的惰性，但它是最为安全可靠的。在集团行为下，教育要走向社会教育，其本质是每一个人都应当受到现代教育。因此，教育必然会走向一种集团的或社会的组织方式，教育的发展要符合社会发展规律。

（二）人的发展规律

规律是一个时间范围，一般来说，在特定时间区段内所具有的特征，就叫规律性。譬如，"从脑容量来看，人类的妊娠期应当是 21 个月，只是由于骨盆大小等原因，怀胎十个月生产是最安全的"[8]。从这个角度来讲，人类婴儿实际上都是"早产儿"。不足的妊娠期使得人类婴儿出生时的脑容量不到成人的三分之一，而其他动物大多在二分之一以上。因此，与其他动物相比，人类婴儿的发育期要长得多。到了 6 岁左右，儿童的脑容量已经达到成人脑容量的 90%，到了 14 岁就基本成型了。当然，即使是到了成人期以后大脑也保持着持续的动态变化。与动物相比，人具有一种幼态持续的特征。因此，教育要认识并遵循人的身心发展规律，尤其要遵循大脑的发育规律。

（三）学科的规律

史宁中认为数学是一门很讲"道理"的学科。数学的"道理"是建立在命题和推理基础之上的，通过命题和推理揭示数学学科的规律。命题是可以进行"是""否"判断的话语，数学的所有结论都是用命题的形式表述的。数学定理、法则、定义都是一种命题。推理是从一个命题判断到另一个命题判断之间的思维过程。如果命题与命题之间可以由一条主线串起来，那么这就是符合逻辑的思维。如果命题之间缺乏串起来的主线，那么这就是缺乏逻辑的思维。如果我们的学科老师能够理解和把握怎么做才算是在进行逻辑推理的话，那么他讲课就会信心满满，就能用非常简洁明了的话把数学的"道理"讲得一清二楚。因此，教育必须把握学科的发展规律与思维逻辑规律。这一思想对数学学科核心素养的制定有重要的影响。

文理交融的多维视域、理论与实践的紧密结合、逻辑与情感的激荡碰撞使史宁中的教育哲学研究论证有力，视角独特。他曾经说，做研究就要探索学术中"根"的问题。他关注教育学中关乎学科发展、学科自信的重大问题，追寻教育起源，探索教育规律，对中国基础教育改革产生了重要影响，也给教育哲学研究注入了一股新泉。

参考文献

[1] 史宁中. 试论教育的本原 [J]. 教育研究，2009 (08).

[2] 史宁中. 关于教育的哲学 [J]. 教育研究，1998 (10).

[3] 戈德斯坦. 人的本性 [M]. 王一力，译. 贵阳：贵州人民出版社，2018：50.

[4] 史宁中，柳海民. 素质教育的根本目的与实施路径 [J]. 教育研究，2007 (08).

[5] 史宁中. 教育的本源与思考 [M]. 北京：商务印书馆，2018：41.

[6] 史宁中. 注重"过程"中的教育：《义务教育数学课程标准》修订的若干思考 [J]. 人民教育，2017 (07).

[7] 史宁中. 数学的抽象 [J]. 东北师范大学报（哲学社会科学版），2008 (05).

[8] 利基. 人类的起源 [M]. 吴汝康，吴新智，林圣龙，译. 上海：上海科学技术出版社，2007：41—42.

[根据 2019 年 10 月在西南大学举办的全国教育哲学高峰论坛上的报告整理]

第 二 编

率性教育的理论前思（下）
——教育基本理论问题

先秦儒家之"礼"与我国教育的教化功能

先秦儒家通过"克己辞让""养己敬人"的"礼"来实现人性中自然性和社会性的和谐共存。关于"礼"的理论既是我国古代教育的指导思想，又是我国古代教育实践的重要内容，而作为教育的"礼"更是将内容与手段融为一体，通过"明礼""习礼"和"执礼"的教育教学过程来实现"化民"。对这一教化手段的重新认识不仅为如何批判继承我国传统教育理论提供了新的研究视角，也为教育如何通过人性涵养和情感关照解决现代性转换难题提供了可能的路径或借鉴。

一、"礼"之端：由自然人到社会人

中国古代的儒学大都是围绕关于"为人之道"的哲学。"人性"的指代与描述被简称为"性"。人性生而有之，是关乎生存的本能，这是人的自然性，也是所谓天性。要先有肉体的存活，才能谈得上精神。"由于知晓生存之无可逃脱，中国传统思想倒是相反地干脆肯定、赞赏、欢庆肉体的生存和人世的生活……中国文化以肯定生、欢庆生为基调。"[1] "生之谓性"，即人是一种自然的、天赋的存在，几乎成为整个先秦思想中的公认观点。对此，儒家典籍包括《郭楚店墓竹简·性自命出》《中庸》等中均有论述。

先秦儒家认为人的自然天性往往以欲望的形式呈现出来，成为人生下来就本能地追求的东西。荀子认为欲望是天赋的，所谓"欲不待可得，所受乎天也"，因为"人生而有欲，欲而不得，则不能无求"，而情和欲是对人性的反映。① 人从出生后最基本的也是最强烈的欲望是活着，所谓"人之所欲生甚矣，人之所恶死甚矣"，就遵循了人类繁衍的自然规律。其他的欲望包括生理层面的饱暖、自我保护以及心理层面的爱、贪婪等都是为

---

① 《荀子》："性者，天之就也；情者，性之质也；欲者，情之应也。以所欲为可得而求之，情之所必不免也。"

了让自己生存下去或为了更好地让自己生存下去而衍生的欲望。从这个意义上说，人的自然欲望具有一种天然合理性，不能简单否定。但是，任何欲望的无限延伸都会带来灾难，所以必须限制它的"度"。孟子认为，过度地追求权力和贪婪等必有后患，"以若所为求若所欲，尽心力而为之，后必有灾"。荀子认为，不加控制的过度的各种天性欲望才是"恶"的，要通过"师法之化"等加以引导，对它们加以控制，这样才能使人抑"恶"向"善"。

在肯定自然欲望是人的天性的同时，先秦儒家从未停止过对人何以成"人"以及如何成"人"的思考。他们注意到了"己"与"他"、"欲"与"德"、"利"与"义"等之间的分歧与关联，并由此产生了对人的"社会性"①的初步理解与模糊阐释。荀子从等级分工和相互合作两方面解释人具有社会性。

首先，生产与分工使人类社会形成等级，可以保证不同等级的人之间和谐相处，而"离居"的人由于缺乏社会组织的支持，将无法维持自己的生活，故"离居不相待则穷，群而无分则争。穷者患也，争者祸也。救患除祸，则莫若明分使群矣"。

其次，人与人之间存在着相互依存的合作关系，人"力不若牛，走不若马，而牛马为用，何也？曰：人能群，彼不能群也……一则多力，多力则强，强则胜物"，故"人生不能无群"。荀子认为，人的生存无法脱离社会组织，而私有制下物质生产的有限性和人对财富、权力的无限欲望形成了人与人之间相互争夺的潜在危险，需要通过制定"贵贱有等，长幼有差，贫富轻重皆有称者"的"礼""以分之"。只有规范人与人之间的社会关系，才能"养天下之本"。

既然人性既包括生而有之的关乎生存的各种欲望，又包括后天在社会中通过生产、分工、交往等途径而形成的各种社会关系，先秦的思想家们便开始尝试用独特的语言和思维方式论证人性是自然性与社会性的统一。孟子以先验的"善"为逻辑起点，在肯定"生之谓性"的同时，认为仁、义、礼、智也是人生而即有的本性，是人与动物的区别，而非由外在因素决定的后天所得。这正是孟子的人性论区别于其他先秦儒者，并时常产生

---

① 在我国古代典籍中，"社会"特指每年春秋两季乡村学塾举行的祭祀上地神的集会。

论争之处。① 其他的先秦儒者也明确地意识到了人并非独自生存着，而是与天地相关的，是与他人相关的。

这种"天人合一"的认识论使先哲们常常在"生之谓性"的立论后面紧跟关于"性"与"义""道""教""群"等关系的论述。这些词语本身就是对"人"的社会性的模糊表达。在这些描述中，人的自然性与社会性被巧妙地结合在一起，成为先秦儒家关于人性的经典释义。

从人的进化过程来看，社会性是在由动物性向人性转变过程中逐渐产生的。尽管李泽厚的"积淀"说认为人从一生下来就处于组织（社会）之中，这种社会性也就以文化和心理的形式传承下来，即人一生下来就带着社会性，但诸多事例（如狼孩的故事）都证明，与其说人的社会性是天生的，不如说人天生带有社会性的潜能。这种天生的社会性能不能由可能变成现实，往往受到诸多条件的制约。显然，先秦儒者也认识到了这一点，即人的社会性是建立在生存性基础上的，是经由某种手段或者方式后天形成的结果。

社会是由个体构成的群落组织，是人类生活的共同体，人与人的关系一旦形成，就要求人不仅要考虑自己，也必须考虑他人。如何处理好"己"与"他"、"欲"与"德"以及"利"与"义"的关系，使人成"人"，"礼"为关键。由于人的社会性是未定的，便可以通过"礼"和"教"来加以规范、塑造和定性，即所谓"待习而后定"。

荀子的"性恶论"最能体现人的社会性是可以通过"起礼义、制法度，以矫饰人之情性而正之，以扰化人之情性而导之"，从而发生改变的。同时，先秦儒家对"仁""义""让"的论述表明人的社会性形成的过程就是逐步调节自我和他人关系的过程。特别对于人来说，人的和谐社会关系，如父子、兄弟、夫妻和朋友，乃至国家之间关系的形成，实际上就是"无礼不立"的道德伦理纲常的形成，表现出强烈的社会规范性。

二、"礼"之成：教育及其局限性

先秦儒学与教育密不可分，认为"礼"是教育所应传授的重要知识。先秦儒学所倡导的"仁"和"礼"以及由此衍生的"义""智""信"等既

---

① 孟子和告子关于人性论辩的重要分歧点也在于此。值得注意的是，在孟子与告子关于"食、色，性也"的论辩中，孟子批驳的只是"义外"的观点，而没有批驳"食、色，性也"这个说法。

是儒家的教育思想，又是教育的内容本身。

儒家传统教育始终围绕教人"怎么做人"，也就是为人之道来进行的。教育是立国之本，为人之道是教育之本，怀仁知礼是人之根本。我国古代教育内容基本上都是与"礼"相符的道德规范，有学问的人一定是知礼的人。先秦儒家将其"作为教学的中心，从教育的内容和方法，都渗透着礼的精神。对学生的思想教育和行为规范的训练，都要通过礼来达到教育的目的。

在儒家的教育言论中，处处谈到礼，一举一动和一言一行，都要合于礼"[2]。"礼"是"定亲疏、决嫌疑、别同异、明是非"的大事，任何事情都不能与它脱节，"人有礼则安，无礼则危。故曰，礼者不可不学也"。孟子认为，教育和学习的根本目的就是求"仁""义"，以"放其心"，使人产生"爱人""敬人"的利他行为。学问之道就是知"礼"。荀子认为，人虽然天生"固无礼义"，但可以通过"强学"和"思虑"来获得它。先秦儒家通过"教学相长"的教育过程使人明礼、习礼、执礼，从而"立于礼"，成为谦谦君子。

"教"使人"明礼"，认识"礼"的重要意义（为何礼）及实质（何为礼）。从"礼"的起源看，关于中国"礼源于俗"的历史学调查显示了至周公时"礼"的制度化进程。

作为典章制度的"礼"，是以敬鬼神、拜祖先和祭天地为旨的。这种礼制记载于《周礼》中，而《礼记》中关于祭礼以及礼的意义的篇章也多次论述了这一点。

荀子认为，"礼"之"本"有三，其中两项就是关于天地和祖先的。因此，"礼"字的词源学考证为"事神致福"。可以说，"礼"的产生就是文明①诞生的标志，"礼"的发展过程实际上反映了从"野蛮人"向"文明人"的进化过程。带有政治性、社会性和教育性的"礼"是先秦儒家对制度化的"礼"进行情感化和社会化的结果，重视因等级差异而形成的人伦秩序，重视人与人之间的关系，由关注"己"转向关注"他"。至此，从"致反始""致鬼神""致和用"，到"见事鬼神之道""见君臣之义""见父子之伦""见贵贱之等""见亲疏之杀""见爵赏之施""见夫妇之别""见

---

① 文明与"礼"密切关联。文明是人的产物，又成为钳制人的工具。文明就意味着对人原始本能的压抑，而这种压抑是有代价的。但是，这种压抑是合理的、必要的。如果没有对人原始的、野蛮的天性和欲望的压抑与钳制，人类就不能发展，更谈不上进步。

政事之均""见长幼之序""见上下之际"，"礼"的适用范围和影响都被扩大了。面对内涵和影响如此宽泛的"礼"，若想明白它、理解它、把握它，就必须通过教育。人之所以需要"礼"，是因为"礼"使人有别于禽兽，可以使人成为社会的人、文明的人、利他的人，而这是"礼"最重要的意义。荀子还特别强调"礼"的产生与人的生存利己性紧密相关，是为了"养人之欲，给人之求。使欲必不穷乎物，物必不屈于欲，两者相持而长，是礼之所起也"。但是，人不能只依靠本性而活，不然会导致社会的无序。所以，"礼"要通过对利己的欲望的控制和调节，以及通过确立贵贱有等、长幼有差、贫富轻重皆有称者的社会等级制度实现人由利己向利他的转变，使社会安定下来。《礼记》中也论证了这种说法。正因为如此，"礼"使个人常怀"恭敬、撙节、退让"之心，能够"自卑而尊人"，做到"富贵而知好礼，则不骄不淫"，进而"治躬则庄敬，庄敬则威严"，而这些儒家重视的品德，都要通过教育来实现。

孔子认为，君子尊重"礼"是因为"礼"对祭天地之神、辨君臣上下长幼之位等社会性事宜都有影响，认为"礼"能够通过人与人之间"殊事合敬"的活动而使社会和谐安定，而这也是"礼"重要的伦常意义。这种能够"辨异"且"不可易"的伦常秩序的建立，也需要通过等级教育来实现。"行修言道""中正无邪""庄敬恭顺"，是"礼"的重要要求。"忠信"是"礼"的基本精神，"义理"是"礼"的仪式规矩，所以"礼"是使人的思想和行为合乎原则的标准，故"礼"不可不用，亦不可滥用。

正是基于对"礼"的本质的认识，孔子提出了"克己复礼为仁"的思想，并通过与子张、子贡等人的谈话，对"礼"应有的"度"发出感叹："礼乎礼！夫礼所以制中也。"这个"中"就是适合、恰到好处的意思，就是标准。如果"礼"能够合乎行为的道德标准，就叫作"制中"。儒家把"礼"中蕴含的这种中庸的思想总结为"礼之用，和为贵"。既要"以礼致和"，又要"以礼节和"，这与《礼记》中的观点一致。

"教"使人习礼、执礼，领会"礼如何"（礼的标准），并掌握"如何礼"（符合礼的行为）。先秦儒家始终以智德双修、内外兼通、知行合一为基本教育原则。一方面，重视通过诵读和讲解典籍使学生充分学习和体会"礼"的精神实质；另一方面，重视通过严格的训练使学生的举动和言行都符合"礼"的行为规范。两者是紧密结合在一起的。

在选定教育内容和教材时，孔子认为周礼是比较完备的，但是也有损益，况且文献资料保留得也不够完整，这就需要沿袭并补充完善周礼。①
为此，他编定了《仪礼》，后儒又补以注记，编订成《礼记》。② 先秦儒家
认为，"礼不妄说人，不辞费。礼不逾节，不侵侮，不好狎。脩身践言，
谓之善行"，"夫礼者，自卑而尊人"。"礼"的标准就是要做到不谄媚，不
胡说，不逾矩，不轻慢，不戏弄，要修养身心，实践诺言，谦虚而尊重他
人。同时，它对各式各样的礼仪、礼制、礼节的标准做出了十分详细的规
定，包括人在日常生活中为师生、为主客、为君臣、为夫妻时要遵守的不
同的礼节和守则，如行士冠礼、婚礼、射礼、宴饮礼、聘礼、丧服礼时要
明白它们的重大意义，并有相应的具体礼仪；在治理国家或祭祀时要掌握
各项规章制度或采用相应的礼仪用具；在社交、家居时要穿戴不同的服
饰，并有相应的举止。

在训练学生"如何礼"时，先秦儒家不仅通过阐释典籍向学生表明怎
样的行为才可谓"执礼"，而且重视通过对话和举证的教育手段促使他们
在自身实践中体会"礼"的精神，自觉形成合乎"礼"的日常行为。以
"孝"为例，先秦儒家认为，判断"孝"的标准是判断儿女是否已尽"为
人子之礼"。《礼记》中记载，所谓孝子要做到"昏定而晨省"，使父母
"冬温而夏清"，不让父母为子女操心。孔子认为，所谓孝顺是要在父母健
在时尊敬他们，令其愉悦；在他们生病时心怀忧虑，尽心侍奉；在他们过
世时极尽哀痛，依"礼"殓葬；在祭祀他们时心有怀念，庄严祭奠。除此
之外，还要重视发自内心的真情实感。因此，他在与樊迟、孟武伯、子
游、子夏的对话中除了要求他们要做到顺从而不违背、侍奉生者、善祭死
者、不使父母为子女疾病以外的事情担忧之外，还通过例子启发他们思考
"犬马之养"与"人之养"的区别，从而说明"礼"的形式不是全部，内
心的情感也是判断一个人是否"孝"的重要标准。在教育学生要时时处处
依"礼"为人、依"礼"行事的同时，孔子还特别强调不仅做学问要"温
故而知新"，做人也要"三省吾身"，要时时省察自己，反躬自问。这种以
"教"为"质"的"礼"显然具有时代合理性，但也有历史局限性。对个
体而言，它通过用建立在情感性心理之上的"仁"促使人在不断受教育和

---

① 《论语·为政》："子张问：'十世可知也？'子曰：'殷因于夏礼，所损益，可知也；周因
于殷礼，所损益，可知也；其或继周者，虽百世，可知也。'"《论语·八佾》："夏礼吾能言之，
杞不足征也。殷礼吾能言之，宋不足征也。文献不足故也。足，则吾能征之矣"；又言："周监于
二代，郁郁乎文哉！吾从周。"
② 《礼记》成书年代及作者历来说法纷纭，莫衷一是，一般认为非一时一人所作。

学习中自觉主动地追求人格的完善。

"我欲仁，斯仁至矣。"这一目标的实现要求人"一方面是学习知识，另一面则是强调意志的锻炼，主动地严格约束自己、要求自己……追求知识、勤奋学习和讲求控制、锻炼意志成为人格修养相互补充的两个方面"[3]22。对于国家和社会而言，它为当时的动荡时代建其"本"，即在社会性的交往要求和相互责任中获得安定。尽管"礼"是符合人性的，是符合国情的，是与当时的政治、经济相契合的，但是，由于受到时代的局限，作为教育的"礼"，重在为了秩序的建立和维护而倾向于强调人的社会性和生活性，忽视了人的自然性和生存性。这一点在教育内容，或者说知识观上表现得相当明显。如，樊迟问孔子有关种庄稼的问题而被斥为"小人哉"，所以后人批判儒学使人成为四体不勤、五谷不分的书呆子是有一定道理的。

实用精神是中国大众从事各种生产生活实践的根本动力，所谓"有用的才是好的"。比如种植是为了吃饭，纺织是为了保暖，这是农民的实用精神。怀仁、行仁、明礼、执礼，于君子是为了提高自身的品德修养，于国君是为了国家的长治久安、社会的安宁稳定，这是仁者的实用精神。而在儒家看来，关于"礼"的知识就是关于道德的知识，"君子"和"鄙人"的区别正在于是否明礼、执礼，也就是拥有关于德行的知识还是拥有关于生存、生产的知识的区别。这使君子在对以种植、技术和手工为主体的生存、生产性知识的理解和掌握上打了折扣，认为只有有关德行的知识才是有用的，是应该主动研习的，而那些生存、生产性的知识只是"小人"（无知之人）在家庭教育中跟随父母或者外出学徒而获得的，于正国、建业关系不大，故而"不足道也"。

三、"礼"之用：教化为本，化民成俗

教化功能是我国传统教育的要义。自古以来，凡有见识的政治家、教育家都十分重视教化的作用，并把教化当作正风俗、治国家的重要国策。先秦儒家尤为重视"礼"的教化作用，认为它主要体现在以下两个方面：一是形成良好的社会风尚，使社会安定和谐，人民互爱互敬，懂得礼让之道。孔子认为，"礼"可以使一个国家的人民呈现一种"恭俭庄敬"的精神面貌，所以"安上治民，莫善于礼"。二是"礼"能够防止祸乱的发生，就像用堤防阻止洪水的到来一样。只是教化对于禁止邪恶的作用是隐性的，不易察觉。它能让人们在不知不觉中日趋善良，远离罪恶。对于

"礼"能够防患于未然的教化作用，在其他典籍中也多有论述。

《礼记·学记》记载，作为教育方法和手段的"礼"的确可以发挥"禁于未发"的效用，而司马迁也承认"礼"的确可以"禁未然之前"，而且"礼之所为禁者难知"。值得注意的是，先秦儒家在阐释"礼"的教化作用时，尤为重视其与"乐"之间的关联，认为"礼"和"乐"都是涵养、健全人性，是维护、巩固群体既定秩序和谐稳定的重要手段，即所谓"礼乐皆得，谓之有德"，"礼乐明备，天地官矣"。"制礼作乐"是同时进行的，两者既统一又分化，既分工又合作，所以先秦典籍中常常将两者相提并论。[①] 同时强调，"乐"是通过陶冶性情、塑造情感来建立内在人性的，只有诉诸人内在的"心""情"，才能与"礼"相辅相成，共同发挥教化作用。

先秦儒家重视通过教育塑造"立于礼"的人，使"礼"能够以教育为载体发挥"化民成俗""谦让利他"的作用，形成正君臣、笃父子、睦兄弟、齐上下的人伦秩序。在这个维度上，我们可以认为"礼"的形成与完善的过程就是教育（教化）的过程。这一过程曾经主宰了中国两千多年的思想与文化，却随着西学东渐和中国社会近现代化步伐的加快而日益式微。然而，我们应认识到，儒和"礼"——一个学派以及由这个学派所形成的文化能够绵延不断地代代相传，并且深刻地积淀在人们的文化心理之中，这在世界学术史上乃至人类发展史上是不多见的。特别是近些年来，由现代性焦虑所引发的文化危机、伦理失范和"完善的人"的消解等"转型之痛"[②]，也在不断地提醒教育研究者们必须重新思考并审视如何立足于中国文化和人性心理，立足于中国教育传统的精神与气质来探求具有解释力和实效性的教育理论。这是一个世纪性的难题，本文只能谈几点浅见。

首先，重视对以四大儒学典籍（《论语》《孟子》《荀子》《礼记》）为源头的中国教育传统精神和价值的挖掘。现当代我国的教育[③]从范式到内容基本是西方教育移植的，而非源自对以"礼"为"教"的先秦教育思想

---

① 《礼记·乐记》："乐由中出，礼自外作。""乐统同，礼辨异。""乐者，天地之和也。礼者，天地之序也。和，故百物皆化；序，故群物皆别。""礼义立，则贵贱等矣；乐文同，则上下和矣。""乐极和，礼极顺，内和而外顺。"《荀子·乐论》："乐也者，和之不可变者也；礼也者，理之不可易者也。"

② 参见笔者关于"现代性教育"的系列文章，包括《教育观的现代性危机与新路径初探》（《教育研究》，2005年第3期）以及《终极关怀性教育与现代人"单向度"性精神危机的拯救》（《东北师大学报（哲学社会科学版）》，2001年第1期）。

③ 特别指制度化的教育，即学校教育。

和理论的传承。这意味着以四大儒学典籍为源头的中国传统教育精神在相当程度上已经成为教育思想史中的"失语者"，以"礼"为"教"的中国教育传统价值和教化功能也日渐式微。但是，从人性的角度看，由先秦儒家建立的以"仁"和"礼"为核心的道德情感和伦常规范，那种由"天人合一"而形成的将利己和利他自然交融的精神特质仍旧以心理的形式深植于国人思想之中，渗透于教育、文化活动之中，以行为的方式常见于国人的社会生活之中，并产生了教育范式本身蕴含的"现代气质"与教育主体（教师与学生）的"传统气质"之间的冲突。那么，如何调和这种冲突并建设有中国特色的现代性教育呢？就是要在汲取他人之长的同时，重视对我国本土的、原创的教育思想理论资源，特别是以四大儒学典籍为源头的中国教育传统精神和价值的挖掘和批判性继承；要重视继承、发扬已内化了的儒家教育传统中的"以教为乐""教学相长"的教育精神和"亲其师，乐其友"等的价值取向，使人通过教育自觉遵守修心性、正人伦、规言行、建秩序的道德规范。

其次，重视对"化民成俗"这一教化手段与过程的理解与重构。先秦儒家将"礼"转换为合乎标准的日常伦理规范和行为实践，通过建设配套的教育制度和设施来实现教化目的。以"礼"为核心的先秦儒家教育充满了实践精神和经验色彩，与人的现实生活紧密相关。用福柯的话来讲，"礼"构成了微观的权力网络，就像毛细血管一样扎根在中国人社会生活的每一个角落。[1] 除了规定人们在日常生活的衣食住行中所应该遵守的种种礼仪之外，孔子还释"礼"为"仁"，把这种外在的礼仪引申为文化心理结构，使人意识到"个体的位置、价值和意义就存在于与他人的一般交往之中，即现实世间生活之中。在这种日常现实世间生活的人群关系之中，便可以达到社会理想的实现、个体人格的完成、心灵的满足或安慰。"[3]35。为此，孔子开创了兴办私学的教育制度与模式。[2] 由此，制度化的学校教育（官学、私学）和非制度化的家庭教育成为古代教育中传承"礼"的两条渠道。制度化的学校教育是身份教育的产物，这与春秋战国

---

[1]　福柯曾说："想到权力的机制，我总是想到权力以毛细管状的存在。在这些毛细管处，权力触及每一个具体的人，触及他们的躯体，注入他们的行动和态度，他们的对话、学习过程和日常生活。"

[2]　由于孔子对教育制度化的创造性预制，后儒受其完备性教育观念启迪，使儒家传统教育形成了比较独特而发达的学院、家教形式，成为具有特色的中国传统教育文化。

时期的社会、政治、经济发展水平和实际情况有关。当时，人的等级已经形成，能够接受学校教育的人是有一定社会地位和身份的人。他们通过对课本的学习和聆听教师的讲解，通过自身省悟来培养德行。非制度化的家庭教育则主要是通过日常生活中父母和其他长辈的言传身教，以及自身的生活体验（比如参与各种仪式时的熏陶）来获得为人之道。时至今日，我们获得有关道德的知识，形成道德行为的途径也大抵如此，只是形式稍有变化罢了。但是，"礼"的精神，特别是仪式，作为中国传统文化和教育的精髓，自始并且一直为后人所尊崇并践行着。① 正是由于"中国人和外国人的文化心理不完全一样，中国人更热衷于这个世界的日常生活"[4]，所以现代教育欲实现"化民成俗"的教化功能，就要通过综合运用制度化的学习、生活体验、习俗和文化熏陶等有形或无形的教育手段，既向人们传授知识，又注意结合日常活动使人们在潜移默化中达事明理。

最后，重视"情本体"的教育。强调教育的教化功能正是通过教育过程中的人性塑造和情感关照得以实现的。先秦儒学的基本精神和特征是具有情感特征的"实用理性"与"乐感文化"（以现实生活为本体）。孔子通过以"仁"释"礼"的方式把礼仪等外部规范、约束解释为人心和情感的内在要求，把僵硬的强制规定提升为生活的自觉理念，把形而上的认知化为人们日用之常，从而使伦理规范和心理欲求融为一体。心理情感原则不仅是儒学的独特之处，也是中国教育传统的独特之处，值得挖掘和继承。"情本体"的教育正是以中国传统教育理论的精神与价值为基础，融入西方教育理论，强调在教育过程中继承中国传统，帮助人回归正常的人际情感和日常生活。"情本体"的教育兼具理知观念的传授与情感功能，强调目的性和自觉性的结合，认为教育的过程是一个动态的人性塑造过程，涉及人的情感与精神建构。"'情本体'的教育以人能够身心幸福地生活在这个世界为理想，以培养个体的自由意志从而实现道德自律为目的，强调情理交融，理渗透情。"[5] 同时，它可以使人在获得智慧、能力、认知的同时，也能寄托自身的情感、信仰和心绪。

总之，合乎"礼"是有教养的中国人的重要标志和要求，以"礼"为核心的先秦儒学承载着中国文化和教育传统的遗传码。尽管"儒"和

---

① 除了学校教育中的礼仪（如敬礼、表彰、开学或毕业仪式等）之外，祭祖等传统礼文化的制度和形式被保留下来。很多地区性的民俗文化传统成为国家级、世界级的非物质文化遗产很好地说明了这个问题。

"礼"的内容和形式都在随着时代的发展变化而不断地被改造，被扬弃，但是作为一项宝贵的人类文化遗产和教育传统，先秦儒学中的教育思想、方法、途径，仍可为今天的教育提供借鉴。

参考文献

[1] 李泽厚. 历史本体论·己卯五说 [M]. 北京：生活·读书·新知三联书店，2008：92.

[2] 陈元晖. 中国教育学史遗稿 [M]. 北京：北京师范大学出版社，2001：77—78.

[3] 李泽厚. 中国古代思想史论 [M]. 北京：生活·读书·新知三联书店，2008.

[4] 李泽厚，刘绪源. 该中国哲学登场了?：李泽厚 2010 年谈话录 [M]. 上海：上海译文出版社，2011：95.

[5] 于伟，栾天. 历史本体论与走向情本体的教育 [J]. 教育学报，2011 (4).

[本文原载于《教育研究》，2013 年第 4 期]

儒家的濡化与国民性问题再思[①]

在近代文化史中，"国民性"是一个出身名门但流落民间的通俗概念。当这一概念初次传入晚清的思想文化界时，曾被赋予构建中国人"新民"与"新性格"的历史语境，到辛亥革命时期甚至承担了"国民性改造与革命"的民族救亡使命。然而，今天的大多数文化批评者承认，近代以来，中国人对"国民性"的讨论，仅是一种文学"镜像"，其理论内核源自外国来华传教士、外交官、商人和学者对中国人族群特征的表象认知，没有任何科学根基。当然，这并不是说国民性这一概念在近代思想史中无足轻重，相反，国民性批判中对儒家传统教育的排斥产生了严重的后果，它使近代以来为道德教育寻找基础的一系列筹划遇到挫折。时至今日，国家提出努力实现传统文化的创造性转化、把立德树人作为教育的根本任务等，可见培养什么人以及怎样培养人依然是关乎国民素质滋养的核心问题。可以说，"研究孔子、研究儒学，是认识中国人的民族特性、认识当今中国人精神世界历史来由的一个重要途径"[1]。如何在全球化进程中传承我国独有的传统文化，如何看待儒家传统教育在塑造民族性格、培育社会心理、规定价值取向方面所发挥的巨大作用，如何看待"礼""教化""成人"的概念对于国民素质培育的意义，是我们需要关注的时代文化主题。

一、国民性批判与儒家传统教育的困境

"国民性"是在晚清之际从日本引入的舶来品。当时的东西方文化有着巨大的差异，在传统与现代转换的焦虑性思考及困惑中，思想文化界开始重新审视国民素质。比如，孙中山等革命派认为，国民性的缺陷在于民众的奴性、无知和缺乏自由理想；鲁迅则以典型的解剖方式和犀利的文学笔触批判了中国国民的劣根性。[②] 同时，他提出了改造国民性、建立中华

---

① 本文系吉林省高校创新团队资助项目"良性教育生态与优质学校建设研究"的阶段性成果。
② 这方面的文章如《阿Q正传》《药》等。后来，"国民性"的主题同样是现代文学中的重要领域和思想资源，如《狼图腾》等文学作品依然是国民性批判主题的延续和回应，意图通过对狼图腾精神的塑造来寻求"民族性"的反思和重塑。

民族的新性格等观点。然而，尽管国民性这一概念在目的论上更多地与"改造""新性格"这些积极的词汇联合使用，但在民族危机与救亡语境中，所援引的国民性概念在哲学上最强大、最有说服力的部分是其否定性的批判部分。譬如，当时的教育界把落后的国民性归因于传统儒家教育，认为儒学之所以会失去其文化核心的角色，变成一种边缘的学院科目，一个很重要的原因在于它不再能提供使国家富强的东西。而儒家对"礼"文化的承袭则不外是"供奉"了一组陈旧的礼仪规则，剥除掉这些礼仪规则的原初语境，它们立即就有可能变成一套束缚人性的独断禁令。例如，陈独秀批评知识分子的积弱习气，提倡富于进取精神的兽性教育。"强大之族，人性，兽性，同时发展……兽性之特长何谓？曰，意志顽狠，善斗不屈也；曰，体魄强健，力抗自然也；曰，信赖本能，不依他为活也；曰，顺性率真，不饰伪自文也。晰种之人，殖民事业遍于大地，唯此兽性故……余每见吾国曾受教育之青年……心无一夫之雄；白面纤腰，妩媚若处子……"[2]这种对儒家传统教育的批判伴随着当时的国民性问题逐步升温，如维新派的新民运动等。到辛亥革命时期，学者们展开了有关"国民性改造与革命"的激烈论争，革命派对国民性的批判上升到一个高度。"五四"时期提出国民性改造的三种主义，知识分子中的一些人要求对"儒家的道德传统重新评估之时，迷失状态达到了极致"[3]。

近代以来，不断升温的"国民性批判"对于儒家传统教育影响的实质、范围、深度诸方面，经历了怎样的历史逻辑？一个概括性的回答是：儒家传统教育的命运在初期表现为其表层结构受到西方科学、民主等观念的挑战；随着批判的深入，在儒学深层结构上，现代西方以其深刻的个人主义、迥然不同的精神、传统和情理结构对华夏本土的文化心理发出了质询、征讨和否定。[4]87这直接构成了对中国民族性、国民性的挑战。与近代初期的国民性相比，新时期的国民性折射出一个民族心理深层的焦灼之痛。可以断言，一个没有道德信仰的民族会面临民族性格动力不足及民族性格继续疲软的问题。这些能否可以简单地说是社会转型时期人类文明的阵痛？笔者认为，这需要对道德教育传统予以重新审视，从教育的教化功能出发，在国民性中找回因过激的历史批判对传统儒家教育的否定而丢失的道德意识。在此意义上，在我国存续两千多年的儒家教育传统中的人格培养内容和方法，我们对其不应过早地全盘否定，而应在批判时有借鉴，寻找新时期利于国民性建构的可供借鉴之处。

然而，这一构想的难点在于如何将儒家传统这一从初始就被国民性概念批判的思想资源融入一种调和二者的新的语境中。它同时带来一个问题，即调和这两个概念的时机和条件现在具备吗？答案是，筹划一种指向道德养成教育的新的国民性概念具备如下两个优势：一是国民性研究中救亡语境的消失使得对这一概念的构建日益趋向科学化。近几十年来，伴随文化人类学、社会心理学及统计学等的发展，国民性研究的视角和方法也在发生着改变。如，英格尔斯把国民性的概念界定为"众数人格"，它主要是指每一种文化中人们共同具有的心理特征。"众数人格是建立在心理统计基础上的一种实证分析，是指在统计分布上具有明显集中趋势点的心理特征值。"[5] 显然，使用学术路径建构的国民性概念更多地指向一种理性的目标，而不是仅仅服从于救亡语境衍生的哲学批判。

国民性研究的另一个特点是逻辑论证上的"去民族化"。20 世纪初，国民性问题的升温源于民族危机，由此，国民性这一概念从传入初始就缺乏严格的哲学论证，沦为民族主义者实现其自身理想的一种批判工具。国民性这一概念所允诺的提升国民素质的目标反倒遮蔽了自身，并随着民族独立理想的实现而被迫中断。新的历史条件下对国民性的反思，其时代背景与 20 世纪初已迥然不同。世界发展至今，人口激增，生存空间和资源日益短缺，在有限的机会、资源面前，道德问题更加突出，所以国民性研究就更加迫切而必要。"中国人的品性只能也必须由中国人自己来加以关注，予以改造和提升。但是，如果我们自己对自己茫然无知或知之不多，那就只能任由外在力量操控和利用。"[6]332

国民性研究的去民族化和科学化为我们带来如下思考，即在传统文化的创造性转化、立德树人的新情况下，如何在国民素质中融入儒家的人格养成教育，而使构想的培养"国民精神"的"成人"教育成为可能。笔者认为，国民性在词性上属于中性，是一个具有弹性的用于概括或描述的知识范畴，关键是它怎样地处理"所指"与"能指"的关系，进而赋予国民性以价值内涵，承担起文化传承和道德担当的作用。国民性的概念界定应立足对中国两千多年文化的分析，侧重文化对人格形成的影响。下文中我们将逐渐把笔触深入儒学传统教育的内部，分析其在国民性塑造过程中的历史结构与自身缺失，以期为建构一种增强本民族文化身份认同的"国民性"概念提供解释伦理框架。

二、儒家传统教育对国民性建构的濡化过程

儒家传统教育对国民性的建构作用是一个对中华民族影响很大的文

化—心理现象。"由孔子所创立的这一套文化思想，已无孔不入地渗透在人们的观念、行为、习俗、信仰、思维方式、情感状态等之中，自觉或不自觉地成为人们处理各种事务、关系和生活的指导原则和基本方针，构成了这个民族的某种共同的心理状态和性格特征。"[7]34 因而，儒家传统教育所依托的传统社会虽已解体，但儒学并没有完全成为历史，而是化为民族的性格。上述提及的"文化—心理"，美国人类学家赫斯科维茨在其著作中将其看作"文化濡化"① 的结果。"文化熏陶是形成人们的性格和人格的最重要的因素，性格和人格的社会化，是通过文化达到的。因此，文化濡化可被界定为人类个体适应其文化并学会完成适合其身份与角色的行为的过程。"[8] 由此带来了问题，即儒家传统教育对中国国民性的建构究竟是如何发生的？我们能否对这一"文化濡化"的过程展开合理的说明？

（一）"成人"教育

回答这个问题，需要我们深入剖析儒家传统教育在国民性塑造过程中的历史结构与自身缺失。事实上，儒家传统教育始终是围绕为人之道，也就是"怎么做人"进行的。支撑这一独特的"成人"教育理念的背后是一系列相似的道德论证。在儒家学说的道德论证中，人的原始本性与理想人格间始终存有一种根本的对比。道德就是一门使人们能够理解他们是如何从前一状态进入后一状态的学问。因此，根据这种观点，道德教化就是一个扩善端、明礼仪、"以矫饰人之情性而正之，以扰化人之情性而导之"的过程。这样，我们就有了一个关于儒家伦理的三重架构，其中，对于人性的原初假设与道德的训诫相左，从而需要通过修身养性达成儒家的理想伦理人格（君子或圣人）。这一架构有三个要素，即初始人性的不成熟状态、独特的人格训练方法和内容（"成人"教育）及被称为"君子"或"圣人"的理想伦理人格。

儒家伦理的三重架构，在哲学论证上显得比较朴素、简单。但是，当被置于某种世俗的人伦关系的框架中时，这一架构就复杂化并丰满起来，实质却未改变。儒家从诸多人伦关系中提出君臣、父子、夫妇、兄弟、朋友五种关系，并作为人生基本的、永久性的关系，谓之"五伦"，认为这些人际关系是任何人无法逃避也不应逃避的。此时，道德的训诫不仅应被

---

① 濡化与涵化虽同为阐释文化作用的一对核心概念，但其内涵截然不同：代际文化传递和延续，通过"濡化"来实现；不同文化输入与交汇，则通过"涵化"来实现。前者意在解释继承性的"遗传"，后者旨在说明"变异"。

理解为一种趋向理想人格的目的论指令，而且应被理解为一种具有伦常关系的权威命令。如，孟子云："父子有亲，君臣有义，夫妇有别，长幼有序，朋友有信。"（《孟子·滕文公上》）当儒家伦理的三重架构被置于以血缘为基础的某种宗法社会中时，对于儒家理想人格的目的论追求就转变成对仪礼、礼制、礼节的习俗规范。但是，不论是伦常关系的规范，还是宗法社会的礼制约束，它们都关乎一种初始人性的不成熟状态，明礼、知礼的理想人格及作为这两者转化之手段的道德训诫，这三重架构仍然是汉唐后儒家进行道德评价与判断的核心。显然，儒家伦理的三重架构特征为我们理解中华民族国民性的生成提供了一种知识范式，而对它的进一步的阐释则需要借助历史的分析。

具体而言，对于"欲"与"性"的争论构成了儒家伦理建构原初人性的第一重架构。先秦儒家已经认识到人的自然天性往往以欲望的形式呈现出来。如《郭楚店墓竹简·性自命出》提到，"性自命出，命自天降"。正如有学者认为的，"由于知晓生存之无可逃脱，中国传统思想倒是相反地干脆肯定、赞赏、欢庆肉体的生存和人世的生活……中国文化以肯定生、欢庆生为基调"[9]。荀子认为，欲望是天赋的。所谓"人生而有欲，欲而不得，则不能无求"（《荀子》）。孟子和告子关于人性论的论辩，使"食、色，性也"成为后世千古的论题。这也从另一个角度强化了人的本性问题。在此情况下，"欲多而物寡，寡则必争矣"。正因为如此，才有必要对人的本性加以限制和调节。要通过"师法之化"加以引导和控制，才能使人抑"恶"向"善"；要通过制定"贵贱有等，长幼有差，贫富轻重皆有称者"的"礼""以分之"。在教育内容上，"儒家传统教育始终围绕教人'怎么做人'，也就是为人之道来进行。如，孟子认为'爱人''敬人'的利他行为才是'礼'。教育是立国之本，为人之道是教育之本，怀仁知礼是人之根本。我国古代教育内容基本上都是与'礼'相符的道德规范，有学问的人一定是知'礼'的人"[10]。在教育途径上，荀子认为，人虽然天生"固无礼义"，但可以通过"强学"和"思虑"来获得。关于"礼"的纲目和内容，儒家典籍《礼记》有着详尽的介绍，在当时确实起到了"以礼节和"的社会规范功能。正如孔子所言："夫礼，所以制中也。"并进一步总结出其中蕴含的"中庸"思想和处事方式，即"礼之用，和为贵"，这对今天的中国人心理也有所影响。"中国人更重视运用'中庸'特质，这就是民族性的结构性和稳定性。研究民族性首先应研究民族性特质，即民族性常态。它为理解民族性提供了可以捕捉、可以理解和对待的依照。"[6]329

　　儒家学说为国民性建构的第二重架构，是明确地提出了可供参照的伦理人格理想。马一浮曾指出，《论语》首末章都论述君子，君子论是贯串《论语》始终的。因为孔子创立的儒家学说很大部分是为了阐明应当做个什么样的人，而孔子的"君子论"集中表达了他对于做个什么样的人——理想人格的思考。孔子的理想人格主要有两类，即圣人和君子。君子和圣人作为孔子的两类理想人格是互补关系，圣人高于君子，是人格的完美典范和最高境界。孔子的弟子视其为"圣人"，但他并不应诺："若圣与仁，则吾岂敢？"为了避免圣人人格形象的神秘感和抽象感，孔子提出了在现实中"得而见"的君子人格：他会犯过错，但勇于改正，所谓"过则勿惮改"（《论语》）。如此真实、具体，普通人对砥砺自己以成就这样的人格自然就充满信心。因此，君子和圣人构成一定的互补关系，并在后来儒学"极高明而道中庸"的"圣贤气象"中得到充分的展示，而这对儒学在日常的实践中造就理想人格无疑起到指引的作用。[11]

　　从历史本体论的观点看，"礼"通过建立在情感原则上的"仁"促使人在不断受教育和学习中自觉主动地追求人格的完善，并在众数人格上深层积淀，形成固定的文化—心理结构，即儒学伦理对国民性生成的第三重架构。上述"成人"之道的教化在代际关系上的达成，实际是文化濡化的过程。这一过程也是国民性由外显性到内隐性不断转化的过程，而这从传统儒家教育在我国两千多年的国民性上的教化作用上有充分体现。自孔子的时代起，我国教育就特别注重以儒家的"礼"为载体对人们实施"化民成俗"意义上的教化，以维持社会的和谐与稳定发展，从而形成中国特有的"礼"的秩序和规范。今天的社会心理依然可见这种"礼"的作用和影响，并在人们的人格上积淀为深层结构，表现在国民性上就是有相应的行为模式，即文化模式。"文化模式的存在提供了社会认同的背景，这一背景会给那些没有遵守文化模式的社会成员造成潜在的压力，并使他们对此深信不疑。另外，通过长期的实验、大量试错法的使用，文化模式作为社会的特性在各个社会之间也渐渐地彼此适应。遵从它就有好结果，违背它就会遭到报应。'居罗马则行罗马人之事'，这一古谚就是据实际情况而言的。"[12]因此，由儒学所创造的文化模式在社会中逐渐成为一种被普遍接受的信仰、教义、规范、标准和风俗习惯，并渗透在历代的各种家规、族训、乡约中。"儒家传统教育便这样融化在日常生活、乡里人情、民间风俗之中，成为中国人国民性格中的一种不自觉的心理定式和情感取向。"[4]85

（二）隐性涵养与显性塑造

"儒家的教育理论结构，主要包括两大方面：一方面从思想着手，培养人的爱人思想，这就是仁的教育；另一方面从行为训练着手，用行为规范来指导行动，这就是礼的教育，就是叫作'执礼'。"[13]118儒家教育的两种结构恰好契合了国民性由隐性涵养到显性塑造的生成过程。

对于国民性的隐性涵养方面，中国传统的经学教育即为一种人格养成教育。① 例如，《学记》是一篇"大教学论"，论的是教师应该如何教以及学生应如何学，而《大学》则是"大学习论"，论述的是终身的事，即如何通过博学，成为治国、平天下的人才。应该说，"大学之道"是一种有关修身之道的学问。"四书"中的其他著作同样具有深厚的教育价值：《论语》的价值表现在很多方面，如教学、修身、为政以及培养人的日常行为规范等方面，不一而足。《孟子》对世俗的规范意义，其中阐述的"富贵不能淫，贫贱不能移，威武不能屈，此之谓大丈夫"对于人格养成的教育，以及"我善养吾浩然之气"对于引导人们在日常生活中注重一点一滴的道德完善等至今仍然闪烁着夺目的教育光辉。《中庸》的价值更多地体现在它的方法论意义上。应该说，早期儒家的教育思想理论是"人类轴心时代"的产物，对于人们的修身及社会秩序的建构产生过积极的作用和影响，所以后世把儒家学说界定为入世的学问。儒家教育视域中的理想人格是"君子"，这类人一方面具有温柔敦厚的性情和风范，另一方面却不乏积极进取精神，"天行健，君子以自强不息；地势坤，君子以厚德载物"就是对君子人格的精辟概括。古代的儒家教育注重内在道德人格的修养，比如"慎独""养气"的修身方法，智德双修、内外兼通、知行合一的基本教育原则等，都可以看出这种人格培养的教育痕迹。

"明礼""习礼""执礼"的教化过程作用于国民性的外显性上。先秦儒家"把行礼如仪……作为教学的中心，教育的内容和方法都贯串着礼的精神，并且对学生的思想教育和行为规范的训练，都要通过礼来达到教育的目的。在儒家的教育言论中，处处谈到礼，一举一动和一言一行，都要合于礼"[10]。同时，它对各式各样的礼仪、礼制、礼节的标准做出了十分

---

① 近年来国内兴起的"读经热"引发了学界广泛讨论，其背后折射出的是对经典文化与"人格养成"教育议题的回应。该问题是围绕赞同儿童读经和反对读经之间产生的一系列论争，是我国教育现代化过程中抛给世人的一个难题。

详细的规定，包括人在日常生活中为师生、为主客、为君臣、为夫妻时均要遵守的不同的礼节和守则。如，《礼记》对孝子的要求是"昏定晨省"，让父母"冬温夏清"。孔子则提出，对父母的孝道标准应是"居则致其敬，养则致其乐，病则致其忧，丧则致其哀，祭则致其严"，并以"犬马之养"与"人之养"的区别，说明内心的情感是判断一个人是否达到"孝"的标准。孔子还特别强调，"礼，不可不省也"，做人要"吾日三省吾身"。需要强调的是，儒家之"礼"并不只是对学生要求执礼的一种外在形式，而是更加侧重内心的真实情感，以促使其在自身的实践中体会"礼"的精神。这一目标的实现要求人，一方面是学习知识，另一方面则是强调意志的克制和锻炼，主动地严格约束自己、要求自己，从而使"追求知识、勤奋学习和讲求控制、锻炼意志成为人格修养相互补充的两个方面"[7]27。显然，"礼"作为一种教育，注重的是将内容与手段融为一体，通过"明礼""习礼"和"执礼"的教育教学过程实现人格的养成。"对儒家教化手段的重新认识，不仅为如何批判继承我国传统教育理论提供了新的研究视角，也为教育如何通过人性涵养和情感观照解决现代性转换难题提供了可能的路径或借鉴。"[10]

儒家文化发展到近代，特别是在19世纪后半期到辛亥革命期间，西方科技、民主制度有了长足发展，中西文化也有了巨大的反差。然而，在新的文化挑战面前，开始于近代以来的国民性批判却摒弃了有关儒家的理想伦理人格的概念。由于新派的思想家们共同排斥儒家目的论的人性观，因而儒学为国民性建构所设定的三重伦理架构缺乏能被系统理解的充分条件。"一方面，是某种特定的道德内容；另一方面，是某种有关未经教化的人性本身的观点。这从侧面上解释了何以一系列倡导'新国民'的启蒙筹划注定会失败。"[14]由于观念与现实的背离，使近代儒家教育陷入难以摆脱的困境。

三、新时期国民性建构的教育学思考

新时期的国民性建构应立足本土文化传统，注重对传统教育价值特别是先秦儒家教育价值的深度开发。同时，应坚持创造性转化原则，汲取具有现代意义的教育价值和资源，在与世界教育的交流中寻找国民性建构的创生点。

（一）从传统儒家教育中汲取养分，浸润国民性的根基

新时期的国民性建构应重视儒学自身表层、深层结构的双重区分。

"显然，儒学自身的复杂性表现在它在长时间的历史积淀过程中形成了表层、深层相互制约的双层结构。"[4]98儒学结构无论是在表层方面还是在深层方面，在近代均遇到了严重挑战，但积淀在国民性深层结构上的文化—心理结构顽强地保留了下来，甚至成了汉民族的一种无意识的集体原型现象，构成了民族性的文化—心理结构。

正是由于儒学深层结构的长期积淀，以"一个世界"为根基，以"乐感文化""实用理性"为特色的"情—理"结构，构成了汉民族国民性的主要成分。因此，新时期国民性建构应从传统儒家教育中汲取养分，浸润国民性的根基，以此凝聚中华民族之魂，形成持久不衰的精神动力。笔者曾在《教育研究》上发表有关"儒家之礼与我国教育的教化功能"的文章，提出如下几点：应重视对儒家经典源头的中国教育传统精神和价值的挖掘，重视对传统儒家之"礼"在"化民成俗"方面的理解与重构；现代教育应既向人传授知识又注意结合日常活动，使人在潜移默化中涵养德行；以"礼"的精神这一中国传统教育的精髓为着眼点，与现代教育整合，融入西方教育理论，重视"情本体"教育。[10]

新时期的国民性建构，应立足本土文化传统，注重对传统教育价值特别是先秦儒家教育价值的深度开发。譬如，《学记》是一篇可以继承的文化遗产，应该归属于世界性的文化遗产。因为它不仅适用于中国教师，也一样适用于西方教师。"两千年前，中国就有一篇教学论专著，能用辩证的眼光，分析教和学的种种问题，提出教学的问题并企图加以解决，这不是至今仍闪烁着光辉的一种作品吗？我们为什么不可以'借古开今'呢？"[13]169所以，现代教育更应关注传统德育价值，这是因为教育本身就是道德文明的维度之一。"教育的意义本身就在于改变人性以形成那些异于质朴的人性的思维、情感、欲望和信仰的新方式。"[15]在此意义上，笔者认同杜威的"道德即教育"或"教育即道德"理论。教育的本质在于人的完善，即一种"成人"的教育模式。我国古代的"冠礼"仪式表明对"成人"教育的重视，而这在儒家典籍《礼记》中有很多阐释。同时，从儒学传统的表层结构来说，近年来，国家倡导的核心价值体系亦大量、积极地汲取传统儒家文化构建共同价值观，以巩固国家的凝聚力，弘扬儒家的美德和优秀传统。在地方习俗中，传统文化中"礼"的精神及其仪式，自始并且一直为后人所尊崇与践行。很多地区的民俗文化传统经申请已成为国家级、世界级的非物质文化遗产，这一文化现象反映出"礼"的持久性影响。任何文化传统都必须依托一定的社会机构来实现自身的传承和再生产。儒学在现代社会中，不仅可以与大学结合，还可以与更广泛的教育领域结合，如中小学教育、社会文化教育等。另外，它还可以通过各种社会文化团体、公益团体来发挥其教化功能。"儒学不能仅存在于大学讲坛上和书斋里，不能止于'作为哲学的儒学'，而必须结合社会生活的实践，同时发展'作为文化的儒学'的方面，使儒学深入国民教育和人生践履。"[16]在国民性的建构意义上，以教育学的视角分析传统儒学与现代教育对国民性的作用和影响，也是现代教育自身不断完善和发展的路径。这主要在于教育的本质是以开启人的心智潜能和培育人的道德品质为基本方式的人的完善。

（二）在与世界教育交流中寻找国民性建构的创生点

新时期的国民性建构应注重世界教育的开放性，汲取具有现代意义的教育价值和资源，寻找国民性建构的创生点。事实上，国民性问题的发现和解决的过程也是现代教育直面自身不足、实现内在完善和发展的过程。近几十年来，我国现代教育通过体制、课程和教学方法等的不断改革，完成了传统教育模式向现代教育模式的转型，应该说已取得了一些成就。比如，与传统教育相比，现代教育极大地拓展了知识领域和门类，为建立现代科学知识谱系和工具理性奠定了基础。现代教育学校、机构等成为培养新型的知识型人才的基地，且培养方式向知识化与技能化的方向推进。从一些发达国家在教育方面出台的纲领、政策、文件等可以看出，我国现代教育有向发达国家教育内容和方法契合的趋势。

新时期国民性的积极建构，一种明智的选择是在坚守传统教育价值的基础上，对更先进的异质教育文化中的营养要大胆汲取，这需要对传统教育的结构、规范、思维方法进行一系列自我更新和建设性的转化。文化间的特殊差异性有可能导致文化冲突，但差异本身并不意味着冲突，它同样可以成为而且更应该成为相互交往和对话的理由。二战后，各国在历次教育改革中出现的一个共同趋势是逐渐强调教育的国民性目标，将"国民精神"的养成作为本民族教育的重点。在对战后中、韩、日、新四国教育目的的历史演进及特征进行比较分析后发现，当下中国教育目的更加强调"国民性"。"一则因为在全球化步伐加速的今天，世界各国都十分强调各自的文化身份认同，强调国际中的国家意识乃大势所趋；二则因为在当前我国儒家文化传统式微的情势下，国人亟须以固有的文化传统整合民心，强调教育的文化传承乃人心所向。"[17]因此，从文化认同的角度审视儒家文化对民族性格和社会心理的影响，就不能简单地用西方标准来衡量曾在塑造民族性格方面发挥巨大作用的儒家精神。这是因为"儒家传统和中华民族文化中其他许多大、小传统之间，经历了既排斥又吸收、既抗争又融合的长期过程，才使其文化认同的内涵变得丰富，变得博大精深"[18]。儒学的现代命运需要对传统进行自觉的、群体的，同时又是批判的继承和创造。

要坚持"创造性转化"原则，这应该是新时期教育学视野下国民性建构应有的文化姿态。譬如：儒家传统教育在国民性塑造过程中具有不可避免的历史局限和自身缺失，如偏于私德、疏于公德等；强调"忠孝""本分""逆来顺受"的臣民性格，缺乏建立在现代民主法制和合作契约基础上的公民意识；强调个体在社会伦常关系中的"克己"文化和"无我"意识，缺乏近代社会因职业分化和经济自由所带来的人格独立性；强调渗透在宗法血缘网络中的亲属伦理与人际关系，缺乏公民文化、法律秩序、公共道德基础上的现代规则意识。因此，"应让现代生活的理性体系和价值规范作为风俗习惯在日常生活中逐渐沉积，以改变原有积淀，为转换性地创造新时代的深层结构而努力"[4]89。不过，我们也应该清醒地认识到，要想实现国民性建构的重大使命，不仅在于教育的责任担当和实际行动，还需要中国人心理层面的国民性意识的觉醒，更为重要的是还需要以经济发展的强大后盾作为支撑对国民性建构进行持续投入。

综上，儒家传统教育通过历史积淀的方式塑造了中华民族长期而稳定的心理形式和民族性格。本文从"文化濡化"的研究路径出发，深入剖析儒家传统教育、儒学传统在国民性塑造过程中的历史结构与自身缺失，并在此基础上，以教育学的视角提出有关新时期国民性培育的建构策略。然而，有关教育、教化与"国民性"的关系问题在近百年来的历史讨论与批判中构成了一个庞大的"问题域"，如，儒家的"濡化"应如何在教育目的的设计中合理"表述"本民族的国民文化特性与文化身份问题，如何在现代国民教育体系中探寻"国民精神"养成的历史承接与现代性转化的有效切入点，等等，这些问题仍值得后续研究的持续探索。

参考文献

[1] 习近平. 在纪念孔子诞辰 2 565 周年国际学术研讨会暨国际儒学联合会第五届会员大会开幕会上的讲话 [N]. 人民日报，2014-09-25.

［2］陈独秀. 今日教育之方针［J］. 新青年，1915（2）.

［3］周策纵. 五四运动：现代中国的思想革命［M］. 南京：江苏人民出版社，1999：321.

［4］李泽厚. 说文化心理［M］. 上海：上海译文出版社，2012.

［5］英格尔斯. 国民性：心理—社会的视角［M］. 王今一，译. 北京：社会科学文献出版社，2012：2.

［6］沙莲香. 中国民族性（三）：民族性三十年变迁［M］. 北京：中国人民大学出版社，2012.

［7］李泽厚. 中国古代思想史论［M］. 北京：人民出版社，1986.

［8］王炳照. 陈元晖教育文集［M］. 南京：江苏教育出版社，2011：34.

［9］李泽厚. 历史本体论·己卯五说［M］. 北京：生活·读书·新知三联书店，2008：92.

［10］于伟. 先秦儒家之"礼"与我国教育的教化功能［J］. 教育研究，2013（4）.

［11］单纯. 国际儒学研究：第十七辑［M］. 北京：九州出版社，2010：78.

［12］林顿. 人格的文化背景［M］. 于闽梅，陈学晶，译. 桂林：广西师范大学出版社，2007：20.

［13］陈元晖. 中国教育学史遗稿［M］. 北京：北京师范大学出版社，2001.

［14］许纪霖. 现代中国思想的核心观念［M］. 上海：上海人民出版社，2011：8.

［15］杜威. 人的问题［M］. 傅统先，译. 上海：上海人民出版社，1965：155.

［16］陈来. 陈来儒学思想录：时代的回应和思考［M］. 上海：华东师范大学出版社，2014：82.

［17］容中逵. 论教育目的表述的国民性问题：战后中、韩、日、新四国教育目的之国民性比较分析［J］. 外国教育研究，2006（12）.

［18］杜维明. 儒学第三期发展的前景问题［M］. 北京：生活·读书·新知三联书店，2013：275.

［本文原载于《教育研究》，2016 年第 6 期］

公民抑或自然人

如果把公民教育比喻成一座大厦，那么，现有的公民教育研究则更多地关注这座大厦的主体部分，而对于大厦的根基部分注意甚少，研究大多集中探讨公民教育的必要性、紧迫性及其实施路径、内容、策略和方法等，而对于公民教育的前提性问题缺乏应有的关注、探讨和反思。公民教育的前提性问题即指在公民教育中如何看待个体与国家、社会的关系，涉及国家权力的边界、个体自由的限度等根本性的问题。这一公民教育的前提性问题，隐含在公民教育的实践之中，是规范和引领公民教育的观念预设。因此，必须对这一公民教育的"第一原则"予以关注、反思和澄清，使其浮出水面，并由此进行公民教育的理论建构和实践。

之所以选择卢梭的观点作为切入点，是因为他是一位与时代共进的思想家，其公民教育思想对我国一百多年的公民教育产生了重要影响。但是，目前对于卢梭教育理论的研究呈现出一种看似分裂的状态。一些学者认为，卢梭的教育目的是培养公民，其理论是共和主义公民教育理论。还有一些学者认为，卢梭的教育目的是培养自然人，其理论是自然主义教育理论。之所以出现这样的状况是因为卢梭思想本身就不是铁板一块，而是充满着矛盾和冲突，是一个开放的体系，但更根本性的原因是其公民教育和自然人教育本身存在的断裂和冲突。这种矛盾和冲突促使我们思考在卢梭的公民教育体系中，他的自然人的理想受到了怎样的挑战。他呈现给我们的是一个时代难题，而不是一个具体答案。卢梭是一面镜子，其思想之光足以照亮今天的教育现实，其思想的矛盾和冲突足以让人洞察今日的教育困境。

卢梭的公民教育理论似乎具有强烈的国家主义和集体主义色彩，这一点在他有关国家与公民关系的阐述中体现得淋漓尽致。他说："公民只不过是一个分数单位，是依赖于分母的，其价值在于他同总体即同社会的关系。"[1]9 他还通过对两个事例的描述生动地展现了这样的公民特征——个人的存在依赖于国家，国家利益至上。一件是：斯巴达人佩达勒特提出他自己要参加三百人会议，但遭到拒绝；然而，鉴于斯巴达有三百个胜过他的人，他也高高兴兴地回去了。我认为，这种表现是真诚的，我们有理由相信他是真诚的。可以说，这样的人就是公民。另一件事是：有一位斯巴达妇女的五个儿子都在军队里，她等待着战事的消息。一个奴隶来了，她战栗地探问消息。——"你的五个儿子全都死了。"——"贱奴，谁问你这个？"——"我们已经胜利了！""于是，这位母亲便跑到神庙中去感谢神灵。这样的人就是公民。"[1]10。但是，我们不能由此就推论说，卢梭的教育目的就是培养公民。

实际上，如果把卢梭的公民教育思想和他的自然人教育思想放在整体视域中考量就会发现，他思想中的这种国家主义和集体主义倾向只是他全部思想的冰山一角，而冰面之下则潜藏着强烈的以追求自然、自由和强调个人权利优先性为特点的个人主义的伦理诉求。他始终纠结于冰面之下的个人诉求和冰面之上的国家主义，并始终试图寻求这两者的最佳结合点。了解他的"纠结"，分享他的"寻求"，对于我们深入思考国家、社会与个人之间的关系有启示。因为卢梭的纠结并非仅仅是他个人的纠结，也不只是那个时代的纠结，他所纠结的问题人类还远没有解决，因为他探讨的命题是一个历史性的时代命题。

一、自然、自由与社会自由的冲突和自洽

"自由"是卢梭思想的核心概念。他高度看重自由，呐喊出"人是生而自由的"[2]5时代强音。他认为，"这种人所共有的自由，乃是人性的产物"[2]5，这表明卢梭认为自由是人性的一个部分，放弃自由，丧失自由，就是丧失人性。他说："放弃自由，就是放弃做人的资格，就是放弃人类的权利，甚至就是放弃自己的义务。"[2]12卢梭的教育法则正是基于自由这个基本原理源源不断地得出来的。那么，他是在同一含义的基础上使用"自由"这个概念吗？

如果从伯林的积极自由和消极自由出发来理解，那么卢梭的自由是哪一种意义上的自由呢？透过对卢梭文本中自由概念的解读，尽管很难完全把他理解的自由简单地归结于消极自由或积极自由，因为在不同层面、不同维度卢梭对自由的理解不是同一的，但伯林的分类框架仍有助于我们对卢梭的理解。一方面，卢梭强调自由是一种理性的自主，是由理性而非非理性的欲望所主导的一种状态，即"唯有道德的自由才使人类真正成为自己的主人，因为仅有嗜欲的冲动便是奴隶状态。唯有服从人们自己为自己

所规定的法律，才是自由。"[2]20 这种自由的潜在敌人是个人的非理性和嗜欲的状态。另一方面，他又强调自由在于免受外在束缚，是个人行为免受外在势力压迫的状态。他说："只有自己实现自己意志的人，才不需要借助他人来实现自己的意志。由此可见，在所有的财富中，最为可贵的不是权威，而是自由。真正自由的人，只想他能够得到的东西，只做他喜欢做的事情，这就是我的第一个基本原理。"[1]80 这种自由的潜在敌人是来自于外在权力对个人的制约。

实际上，卢梭所讲的积极自由更多的是指社会自由，而消极自由更多的是指自然自由。因为社会自由的获得依靠的是人的理性精神和人的道德能力的提升，"这种自由已被等同于善，而追求自由则是追求一种向善的意志……它具有强烈的道德色彩"[3]109。公意即卢梭道德理想国中所说的善，因此，社会自由追求的是个人意志和公意的高度统一所获得的一种状态。个人越是经过理性和道德精神的调节，越是最大限度地减少与公意抵触，那么，他就越与公意一致。最理想的状态是个人意志与公意完全一致，这样的个体才最自由。这种自由实际上体现了个体对善的一种追求。自然自由的特征在于无负荷的人的独立自主的无束缚的状态，"是那些具有前社会先验的人的自由"[4]24。卢梭始终摇摆在这两种自由之间，任何一个维度上的自由他都想达到极致，并且始终在努力地调和这两者之间的矛盾和冲突，所以他所提出的道德自由也是为了调和这两者之间的对抗。具有自然自由和社会自由素养的公民的内在品质存在着巨大的差异。社会自由强调的是个体对公意的追求，注重公民的公共精神，所以在教育中一定要注意爱国精神的培养。可以说，它的立足点为国家层面。自然自由更多地强调个体精神，是个体先于且独立于国家目的与价值的理念。可以说，它的立足点在个人。卢梭提出的公民教育中更多强调的是积极自由，而在自然人教育中则更多地强调的是消极自由。但是，自然人和公民往往是冲突的，我们"必须在教育成一个人还是教育成一个公民之间加以选择，因为我们不能同时教育成这两种人"[1]9。这种教育目的上的冲突反映了他自由思想内部本身存在的断裂和矛盾。

在卢梭的逻辑里，自由思想并不只是存在着矛盾和冲突，从另外一个角度上来讲，自然自由和社会自由之间也存在着内部的逻辑契合点。实际上，自由既是动词又是名词。作为动词，卢梭强调自由作为手段的意义；作为名词，卢梭则更加强调自由作为目的的意义。卢梭把自由、平等视为人类的最大的幸福，并且认为平等是服务于自由的。实际上，无论他提倡的是作为消极自由意义上的自然自由，还是作为积极自由意义上的社会自由，都是为实现"自由"这个终极的人类的最大幸福而服务的。作为实现自由的手段，之所以在不同类型的自由方面侧重点有所不同，是和卢梭当时所处的时代背景和他个人的心态紧密相关的。他在自然自由维度上之所以强调消极自由，并把消极自由作为实现自然人独立自主的手段，是因为他对当时黑暗、腐朽的社会风气以及反自然的异化教育丧失了信心，认为社会干涉越少的教育才越有可能培养自主的精神。因此，他提倡国家对教育应该完全放手，所以"卢梭训练爱弥儿，要避开一切社会的影响"[5]。卢梭在社会自由维度上之所以强调的是积极自由，是因为他对这种社会环境和社会制度都充满信心，也相信在这种环境和制度中教育可以更好地培养公民的公共精神。因此，他提及的社会自由更多的是积极自由。由此可见，卢梭提出的自然自由和社会自由，即消极自由和积极自由，它们通向"自由"的目的是一致的，只是不同时期在自由的倾向和策略上有所不同而已。

卢梭之所以摇摆，之所以在不同的时期有不同的自由倾向或采取不同的自由策略，是要解决一个根本性问题，即"探讨在社会秩序之中，从人类的实际情况与法律的可能情况着眼，能不能有某种合法的而且确定的政权规则。在此研究中，我将努力把权利所许可的和利益所要求的结合在一起，以便使正义与功利两者不致有所分歧"[2]3。"权利所许可的"即法律所许可的，也就是合法的。从国家的角度来讲，理想状态是正义的充分实现。"利益所要求的"即人类的实际状况，是从个人的角度来讲的，理想状态是功利的达成。所以，卢梭是要寻找正义与功利，也就是个人与国家之间的最佳结合点。卢梭的自然自由和社会自由之间的冲突与自洽反映了卢梭在寻求国家权力与个人自由的最佳结合点上的努力和困惑。国家权力和个人自由是卢梭思想游走的天平的两端。他始终在寻求和保持着天平的平衡。如果把这个天平抽象成线段，无论他提出的是自然自由还是社会自由，都是在寻找这条线段的黄金分割点，只是在不同的历史时期，国家权力与个人自由之间的张力不同，这个黄金分割点的位置有所不同而已。

二、个体与共同体——个体权利优先还是公共利益优先的纠结

卢梭公民教育理论的逻辑起点是个体还是共同体？也就是说，他的公民教育的归属点是共同体的利益还是个体的权利？他的权利框架里是个人先于且独立于其目的和目标，还是目标先于且独立于个人？这些问题在他

的思想中有没有一个明确的答案？有没有一个基本的倾向？我们先不要给卢梭下一个定义，说他是共和主义者或是个人主义者，让我们尽量以中立的观点来厘清他的基本观点。

（一）对公意的推崇使其思想呈现出强烈的集体主义倾向

公意就是国家的道德人格，因为国家依靠契约而产生，契约可以通过如下的词句来理解："我们每个人都以自身及其全部力量置于公意的最高指导之下，并且我们在共同体中接纳每一个成员作为全体之不可分的一部分。"[2]26 "在卢梭那里，社会公意既是公共的大我，又是全体人形成的公共人格和道德。它既是国家，又是人民。"[3]110 这个"公意"就是卢梭认为的国家的共同道德准则，因为"公意永远是公正的，而且永远以公共利益为依归"[2]35。对公意的推崇，实际上表明他对公民选择价值与目的的能力持怀疑的态度。他说："公意永远是公正的，并且永远以共同利益为依归，但不能由此推论说，人民①的考虑永远有着同样的正确性。人们总是愿意自己幸福，但人们并不总能看清楚幸福。人民是绝不会被腐蚀的，但人民往往会受欺骗，而且好像唯有在这时候，人民才好像会愿意要不好的东西。"[2]35 所以，公意的产生是抽离私意的过程。公众、私意都不能让人获得幸福，因为"个人看得到幸福却又得不到它，公众在向往着幸福，却又看不见它"[2]49。唯有公意才能引导人民过上幸福的生活，但这实际上否定了公民个人在自身幸福生活中的特定的内涵，否认了幸福的多样性和丰富性，即从根本上否定了公民选择自己价值与目的的能力。我们在这里看到的是卢梭对集体主义的推崇。在他的视域中，没有个人，只有集体，而他对公意的诠释，恰好是在为自己提出的集体主义寻找合理和合法性的根据。这种强烈的集体主义倾向表现在教育中就是爱国主义至上倾向。他说："这是最最重要的一条。教育之事必须给予人民的心灵以民族的形式，使得他们不但由于必要而且也由于性向和愿望而成就其为爱国者。一个儿童当他的眼睛初始见到亮光时即须重视他祖国，而且应该继续如此，直到死日为止。每一个真的爱国者对于国家的爱是和母亲的奶一同吸入进去的。这个爱是他的全部生命。他只想到他的国家而不是其他。他生着只是为他的国家。至于他自己个人，那是不值得什么的。倘使他的国家不再存

---

① 人民是公民的集合名词，因为卢梭在《社会契约论》中说："至于结合者，他们集体地就成为人民；个别地，作为主权权威的参与者，就叫作公民。"（参见：卢梭著《社会契约论》，商务印书馆，2010年版，第21页）

在了，他也就死亡了。纵使不死，他比死还不如。"[6]这种具有国家主义倾向的教育和他在公民教育中对社会自由的强调相呼应。因为社会自由具有道德色彩，所以"道德注重应然，即强调人的义务"[3]109。教育中，国家主义倾向和对人的爱国情感的强调正是卢梭的义务优先观念在教育中的反映。

（二）对人的自爱情感的崇尚和对自然人绝对价值的肯定使其思想呈现出个人主义倾向

对于卢梭，他是不是将自己的这样一种集体主义一以贯之呢？他是不是始终高举这种集体主义的大旗而对个体视而不见呢？答案是否定的。这一点从卢梭对自然人的描述就可以看出："自然人完全是为他自己而活。他是数的单位，是绝对的统一体，只同自己和他的同胞有关系。"[1]9 "他的自由是没有规律而言的，是没有任何责任感的自由。"[7]所以，从另一个角度我们可以看到他对个人价值完全的肯定和推崇。这种推崇让我们难以相信他会使用"社会契约""公意"等这类的名词，更不用说他会持有集体主义思想了。

对"自爱"情感优先性的肯定，加之他认为教育必须遵循人的自然天性，说明个体乃一切活动的根本，而这也是我们的终极目的。这种把个体作为一切活动的出发点和目的的主张，具有明显的个人主义色彩。"我们种种欲念的发源，所有一切欲念的本源，唯一同人一起产生而且终生不离的根本欲念，是自爱。它是原始的、内在的且先于其他一切欲念的欲念，而且，从某种意义上说，其他的一切欲念只不过是它的演变。"[1]82 "自爱始终是很好的，始终是符合自然的秩序的。因此，我们第一个最重要的责任就是不断地关心我们的生命……为了保持我们的生存，我们必须要爱自己，我们爱自己要胜过爱其他一切的东西"。[1]289卢梭的个人主义还表现在，他认为个人的权利优先于个人负有的责任。"我们首先要对自己尽我们的责任，我们原始的情感是以我们自己为中心的，我们所有一切本能的活动首先是为了保持我们的生存和我们的幸福，所以，第一个正义感不是产生于我们怎样对别人，而是产生于别人怎样对我们。"[1]103基于这种认识，相应的教育也要实现权利优先性的转变。由此，他指出了以往教育中存在的一个错误。他说："一般的教育方法还有一个错误就是首先对孩子们只讲他们的责任，而从来不谈他们的权利，所以开头就颠倒了。"[1]103

实际上，"出自造物主之手的全都是好的，而一到了人的手里全都变坏了"[1]5。从这句话中可以看出他对人的自然天性的肯定。这种肯定势必会产生一种性善论的倾向和对人的自然能力的信心和高度尊重。同时，这种尊重会使其肯定一种内发性而非外塑性的教育观，而这与其在公民教育理论中提出的塑造性的公民教育存在着一定程度的对抗。

（三）"个人"与"集体"纠结的倾向导致教育目标的冲突

卢梭强调公意的产生过程就是克服私意的过程，并对公民选择价值与目的的能力持怀疑与否定的态度，强调"任何人拒不服从公意，全体就要迫使他服从公意。这恰好就是说，人们要迫使他自由"[2]24。由此，他提出了共同体的塑造性政治和教育中的爱国主义。但是，这和他提出的人性论观点存在冲突。他认为，人天生就有怜悯之心，即不愿意看见自己的同类受苦的心理，这是人类唯一具有的天然的美德。既然人始终有这种美德，并且这种美德"即使最败坏的风俗也是难以摧毁的"[8]73，依据此人性观点，在自然人的教育中，他大力提倡的是尊崇人的自然天性的消极教育，这样的教育的特点就是注重"我们的才能和器官的内在的发展"[1]7。那么，这实际上就等于承认，人依靠这种天性自然成长，也会明白是非，具有鉴别能力，而不会"看不清幸福"，或"会受欺骗"。而且他认为，人类的种种美德都是从这样一种天然的美德中派生出来的。那么，我们就要问，爱国主义不是一种美德吗？既然爱国主义也是一种美德，不也会从人天然就具有的怜悯心中派生出来吗？既然可以派生，为什么还要塑造，还要通过教育来培养公民的公共精神呢？

卢梭始终纠结在这样的两种倾向之间。一方面，他反对人的受奴役的状态，认为处于奴役状态的人已经失去了人的本质，甚至都不能称其为人，只能是"奴隶"。对于奴役产生的原因他明确指出："奴役的链条是由于人们的相互依赖和使他们联合在一起的互相需要形成的。"[8]81另一方面，他又制造这样的以人们相互依赖和联系在一起为特征的"锁链"，而这条"锁链"就是他提出的以"接纳每一个成员作为全体之不可分割的一部分"[2]20为特征的共同体，也就是国家。为什么他一方面反对"锁链"，一方面又在制造"锁链"呢？究其原因，这和他面临的历史和时代的挑战紧密相关。卢梭的这种个人主义是以对人的自然天性的赞美和对人本身的绝对价值的推崇为特点的，高举这样的个人主义的大旗主要是因为他看到当时的法国社会科学和艺术的发展不但没有提高人的道德修养，反而导致人性的腐蚀和堕落这一社会现实。可见，他提出自然人的培养和自然人价值的绝对性，是看到或预见到社会发展可能会使人存在着工具化的危险。也正是对这样一种危险的担心，使他提出教育中一定要以自由、独立、自主的自然人培养为教育理念。分析卢梭的这种个人主义产生的原因，实际在很大程度上是他对当时社会的不满和反叛的情感在教育中的反映。但是，理性使他认识到，人始终不能脱离社会，更不可能退回到无异化的原始社会生活，所以，正确的道路就是面对现实，在现实社会中为人、为个体权利和自由寻找空间。因为看到了个人所处的社会和国家对个人发展的决定性的影响，所以他坚信只有在自由民主的国度才能真正实现个体的自由和发展。因此，他的逻辑是首先创造这样一个国家，创造这样一个国家首先需要培养维系这一国家的公民，而这样的公民的特点就是拥有强烈的爱国情怀。由此可见，他的公民理论又体现出了强烈的集体主义倾向。

三、个人自由与国家权力

长期以来，我们在对卢梭的公民教育理论进行解读时，往往注重的是发掘他的公民教育理论中的国家主义和集体主义成分，很少把他的公民教育理论和他的自然人的教育理论整合起来进行分析和借鉴，很少看到他的公民教育和自然人教育之间的逻辑自洽和必要张力。但是，只有这种整合性的分析，才能让我们从多方面把握他的公民教育理论的全貌。原有的单一性解读使我们更多地强调了公民的"公"而忽略了公民的"私"，没有看到"公"与"私"之间的内在契合和必要张力的保持。通过整合性的分析，洞悉公民教育的潜在诉求和面临的困境，这对于反思公民教育的前提性观念，对于重新思考公民教育中个人、国家和社会的合理作用有深刻启示。

（一）个人自由

自由是相对的，不是绝对的。"自由和食物一样，对人的效用因人而异。以食物为例，鲜美的固体食物，体质强壮并常吃这类食物的人食之，当然大有补益，可增强身体。然而，体质柔弱的人食之，则徒增肠胃的负担，有损健康。"[8]21个体的这种享受自由的能力是和他所处的历史时代背景相联系的。处于不同时代、不同历史阶段、不同社会发展形态的个人，他们对自由的理解是不同的。比如，长期处于受奴役状态的人，由于长期缺乏自由，会导致他们可能无法享受突如其来的自由，即"人民一旦过惯了在首领统治下的生活，就不可能从这种状态中走出来。如果他们试图摆脱枷锁，他们将更加远离自由，他们将把与自由背道而驰的恣意行事和胡作非为当成自由；他们的革命最终将使他们落入蛊惑家的手里，使他们身上的锁链更加沉重"[8]21。自由的限度是具有历史进程性的。这是卢梭传达给我们的一个最基本的信息。因此，应把自由放到长时段的历史中来了解。可以说，在不同的历史发展阶段，积极自由和消极自由之间的张力是不同的。无论是卢梭提出的自然自由，还是社会自由，都是在谋求个体的、理想的、无异化的生存的状态，都是在不同的背景下对实现这一状态的努力和探讨。可见，它的归宿点是消极自由而不是积极自由。

（二）国家权力

卢梭在政治哲学发展史上的一个重要贡献是为政治注入了道德要素，开创了道德政治的哲学谱系。这种道德政治的理念落实在国家权力层面，就是他强调的国家实际上是一种道德人格。他主张以公意的形式对共同体中的成员进行人格塑造。由于他强调的公意是单一而非多元的，对公民个人价值与目的的选择持否定性的态度，所以"任何人拒不服从公意，全体要迫使他服从，这就好比全体要迫使他自由一样"[2]24。但是，对这样一种公意进行全体性的塑造，势必有强制性的危险。事实上，受卢梭影响的雅各宾派在法国的统治最终走向专制和道德嗜血的惨烈教训也说明了这个问题。因此，这不能不引发我们思考：道德可以塑造吗？意志可以强迫吗？个人有选择价值目标的能力吗？笔者认为，所有人的意志都出于公意，个人与个人之间的意志完全同一，这作为一种理想存在无可厚非，但因为是一种理想就强迫所有人都去做，这就是强制。由此可以看出，观念层面和制度设计不能混为一谈，观念不能直接成为制度设计。国家有一个共同的道德理念，是民族向心力、凝聚力和民族精神的表征，但国家不应把这种道德理念转化为制度设计进行强制性的塑造，而应在尊重个人多元价值理念的基础上朝着这种核心理念的方向进行引领，使其在引领的基础上生成。

卢梭注重公民爱国主义教育，其目的是增强公民的国家认同感，以此来建成一个民主的、自由的国家。他认为公民只有在这样的国家里才能真正实现人的自由和自主，实现其自身的独特价值。从这个意义上说，卢梭的集体主义也是为了追求个人主义。他的这个逻辑是建立在对国家本质的理解基础上的。他说："需要找出一种结合形式，使它能以全部共同的力量来维护和保障……人身和财富……使得每一个与全体相联合的个人又只不过是在服从他本人，并且仍然像以往一样的自由。"[2]19 所以，"他不得不把政治社会，或者说暂时的历史的有机体，建立在就像自然人的原本的、前社会的、绝对的和'不可剥夺'的权利一样的难以驾驭的原则之上"[4]11。集体主义的归宿点为个人的自由和价值的实现。卢梭提出的集体主义始终建立在强烈的个人伦理诉求的集体主义之上。这样的集体主义对于修正"要把人类改造成为大公无私的共产主义社会的公民"[9]这样的完全没有个人空间和位置的集体主义具有一定的启示和借鉴价值。现在是开放的时代、多元的时代，也是弘扬个人价值和主体性的时代。因此，这样一个时代更要在集体中给个人的合理诉求以正确的位置。"任何集体（如阶级、国家）对个人都不应成为权威概念和外在压迫，个人决不能是无足轻重的工具……"[10]22 因此，在公民教育中，不能以民族、国家发展或推动历史进步的名义，忽视或贬损个体的本体性存在。无数历史经验表明，这样做的结果最终是违反人性和国家的终极目的的。

（三）社会定位

社会在个人的成长与发展中有着重要的影响，因此，应注意挖掘社会环境因素在公民教育中的作用。"凡是生于奴隶制度之下的人，都是生来做奴隶的，这是再确凿不过的了。奴隶们在枷锁之下丧失了一切，甚至丧失了摆脱枷锁的愿望。他们爱他们自己的奴隶状态……他们的怯懦使他们永远当奴隶。"[2]8 正如"人作为社会的存在物，其活动的范围和条件是由社会关系所决定的"[11]一样，这种受社会关系决定的人的活动范围和条件，还继而决定个体的生存状态。这种生存状态是人的意识生成的环境和土壤，当然也是公民教育中公民意识生成的基础。

要坚持"社会化"和"人化"兼具的社会定位取向，就要合理地、历史地看待这个问题。虽然过度社会化可能会损害个人自由，使得社会中的人不能完全享有人在自然状态下那样的完全的自由，所谓"成年人在文明状态中也只能享受部分的自由"[1]82，但历史地看待"社会化或者异化在某种程度上来讲是必要的……人只有通过异化才能脱出动物界，如同人只有通过分工才能发展一样。许多看来是限制、奴役、强制的东西，如权利、工具理性等，作为异化的某个形式或某个方面，从历史发展来看，却是合理的、必要的、重要的"[10]32。但是，因为"人不是抽象的蛰居于世界之外的存在物。人就是人的世界，人就是国家，就是社会"[12]，所以，虽然卢梭对原始社会"这种堕落之前的状态依依留恋"[13]，但他并未主张人要退回到原始社会，因为他看到社会历史发展的不可逆转性。他说："自然状态的原始阶段是无法实现的，历史是不会倒退的。"[14]他积极回应社会可能带给人自由的危机，提出"在一个社会内部，有可能存在个性、自由、尊重、约定等，而在社会之外，则根本就不存在所谓道德和不道德的事情。个人是从社会中获得精神的和道德的能力的，而且也正是由于社会，他们才成其为人"[15]。过度的"人化"带来的危机使人容易脱离社会，"像多次发现过的那些狼孩那样，用四肢爬行，吃生的肉，无人的语言，无理性逻辑——那不是人"[10]130。那么，如何调和这两者之间的矛盾，使人在社会状态中也能享有自然状态的全部的自由呢？卢梭认为，"有两种隶属：物的隶属，这是属于自然的；人的隶属，这是属于社会的。物的隶属是属于自然的，因而不损害人的自由，不产生罪恶；而人的隶属则非常紊乱，因此罪恶丛生正是由于这种隶属。如果用什么方法可以医治社会中的这个弊病的话，那就是要用法律来代替人，要用那高于个别意志行动的真正力量来武装公意。如果国家的法律也像自然的规律那样不为任何人的力量所左右，则人的隶属又可以变为物的隶属。我们在国家中可以把所有自然状态和社会状态的好处结合起来，这样就可以把使人免于罪恶的自由和道德相互结合"[1]83。卢梭的努力或许具有乌托邦式的色彩，但乌托邦对于人类来讲是必要的，因为"活着没有乌托邦是今日的迷途"[10]244。

总之，公民教育理论是一个十分复杂的课题，对其前提性问题——个人、国家、社会关系的关注、探讨和反思，是理解、实践公民教育的必要条件。有人认为，人类一直是靠轴心时代所产生的思考和创造的一切而生存的，卢梭虽不是轴心时代的思想家，但其作为推动这一问题取得进展的伟大思想家，他在这一问题上遭遇的困境、纠结与冲突也正是现时我们所面临的。因此，卢梭的探寻是我们的思想坐标，是宝贵的反思性文化财富。

参考文献

[1] 卢梭. 爱弥儿：上卷 [M]. 李平沤，译. 北京：商务印书馆，2010.

[2] 卢梭. 社会契约论 [M]. 李平沤，译. 北京：商务印书馆，2011.

[3] 金观涛，刘青峰. 观念史研究 [M]. 北京：法律出版社，2009.

[4] 沃尔佩. 卢梭和马克思 [M]. 赵培杰，译. 重庆：重庆出版社，1993.

[5] 吴俊升. 教育哲学大纲 [M]. 上海：商务印书馆，1934：195.

[6] 张焕庭. 西方资产阶级教育论著选 [M]. 北京：人民教育出版社，

1979：138.

　　[7] 张盾. "道德政治"谱系中的卢梭、康德、马克思 [J]. 中国社会科学，2011 (3).

　　[8] 卢梭. 论人与人之间不平等的起因和基础 [M]. 李平沤，译. 北京：商务印书馆，2007.

　　[9] 许纪霖. 公共性与公民观 [M]. 南京：江苏人民出版社，2006：38.

　　[10] 李泽厚. 实用理性与乐感文化 [M]. 北京：生活·读书·新知三联书店，2005.

　　[11] 于伟. 现代性与教育 [M]. 北京：北京师范大学出版社，2006：143.

　　[12] 中共中央马克思恩格斯列宁斯大林著作编译局. 马克思恩格斯选集 [M]. 北京：人民出版社，2012：1.

　　[13] 德里达. 论文字学 [M]. 汪堂家，译. 上海：上海译文出版社，1999：195.

　　[14] 阿思穆斯. 卢梭 [M]. 梅溪，译. 北京：商务印书馆，1963：24.

　　[15] 萨拜因. 政治学说史：下册 [M]. 邓正来，译. 上海：上海人民出版社，2015：269.

[本文原载于《教育研究》，2012 年第 6 期]

略论人性论假设与教育之关系问题

教育是培养人的社会活动，对人的认识是教育活动的认识前提。一般而言，人们如何认识人，就如何教育人。在对人的认识中，有关人性的认识或假设居于核心的地位。实际上，持有什么样的人性假设往往影响着人们的根本教育主张和实践。因此，我们应深入理解人性论与教育活动的内在关联，不断反思当下社会发展过程中出现的教育与人性问题，并积极发挥教育的作用，促进每一个人的健康、和谐与可持续发展。

一、人性论假设与儿童观

儿童观是指对儿童总的看法和根本观点。教育者如何看待儿童，在教育实践中如何对待儿童以及人们对儿童的认识往往反映出其人性假设。人们对儿童的认识由来已久，但将儿童视为什么样的个体、儿童与成人之间有何关联、应进行什么样的儿童教育则必须从人性论的角度加以探讨。

（一）自然人性假设与儿童观建构

自然人性论将人的本性看作具有先验特征的自然属性，认为人性天赋、本性天生。这种自然人性论在人类发展历程中均有所表现，但在中国和西方表现出不同的思想认识。

在中国传统的人性认识历史上，老子作为道家学派的创始人，最早提出了自然主义人性论。与儒家不同，道家不以善恶来分析人性，而是强调人性本自然，将回归自然看作人性实现的现实道路。老子认为："为学日益，为道日损。损之又损，以至于无为。""为学"之路与"为道"之路迥然不同。后来，庄子将老子的这一主张加以发展。他在《庄子·天地》中明确提出："泰初有无，无有无名；一之所起，有一而未形。物得以生，谓之德；未形者有分，且然无间，谓之命；留动而生物，物成生理，谓之形；形体保神，各有仪则，谓之性。"这种观点将"性"看作"道"在人或物上的具体体现，将人性看作"道"与"德"的派生物。庄子不断审视人的生命本质，形成了超乎善恶之上的自然人性论学说。在庄子看来，"道者，德之钦也；生者，德之光也；性者，生之质也。性之动，谓之为；为之伪，谓之失"。其意表明，"性"作为人生而具有的素质，是先天完善的。道家对自然的绝对遵循摒除了礼仪、规范、教化等外在对人的影响，极力保全人内在的自然本性，即所谓的"人法地，地法天，天法道，道法自然"。"自然"才是人类行为的最高标准。人的本性是无知无欲的，引导人回归到原始、自然状态之中的行为规范是最好的。因此，道家强调要用"无为"去处世，以"不言"的方式教化人。从这个角度来看，自然人性假设下的儿童观更加强调儿童本身所具有的自然本性，来自成人世界中的教育活动要尊重并保护儿童所具有的这种天性才能真正促进儿童成长。

孔子对于人性问题最直接的论断是"性相近也，习相远也"。"性相近"，突出强调了人具有大致相同的本性，为"有教无类"的教育主张提供了人性论基础。"习相远"，说明了后天的客观环境以及主观努力造成人与人之间的差异。孔子由此提出，"为仁由己""我欲仁，斯仁至矣""人能弘道，非道弘人"等主张，强调个人在践行仁义、追求人道方面的责任和作用。

孟子继承了孔子人性平等的思想，并进一步提出性善论的主张。孟子认为，人天生就存在着恻隐之心、羞恶之心、辞让之心、是非之心等"善端"，认为"善端"的进一步扩充，就会形成仁、义、礼、智四种德行。但是，这些"善端"需要后天的"存养"。因此，如果没有受到良好的环境熏陶和教育，就不会发展成为成熟的道德品质。"以善养人，然后能服天下。天下不心服而王者，未之有也。"因此，孟子的性善论成为其教育和政治思想的理论根基。

与孟子相反，荀子提出了"性恶论"的观点。荀子认为，人的情感、生理、感官等都有一些本能需求。这些本能需求若不加以节制，任其自然发展，则会走向道德的反面。"凡礼义者，是生于圣人之伪，非故生于人之性也。"荀子将"礼义"等传统道德观念看成圣人予以引导、施以教化的结果，而并非出自人的本性。"人之性恶，其善者，伪也。"与孟子一样，荀子非常强调教育与礼法的作用，只不过在荀子看来，这种作用不是"扩充"性质的，而是"矫正"性质的，阻止人天生的恶性向恶的方向发展。

作为儒家经典，《中庸》对人性与教育的关系进行了十分精要的阐释。《中庸》开篇即说："天命之谓性，率性之谓道，修道之谓教。"《中庸》将"人性"看作天命所致，据此提出的"率性"及"修道"的主张，则具有重要的方法论和实践意义。同时，《中庸》还将"诚"看作体证和复归人性的根本道路。"唯天下至诚，为能尽其性；能尽其性，则能尽人之性；能尽人之性，则能尽物之性；能尽物之性，则可以赞天地之化育；可以赞天地之化育，则可以与天地参矣。"

在西方，夸美纽斯在 17 世纪时便提出了"教育适应自然"的基本原则，十分重视教育过程中对儿童的年龄、天性等内在特征（秩序）的遵循。这种基于自然人性假设而建构的儿童观深深地影响了卢梭。他在名著《爱弥儿：论教育》中开篇便提出："出自造物主之手的东西，都是好的，而一到了人的手里，就全变坏了……偏见、权威、需要、先例以及压在我们身上的一切社会制度都将扼杀他的天性。"[1]5 卢梭倡导自然意义上的儿童教育，将儿童从诸多来自社会的束缚中解放出来，释放儿童的本性。"大自然希望儿童在成人以前就要像儿童的样子。如果我们打乱了这个次序，我们就会造成一些早熟的果实，它们长得既不丰满也不甜美，而且很快就会腐烂：我们将造成一些年纪轻轻的博士和老态龙钟的儿童。"[1]91 因此，对儿童的教育就应按照儿童成长的本来面目去实行，而不应超越儿童应有的样子，实行成人意义上的教育。

（二）社会人性假设与儿童观建构

社会人性假设植根于人的社会属性，将人先天的"善"或"恶"看作一种缺乏根据的臆断，而真正对人的存在和发展发挥作用的则是后天环境。在中国和西方的思想历史中，这种社会人性的假设论断均长期存在，并影响了儿童观的社会建构。

在中国的思想史上，墨子鲜明地提出，人性犹如未加以浸染的素丝，其本身并不具备任何先天的倾向性。他认为："染于苍则苍，染于黄则黄。所入者变，其色亦变。五入必，而已则为五色矣。"因此，针对儿童本性的教育应当是严肃的事情，所以墨子说"故染不可不慎也"。明末清初的王夫之也持类似的观点，认为人性不是固定的，而是日生日成的。"夫性者生理也，日生则日成也。"[2] 在王夫之看来，人的本性是在后天习得的过程中"日生则日成"的，"惟得五行敦厚之化"[3]，才能促进儿童道德行为的形成。

在西方的思想史上，社会人性假设下的儿童观以洛克与杜威的观点较为著名。洛克认为，人生下来便如同"白板"一样，没有任何标记和先在的观念，人性不是先天赋予的，而是后天逐渐生成的，教育在其中扮演了重要的角色。对于儿童，洛克认为："我只把他看成一张白纸或一块蜡，是可以随心所欲地做成什么式样的。"[4]为此，教育者应为儿童精心设计教育过程，挖掘儿童的内在潜能。杜威则认为，"儿童在智力上、社会性上、道德上和身体上是一个有机的整体。我们必须从最广义上把儿童看作社会的一个成员，要求学校做的任何事情都必须使儿童能够理智地认识他的一切社会关系并参与维护这些关系"[5]。他将儿童视为社会中的一个重要成员，将学校看成培养儿童社会精神的一个特殊类型的社会。

社会人性假设将人性看成是社会建构的，这与一些先验的人性论有了很大的不同。从这种人性论出发来看儿童的本性，当然是不承认儿童有什么先验的本性包括先验的儿童性的。这种人性论特别强调适宜的环境和教育在儿童发展中所起的潜移默化的作用，要求教育者为儿童创造良好的环境，并精心设计他们所参与的社会活动。这种人性假设在儿童观和儿童教育上常犯的一个错误就是过于强调外部环境对儿童的影响，而看不到儿童自身在适应和理解外部环境意义方面的积极的、能动的作用，这是需要教育者时时注意的。

（三）游戏人性假设与儿童观建构

"游戏人"的假设萌芽于 18 世纪，形成于 20 世纪初，在当前这个"后工业"或"后现代"社会正受到越来越多人的认可和青睐，但尚未对教育知识和实践产生广泛的影响。

早在 18 世纪，在"自然人"假设发展为"理性人"假设的这一时期，席勒（1759—1805）就指出："只有当人是完全意义上的人，他才游戏；只有当人游戏时，他才完全是人。"[6]这段话恐怕是对人的游戏本性最早和最经典的表述。在席勒看来，"游戏"已经不仅是一种儿童的娱乐或玩耍，而是人类的自由本性和完整人格充分展现的途径与证明。在一定意义上，"游戏"意味着"人的诞生"和"人性的复归"。"游戏人"的概念直到 20 世纪初才由荷兰文化史学家赫伊津哈（1872—1945）正式提出。在赫伊津哈看来，"游戏人"是作为一种新人的假设出现的，是与"理性人"与"制造人"相对而言的。

在"游戏人"假设下的儿童观具有如下特征：第一，游戏是儿童的天性。游戏的冲动不仅表现于人类的儿童时期，而且贯串人的一生，是人的天性使然。第二，儿童的生活离不开游戏。儿童的生活就是由一系列不同类型的游戏构成的，儿童需要不断参与游戏和创造新游戏。第三，儿童始终处于游戏的角色中。理解儿童就是理解儿童所参与的游戏，而理解了儿童所参与的游戏就理解了游戏中的儿童。只有理解了儿童在游戏中的所为、所思、所悟，才能真正理解儿童的成长过程。第四，游戏的剥夺或消失可能将儿童置于危险的境地。总之，"游戏人"假设下的儿童观表明，游戏不仅是儿童日常生活中的一类普通的娱乐活动，而且是儿童内在本性的要求，是儿童成长为人的基本方式。

从"游戏人"假设下的儿童观出发，教育环境的创设应当更多地符合儿童的游戏本性，甚至教育活动本身也需要游戏化——在教育中游戏、通过教育做游戏以及为了教育而游戏。事实上，大量的经验表明，参与教育游戏，享受教育游戏所带来的愉悦，是儿童参与教育活动的另一种"目的"。实际上，这种目的超越任何功利的考虑。既然儿童只有在游戏中才能"成为"和"看到"他们自己，那么以人的培养为己任的教育就应该充分地展现其游戏性，使儿童的整个身心经常地处于一种游戏状态，即自由、自愿、自足、平等、合作、投入，进而逐渐生成个体的社会属性与精神属性。

二、人性论假设与教育方法

教育是由人来参加并完成的社会实践活动，教育方法的选择理应符合人性。然而，审视当下的教育方法及其运用过程后，不难发现，人性的缺失往往是影响教育方法实效的关键性因素。因此，这就需要我们进一步讨论不同人性论假设影响下的教育方法。

（一）自然人性论假设与教育方法

基于自然人性论假设，教育实践活动更多地关注儿童身心发展规律，不断创造各种条件为儿童自由生长提供有利空间，采取各种方法切实保护儿童诸多方面的潜能与天性。

1．顺应自然

人有自然的属性，人的生存与发展也必然遵循其内在的自然逻辑。无论是中国的传统思想，还是西方古典哲学，均在教育方法上更多地倾向于尊重人的自然属性，提倡"顺应自然"的教育方法。卢梭认为，人类的教育就应该是"按照孩子的成长和人心的自然的发展而进行教育"[1]29，其实质就在于尊重儿童的自然性，服从自然赋予儿童的内在本性，推动儿童身心的健康发展。我国唐代文学家柳宗元所写的《种树郭橐驼传》一文所倡导的教育精神就是这种自然主义的精神，反对那种损害事物或儿童本性的做法。

2. 因材施教

作为一种常用的教育方法，因材施教重视学生个体年龄、知识基础、学识素养等方面的差异，倡导尊重学生的个体差异，关注学生内在的成长规律，引导学生朝着自身的个性化方向发展。随着班级授课制在世界教育领域的普及，教育更加关注群体性的素养提升和班集体建设，忽视了对个体的关照，传统的因材施教仅仅作为一种教育方法而在小范围内得以运用。在整齐划一的学校教育体系中，因材施教往往是对教师的一种外在要求。然而，在当前的班级教育中，教师能否充分关注每个学生的个体性差异？能否有效引导学生的个性化发展？显然，这理应成为现代学校教育方法的重要内容。

3. 情感教育

人生来具有丰富的情感。人的情感性特征使得人的存在具有了丰富的价值意蕴，而情感教育正是要尊重人本身产生的情感因素。尊重而不是抹杀人的情感、理解而不是压抑人的情感，成为现代教育理应注重的重要议题。虽然情感教育积极倡导关注人的情感，但是现代学校教育在严苛的教育评价体制下忽视了对学生情感的培育。因此，这就势必会导致个别学校对考试分数、升学率、排名等的盲目追求，所采纳的教育方法也必然具有机械化、高度重复性的特征——高强度的机械记忆、大规模的所谓"题海"战术、长时间的强化训练以及紧扣考纲的模拟考试等，而这背后恰恰隐藏着对人的情感的忽视。可见，关注教育过程中的情感生成，提升学生的情感品质，应成为现代学校教育方法的重要特征。

（二）社会人性论假设与教育方法

基于社会人性论假设，教育实践活动更多地关注来自社会的一些共识，以社会化的身份理解学生在学校场域中的存在。社会实践、思想理论灌输、集体教育等常用的教育方法体现了社会人性论假设。

1. 社会实践

一说到教育，人们往往自然地联想到书本的学习，想到"三更灯火五更鸡"的寒窗苦读。这种教育的方式或学习的方法不是持社会人性论假设的人所青睐的，反过来，他们所青睐的是在真实的社会实践场域中的学习方法。涂尔干、杜威、陶行知等都是这种方法的倡导者和实行者。比较而言，提倡这种方法的人更加关注学习者个体在真实的社会场域、社会事件中的认知、感受和反思，并由此帮助学习者获得更加真实的社会意识以及不断地改造社会和完善自我的勇气。近些年来，随着素质教育改革的逐步

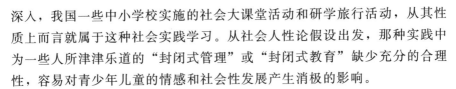
深入，我国一些中小学校实施的社会大课堂活动和研学旅行活动，从其性质上而言就属于这种社会实践学习。从社会人性论假设出发，那种实践中为一些人所津津乐道的"封闭式管理"或"封闭式教育"缺少充分的合理性，容易对青少年儿童的情感和社会性发展产生消极的影响。

2. 思想理论灌输

作为思想理论教育的重要方法，思想理论灌输十分强调将外在的思想理论以灌输的方式传递给受教育者，促进受教育者对思想理论的内化，并引导其逐渐外化为自身的实践活动。灌输理论认为，人不可能对思想理论产生自发的认知，而思想理论对人的深度影响必须借助带有一定强制色彩的引导与教化。在列宁看来，思想理论"只能从外面灌输进去"[7]，而不能自发地产生。这种教育方法的实质正是将受教育者作为社会关系中的重要个体，将社会系统性的观念共识或支配性的意识形态传递给受教育者，逐渐引导受教育者形成对社会主流思想的价值认同，进而完成受教育者的社会化过程。

3. 集体教育

与自然人性假设在教育方法上的个体主义倾向不同，社会人性假设强调真正的共同体或集体生活在教育活动中的重要性，认为人们只能通过真正的共同体或集体生活才能认识自己、发展自己、提升自己。离开了共同体或集体生活，人的发展尤其是青少年的发展就会陷入停顿的状态。正如马克思和恩格斯在《德意志意识形态》中所指出的那样："只有在共同体中，个人才能获得全面发展其才能的手段。也就是说，只有在共同体中才可能有个人自由。"深受马克思、恩格斯这些思想的影响，马卡连柯认为，只有在集体中并通过集体，个人自由和丰富个性才有可能发展起来，社会主义和共产主义的教育目的也才能真正实现。教育者要想对个人施加影响，最有效的途径不是个别谈话，而是建设好他身处于其中的集体。马卡连柯甚至认为，个人身上的问题并非个人独特的问题，而是集体问题的反映。不关注和解决造成个人问题的集体的问题，教育者也难以真正地解决个人身上的问题。

三、当代教育中的人性问题与责任

人性不是静态的，人性具有可变性。人的实践活动是人性发展变化的根本原因。在历史的漫长道路上，人性在一定社会关系中产生并通过一定社会关系表现出来，正所谓在"每个时代历史地发生了变化的人性"[8]。

人是教育的核心要素，教育是发展人、完善人的活动，教育中的人性问题是教育理论与教育实践中的重要问题。在当代，教育的实践活动在不断重塑人性，人之为人的根本规定性表现出了这个时代所具有的独特表征。面对当前我国经济与社会发展过程中不断涌现出的新特征、新问题，教育可以从顺应人的身心发展规律、促进人的社会性与个性的充分发展等方面尽更多责任，做更多努力。教育所做努力的一小步，将推动个人在实现全面发展的道路上前进一大步。

（一）当代教育中的人性问题

当代教育中人性问题的发生并非因为人类生物学方面的变异，而是由于特定历史发展阶段中人类生活于其中的社会环境变化、实践活动变化导致的。现代社会中科学技术快速发展，人们对生存性教育过度重视与追求，导致人性问题在教育领域产生了一些新的表征。

1. 一些教育者对学生身心发展规律的研究不够重视

人首先是具有自然属性之人，而作为教育对象的人（学生），其成长是有规律的。马克思在《1844年经济学哲学手稿》中指出："人直接地是自然存在物。人作为自然存在物，而且作为有生命的自然存在物，一方面具有自然力、生命力，是能动的自然存在物；这些力量作为天赋和才能、作为欲望存在于人身上。另一方面，人作为自然的、肉体的、感性的、对象性的存在物，和动植物一样，是受动的、受制约的存在物。"[9]恩格斯在《反杜林论》中指出："人本身是自然界的产物，是在自己所处的环境中并且和这个环境一起发展起来的。"[10]

马克思、恩格斯的论述实际上包括两个方面：第一，人作为自然的生命个体，必须依赖自然界而生活，必须同其他生物一样从自然界中获取维持生存所必需的生活资料；第二，人也受自然界制约，是受动的。

在教育领域同样如此，作为教育对象的学生，其发展与成长同样要受到其身心发展速度及水平等多方面的制约。在人受教育的自然性基础方面，人是受自然界制约的，是被动的。实际上，教育与人的身心发展水平的自然性基础互相依托，互为条件，而现行的教育中在一定程度上存在对学生身心发展规律认识不够、尊重不够的问题。比如，在设计育人目标时，一些教育者更多考量的是社会发展对人才培养的需求，忽视了学生的身体、脑、认知、情感等成长阶段特点，忽视学生在特定年龄阶段的兴趣、爱好、活动和经验等身心发展特点。

2. 一些学生的社会性、个性发展不充分

人作为自然存在物有自己的自然存在和自然属性，同时，人作为社会存在物有自己的社会存在和社会属性。"人不是抽象的蛰居于世界之外的存在物。人就是人的世界，就是国家、社会。"[11] 马克思揭示了人的发展与社会之间内在的、不可分割的逻辑联系。马克思把人看成社会的产物，是一切社会关系的总和，通过弘扬人的社会属性推动实现个人的全面发展。在其现实性上，人是一切社会关系的总和，个人的社会性发展的完善程度直接关系着个人的全面发展程度。交往，是人的非常重要的社会属性之一，是形成共同人性的重要形式。交往为个体的物质生命活动本身所依赖，是社会个体意识和自我意识形成的极其重要的条件，是作为社会主体的人展现本性、才能、价值观的重要途径。交往之于教育中的人的塑造也是同样重要的，但从教育现状来看，在当代以独生子女为主体的学生群体中，由于特殊历史原因，一些人在社会性交往方面还存在一些问题，如合作精神差、规则意识差、责任感差以及唯我独尊、自恋、缺乏自主意识、不想长大、社会化程度偏低等。

另外，强调通过弘扬人的社会属性推动实现个人的全面发展，并不意味着对人的个性的压制，二者并不矛盾。"马克思不是泛泛地谈论'人的全面发展'，他注重的是'个人的全面发展'和'自由个性'的确立"[12]。但是，现代社会中个别强调整齐划一、"一刀切""完美主义"的教育观，忽略了人作为个体的差异性。特别是在教育实践中，个别教师常常用单一的标准来衡量学生，甚至喜欢用同样的格式、结构等规范学生作文，要求学生上课举手用同样的姿势以及解题用同样的方法，等等。这会导致培养出来的学生缺乏个性、独特性、创造性，也会造成许多学生在教育中不仅没有受到关怀，而且受到不公平的对待。追求同一的教育，目的只是造就数以万计的劳动力，按照集中化、同步化、规范化、标准化的要求为工业社会培养人才。这种教育所关注的是培养出的人才是否符合标准而不是人是否有个性、独特性、创造力。这种教育是机械化的教育。

3. 存在一定程度的忽视学生精神成长的现象

恩格斯在《自然辩证法》中写道："地球上的最美的花朵"是"思维着的精神"[13]。思维着的精神是人区别于动物的重要特性之一。人具有自己精神活动的独特属性，现代社会的教育在一定意义上是一种生存性教育，是教人"何以为生"的教育。生存性的教育在为现代社会高效率地培养人才方面取得了巨大的成功，却可能使教育的每一个环节都趋于技术化，忽视教育的整体性和人的完整性，使得教育过程中的人文关怀日益减少，结果可能会带来教育价值的迷惘和真正教育意义的迷失。

（二）以人为本：现代教育的人性关怀

人性是人之为人的根本规定性，是不可丧失的人的重要特征。丧失了人性，人就不复为人，徒有人的外表，却没有人的尊严。应对现代社会尤其是教育中产生的一些人性问题，现代教育必须发挥自身的积极性、主动性和创造性，引导人性朝着更加完善、全面、自由的方向发展。

在教育理论界，因为人们持有不同的人性论主张，所以对教育如何才能做到人性化并培育完善的人性的认识也很不相同。有的人持自然人性论的主张，强调教育要遵循自然、遵循学生的兴趣，主张"消极的教育"；有的人持社会人性论的主张，强调教育要走出课堂、走出校园，主张积极的教育，希望引导学生到更广阔的社会中去；有的人持文化人性论的主张，强调教育要增强文化的敏感性，努力培养学生开放的、多层次的文化认同和跨文化交流的能力。

马克思主义的人性论主张，为教育的人性化奠定了科学的基础。既然人性不是先天固有的，而是后天在社会生活和社会实践中形成的，那么教育对人性的关怀就不能脱离实际的社会生活和社会实践；既然人性不是个体所固有的抽象物，在其现实性上是社会关系的产物，那么教育对人性的培育就不能离开对具体的社会关系的审视与改造；既然人性是自然属性、社会属性和精神属性的统一，那么教育的影响也必须涉及人性的这三个领域，并不断提升它们的品质，促进三者之间的和谐发展与整体统一。

基于马克思主义的人性论主张，现代教育在其核心价值取向上必须坚持"以人为本"的原则。这里的"人"不是观念中的、抽象的、纯粹个体的人，而是生活在真实的社会关系中的活生生的、具体的、共同体中的人。因此，这里所说的"以人为本"的原则，与资本主义国家一些教育学者所倡导的人本主义、人道主义原则有着根本性的不同，与我国古代社会所倡导的"民贵君轻""民为邦本"等民本思想也有实质性的不同。

具体而言，要坚持以人为本的教育，我们需在努力促进实现个人的全面发展的过程中，重点关注以下几个方面：

1. 遵循学生的身心发展规律

符合人性的、以人为本的、促进个人全面发展的教育，首先是符合人身心发展规律的教育。

人，首先是自然存在物，是自然界的一部分，具有自然属性。虽然马克思一贯反对把人看成纯粹的"自然人",反对把人的自然属性看成唯一的或者根本的属性,反对单纯地用生物规律、自然法则来解释人的现象和行为,但是马克思一以贯之地坚持人首先是自然存在物。如果说马克思在《1844年经济学哲学手稿》中非常明确地提出"人直接地是自然存在物"[14]还带有费尔巴哈人本主义的痕迹,那他和恩格斯在《德意志意识形态》这部成熟的著作中对费尔巴哈进行了专门批判,仍然非常明确地坚持了人是自然存在的观点,"全部人类历史的第一个前提无疑是有生命的个人的存在"[15]。马克思、恩格斯都强调,人的自然属性受社会属性的影响已经完全不同于动物的自然属性,人来源于自然,就逃脱不了自然界内一切有机体身心发展的规律。因此,以人为本的教育首先就是要关注人的自然性、自然禀赋,具体体现在如下几个方面:

第一,教育要遵循学生身心发展的自然秩序。学生的身心发展总体上按照一种自然所固有的顺序展开,不同的阶段体现出不同的阶段特点。无论持有何种教育观、持有何种办学理念、进行何种教育改革、尝试何种教育教学方法,都要立足于学生身心发展的阶段性、顺序性。因此,教育必须从体系、理念、内容、方法等方面系统地对这种自然秩序表现出适应性。

第二,教育要呵护好学生的自然禀赋。人具有自然力、生命力,是能动的自然存在物。也就是说,人天生就拥有自然力。对于教育来说,人的自然力是一种先天的存在,教育是"后来者"。

这种自然力也就是所谓的"天命之谓性",是人先天固有的特性,在逻辑上是先于人类的文化而存在的,是人类文化存在的一种基础性条件,如同空气、水等之于人的生命一样。作为自然力的天性,它对人的发展来说是一种容易忽视、习以为常的控制性力量。比如,人的好奇心就是这样一种天性。当人面对未知时,人会自然地产生想知道的探究冲动,达到"知",而这种心理就是好奇心。爱因斯坦把好奇心看成人最重要的智力源泉。他认为,在学校里和在生活中,工作的最重要的动机是工作中的乐趣,教育的关键在于发展每个健康儿童都具有的天赋的好奇心。就是在好奇心这种天性的推动下,人类思考万物,探索宇宙。

自然力、天性是人的一生发展的控制性力量,因此,教育应免于对"自然法"的忽视、违抗,而是顺应而为,培养健全的人、有创造力的人。以人为本的教育,强调以尊重人的生命力、自然力为起点,关爱、尊重、保护、利用自然力的存在，从而提升生命的意义和价值。

以人为本的教育，在强调教育要重视人的生物性基础的同时要超越生物性。重视人的动物性、生物性基础，教育非常重要的一个作用是指导学生服从理性。如果一个学生能在年幼时学会让自己的欲望服从理性，当自己有能力独立运用理性来指导自身的欲望及意志时，才能最终独立运用理性来获得知识，做出合理判断，指导自身的欲望和意志，支配自己的行动，从而成为有理性的自由人。

2. 促进学生社会性和个性的协调发展

立足马克思主义对人的社会属性的认识，尤其是对人的社会性与个性、主体性相互关系的认识，符合人性、以人为本的教育，既要培养学生丰富的社会属性，又要涵养学生鲜活的个性。

一方面，教育要培养学生丰富的社会性。马克思、恩格斯承认人作为自然的存在，但反对把人仅仅看作自然存在物，强调现实的个人都是在一定的社会联系和社会关系中存在的，因而人更为重要的是社会存在物。只有在社会中，这些个人才是"作为人的人。离开社会联系和社会关系、在社会之外的人，只能是非现实的、抽象的人"[16]。人是社会的人，社会性对人来说是现实的、具体的、无法逃避的。假如人仅仅获得自然属性，那么他还算不上完整的人。他只有在介入了社会，使得自身具备了所身处的社会文化圈的文化基因，具备了所身处社群的核心的政治、经济、道德等方面的特征，他才算是真正的人、完整的人。

综上可知，为社会培养高素质的人才，培养人丰富的社会属性，是以人为本的教育的基本职责和重要使命。人的社会属性是内容非常丰富的概念，随着人所属的社会群体的变化而变化。人的社会属性包括人的政治属性、经济属性、文化属性、族群属性、职业属性等。个体的人只有具备了这些基本的社会属性，才能成为某一社会系统中的合格成员，被这个社会系统所接纳，并有机会为这个社会系统做出自己的贡献。在学校教育中，社会性习得的过程主要蕴含在知识技能的习得、行为规范的养成以及价值观念的形成过程中。因此，教育应从目的、内容、管理、知识技能等多个角度，尤其从培养学生自主精神、合作态度、规则意识和责任观念方面着手，为培养未来合格公民奠定基础。

另一方面，教育要涵养学生鲜活的个性。个性也是人内在生长的基本规定性。世界上没有两片完全相同的树叶，也很难找到两个相同的人。以人为本的、人性化的教育，在注重人的社会性培育的同时，也要注意涵养学生鲜活的个性，为他们个性的健康成长提供广阔的舞台。"马克思既重视人的社会性也重视人的个性。在马克思看来，二者不是对立的，而是统一的。人是社会的人，人的一切方面都具有社会性，人的个性也是如此……有的人把人的个性和人的社会性对立起来，认为人的个性发展必然导致社会联系的削弱，造成集体的瓦解和社会的涣散。这是错误的。"[17] 1945 年，毛泽东在《论联合政府》中也明确指出："有些人怀疑中国共产党人不赞成发展个性……其实是不对的。"

因此，以人为本的教育在强调培养学生社会性的同时，要防止社会性过度所带来的对个性的压抑，应促进社会性与个性的协调发展。理想的教育以培养学生丰富的社会性为基础，是个性化的、因材施教的教育，是可以充分尊重学生生命多样化的教育。更进一步说，这种教育是可以充分考虑不同个体与生俱来的体力、精力、体质、体能、神经系统活动类型的教育，是考虑不同个体在需要、动机、兴趣、理想、信念、世界观、气质、性格、能力等方面差异的教育，是考虑不同个体在社会角色、道德水平、知识结构、人际交往等因素方面背景差异的教育。

3. 努力追求手段与目的的协调统一

有尊严的幸福生活是人所独有的生活追求。在通往有尊严的幸福生活的道路上，努力实现个人的全面发展，首先要把人视为"内在目的"，而不是作为实现某种"外在目标"的工具。这包括既不能仅仅把人当成"共同体的工具"，又不能把人视为实现某种历史目的和意义的工具。人成为"内在目的"意味着人与"物"作为工具与手段有根本区别，人具有内在的至高无上的价值和尊严。马克思在《德意志意识形态》中明确指出："个人怎样表现自己的生命，他们自己就是怎样。因此，他们是什么样的，这同他们的生产是一致的——既和他们生产什么一致，又和他们怎样生产一致。因而，个人是什么样的，这取决于他们进行生产的物质条件。"人不再受生命本能的支配而摆脱了"物"的存在方式，成为"以自身为根源"、有"自为本性"的自我创造性的存在，具有自我主宰、自我创造的特性。

具体到教育领域，教育者要认识到教育对象的人（学生）是活生生的生命个体，要认识到学生有自己的爱好、性格、特长，有自己的成长轨迹。教育者应在教育实践中牢固树立起以人为本的教育目的观，这是时代发展对教育的要求。教育要关心人，关注人的生存和发展；要关注人的完整性、独立性和个体性；要把人作为一个有情感、有个性的完整的人。

　　教育很重要的责任就是引导教育的对象追求有意义的生活，教育实践也要不断引导学生过一种有意义的生活。在教育过程中，教育要将培养人的健全、完整的人格放在重要位置，要强调人的自由、尊严和个性的解放。我们要培养的是一个懂得"为何而生"的真正的人，一个有丰富情感和健全人格的人，一个有个性、有文化底蕴、有开放眼光的人。

　　当然，这不是否定"何以为生"的生存性教育，教育的重要任务也包括人"何以为生"。个人只有不断接受教育，才能成为社会需要的人，才能更好地生存与发展。

　　总之，现代教育要想在解决时代的人性问题上有所作为，首先必须以马克思主义的人性学说为指导，辩证地分析历史上和现实生活中形形色色的人性主张及其对教育实践的影响，深刻地反省自己的人性观，坚持以人为本的原则，尊重学生的身心发展规律，促进学生个性与社会性的均衡发展，促进教育的手段与目的的有机融合，努力造就人格健全的社会主义事业的建设者和接班人。

参考文献

　　[1] 卢梭. 爱弥儿：论教育 [M]. 李平沤，译. 北京：商务印书馆，1978.

　　[2] 王夫之. 尚书引义 [M]. 北京：中华书局，1976：196.

　　[3] 王夫之. 船山思问录 [M]. 上海：上海古籍出版社，2000：46.

　　[4] 洛克. 教育漫话 [M]. 傅任敢，译. 北京：教育科学出版社，1999：85.

　　[5] 杜威. 学校与社会·明日之学校 [M]. 赵祥麟，任钟印，吴志宏，译. 北京：人民教育出版社，2005：138.

　　[6] 席勒. 审美教育书简 [M]. 冯至，范大灿，译. 上海：上海人民出版社，2003：124.

　　[7] 中共中央马克思恩格斯列宁斯大林著作编译局. 列宁选集：第1卷 [M]. 北京：人民出版社，2012：317.

　　[8] 中共中央马克思恩格斯列宁斯大林著作编译局. 马克思恩格斯全集：第23卷 [M]. 北京：人民出版社，1972：669.

　　[9] 中共中央马克思恩格斯列宁斯大林著作编译局. 马克思恩格斯文集：第1卷 [M]. 北京：人民出版社，2009：209.

　　[10] 中共中央马克思恩格斯列宁斯大林著作编译局. 马克思恩格斯文集：第9卷 [M]. 北京：人民出版社，2009：36.

　　[11] 中共中央马克思恩格斯列宁斯大林著作编译局. 马克思恩格斯文集：第1卷

[M]. 北京：人民出版社，2009：3.

[12] 俞吾金. 也谈"人的全面发展"问题 [J]. 毛泽东邓小平理论研究，2004 (1).

[13] 中共中央马克思恩格斯列宁斯大林著作编译局. 马克思恩格斯全集：第3卷 [M]. 北京：人民出版社，1960：56.

[14] 中共中央马克思恩格斯列宁斯大林著作编译局. 马克思恩格斯文集：第1卷 [M]. 北京：人民出版社，2009：209.

[15] 中共中央马克思恩格斯列宁斯大林著作编译局. 马克思恩格斯文集：第1卷 [M]. 北京：人民出版社，2009：519.

[16] 夏甄陶. 人是什么 [M]. 北京：商务印书馆，2000：7.

[17] 袁贵仁. 马克思主义人学理论研究 [M]. 北京：北京师范大学出版社，2012：128.

[本文选自石中英主编马克思主义理论研究和建设工程重点教材《教育哲学》第三章，北京，高等教育出版社，2019. 文字有删改]

一条大河波浪阔

一

尽管哲学的研究通常被设想为是一项需要在沉静、寂寞的环境中进行艰苦反思的活动，但知识的生产者不可能"在孤独中创作自己的作品，他们需要和同行进行辩论和讨论，以形成自己的思想"。这是刘易斯·科塞对现代"知识人"角色（科塞称之为"理念人"）的准确概括。回顾我自己的教育哲学生涯，学术年会在确保自己与同行之间保持定期的交往至关重要。中国教育学会教育哲学专业委员会自 1986 年筹备、1988 年成立以来，在黄济先生、陆有铨先生的带领下，已经召开了十七次学术年会（截至 2016 年 8 月）。在教育哲学年会上，我有幸与黄济、陆有铨、石中英、王坤庆、郝文武、陈建华、尚志远等教育哲学领域内的前辈和同行交流、讨论并结缘。也正是在学术年会上，我第一次聆听到我国台湾地区的教育学者的声音和想法。

事实上，我从很早之前就对台湾教育哲学的发展产生了浓厚的兴趣，而这又与我在探索中国教育思想史中的学术志趣有密切关系。传统的教育哲学史往往关注精英的、经典的、主流的教育思想，这就使得被权威和意识形态边缘化的文献资料很难进入研究者的视野。为此，我曾几次赴台搜集了百余种台湾教育哲学著作。它们成了我感知、分析和勾勒台湾教育哲学发展现状的第一手文献。此后，我又结识了简成熙、温明丽、但昭伟、杨洲松、林逢祺、黄藿等台湾教育哲学研究团队的专家成员，在文本之外，与他们面对面地交流、探讨两岸教育哲学研究的现状与契机。2013年前后，我利用东北师范大学"东师学者"计划吸引和汇聚更多著名学者来东师讲学、促进学术交流与合作的机会，陆续邀请简成熙、但昭伟等教育哲学领域内的著名学者来东师讲学，使青年教师、年轻学子也能与我国台湾地区的学者有当面交流、亲聆教诲的机会。我曾几次赴台参观、访问，观摩间隙也使我对台湾教育哲学在学术传统、研究团队、学术建制和学科特色等方面的发展有了更深刻的印象。

二

布迪厄曾在《自我分析纲要》中提醒人们，学术创作与个体习性、学术场和理论旨趣之间存在着密切的关系。因此，对自己的学术经历进行介绍和分析也是必要的。我自己的学术兴趣主要聚焦在现代性与教育、中国教育哲学百年学科史和儿童哲学探索几个方面。

我的学术训练是从"现代性与教育"这一论题开始的。尽管并不是刻意为之，但这一论题在我开始撰写的年代还属时髦。自20世纪50年代以来，西方社会及其文化领域出现了一系列引人注意的新现象，它们都事关一种"现代性焦虑"的不安情绪，一种被称作"解毒剂"，并冠以"后现代主义"之后的思潮相继在文学、艺术、哲学和教育等领域颠覆着人们的传统观念。从形式上看，后现代主义是一种与现代性迥然不同的思维方式，它强调否定性、非中心化、破坏性、反正统性、不确定性、非连续性、多元性等。如，利奥塔在《后现代状况》一书中写道："我把'后现代'一词定义为对元叙事的怀疑。"福柯提出对传统"知识型"批判的观点，格里芬则采取辩证否定的态度反思现代性，等等。这些批判性的观点共同形成了人们在谈论现代性时相互缠绕、众说纷纭的后现代语境。

20世纪80年代初，中国改革开放的大门迎来了政治、经济的变革，也迎来了后现代主义思潮。在后现代主义思潮的影响下，国内学术界开始对我国教育理论研究进行反思、评价、批判。一是反对科学主义、本质主义，倡导反本质主义的教育观；反对建立在传统经典科学基础上的所谓"原子教育学"，反对教育培养理性人，倡导培养游戏人；反对教育理论研究中的自然科学范式，倡导叙事研究和质化研究。二是反对理性主义教育观，反对用传统的认识论来研究教学过程，倡导教学中的体验和感悟；倡导建构主义的知识观，强调知识的建构性、社会性、情景性、复杂性和默会性；倡导研究性学习，反对接受式学习。三是反对教师的权威，反对教师的主体性、主导性，呼唤生命教育观；反对机器人教育观。如此种种，不一而足。

上述现象必然带来如下问题：如何揭示国外热点思潮影响我国教育基本理论研究的内在机制、动力和途径？如何为坚持和完善启蒙运动以来所形成的现代性及其教育观问题寻找出路？如何合理地审视后现代主义思潮在国内的教育改革和思想传播中所发挥的作用？为回应上述问题，《现代性与教育》一书的主要论题与逻辑结构从"后现代语境中教育观的现代性焦虑与哲学应答"这一主题出发，围绕现代性的核心理念，从理性、人类中心主义、科学及世俗性四个方面对教育观的现代性焦虑及其哲学应答进行分析、梳理、论证。本书除关注上述核心问题外，也致力于回应如下问题：在教育观的现代性与后现代性的争论中，哪些新的社会文化现象被收进了我们的视野？按照这样一种新的后现代主义认知范式，先前已形成共识的文化传统又经过了怎样的整合？哪些认识被推向了后台，被淡化了？哪些认识被推到了前台，受到强调？这些问题才是最为重要的。可是我们知道，这场争论并没有得出任何现成的结论，因为它们各自的出发点和归宿点是那么的不相同，这就需要我们对它们再进行一番梳理整合、总结评介的工作。

《现代性与教育》一书酝酿十年，系统思考三年，写作三月而成。虽属"十年磨一剑"，但就本书的容量与我的功力相比，我仍深感时间过短，论证粗而不精。不过在王逢贤先生的指导下，通过本书的写作，我的最大收获就是进一步澄清了模糊甚至是错误的认识，实现了我的哲学观、教育观的转变。一是由抽象的人性论立场转向了历史唯物论，也就是由伦理主义转向了历史主义。我曾热衷于从抽象的人性论和伦理主义出发倡导终极关怀，批判现代性及其教育观的危机。二是由激进、偏激转向了稳健、平和，由单纯的思辨转向了跨学科，尤其是吸收了经济学、生物学和现代科学发展的前沿成果，改变了以往论辩辞藻华丽但论证苍白无力的状况，少了乌托邦式的畅想与感悟，多了对中国现实的关注，并由此引发了我在学术兴趣上的略微转移。

我的另一个学术兴趣主要集中在中国教育哲学百年学科史上。它源于我对如下系列问题的长期思考：如何通过话语的实证性研究揭示教育思想产生的真实历史？"光荣榜"和"花名册"式的精英思想史叙写模式掩盖了哪些"失语"的学者和"沉默"的声音？如何在文献的组织、分割、分配与安排中还原教育话语产生和形式变化的历史情境，发现教育知识和思想陈述的构成规则？循着上述思考线索，我发现传统的教育哲学史对特定人物、特定时段和特殊区域内的研究着力点存在诸多薄弱环节。教育思想史的考察需要立足于对真实历史的实证性研究，应该以大量的、丰富的文献资料作为研究基础，是一个整理和比较的过程。然而，已有的对中国教育哲学史议题的学术聚焦和研究的文献研究具有不均衡性：一是由于史料的不足或者对史料的忽视导致人物本身及其教育思想未被后来研究者发现或者挖掘得不够深，比如范寿康、吴俊升、瞿菊农、傅统先等人；二是从"连续"历史观出发将 1949—1979 年大陆教育哲学的研究误认为思想史上的"断裂"或"空白"，导致对这一时期孟宪承、瞿菊农等人的思想研究几乎处于停滞状态；三是由于历史原因和著述传统将台湾教育哲学的研究边缘化为没有话语权的文献资料。上述特定人物、特定时段和特殊区域内的教育哲学历史是一项值得被详细分析的思想历史，这不仅是由于教育哲学史研究需要打开尘封的、真实的历史，让被压抑的"声音"讲话，更重要的是，这种分析有助于揭示现在被我们普遍接受的与教育哲学有关的思想、知识和常识是如何获得其合理性的——不在于文献说了什么，说的是真是假，而是文献怎么说、在何时说和为什么要这样说等。因此，我的研究兴趣又进一步聚焦在如下几项任务上：

一是重视对思想史上的"失踪者"进行挖掘，通过对史料比较翔实的搜集、整理与分析尽力还原在现代教育哲学史上几近"失语"的学者及其思想。所谓"失语"至少包含三个层面的含义与原因：第一，由于对"精英列队"或"经典论述"忽视而未能被有效挖掘的人物及其教育思想，比如范寿康、瞿菊农、郭晋华等人；第二，由于历史原因而使其教育哲学思想基本被遮蔽，比如姜琦等人；第三，在其他教育思想领域相对知名，而对其教育哲学思想鲜有挖掘，比如陈科美、杨荣春、马宗荣等。为此，我陆续指导自己的几名研究生开展了如下主题的系列研究：《教育思想场域中的知识、情感与权力——以 20 世纪 30 年代中国教育哲学讨论为中心的研究》（栾天，2012）、《吴俊升教育哲学思想研究——基于教育哲学大纲为中心的考察》（李立柱，2011）、《瞿菊农教育哲学思想研究》（李春影，2016）、《必要的张力——恽代英教育理想与教育实践关系研究》（詹智宏，2011）等。另外，我自己也相继发表了《陈元晖先生的教育学家之路》（2014）、《福柯的"历史本体论"与教育思想研究的可能性选择》（2011）等论文，在研究中尽量保持文献实证的态度。

二是关注教育思想史中的非连续性、空白、偶然与断裂。"连续"与"断裂"只是相对的概念。即便是在教育哲学史的发展历程中，也存在"失踪者"等，所以常常出现"断裂"节点。譬如，在判断 1949—1979 年大陆教育哲学的研究现状时，学界普遍认为这一时期基本处在"停滞期"。理由是：中华人民共和国成立后由于全面学习苏联的教学计划和制度，而当时苏联是不设教育哲学这一学科的。因此，教育哲学在我国出现了一片"真空地带"，一些教育哲学工作者只好转而从事教育基本理论的教学和研究。但是，通过系统的历史梳理即可发现，1949－1979 年大陆教育哲学的研究并非是思想史上的"非连续性"环节和所谓的"空白"。相反，我国教育理论界开始进行自主性反思，并试图建立具有中国特色的教育哲学理论。20 世纪 50 年代末期，孟宪承教授曾撰写过类似语录式的教育哲学思想。他研究了实验论与教育、理想论与教育、实在论与教育的思想观点。到了 20 世纪 60 年代，此时已经有了一些介绍当时西方教育哲学流派的编译本出现，如，人民教育出版社 1964 年出版了一本《当代资产阶级教育哲学》，由瞿菊农翻译。福柯认为，"断裂"正是变化和转换开始的地方，而话语陈述构成规则的变化是"断裂"产生的原因，因此要关注局部的、间断的知识。这促使研究者在追寻教育思想的连续性的同时，也关注历史中那些间断的教育思想及其教育话语。

三是系统梳理台湾教育哲学的本土特点。教育哲学史研究的文献范围需要进一步扩大，需要关注被历史原因和著述传统边缘化了的资料，譬如，在研究资料的地域分布方面，整理台湾教育哲学在学科性质、研究对象、学科体系和研究方法等方面的本土特点。台湾教育哲学起源于民国时期的教育哲学，几十年来，因为地理环境、社会环境、文化环境等多种因素的影响，台湾教育哲学发展迅速，学科特色鲜明。但截至目前，大陆学者对台湾教育哲学的研究和介绍极少。为此，我指导自己的研究生在这方面做了一些初步的探索。如《后现代哲学思潮对台湾教育哲学的影响问题研究——基于十年来台湾 34 本教育哲学著作的文本分析》（潘宛莹，2011）、《当代台湾教育哲学非正式微组织研究——基于五位台湾学者的质性研究》（高甜，2014）等。读者在本书中也能看到我对我国的台湾教育哲学发展历程的梳理、概要和分析。

我的又一个研究兴趣是儿童哲学探索。柏拉图在《泰阿泰德》中说："惊讶，这尤其是哲学家的一种情绪，除此之外，哲学没有别的开端。""惊讶"绝不是少数成年人的专利，儿童天然地具有这种可贵性。他们对自己和世界都怀有无限的惊讶与好奇，因此他们不断问为什么，提出"我是谁""我从哪里来""世界是什么"等根本问题。而且，哲学并不是从一开始就习惯于用艰深晦涩的体系来表达"惊讶"的，它常常以一种不拘一格但丰富多彩的形式出场，如，赫拉克利特利用警句、柏拉图以对话的形式撰写哲学作品。另外，我国的庄子也善于用充满想象、文采绚丽的散文来展现哲学思想。直至亚里士多德时，哲学才开始摆脱文学的形式而逐渐走向抽象化、学术化，变得晦涩难懂，并日益脱离大众视野，成为哲学家书写哲学著作时的主要风格。因此，哲学如何与文学"复归"，如何把哲学概念以日常语言的方式表达出来，并从生活中自然地引出哲学意义上的困惑，对儿童的哲学话语进行原生态研究为我下一步对儿童哲学的关注点。

三

台湾教育哲学完整地介绍西方教育哲学，并引入新兴的研究方法来反省自身的学术传统，由此在学术建制和学科特色方面均形成了迥异于大陆的特点。

在宏观教育哲学学术环境方面，台湾教育哲学在教材、专著、论文集，在翻译、介绍西方同行成果等方面已经具有良好的学术传统。台湾教育哲学研究的队伍从第一代起就有多元的留学背景，接受过英、美、德，甚至希腊的学术训练，受过中华传统文化的熏陶，具有中西融合、传承传统、推陈出新的能力。

当然，台湾教育哲学也面临着一些发展中的问题。它的教育哲学对教育实践、教育政策方面的影响力不足，对教育学界的影响力也不足。但是，台湾的教育哲学学术社群规模不大，学术市场和学术人员都有限，因此可能需要一个整合型的制度设计，以群策群力的方式来推动学术发展。

本书能与台湾地区的读者见面，我要真诚地感谢台湾屏东大学简成熙教授的推荐、导读和审校；感谢教育科学出版社及韩敬波女士的慷慨支持，承蒙版权惠允，使得本书的繁体字版能顺利付梓。同时，能在蜚声海内外的五南图书出版著作，倍感荣幸，感谢五南图书在编辑、校对和出版过程中付出的辛勤劳动。2015 年 10 月，我曾专门到五南图书与总编见面并获赠图书，这一画面至今在我的心目中存留着美好的印象。我谨对支持、帮助和关注本书出版的海内外所有人士致以衷心谢忱。笔者学识谫陋，孤陋寡闻，谬误之处在所难免，尚希海内高明和广大读者不吝指教与匡正。

[本文为《教育哲学》序，五南图书出版公司，2016 年]

教师情感劳动初探

　　尽管情感通常被看作最具个人化色彩,但它在职业生活中常常受到社会规范和情感法则的制约。1983 年,美国社会学家阿莉·霍克希尔德正式提出"情感劳动"(emotional labor)① 概念。[1]7情感劳动既与传统体力劳动在质上有所区别,又与脑力劳动、认知劳动在内涵上不完全一致,所以,被称作"第三种劳动"。情感劳动在教师的专业实践中是一种十分常见的现象。例如,同情、关怀、教育、爱等通常被看作教师职业道德中最重要的伦理品质,因为好的教学常伴随兴趣、愉悦、挑战、创造、兴奋等情感性因素的卷入。在传统身心对立及体力劳动、脑力劳动二分的观念框架下,情感这一重要维度在关于教师专业实践的研究中容易受到忽视。本研究旨在突破体力劳动、脑力劳动二分法的局限,探讨教师情感劳动的理论合理性。

一、问题的提出

(一)体力劳动、脑力劳动二分法的局限

　　关怀、爱心等积极情感在教育中扮演着重要角色。内尔·诺丁斯认为,"教育的主要目的应该是培养有能力、关心人、爱人、也值得别人爱的人。"[2]179哈格里夫斯曾指出,情感是教学的核心要素,好的教学总是伴随着积极情感的投入。[3]这一观点得到实证研究的支持。研究发现,在用于评价教师能力的 52 种指标中,有 38 种在本质上是情感性的,只有 14

---

　　① emotional labor,一般译作情绪劳动或情感劳动。情绪与情感密切相关又相互区别:通常,与生物需要相联系而产生的感情反应为情绪,情感则更多的是与人的社会性需要相联系的一种较复杂的心理机能。情感具有一定的社会制约性和稳定性。在专业实践中,教师不仅需要进行情绪调节,如微笑、礼貌等。同时,在教学活动中,教师也需要实实在在的情感卷入,如关怀、爱护、同情等真实情感的付出。在关于"教师情感"的研究中,国内已经出现了"情感教育""情感性教学""情境教育"等多种理论。为保持与上述理论在内涵上的通约性,本文选取"情感劳动"的译法。

种与教师的知识和某些教学技能有关。[4]然而，在 20 世纪 90 年代前，教师情感的探讨很少出现在研究中，原因之一是大部分的教育研究者采取认知理性模式来检视教师的工作，有关教师专业发展的知识结构、技能方法和评价标准构成了研究者关注的中心议题，而情感这一重要维度，反被视为需要加以理性管控的对象，只是在进行教师压力研究时偶被提及。直到情感劳动、情绪智力概念出现后，研究者开始注意教师情感问题的重要性，相关实证研究陆续得以开展。[5]

从形式上看，马克思认为，任何劳动都是人类劳动力的耗费，即人的脑、肌肉、神经、手等的生产耗费[6]。在人类历史上，机器大工业代替手工工场使得劳动中的脑力耗费增多，而纯体力劳动减少。但是，自 20 世纪 70 年代以来，经济生产方式从传统的商品经济转变为服务业经济。服务业工作的基本内容是人与人的交往，而不是人与机器的相互影响，注重人际交往中的面对面接触、表情、姿态和语言的情感管理成为服务业工作的主要特征。鉴于情感在现代社会中的重要作用，霍克希尔德最初将职业中的情感管理称为情感工作。[7]1983 年，霍克希尔德在《情感整饰：人类情感的商业化》一书中正式提出"情感劳动"概念，认为情感在组织中的商业化应用产生了一种新的劳动形式，情感劳动可以获取工资报酬，因此具有交换价值。[1]7情感管理指在非工作场域与情感劳动具有相同使用价值的行为或情况。霍克希尔德提出"情感劳动"概念后遭到了一些批评。研究者认为这一概念窄化了情感劳动在实际工作场景中的丰富内涵：并不是所有的情感劳动都发生在经济领域或以获取工资报酬为目的；在教师、医生等职业中，情感劳动是出于专业规范或职业道德而做出的，情感劳动有商业的和规范的之分。[8]此后，霍克希尔德将情感劳动概念进行扩展，提出情感劳动可以跨越不同行业、阶层和职务而广泛存在。① 据霍克希尔德估计，大约有三分之一的美国人在工作中需要潜在地进行情感劳动，对于女性而言，差不多有一半的女性工作者在职业中需要进行情感劳动。[1]245当微笑、礼貌、关怀、爱心成为一种普遍的职业要求时，情感便不再是私人的专属体验，而是开始进入公共领域接受专业目标和组织逻辑的支配。许多研究发现，在教学活动中教师需要高度的情感卷入，教师不可避免地成为当今社会中为数众多的情感劳动者大军中的一员。[9]这就迫使人们开

---

① 据此可将教师专业实践中的"情感劳动"界定为：教师对自己的情感进行必要的调节和管理，以表达出适合教育教学活动的情感的过程。

始关注教师情感劳动的相关问题，并探讨"情感劳动"这一概念的理论合理性及其社会价值。

（二）教师情感劳动的理论合理性

霍克希尔德首先把"情感劳动"这一概念从古典经济学的"脑力劳动"概念中剥离了出来，比较了工厂工人和空乘人员两类员工的劳动性质，指出传统的体力劳动、脑力劳动二分框架无法准确概括第三产业工作中的情感经营服务，认为情感劳动是伴随着服务业取代制造业成为现代社会的主要产业而出现的。[1]8如果说体力劳动是利用个体的手、臂膀或身体运动来从事生产活动，那么，情感劳动则是利用个体的心智和情感协调来实现组织目标的。尽管劳动性质不同，但二者均可创造社会价值，且具备交换价值。在交换形式上，情感劳动的交换价值是通过礼物馈赠的形式实现的，如，在教师的专业实践中，教师将符合专业规范的情感当作礼物馈赠给学生或他人，并期望从对方那里获得一定的情感酬劳（赞许、尊重或鼓舞等）。

一旦我们将情感在教育中创造独特价值的作用估算在内，我们就将看到这一观点在教育实践中并不算新颖，情感在教学中所发挥的积极作用是长期存在的。然而，若要合理地估算这种作用并不容易，只有借助那些统计观察和心理试验的实证研究，情感劳动相较认知劳动的独特价值才能在现实中得到确认。研究证明，在课堂教学中，对学生学习行为起主导作用的通常不是与学习目标相关的认知动机，而是与教师积极情感支持的相关的情境性动机有关。[10]因为课堂教学一般要通过有效的师生互动来实现，所以，学生的学习动力往往与教学互动所产生的情感反应有着更为直接的联系，而且学生在教学互动过程中的每一阶段所产生的情感体验都会直接影响其自我投入的意愿和程度，并对其学习动机的效能起增强或减弱作用。在大量临床试验的基础上，罗杰斯提出了"非指导性教学"思想，其中，关于"诚实""理解""接受"等许多理念中都蕴含着情感教育要义。[11]与此同时，正是由于情感在教育中具有不可替代的独特价值，布鲁姆的《教育目标分类学》中单列了情感领域的教育目标，对教育过程中的情感因素、认知因素与动作技能的关系进行了深入分析，在一定程度上有利于教育研究者弄清楚什么是情感领域的教育目标、如何评定学生情感方面的发展与交流等问题。[12]

事实上，在"情感劳动"这一概念正式提出之前，人们之所以回避

"情感可以创造社会价值"这样一种观念，是因为情绪、情感在流行的社会观念中一直处于被压抑和控制的状态，其地位只有在服务于理性时才得以承认。因此，对于情感，人们一般谈论的都是那些有可能危及现有组织结构或教学秩序的危险情绪（愤怒、沮丧、焦虑）。在上述社会背景下，"情感劳动"这一概念只能隐于情绪管理、心理压力、道德情操等一系列不同学科的特定概念之下，其在教育中的作用只能通过关怀伦理、情感性教学、情境教育、情感教育等相似的一些研究而被关注。从20世纪90年代开始，国外众多学者开始关注对情感教育的研究，由此产生了一些影响力比较大的理论，较为典型的有诺丁斯的情感关怀理论、扎莫拉斯的师生情感规则理论等。[13]与此同时，国内学者也开启了情感教育研究，在实践探索中生成具有本土语境的情感教育理论。如，情境教育理论通过探索儿童认知规律和心理特点，构建了情感与认知相结合的提高教学效能的课程模式；[14]情感性教学理念关注课堂中情感因素的作用、模式及控制，为实践中利用情感优化教学提供了心理学依据；[15]情感教育理论通过系统分析情感与智能、情感与知识、情感与认知学习、情感与教学活动的关系，揭示了情感与认知的同一性和共存关系，以期能更好地促进学生个性的和谐发展。[16]此外，情感—交往型课堂理论、情绪智能理论、情感修养理论也从不同侧面研究了教师情感在教育活动中的实践价值。

二、情感的职业化：教师专业实践中的情感劳动

每一种职业都对特定的情感角色有所规定和期待，教育行业亦不例外。教师专业实践中的情感角色，即基于正式的规则、合法的观念或内在意义的建构发展起来的一套稳定的情感互动模式，可从三个方面界定：一是教育规定，即明确规定必须遵守的职业规则，对行动者具有清晰的约束效力；二是教育规范，即被认为是恰当的、合理的观念、义务和责任；三是文化—认知，指教师的思维方式、认知图式或信念。[17]我们绝不可忽视作为文化—认知层面的情感劳动，因为它们往往是影响教师行为的最有效和最深层次的力量。

（一）教育规定层面的情感劳动

教育规定通常带有一定的管制特性，其主要表现形式是一些强制性的法律义务、政策规定或规章制度。它通过法定权威规定可以做什么、不可以做什么，并配套有相应的奖励措施和惩罚机制来影响教师行为。事实

上，我国出台了多部教育法律和法规，如《中华人民共和国教育法》《中华人民共和国教师法》《中小学教师职业道德规范》等。另外，从中央到地方还有着职责分明的教育管理机构，都在指导和管理着教师的情感行为。教育情感管理是师生"借以影响自己拥有何种情感、何时拥有，以及怎样体验和表达情感的过程"[18]。它对情感是什么、怎样表达、谁要表达、在什么环境中表达等做了明确规定。教师的专业实践中不乏此类情感法则，主要有以下两类。

1. 感受规则

客观上，感受规则规定了人们在各种环境中应有的感受，制约着情感的有无、强度、方向和持续性。[19]《中小学教师职业道德规范》规定，教师应勤恳敬业，甘为人梯，乐于奉献，关心爱护全体学生，对学生严慈相济，做学生的良师益友。《小学教师专业标准（试行）》规定教师的个人修养与行为包括：富有爱心、责任心、耐心和细心；乐观向上、热情开朗，有亲和力；善于自我调节情绪，保持平和心态。

2. 表达规则

表达规则，即限定情感表达的时间、场合与方式。《中小学教师职业道德规范》规定教师应坚守高尚情操，知荣明耻，严于律己，以身作则；应衣着得体，语言规范，举止文明；应关心集体，团结协作，尊重同事，尊重家长。《小学教师专业标准（试行）》规定，在教育教学的态度上，教师应注重引导小学生体验学习乐趣，保护小学生的求知欲和好奇心；在课程的组织与实施中，教师应注重调动小学生的学习积极性，结合小学生已有的知识和经验激发学习兴趣；在沟通与合作上，教师应善于倾听，和蔼可亲，与小学生进行有效沟通；在激励与评价上，教师应对小学生日常表现进行观察与判断，发现和赏识每一位小学生的点滴进步，等等。

（二）教育规范层面的情感劳动

与教育规定依赖于外在强制措施不同，教育规范更多的是指一种内化了的社会压力。当教师基于正当、应该等社会责任感从事某项工作时，说明在教师行为的背后存在着一套规范性制度。教育规范的作用是通过把情感价值观（情感观念、情感道德和法律规范、情感表达的语言）内化到人格系统[20]，使教师的情感需求符合职业伦理或专业规范的期待。在教育领域中，教育规范存在多种表现形式。

1. 渗透在文化、道德、信仰、习俗中的情感规则制约着教育情感的产生与特征

个体的教育情感中总是蕴含着带有深厚民族情感的东西。20 世纪 80 年代，李泽厚提出"情本体"思想，认为中国传统中的"道由情出""仁者爱人""恻隐之心"都将"情"作为某种根本实在或出发点。[21]儒学的基本精神和内涵具有情感特征。[22]儒家的道德核心是"仁"，其基本精神是"爱人"。在情感培养方面，孔子要求学生具有适中的情感与修养，做到"乐而不淫，哀而不伤"，且喜怒哀乐皆合乎仁与礼的规范，用"中和为美"的审美观来规范学生的情操、修养。孟子在情感问题上的著名论断莫过于"四端说"。孟子认为，恻隐之心、羞恶之心、辞让之心、是非之心这四种"不忍人之心"是人与生俱来的基本情感，经过后天扩而充之即可生成仁、义、礼、智四种道德理性。先秦儒家十分重视"乐"在陶冶性情、塑造情感中的重要作用，强调只有诉诸内在的情与礼相辅相成，才能共同发挥教育的教化作用。[23]

2. 被具体化为道德准则的社会要求与期待影响着教育情感的感受与表达

教育情感中渗透着一定的理性成分。一般来说，道德准则会对反映教育情感修养的观念做规范，如，何种情感是恰当的、何种情感是不适当的，何种行为值得赞赏、何种行为让人羞愧，等等。它通常借助社会文化特别是教育过程内化为教师的角色人格，使得教师的内心感受与外在表达都与社会期待的要求一致。[24]亚当·斯密认为，使人们设身处地地把自己与别人等同起来，分担他人感觉或感情的同情心是人类的一种天性。[25]卢梭将道德教育直接看作情感教育，认为"良心是情感不是判断，是感觉不是理智。这种情感是对自己的爱、对痛苦的忧虑、对死亡的恐惧以及对幸福的向往"[26]。这一观点启发后世一大批人文主义教育家一致将情感看作培养道德的重要起点。裴斯泰洛齐认为，教育者的"爱"是陶冶儿童品格的最大推动力。

3. 分散在课程实施与教学活动中的教育规范观念影响着教育情感的认知与实践

我国义务教育课程标准倡导的三维目标为知识与技能、过程与方法、情感态度与价值观。第三维目标（情感态度与价值观）十分重视在教学情境中对学生学习兴趣、学习态度、人生态度及价值观的培养。情绪、情感和意志在习得知识与技能、建构学习意义方面有重要作用。心理学的研究表明，情绪影响知觉、注意、记忆等认知过程，可以调节认知的加工过程和人的行为。正性情绪对外显性学习和内隐性学习都有明显的促进作用，而强烈的负性情绪如焦虑、恐惧或抑郁等则会对学习产生有害的影响。因此，在课堂教学的情境中，教师应尽量避免设置负性情绪条件。此外，关于情绪与认知加工的实验研究还产生了一些有价值的结论，如，情感化学习在日常生活中有广泛的应用，由情感化学习产生的情绪认知和行为偏好很难通过有意识的推理来消除。[27]赞科夫提出："教学法一旦触及学生的情绪和意志领域，触及学生的精神需要，便能发挥其高度有效的作用。"[28]

（三）文化—认知层面的情感劳动

教育规定和教育规范的逻辑尽管在实践中是普遍存在的，但它们并不是实践关系的一种普遍逻辑。相反，在学校中，我们常常发现教师的很多行为是一种自动化、程序式的反应，是在特定场域中经过千百次的实践所形成的一种行动习惯。从文化—认知的角度来看，爱、关怀、奉献被看作教师的专业领域，教师之所以以例行方式从事情感劳动，是因为这些观念和做法被看作自然、正确且符合常识。"实践活动是言之成理、富有意义的，是合乎情理的，也就是说，是来自与场域固有趋向相适应的惯习的。"[29]

"文化—认知"概念强调隐藏在行为背后的文化符号和信念系统对意义建构的作用。教师的情感劳动在教育实践中常常是一种例行化的、前意识的实践活动，包含两套稳定的文化符号系统。第一是"教师—母亲"的文化—认知图式，在教师的日常行动中承担某种先验意识的职责，如，教师喜欢孩子，他们对儿童学业上的进步有着发自内心的赞赏和喜悦。教师常把学生称为孩子，意味着"教师—母亲"在职业身份同构性上的一种集体无意识。爱、同情、关心广泛存在于教育实践的各个层面，是渗透在教师的认知、行为与道德中，作为行为的基本框架发挥作用的共享常识。第二是"学校—家庭"的共享意义系统。学校期望教师能将班级同构为一种社会化了的家庭空间，教师在学校中的工作是家庭空间的一种延伸。菲利普·杰克逊通过人类学的课堂观察发现，教室是一个繁忙的地方，小学教师每天进行的人际互动达到1 000次以上。为了应对繁重的教学事务，教师同时要兼任类似交通警察、法官、协调分配官和计时员四项职责。[30]上述每一项职责都需要教师付出高度的情感劳动。[31]

三、教师情感劳动的工作机制与负荷水平

当情感劳动成为组织要求其成员必须从事的一项工作时，情感的内在体验和外部表达之间的失调有可能成为一种长期持续的状态。因此，我们有必要探讨应通过什么策略来提高教师的工作满意度，探讨情感劳动对工作的作用机制和负荷水平。

（一）教师情感劳动的工作机制

情感劳动概念产生后，研究者关注的一个焦点问题是情感劳动在工作中是如何运行的、制约情感劳动的影响因素有哪些以及情感劳动的前因变量和结果变量是什么。以情绪调节理论为基础，格兰迪提出了一个系统性的模型来说明情感劳动的工作机制。[①]（见图2-1）

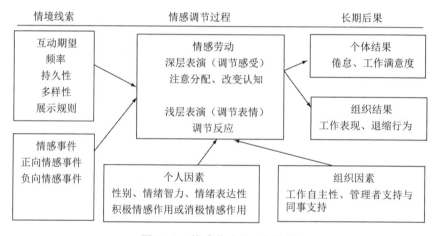

图2-1　情感劳动的工作机制

在该模型中，格兰迪从时间序列出发将情感劳动的工作机制分为前因、过程和结果三个阶段。一是前因，即有可能诱发情感产生的各种情境线索。教师在课堂中的人际互动期望或各种正负向情感事件，都会对情感表达的频率、强度或持久性产生影响。一般来说，正向情感事件能引发教师的积极情感，并增进个体幸福感，能帮助教师在少量情感调节的情况下达到组织要求的情感目标。二是情感调节过程。个体差异和组织因素是影

---

① 在对研究结果的梳理中，格兰迪等人承认此模型存在一些局限，如表层扮演与深层扮演策略不足以代表情感劳动的全部策略。本文在分析此模型的基础上增加了对人际情感调节的阐述。

响教师选择情感调节策略的两个重要变量。就个体差异而言，教师的性别、年龄、情绪敏感性等都会影响情感表达的丰富程度。而在组织因素中，教师是否得到管理者和同事支持、工作环境中的自主性氛围制约着教师情感调节策略的选用。三是长期后果。工作满意度、工作倦怠、组织的绩效和活力是情感劳动的结果变量。一般来说，当教师在工作中体验到的内心感受与外在表达之间的失调程度越低时，其工作满意度就会越高；反之，教师在工作中情感卷入的频率越高则越有可能导致情感衰竭。情感劳动的工作机制可以分为两种类型：一是自我情感调节的机制，二是人际情感调节的机制。

1. 自我情感调节

当教师已有的内心感受与教育情境所要求的情感规则不符时，教师需要迅速调整自我情感。为了达到工作要求，教师要努力利用各种心理资源的唤醒或抑制来实现更有效的互动。通常来说，工作中的教师需要使用两种情感劳动策略来管理情感，即表层扮演和深层扮演。表层扮演利用的是人类情感的外显行为，调节面部表情、声调、手势或身体姿态等，使其按照情感法则展现出工作要求的情感目标，但此时个体的内心感受并未发生改变；深层扮演是指当个体的真实感受与角色情感的要求存在不一致时，个体通过调节感受、注意分配、改变认知，以压制或者唤起某种情感，使内心真实的情感体验与工作要求相符合。此时，不论是个体的情感表达还是内心感受都发生了改变。[32] 既有的研究显示，相较于表层扮演，教师在深层扮演中会展示出更多的积极情绪，所以这一情感调节策略有助于提高教师的工作满意度。

2. 人际情感调节

情感需要的满足依赖于人际互动，因此，情感劳动不仅是个体的一种情感调节，更多的是以人际互动的形式出现。一是情绪感染机制。麦克杜格尔最早定义了情绪感染是"通过原始性交感神经反应产生的情绪直接感应法则"[33]。一般来说，我们可将情绪感染机制看作由他人情绪引起的并与他人情绪相匹配的情绪体验，是一种情绪传递的过程。情绪感染过程中的移情与同情在教学中是一种常见的现象。如，教师在课堂教学中表现出尊重、关怀、耐心、宽容、欣赏、惬意等情感体验状态，以此来激发学生对学习过程的兴趣及向往，并引发学生对自己的表现有兴奋、愉悦和胜任的自信心理，最终营造出一种安全、有趣、专注、信任、生动、活泼、自由的良好教学氛围。此时，教学中的情感共鸣与动机激发就是一种情绪感染的过程。二是情感认知机制。据现代神经生理学的研究显示，人类情感中的反射性感情反应、一级情绪和高级情感的产生分别拥有不同的大脑神经机制。[34]39因此，个体在人际互动中需要准确判断对方的态度、目的和意图，从而选择合适的情感调节策略。如，中国教师所遵循的关爱伦理十分重视营造一种严慈相济、亲疏有度的师生关系。一方面，教师在师生互动中会充分释放真实的积极情绪，保持与学生的亲近感，甚至与学生建立深厚的情感连接；另一方面，教师也会给负性情绪留有一定的空间，当学生犯错时，特定负性情绪的爆发（伪装的失望或真实而严厉的批评）能帮助学生有效矫正错误。[35]这种复杂情感调节策略的选择和运用都需要通过情感认知机制来完成。

（二）教师情感劳动的负荷水平

"关怀"要求教师将自己的情感投入到教学工作中。内尔·诺丁斯认为，"关心他人既需要知识和技巧，又需要一定的个性态度等非智力因素"[2]38。因此，情感劳动虽然对实现组织目标有益，对个体而言却是压力。

莫里斯等人提出，可从情感调节的频率、强度、多样性与持久性等方面测定情感劳动的负荷水平。[36]第一，情感表达的频率或次数。教师不仅需要在课堂上与学生进行有效的师生互动，还要与同事、家长及学校行政人员保持良好的人际关系。教师与上述人员的人际互动频率越高，其需要的情感管理的负荷水平就越高。第二，情感劳动的持久性和强度。持久性是指情感表达的时间长短，强度是指情感表达时的强烈程度。在维持微笑、礼貌和具有亲和力的专业形象时，教师仅使用简单的情感调节策略即可完成工作要求。在关爱问题学生成长、处理班级应急事件时，教师则需要使用较多的情感资源或承受较强的情感负荷。第三，情感劳动的多样性。教师有时需要表达欣喜、惊讶和兴奋等正向情感，有时也会有失望、挫折、苦恼等负向情感体验，须依不同场合、不同的对象表现不同的情感反应。第四，情感失调。教师依据组织规定展现的情感与个人内在真实感受不一致，如，教师在职业规则的约束下常常需要隐藏真实的内心感受或抑制负性情绪的产生，这有可能造成个体情感体验与组织目标之间的不匹配。情感失调会引发教师产生退缩行为，如，工作倦怠等。

教学是以人际互动为基础的。离开师生间的人际互动，言传身教就无法做到。近年来，教师情感劳动的负荷水平有逐渐增加的趋势。随着神经科学和认知心理学的发展，人们愈来愈重视情感支持在儿童认知能力、动机内化和道德发展中的巨大作用。认知科学的研究表明，情感在认知加工中起着驱动和组织的作用，情感影响信息加工的发动、干扰和结束；情感的正性或负性特征影响大脑对信息的选择性加工，即情感不仅在量上影响认知，而且影响认知的结构。[34]97德西关于动机内化的研究表明，教师的情感支持行为可以有效促进学生学习动机的内化。学生内在动机的形成包含需要、愿望、自信等情感体验成分。内在的生理唤醒和情感成分有助于帮助个体建立信心，推动人采取实现愿望和达到目标的行动。德西认为，促进学生动机内化的情感支持行为包括：倾听、征求学生的意见，及时鼓励、认同学生的体会，对学生的表现给予积极反馈，等等。[37]此外，研究表明，移情具有重要的道德功能。移情是儿童利他行为和其他亲社会行为产生的重要中介因素，能帮助个体分担他人的情感体验，从而使亲社会行为建立在自愿的基础上。另外，移情水平的高低影响着人们道德价值观的形成。[34]225

教师在教学活动中需要更多的情感卷入。一方面，特定程度的情感唤醒水平会帮助教师通过情感调节的方式，展现出职业要求的情感表达，提高教师的工作质量；另一方面，高负荷的情感工作也会产生一定的负向效应。资源守恒理论有助于解释情感劳动为什么会产生不同的结果。该理论的核心假设是人们具有保存、维持及建立其所重视的资源的基本动机。在情感劳动中，教师运用自我情感调节和人际情感调节策略时需要消耗一定的心理资源，当教师消耗的情感资源得到补偿时（如学生的喜欢、家长的感谢或同行的积极评价），情感劳动的积极效应是非常明显的，教师的心理健康水平及幸福感均会增加；相反，当心理资源的内在平衡被打破且无法得到有效弥补时，情感劳动的负向效应就会产生。[38]

综上可知，目前国内学者对情感劳动的研究才刚刚起步，关于教师情感劳动的概念模型、测量维度、影响效应与工作机制等理论问题都是有待展开详尽研究的领域。[39]展望未来情感劳动研究的工作重心，有两方面的问题仍需加以重点关切：一是探析教师通过情感劳动提升工作满意度的中介效应与作用机制。我们应深入了解教师情感劳动状况及其相关影响因素，进一步分析教师情感劳动策略与工作满意度之间的关系，为提高教师情感劳动能力及心理健康水平提供经验总结。二是减少或预防教师情感耗竭、工作倦怠等情感劳动的负向效应。另外，我们应深入了解教师是采用何种情感劳动策略来应对工作倦怠的，为管理者干预并帮助教师缓解工作压力提供依据，以提高教师的工作质量。

参考文献

[1] HOCHSCHILD A R. The managed heart：commercialization of human feeling [M]. Berkeley：University of California Press，1983.

[2] 诺丁斯. 学会关心：教育的另一种模式 [M]. 于天龙，译. 北京：教育科学出版社，2011.

[3] HARGREAVES A. The emotional practice of teaching [J]. Teaching and Teacher Education，1998（8）.

[4] 江山野. 简明国际教育百科全书 [M]. 北京：教育科学出版社，1990：79.

[5] 江文慈. "和颜悦色" 与 "忍气吞声" 的背后：小学教师情绪劳动心理历程分析 [J]. 教育心理学报，2009（4）.

[6] 中共中央马克思恩格斯列宁斯大林著作编译局. 马克思恩格斯选集：第二卷 [M]. 北京：人民出版社，1995：121.

[7] HOCHSCHILD A R. The sociology of feeling and emotion：selected possibilities [J]. Sociological Inquiry，1975（2）.

[8] GRANDEY A. Emotional labor in the 21st century：diverse perspectives on emotional regulation at work [M]. New York：Routledge，2013：185.

[9] 尹弘飚. 教师专业实践中的情绪劳动 [J]. 教育发展研究，2009（10）.

[10] MEYER D，TURNER J. Discovering emotion in classroom motivation research [J]. Educational Psychologist，2002（2）.

[11] 罗杰斯. 罗杰斯著作精粹 [M]. 刘毅，钟华，译. 北京：中国人民大学出版社，2006：263.

[12] 布鲁姆. 教育目标分类学：第二分册 [M]. 罗黎辉，译. 上海：华东师范大学出版社，1989：序1.

[13] 赵鑫. 国外情感教育研究的进展与趋势述评 [J]. 比较教育研究，2013（8）.

[14] 李吉林. 情感：情境教育理论构建的命脉 [J]. 教育研究，2011（7）.

[15] 卢家楣. 对情感教学心理研究的思考与探索 [J]. 心理发展与教育，2015（1）.

[16] 朱小蔓. 情感教育论纲 [M]. 北京：人民出版社，2007：36—58.

[17] 柯政. 规范性制度对新课程政策实施的影响及其政策意义 [J]. 北京大学教育评论，2010（1）.

[18] ZEMBYLAS M. Teaching with emotion：a postmodern enactment [M]. Greenwich：Information Age Publishing，2005：50.

[19] 舒尔茨. 教育的感情世界 [M]. 赵鑫，译. 上海：华东师范大学出版社，2010：序10.

[20] 郭景萍. 情感社会学：理论·历史·现实 [M]. 上海：上海三联书店，2008：118.

[21] 李泽厚. 实用理性与乐感文化 [M]. 北京：生活·读书·新知三联书店，2005：56.

[22] 于伟，栾天. 历史本体论与走向情本体的教育 [J]. 教育学报，2011 (4).

[23] 于伟. 先秦儒家之"礼"与我国教育的教化功能 [J]. 教育研究，2013 (4).

[24] 熊川武. 教育感情论 [J]. 教育研究，2009 (12).

[25] 斯密. 道德情操论 [M]. 蒋自强，译. 北京：商务印书馆，2009：5.

[26] 卢梭. 爱弥儿 [M]. 李平沤，译. 北京：商务印书馆，1983：416.

[27] 傅小兰. 情绪心理学 [M]. 上海：华东师范大学出版社，2016：307.

[28] 赞科夫. 教学与发展 [M]. 杜殿坤，译. 北京：人民教育出版社，2008：103.

[29] 布尔迪厄，华康德. 反思社会学导引 [M]. 李康，李猛，译. 北京：商务印书馆，2015：169.

[30] 杰克逊. 教室生涯 [M]. 解志强，译. 台北：文景书局，2005.12—14.

[31] 高晓文. 教师的"平庸之恶"：一项校园民族志研究 [D]. 长春：东北师范大学，2016：37.

[32] 汪义贵. 情绪劳动研究的回顾与展望 [J]. 心理研究，2012 (4).

[33] 张奇勇，卢家楣. 情绪感染的概念与发生机制 [J]. 心理科学进展，2013 (9).

[34] 孟昭兰. 情绪心理学 [M]. 北京：北京大学出版社，2005.

[35] 尹弘飚. 教育实证研究的一般路径：以教师情绪劳动研究为例 [J]. 华东师范大学学报（教育科学版），2017 (3).

[36] MORRIS J A, FELDMAN D C. The dimensions, antecedents, and consequences of emotional labor. [J] Academy of Management Review，1996 (4).

[37] EDWARD L D, HYUNGSHIM J, JOH M R. Engaging students in learning activities: it is not autonomy support or structure but autonomy support and structure [J]. Journal of Educational Psychology，2010 (3).

[38] BROTHERIDGE C M, LEE R T. Development and validation of the emotional labor scale. [J] Journal of Occupational and Organizational Psychology，2003 (3).

[39] 高晓文，盛慧. 教师情感劳动：概念、机制与扮演策略 [J]. 教师发展研究，2017 (3).

[本文原载于《教育研究》，2018 年第 3 期]（高晓文 于伟）

147

学者对于正义的追寻

一、民族志研究与研究者的伦理叩问

于伟：

彼得，你的一个重要的代表作是《校园生活》。我的第一个问题是：为什么你会选择用批判民族志的方式，也就是田野研究的方式，来研究这样的教育问题？

彼得·麦克拉伦：

当我是博士研究生的时候，在安大略研究院攻读教育学。我的导师理查德·寇迪尼向我介绍了维克多·特纳的作品。我那时候对人类学非常感兴趣，而且在我攻读博士学位之前，我已经出版了校园生活的日记部分——《来自走廊的呐喊》，讲述校园里的生活。所以，我的导师鼓励我仍然以一所学校作为研究对象。但是，这一次的研究与我之前出版的日记相比，将是更加理论化、论述更加有力、论述根基也更加稳固的民族志、人种学研究。当时，很多人都建议我再做一次研究学校内部活动的民族志、社会学方面的研究，我当时也觉得可以考虑。《学会劳动》的作者保罗·威利斯访问多伦多大学的时候，他也对我说："你需要写一本非常重要的民族志作品。"我后来开始研究"仪式"，将仪式作为一个研究重点，但是从开始试着研究"仪式"到最后真正决定研究"仪式"是一个漫长的过程——大概2年左右的时间，之后我才终于有了一些自信去做这方面的研究。我当时的做法是，去了多伦多大学的人类学系，坐到课堂上，检验自己的人类学基础，检验自己是不是已经具备了做民族志研究的理论根基。后来，一位讲授人类学的教授问我是不是愿意讲一门关于"仪式"的课程，或者主持研讨会之类的，于是我告诉自己，我已经为民族志研究做好准备了。接下来的问题就是，要选择哪一所学校呢？我当时因为出版了我的第一本非常具有争议性的著作——《来自走廊的呐喊》，被多伦多学区学校委员会禁止进入多伦多学区任何一所公立学校进行研究。最后，在我的导师的安排下，我选择了一所天主教学校。因为天主教学校委员会和公立学校委员会是两个并列的机构。那是一所位于贫民区的天主教学校，学生大多是意大利和葡萄牙裔移民的孩子。这个学校允许我在学校做一年的研究。我的研究成果就是我写了另一本著作——《学校作为仪式表演》。这就是我选用民族志作为研究手法的大体原因。因为我发表过一部日记体著作，我的教授认为我应该是擅长分析日常生活和经验的，用人类学家克利福德·格尔茨的话说，就是深描。但是现在，一个有意思的问题是，为什么我不再做民族志研究了？这背后有一个故事，也许你会觉得很有意思，实际上这也是一个很有震撼力的故事。我在博士毕业以后，来到了一所规模不是很大的布鲁克大学任教，与布鲁克大学签了一年的合同。当时我来往于两座城市，我的家人所在的城市是多伦多，布鲁克大学所在的城市是圣凯瑟琳。这两座城市大概两小时车程，所以每个星期天，我就开车去圣凯瑟琳，在布鲁克大学连续上 3 天的课，然后星期四开车回多伦多。我在还是博士生的时候，跟法国哲学家福柯上过一门课。当时，我对法国哲学家的理论很感兴趣，尤其在一段时间内对拉康非常着迷，他被认为是法国的弗洛伊德。所以，在布鲁克大学任教的时候，我决定在多伦多做一个让人非常震撼的民族志研究——以多伦多酒吧中的脱衣舞娘作为研究对象。我当时对脱衣舞娘与男顾客之间的互动交流非常感兴趣。例如，有的时候脱衣舞娘会试图羞辱男顾客，她们会手牵他们的领带，将他们拉上表演台；或者要是哪个男顾客恰巧是秃顶，她们会做出为男顾客的头顶抛光的动作。她们认为，通过这些行为可以展现出她们的控制力。但是我当时的理论是，在她们自认为施展她们对男人和对局面的控制力的同时，其实更加体现了她们在更高一层的父权制（男性文化）的层级结构中的弱势地位。所以，我将男性观者和女性表演者之间的互动作为观察重点，同时做了大量的笔记。在跟一些舞娘有了一些接触之后，我与其中一位舞娘的关系越走越近。有一天，她邀请我去她的公寓。我当时的考虑是，要是我跟她去她的住所，她的私生活将更多地展现出来，这对我的深入研究将非常有利，于是我随同她去了她的住所。通过交流，她对我也有了更多的信任，开始跟我分享更多她的经历和故事。她说，你喜欢莫扎特吗？我说，是的，我喜欢。然后，她把一个莫扎特的黑胶唱片放在唱片机上，开始随着音乐翩翩起舞。当移动到她的书架的时候，她抽出一本书扔向我。那是她妈妈的硕士论文，研究的是克尔凯郭尔的哲学。我说，你妈妈研究克尔凯郭尔？语气中难掩震惊。她说，是的。但是，她跟她的妈妈已经有 10

年没有见过面了。我们后来又有很多交流，我记下了很多她的故事。1984年，一个关于莫扎特的电影叫《阿玛迪斯》在多伦多上映，我邀请她去看。我们一起去看了电影，她非常开心。在我们来往几个月后，有一天晚上我在圣凯瑟琳接到"茉莉"的一个电话——她的名字是"茉莉"，这当然不是真名。从电话中听起来她像是遭遇了什么麻烦。她说："情况真的非常紧急，你一定要过来！"我在风雪中开了三四个小时终于到了她的住所。我敲门，她打开门，身体多处烧伤。她是个脱衣舞娘，她的身体是她最重要的维生资本，可是现在她的身体已经被彻底毁了。经过一再追问，我知道是她的男朋友对她做了这些。她的男朋友从蒙特利尔回到多伦多，她非常兴奋地告诉她的男朋友她遇见了一位很酷的教授，她将出现在这个教授的书里，这个教授鼓励她回到大学，教授说她很聪明，她可以过上更好的生活。然后，她给他看教授的书——《来自走廊的呐喊》。她的男朋友回答说，我可以告诉你我是怎么想这个教授的。然后，他对她进行了殴打，她昏了过去，他用烟头毁了她的身体。

我回到多伦多的家，拿出所有关于她的研究笔记，将它们通通扔进了火炉，一页不剩。若将这些笔记整理出来，足以成为另一本登上全国销量榜的震撼之作。但是，我不能这样做，因为我意识到作为一个民族志研究者，我对发生在研究对象身上的事故是有推卸不掉的责任的。我最初接近她的原因是为了我的研究，她的独特经历和知识对我的研究非常有利。要不是我的教授和研究者身份，我绝对不会去接近她或倾听她的故事。我觉得我在计划暴露她的生活的过程中，侵犯了她的利益。这件事发生在1985年，在那之后的近三十年间，我再也没有做过民族志研究。你要是问我这样的研究是不是有价值，我的答案是肯定的。但是，我认为民族志研究者一定要检视自己的研究目的，反省自己的意图，并且认真考虑研究可能对被研究者造成什么样的后果。也许将来某一天我会开始另一项民族志研究，但是在研究之前我必须保证自己与他们（被研究者）站在一起，为他们争取利益，成为他们的战友，否则，我是不会做民族志研究的。这样做是因为我不认为民族志研究是一个来去匆匆、不带走一片云彩的为研究而研究的研究，否则你就是在利用别人的痛苦为自己牟利。

二、马克思与后现代主义

于伟：

作为批判教育学的代表人物，你怎样看待马克思与教师的关系？在你的书中你提到所有教师都应该阅读马克思的著作，现在很多人不同意马克思的想法，而你为什么赞同马克思？或者说马克思的什么思想对你最有影响？

彼得·麦克拉伦：

这是个很有意思也很重要的问题。我前面提到，当我是博士生的时候，我出版了《来自走廊的呐喊》。当时很多批评者指出，我的著作中没有理论分析。有关日记写于 1974—1979 年间，当时我还没有受到很多的人类学、社会学或其他政治理论的指导，但是我仍然试着对我的日记进行一些理论分析。然而，我的出版商建议我拿掉分析部分。他说，要是你只保留日记部分，这本书必将成为年度畅销书之一；要是你保留理论分析部分，将彻底改变这本书的性质。出版商说，事件本身是会为自己说话的，你需要做的就是将事件描述和呈现给大众，读者会有他们自己的解读，他们不需要你的理论梳理和剖析。对当时还年轻单纯的我来说，出版商的建议听起来非常有道理。于是，我听从了出版商的建议——让事实自己说话去吧。然而，不久之后我意识到这是一个巨大的错误，读者对我的故事的解读是如此的负面，完全出乎我的意料。例如，读者将这些年轻的移民子女的行为看成动物行为。那时候，我意识到自己真的需要深厚的理论基础去分析、解读这些经验。我之前也提到过，我那时对福柯以及法国后结构主义者的理论非常感兴趣，还有后来被统称为后现代主义理论的理论，而后现代主义理论以批判马克思主义开始展开。在那个时候，后现代理论对我很有吸引力，所以我开始用这些时尚的、来自欧洲的理论作为我的分析视角。事实上，后现代主义理论开始于 20 世纪 50 年代美国的社会学领域，后随着援助欧洲的"马歇尔计划"传到法国，然后在 20 世纪 60 年代，又由法国的哲学家传回美国，尤其是 1968 年以后，法国学生运动以及整个欧洲的工人运动遭遇失败，资本主义在那个时期呈现出一片胜利的景象。那是资本主义的鼎盛时期——二战结束之后，美国成为最强国家，美国通过"马歇尔计划"向欧洲输送大量资金，也输出了美国文化。也就是那个时候，许多人逐渐转向后现代主义理论，如利奥塔。利奥塔著有《后现代状况》，我跟他本人也有过交流。可以说，我曾经是一个后现代主义者，直到 1994 年。1994 年左右，我开始认真研究英国马克思主义教育者对我的作品的批判，例如戴维·希尔、格兰·瑞科沃斯基、迈克·科尔。他们都是英国杰出的马克思主义教育学者。他们在欣赏我的作品的同时，从马克思主义的视角批判我的作品。我在正视和研究他们批评的过程中逐渐意识到也许他们是对的，他们的马克思主义论述比我的论述更有力，更深刻。于是，我决定认真研究马克思的原著，重新定位我的政治立场，然后加入了用马克思主义的视角批判后现代主义的阵营。2003年，我的曾经的三位批评者与我合著了《在教育理论中用马克思主义对峙后现代主义》一书。

20世纪50年代，抽象表现主义作为一种新兴的艺术表达形式风靡北美。杰克逊·波洛克是当时抽象表现主义运动的代表艺术家之一。他的艺术手法叫作"滴画法"，就是将各色颜料借助各种工具随机洒向帆布，而他也因此声名鹊起。他的画作没有一个明确的中心主题，更不用提明显的政治信息，一切取决于观者。观者需要了解的是绘画历史、绘画风格和技巧演变的历史，从而接纳和理解他的画作的独特性。我们可以发现那时在高校中对理论，尤其是对抽象理论的推崇，齐声反对因果关系法则，换句话说就是用主观性解释一切。

你会发现这样的理论不会在经济层面来审视和挑战现存社会，例如资本主义的结构性暴力。人们论述的基础由经济层面转向文化层面——大家停止对资本主义的批判，将批判的矛头指向文化以及文化产业。阶级斗争、无产阶级这些词汇统统被冷落，文化、身份认同、人权、女权主义等成为大家热议的话题。这些话题和领域也是很重要的，但是单一关注文化领域的平等，会忽略经济领域上的公正。2007－2008年，资本主义危机不断出现，在北美大陆马克思主义虽然不能说胜利回归，但至少是得到了更多的关注和重视。大家开始讨论这些危机是存在于资本主义制度之内的制度性危机，还仅仅是又一波的经济波动。

在这样的形式之下，我个人从1994年起潜心研究马克思主义理论，并且我坚信在当今时代下，每个教育工作者都应当阅读、研究马克思。在墨西哥，我和我的马克思主义同僚们每年都组织以"回归马克思"为主题的国际会议。总之，在游历各国，尤其是拉美各国时我看到了太多的普通人民的挣扎，结识了许多革命的知识分子、教师、工会成员、艺术家、社会活动者等，所有这些人和事都在提醒我们这个时代有多么需要马克思。事实上，没有哪个时代比我们现在所处的时代更需要马克思了。但是身处美国，在你宣布自己是马克思主义者的同时就意味着你已经将自己推向了外围。不仅仅是边缘化那么简单，保守势力为了让你噤声会用尽各种手段。2006年，一个自称为加州大学洛杉矶分校校友团体的组织，在网上公布了一份名为"加州大学洛杉矶分校最危险的30名教授"的黑名单，我的名字位居榜首。这个校友组织公然宣称将奖励提供我的课堂音频的学生 100 美元，奖励提供我的课堂笔记的学生 50 美元。

三、弗莱雷以及其他学者对麦克拉伦的影响

于伟：

刚才你提到的很多关键词和思想在我们国家恰恰都被弱化了，例如阶级、阶级斗争、革命。对我们来说，这些词汇似乎不合时宜了，但是我想只要是有市场，有利益集团，有不平等存在，马克思的很多思想对我们看世界和中国的教育，仍然有价值。我们在你的著作中可以发现你深受马克思的影响，而且经常提到弗莱雷，我想请你说一说弗莱雷的哪些思想对你的影响比较大。你是全球范围内对弗莱雷最有研究的学者之一，而我也读过你写的一些为弗莱雷辩护的文章。

彼得·麦克拉伦：

我想说很多学者都对我产生了影响，从我还是博士生的时候算起，最开始对我产生较大影响的是吉鲁，然后吉鲁帮我引见了弗莱雷。当时，多伦多大学常常有从美国来做报告的教授，包括派纳、阿普尔、吉鲁等人。阿普尔和吉鲁岁数相当，他们大我五岁。在这群从美国来的学者当中，我对吉鲁最为钦佩。吉鲁的异于常人的魅力，他的独特的演讲方式，他的飞速旋转的大脑会让你不由得心生钦佩。另外，他也是当时为数不多的几个跟我（当时我还是一个博士候选人）打招呼和握手的学者。我送给他一本我的《来自走廊的呐喊》，更令我震惊的是他在他后来的作品中引用了我的著作。后来，当我有机会在英国劳特利奇出版社出版我的博士论文的时候，我想到了邀请吉鲁为我的新书撰写序言。但是，那个时候我还不确定吉鲁会不会接受我的邀请。我给吉鲁打了电话，打到波士顿大学，但被告知他已经不在波士顿大学了。然后，我得知吉鲁因为他的文章的政治性过强被波士顿大学开除了。虽然保罗·弗莱雷曾经亲自写信给波士顿大学的校长说吉鲁是他见过的北美最卓越的学者，但仍然是徒劳。得知吉鲁被迈阿密大学俄亥俄校区聘请之后，我联系到他，问他是否可以为我的新书撰写序言。他说，把你的书稿发给我。一个星期之后，我突然接到吉鲁的电话，他说："彼得，序言已经写好了，简直是太棒了！我现在就读给你。"读过之后他说："彼得，到美国跟我一起工作吧。"我当时在布鲁克大学的合同也只有一年，不确定布鲁克大学会不会跟我续签合同，于是答应了吉鲁的邀请，向迈阿密大学递交了申请。所以，从 1985 年我们的合作就开始了。之后，他为我做的第一件事就是在芝加哥举办的全美教育年会上将

我介绍给保罗·弗莱雷。需要指出的是，保罗·弗莱雷在自我流放过程中，在美国哈佛大学有过逗留。在见过保罗几次之后，我收到一封保罗从巴西写给我的信。那时，他的妻子已经过世。他在信中提到自从他的妻子过世以后，他从阅读我的作品开始，重新投入到他的工作当中。从他的言语当中可以听出一点自杀倾向。我手捧保罗的书信，感慨和震惊于保罗对我的信任。后来在保罗过世后，我再次拿出保罗当年写给我的那封书信，我对自己说，我永远不希望自己将这封书信的内容公布于世，因为我不想通过发表这封书信，向所有人展示我与保罗曾经有多么的亲近。为了确保自己不会出于私心将信件发表，我在心里默默地说，那就让我遗失这封信件吧！一星期后，当我试图再次拿出那封保罗的信件时，它真的不见了。我再也没见过那封信。或许我在无意识或潜意识中已将那封书信丢掉了。或许这也是件好事吧！

毫无疑问的是，保罗的作品是全世界大部分批判作品的基石。不论我走到哪个国家或地区，我们总可以共同讨论保罗·弗莱雷。所有我访问过的教师、教育者，都知道保罗的作品。保罗的《被压迫者教育学》在我看来是教育领域出版的最重要的著作。我非常荣幸在中文版《被压迫者教育学》再次印刷之际，可以为保罗的著作作序。大家都应该或多或少知道弗莱雷的经历。他曾经在巴西东北部工作，最开始是法律专业的学生，本应是做律师的，但是他很快就放弃了律师这个职业，开始投身于提高文盲农民的识字素养的事业。他的教学实践和成果如此奏效，当地农民很快就在学会认字的同时，开始向政府，向他们的社区，向他们自己的贫穷状态等提出疑问。在这些农民遇见保罗·弗莱雷之前，他们会认为：我贫穷是因为我不够聪明，或者我的贫穷是上帝的旨意，又或者我就是很不幸地出生在一个贫穷的家庭。而在跟弗莱雷学习之后，他们开始学着认真地、批判地思考他们的境遇。保罗因此被关进了监狱。后来，他离开了巴西。当他在智利期间，智利总统奥古斯托·皮诺切特下令让保罗离开智利。然后，保罗去了瑞士，在世界基督教协会工作，后来又来到了美国哈佛大学任教了一段时间。在17年的自我流放后，他返回巴西，被尊为国家英雄，成千上万的人迎接保罗的回归。

四、教育研究中的立场问题

于伟：

我第一次知道保罗·弗莱雷这个名字是14年前，我没想到美国书店中有这么多他的著作。后来，我知道他是巴西的教育家，所以这本书（《被压迫者教育学》）是我 2000 年在华盛顿买的。我看见过我国台湾翻译的好几本弗莱雷的著作，包括《解放的教育学》《希望的教育学》等。在大陆我看到的只有两本，一本是《被压迫者教育学》，还有一本就是《给教师的十封信》。我个人觉得弗莱雷的思想还是很重要的，可能有的人觉得在中国不合时宜。我现在确实觉得教育研究是有立场问题的——你替谁说话。

彼得·麦克拉伦：

我们现在讲"与穷人一起"而不是"为穷人"。它们的不同在于，后者的意思是我站在我的位置上，研究你们（穷人）的情况，然后为你们的利益说话；前者的意思是，我跟你们站在一起，与你们一起与不公正和不平等进行斗争。前者是后者的一个更加深入的层次，我不再是一个武断的观察者和报告员，而是跟穷人站在一个战壕的战友。我有一个与此相关的经历想在这里跟大家分享。我在几年前去哥伦比亚做了几场报告。哥伦比亚与委内瑞拉是邻居，查韦斯在世的时候，曾经试图与哥伦比亚协商和平协议，但是不幸的是查韦斯事业未尽身先去。我受邀去哥伦比亚参加一个关于社会学的国际学术会议，参加会议的有来自各地的社会学家以及教师。在我的报告结束之后，一群教师走到我跟前说，在这里做报告有什么意思，还是到我们学校去吧。于是我跟着他们去了他们的中学。走进一个大厅，里边坐满了中学老师。他们表达了对我的欢迎，然后说："彼得，我们读了很多你的被翻译成西班牙语的著作，但是它们都是几年前的著作了，我们想知道你的最新想法。"我说，批判教育学不仅仅是课堂中和学校中的一门学科，批判教育学是我们日常生活的一部分。然后，我跟他们分享了公共教育学的概念。这个概念是吉鲁提出的，即无论是在图书馆、教堂还是娱乐中心，我们都可以进行教学活动。另外，批判教育学应当是一种社会行动，我正在做的就是试图建立一个全世界范围内的联盟，共同揭露资本主义的危机，例如生态破坏、不公平的经济权、贫困等，让全世界志同道合的仁人志士团结起来一起为更美好、公正、和平的世界而斗争。然后，我发现座席上的教师们面面相觑，神色紧张。"我哪里说错了吗？"我问。他们说，彼得，我们同意你所说的，但是我们不能使用你的语言。你的语言对哥伦比亚来说，太过激进。我说这太令人难以置信了。教师们对我说，他们仍处在内战中，他们的任务就是尽全力使学校在内战中保持中立，保证学生、教师以及整个社区的安全。我开始意识到当我在这里做报告的时候，没有真正地了解当地的特殊情况。他们继续说，彼得，但是保持中立不代表我们不接受和实践批判教育学，他们使用的是另一种批判教育学的语言，将关注点放在情感上，致力于帮助受内战摧残的孩子们修复受伤的心灵，帮助孩子们看到和找到生活的希望。我问，那么成效如何呢？他们自豪地说，在践行批判教育学之前，98%的学生想要加入政府军或非官方民兵组织；现在，98%的学生想要考大学。我说，那真的是很成功啊。然后他们说，彼得，你能不能明天在麦德林图书馆的报告中提及我们？我说当然没问题。第二天，我在我的报告的最开始提到了我前一天访问的学校，提到他们的中立态度和他们的教学成果。然而，在我的报告结束之后，一位老师走上报告台质问我为什么给予那所我访问的学校那么高的赞赏。这位老师来自另外一所学校，他说，保罗·弗莱雷说过，如果在一个存在多个力量不均衡的势力的情形下选择中立，那么就是在纵容压迫者，而这所学校宣称中立。我说，是的，保罗是说过这句话，我也赞同保罗的观点。但是，你仍然要考虑一个地区的具体情况。这所学校的教师尽其所能来保护学生的安全，与此同时，教师们又在用另一种更隐晦的方法实践批判教育学，这是无可厚非的做法。也就是说，各个国家在应用批判教育学时要与客观实际相结合。

五、从后现代主义到马克思人道主义

于伟：

最后一个问题，想请彼得展开论述一下福柯的哪些思想对您产生了比较大的影响。

彼得·麦克拉伦：

我与福柯本人的接触仅仅是旁听了他在多伦多大学的一个持续两个星期的研讨会。我当时没有正式注册他的短期课程，因为那个时候担心要是福柯给我一个不是很好的评价，将对我的心理产生非常大的负面影响。在那之前，我当然也读过他的作品。但是，我现在认为福柯的理论不包括阶级理论，而且他也在一定程度上放弃了辩证理论。我曾经对福柯的知识和权力的理论非常敬仰和感兴趣，例如，福柯认为政治的问题也就是话语的问题。福柯提出的权力哲学认为权力无处不在。但是，试想如果权力无处不在的话，也有可能根本不存在。逐渐地，我就开始批判地看待福柯的权力理论了。他的著名的著作《规训与惩罚：监狱的诞生》，还有《临床医学的诞生》，都曾对我产生了较大的影响。至今为止，我仍然认为他是非常重要的思想家。但是，当我对生产的社会关系更加感兴趣的时候，文化政治学的视角已经不足以说服我，于是我开始关注经济政治学以及生产关系，而不仅仅是流通的关系和消费的关系，进而我的关注点也逐渐偏离福柯。当然，福柯在我的研究体系中还是有一席之地的，但已经不是中心位置。有人说我们处在后福特时代、信息时代，工业时代的概念已经过时了。当然，要是以美国为例，美国将绝大部分的工厂都建在他国，也许在这里我们可以说脑力劳动者正在替代工人阶级。但是，很多我访问的国家仍然存在大量的工厂和工人。也就是说，工业化之下的工人阶级仍然普遍存在，而那些在资本主义全球化之下获利的国家也是最先拥抱后现代主义理论的国家。马克思主义是存在很多流派的，而我个人属于经典马克思主义流派。自治主义马克思主义起源于 20 世纪 60 年代的意大利，曾经影响很大，但这一流派放弃了马克思的辩证理论。对我来说，黑格尔的辩证法非常重要，尤其是否定之否定原理。真正理解马克思需要深刻理解黑格尔。马克思的确批判了黑格尔，理解马克思对黑格尔的批判很重要，但马克思也从黑格尔那里批判性地吸收了很多的理论精华，而这些理论精华构成了马克思主义理论基础。与此同时，我的马克思主义理论也来自于马克思人道主义传统。马克思人道主义传统的创办人是一位来自乌克兰的女性马克思主义者——杜娜叶夫斯卡娅。

说到杜娜叶夫斯卡娅，就需要提及列夫·托洛茨基。托洛茨基的一本非常重要的著作叫作《被背叛的革命》。1936 年底，在欧洲流亡几年之后，托洛茨基来到墨西哥，受到墨西哥画家迪亚哥·里维拉和弗里达·卡洛夫妇的邀请，在他们的位于墨西哥城科约阿坎区的家中居住了大概一两年的时间。回到杜娜叶夫斯卡娅，1937 年，这个年轻的女共产主义者只身来到墨西哥城担任她当时的革命偶像托洛茨基的秘书。然而，就在托洛茨基被暗杀的前一年，杜娜叶夫斯卡娅与她的革命偶像起了争执，争执的焦点是：在《苏德互不侵犯条约》签订之后，苏联是一个退化的工人阶级国家还是一个国家资本主义国家？杜娜叶夫斯卡娅支持后者，而且她后来进一步指出，苏联从来都不是共产主义国家，而仅仅是国家资本主义的一种形式。我个人支持杜娜叶夫斯卡娅的理论。国家资本主义是一种相对于自由市场资本主义的中央集权资本主义形式，国家占有生产资料，遵循价值规律。杜娜叶夫斯卡娅与托洛茨基意见产生分歧之后便离开了墨西哥，回到美国，开始在工厂中讲授马克思和黑格尔，后来发起了马克思人道主义运动。马克思人道主义组织不是一个庞大的组织，但直到今天仍然在运行。我个人从这个组织的很多成员那里学到了很多东西，并且非正式地参与到国际马克思人道主义运动当中。这个组织的观点可以说极具批判性，或者说批判性地看待一切，同时，批判的立场和分析的手法也非常坚定和具有说服力。它的分析手法与其他马克思主义流派不同，各流派的马克思主义之间存在很多争论。回到福柯，我对福柯在这个意义上是批判看待的，而很多自治主义马克思主义者受包括福柯、奈格里、哈特等人的影响很大，抛弃了辩证法。另外，辩证法哲学与过程哲学之间也建立了某种联系。各种新的理论在世界范围内不断生成，我会选择一些理论为我所有，随着时间的推移，我也许又会与之渐渐疏远。福柯的理论就属于这一类，也就是说，福柯在我学术生涯的初始阶段产生了较大影响，但后期渐渐淡出我的理论研究范畴。

[本文原载于《外国教育研究》，2015 年第 6 期]（于伟　彼得·麦克拉伦）

第 三 编

儿童哲学与率性教育

儿童的意蕴与率性教育

对于儿童的理解，学术界许多人主张儿童是哲学家、儿童是艺术家、儿童是梦想家，我很认同。

儿童是哲学家，愿意追问。有人问皮亚杰："你为什么那么重视儿童的认知、儿童的道德判断、儿童的逻辑能力呢？"皮亚杰回答："我研究的是小康德。"即儿童可以提出成人哲学家们经常思考的问题。儿童有自己的哲学，如一些孩子们提出的问题：什么是政治？为什么要有科学家？为什么有贫穷和富裕？我们为什么必须上学？天空为什么是蓝的？不久将有两个我吗？为什么会有战争？爸爸和妈妈为什么必须上班？等等。其实，以上问题很难回答，因为这些问题既是个别的问题，又是根源上的问题。所以，上述问题有人请诺贝尔奖获得者给予回答，结集出版了一本《诺贝尔奖获得者与儿童对话》。

儿童是艺术家，愿意涂鸦。正如毕加索说的那样，每一个儿童都是艺术家。儿童喜欢涂涂画画，即使是穷乡僻壤里没有纸、笔、颜料的孩子，也会用石子、小砖头或者树枝在墙壁、路面、沙滩上绘出自己心中的独白、欢乐和忧伤。

儿童是梦想家。梦想是对现实世界的同化，是意识与集体无意识的对话；梦想使儿童可以进入一个比现实更诗意也更为宏大的世界。儿童生活在梦想的世界里，浸润在梦想里。儿童是诗人、艺术家，他们诗意地栖居在大地之上。梦想给了儿童诗意，也给了他们自由。

正是基于对儿童的认识，我到东北师大附小任校长后，提出了"率性教育"的办学理念，并积极开展实践，这样就可以回应许多历史以及现代社会及教育发展的需求。

对于小学阶段的儿童来说，如何保护他们的天性是很重要的。怎样才能让学生快乐一些、健康一些呢？实践证明，我们需要给予学生更多的鼓舞，给予学生更多的正能量和支持。所以，学校各阶段的发展都将工作重点放在"解放儿童"上，让儿童成为教育的主人，让儿童获得更多的自由和爱。学校的教学论专家王祝辰于 1936 年写了《动的教学法之尝试》一书，提出"儿童有动的本能，活泼好动是儿童的天性。我辈从事教育者，应当顺应或者利用儿童的这种自动力"。可以说，这正是我们应当思考与继承的思想。我校原校长陈元晖曾说过，中国最早的教育哲学是《中庸》。《中庸》的"天命之谓性，率性之谓道，修道之谓教"三句话，充分表达了中国教育哲学的特点。因此，"率性教育"的办学理念，核心就是保护天性、尊重个性及培养社会性。

保护天性，要保护儿童愿意探究、愿意想象、好问好动的天性。保护天性需要给学生自由，当然同样需要规范。我的办公室隔壁就是学生教室，一下课，我就会静静地观察学生，发现即使是高年级学生，有的也愿意在地上打滚儿。这对我有所启发——这是孩子的一种释放方式，学校和教师应给予他们这样的空间和环境。

尊重个性，要尊重差异。过去，我们认为齐就是好，走得齐、坐得齐、答得齐、写得齐……总之，齐比不齐好。小学、幼儿园以女教师为主，而这个群体有做事认真、追求完美的特征。我认为，教育尤其是基础教育要打破完美主义，不要"一刀切"。管理方式、教学方式等都要打破完美主义，要严而有度，不能对学生苛求。东北师大附小有 60 多年的历史，其重要的积淀是尊重学生的个性差异，所以我们要做到传承与发展。

培养社会性，要激发创造激情和增强社会责任感。如何从童年开始，让孩子们愿意生活，喜欢这个世界，相当重要。因此，我们要培养学生的责任意识、规则意识、民主意识，也要培养孩子的好习惯、好气质。

[本文原载于《中国教师报》，2015 年 8 月 12 日]

儿童哲学走"第三条道路"的可能与尝试

小蝌蚪自己生活得也挺好的，为什么要找妈妈呢？为什么是小蝌蚪找妈妈，不是妈妈找小蝌蚪啊？咱们人不都是妈妈不见了孩子，着急地找孩子吗？为什么"三更灯火五更鸡，正是男儿读书时"，女孩儿不读书吗？

——一年级语文

什么是时间？我怎么看不到它呢？钟面上为什么要分为 60 个小格，为什么不是 50 个、70 个？钟面上为什么只有 12 个数字，而不是 10 个数字呢？什么是原子钟？什么是原子？我知道原子弹，是原子弹吗？

——一年级数学

为什么有贫穷和富裕？为什么会有战争？

——四年级品德与社会

……

就目前世界几个主要国家的儿童哲学教育实践而言，主要有两种主流的实践方式。第一种以美国的马修·李普曼为代表，通过开发专门的儿童哲学教材如《聪聪的发现》，对儿童进行专门的儿童哲学教育。这种方式关注的不是苏格拉底、康德等的哲学知识本身，而是儿童对哲学的探寻过程。第二种方式以加雷斯·B. 马修斯为代表。他主张成人应该与儿童展开平等的对话，儿童可以帮助成人对有趣的甚至重要的哲学问题进行反思并做出很大的贡献。他自己作为大学教授，也到学校中亲自与儿童展开对话讨论。

东北师大附小从 2014 年开始的对儿童哲学的研究和探索，有别于马修斯、李普曼的做法。文章开始所列举的问题，是附小各个学科教师在课堂上搜集到的儿童之问、之思、之学的一个缩影。虽然附小的儿童哲学没有像欧美或者中国台湾地区的学校一样，作为一门正式、成熟的课程开设，但这寻常课堂上的场景，却如同一面镜子，折射出儿童哲学正在逐步以普遍、多元的形式走入东师附小，走入各个学科，走入教师以及孩子们的世界。附小的儿童哲学研究正在向各学科普遍渗透，重点研究儿童之

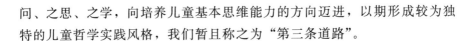

问、之思、之学，向培养儿童基本思维能力的方向迈进，以期形成较为独特的儿童哲学实践风格，我们暂且称之为"第三条道路"。

一、缘起

多年来，笔者主要的研究方向和兴趣在教育哲学领域。在东北师大教育学部工作时，笔者对后现代等哲学问题关注得也较多。在偶然的机遇之下，我来到小学工作。出于工作的需要，笔者的研究兴趣转向了儿童哲学。

2014 年 8 月 19 日，笔者正式成为东北师范大学附属小学第 14 任校长。师大附小多年来一直被誉为吉林省基础教育的一面旗帜。作为这样一所学校的负责人，如何在学校已有发展的基础上"更上层楼"，成为笔者面前的重点攻关任务。前任校长提出了"开放式·个性化"的办学理念，即强调学校各种组织形式的开放。在此基础上，笔者决定将学校下一阶段的发展定位于"内涵式发展"，并提出了"率性教育"的办学理念。其中，"儿童是哲学家"就是率性教育的一个重要立论基础。之所以选择这么做，是因为附小从 1948 年建校以来，作为东北师范大学的附属小学，它一直都担负着引领、示范的作用。可以说，历任东北师大附小的校长都在进行着符合他们那个时代的引领性、示范性研究。比如，附小首任校长王祝辰在附小进行了"动的教学法""小学语文教学法"的改革尝试；20 世纪 80 年代，李筱琳校长带领附小进行了单科单项改革试验、整体改革试验、小主人教育试验等等。每个时期的教育改革试验，基本都走在了当时教育改革的最前沿，起到了非常好的引领、示范作用。

二、过程与策略

（一）儿童哲学与附小结缘

从接任附小校长到"率性教育"正式提出了，我用了不到两个月的时间。但是，我关于"率性教育"的思考，却整整持续了 15 年。笔者一直非常重视我国传统哲学研究，因为这是我们的文化之根、之魂。石中英教授曾谈及，陈元晖先生提出，我们中国也有自己的教育哲学，如《中庸》。"《中庸》开篇的三句话，即'天命之谓性，率性之谓道，修道之谓教'，非常凝练地表达了我们中国人关于天命、人性和教育之间关系的看法。"[1]这一观点让笔者开始重视我国的传统哲学，尤其是《中庸》。在离任东北师大教育学部部长之时，笔者把刻着"率性之谓道、修道之谓教"的牌匾作为赠言送给了教育学部。接任附小校长之时，笔者同样把"率性教育"作为自己教育实践研究与改革的起点。2014 年 10 月，笔者面向全体教师正式提出"率性教育"的基本构想。"率性教育"之"率性"源于《中庸》。"率"即遵循之意，"率性"就是指遵循儿童的身心发展规律和特点，"率性教育"就是指遵循儿童的身心发展规律和特点的教育，就是"保护天性、尊重个性、培养社会性"[2] 的教育。

　　"儿童是哲学家"是提出"率性教育"的一条重要依据。笔者始终认为，好问与探究是儿童的天性。因此，随着"率性教育"在附小的提出，儿童哲学的研究正式进入附小。附小正式提出"率性教育"后，笔者对儿童成长与发展的研究从理论走向了现实。这期间，笔者重点思考了儿童意味着什么。笔者一直深信儿童是艺术家，儿童是梦想家，尤其坚信儿童是哲学家。儿童有自己的哲学，皮亚杰研究的就是小康德。儿童时常会追问这样的问题："妈妈和爸爸为什么必须上班？""为什么我忘记一些事，而不忘记另一些事？""为什么有男孩儿和女孩儿？""地球还会转动多久？""为什么 1＋1＝2？"对于儿童是哲学家的基本认识给我们实践带来的最重要的启发就是要充分尊重儿童、信任儿童以及相信儿童。我们需要给他们搭建起合适的平台去支持他们的发展，而不是对这种"哲学天赋"视而不见。

（二）儿童哲学与教师相遇

　　2015 年 6 月，由全国教育哲学学业委员会主办、东北师范大学教育学部和附小联合承办的主题为"儿童哲学与儿童教育"的 2015 年高峰论坛在附小举行。这是笔者自担任附小校长以来举办的第一次学术会议。会上，笔者以"儿童的意蕴与率性教育"为题，进行了论坛的主题发言。举办这次会议的主要目的就是请来自全国的专家为附小提出的率性教育"把脉"，提出好的建议。以这次会议的召开为标志，笔者开始正式地把研究焦点转向了儿童，转向了儿童哲学。会议期间，全国教育哲学学业委员会主任石中英教授对"儿童哲学"这一议题以及研究给出了如下定位：第一，国内哲学界、教育哲学界对儿童哲学教育的研究，起步晚、底子薄、作品少且移植多，真正关于儿童哲学、儿童哲学教育的研究尚处于初级水平。第二，在小学阶段开设儿童哲学课的已经很多了，但这是否代表了未来的一种趋势？第三，像东北师大附小这样一所全国知名的小学，它独特的空间设计、开放式的教室设计，无不在向我们诉说着它对教育的一种期待。另外，我们也看到了孩子们的很多作品，看到了个性的表达。这也是本次会议最独特的地方，即第一次在小学召开教育哲学会议。教育哲学是一种实践哲学，离开实践的场域是不行的。不能仅有理智的思考，而缺少实践的关怀，而这最独特的地方是要写进教育哲学的历史文献的。第四，哲学研究是追求智慧，是一个不断追梦、不断反思的过程。哲学考虑的不是具体的问题，而是具有一般性、整体性的问题。哲学既是个名词，是概念体系；又是动词，是不断追问。从动词角度来看儿童哲学，儿童有爱动、爱问、爱幻想的天性。儿童的追问是没有禁忌的，有时问得成人很窘迫。问题不算什么，关键是儿童应对问题有探究的兴趣。

专家们在本次学术会议中的交流让我们对儿童哲学及儿童哲学教育涉及的各个方面都有了一定的了解，同时更加坚定了我们将研究视角转向儿童哲学的决心和信心！

为了进一步加强与国内各个研究机构、中小学的交流，2016年5月，学校决定组织"哲学与幼童——第二届儿童哲学与率性教育高峰论坛"，并以推动儿童哲学教育为目标，将论坛的主题设定为"儿童之问、之思、之学"。对儿童之问的研究，是希望推进对儿童哲学意蕴的研究；对儿童之思、之学的研究，是希望推进对儿童哲学教育的研究。论坛设定了六个议题：儿童哲学教育的理论与实践，儿童哲学与学科教学，儿童（小学生）的经验、思维特点与有过程的教学，儿童的逻辑与有沉思的教学，儿童之问研究，儿童文学、儿童哲学与儿童教育。论坛议题基本涵盖了儿童哲学、儿童哲学教育等主要的核心议题，既包括理论研究，又包括实践探讨。

（三）儿童哲学的储备研究

1. 开展了海内外文献研究

首先，国外的研究。通过文献研究可以发现，美国儿童哲学侧重训练儿童的理性思考和逻辑推理能力。在美国，主要是李普曼、马修斯等人的研究。我们对李普曼的儿童哲学计划、马修斯的儿童哲学研究（包括马修斯的哲学三部曲，即《哲学与幼童》《与儿童对话》《童年哲学》）进行了梳理。欧洲（如法国）的儿童哲学研究更看重儿童对智慧的喜爱和人际互动；英国的儿童哲学教育更加重视培养儿童的批判性思维与创造性思维，而且英国的儿童哲学教育相较于其他几个国家，更加具有实证性特点。在英国早期的儿童哲学研究之中，最著名的研究是威廉开展的。1994年，英国德维得郡议会进行了一个较大规模的儿童哲学实验研究。数据的综合分析结果显示，与对照组相比，两个实验组学生的语言技巧、自信心、思维能力和倾听能力均有显著提高，而将儿童哲学课堂与阅读活动相结合，则效果更佳。坎贝尔在2002年对两所苏格兰地区已经将儿童哲学课堂应用于日常教学的学校的学生能力水平进行了测评。2012年9月，英国教育哲学协会启动了目前规模最大的一次儿童哲学探究实验。实验的主要目的是测评儿童哲学探究活动对8至11岁儿童的影响，通过分析实验前和实验后学生们认知能力测试的测试成绩得出具体的结果。澳大利亚的儿童哲学教育深受美国和欧洲的影响，儿童哲学课程不仅强调对儿童分析与推理方面的训练，也重视儿童的学习兴趣和社会性发展，并关注儿童人格特质和道德品质的形成。

其次，国内专门的研究机构及研究实践。国内的相关研究机构开始关注儿童哲学，如，浙江师范大学儿童文化研究院将儿童哲学设为下设的研究方向，21世纪教育研究院设立了专门的儿童哲学阅读推广项目。从20世纪90年代中末期开始，国内的许多幼儿园和小学也逐步开展了儿童哲学的相关活动，如，昆明市铁路南站小学、云南省楚雄彝族自治州禄丰县庙山小学都开展了儿童哲学课，上海六一小学自主开发了儿童哲学的校本课程，云南民航儿童哲学实验幼儿园成为我国首所开展儿童哲学试验的幼儿园，等等。

2. 关注皮亚杰的儿童心理研究

皮亚杰曾经直言不讳地说研究的是小康德。要想研究儿童的认识是如何发生的，难以绕过的心理学人物就是皮亚杰。因此，在儿童哲学的研究中，我们也将皮亚杰对于儿童心理的研究纳入了视野，将其作为推进儿童哲学研究的重要基础。我们专门组织了对皮亚杰儿童心理学的研讨，并对皮亚杰《儿童心理学》等作品的研读基本形成了以下共识：

第一，皮亚杰重点关注了儿童认识如何发生。皮亚杰是一位重要的哲学家，虽然他是生物学家出身，但是他有几十年研究的是发生认识论，而他有一个重要使命就是接着康德的研究去探讨人的认识是如何发生的。后来，他集中研究儿童的认识逻辑，很重要的就是研究成人的认识是怎样的发展过程。他的研究进行了几十年，儿童研究是其中的一部分。许多哲学家如洛克、笛卡尔、康德等，都是研究成人是怎样认识世界的，唯独皮亚杰是从儿童时期开始研究的。

第二，儿童心理学的研究是教育学研究的重要基础。因为心理学对教育研究的发展愈加重要，所以必须重视心理学尤其是皮亚杰对儿童的研究。

第三，皮亚杰重视儿童的智力发展、思维能力与创造教育。教育的主要目的就是发展学生的智力和思维能力，教育的最高目标就是培养具有逻辑推理能力并能掌握复杂抽象概念的人。智力训练的目的是训练智慧而不是储备记忆。理解即发明，这与儿童哲学教育的"爱智慧"追求殊途同归。

第四，让儿童主动、自发地进行学习。活动是智慧的源泉。人有探究的天性，儿童是主动的学习者。促进一个人的发展要善于引发一个人的动机，引起儿童认知的不平衡。儿童哲学教育可以促进儿童探究天性的发挥，促进主动学习。

第五，要注意儿童特点，符合发展阶段。皮亚杰说过，教学工作不能成人化。儿童的水平决定着教育的步调，学习从属于发展。因此，儿童哲学教育同样要考虑儿童的发展阶段与特点。

3. 史宁中教育哲学思想研究

史宁中教授关于教育的一些哲学思想，包括对儿童的认识和看法，也对"率性教育"理念的形成、儿童哲学研究的尝试产生了重要影响。我们专门组织了对史宁中教授教育哲学思想的研讨，主要对《关于教育的哲学》《试论教育的本源》进行了重点研讨。

第一，沉思很重要。史宁中教授曾经跟笔者说过："我在小学的时候因为一道题想了一周。"所以，2014 年 8 月 19 日，笔者在就职讲话时讲到"希望我们附小的教育是一种沉思的教育"，就是希望当孩子们毕业的时候，如果孩子能够沉思，就是集中精力想一个问题，那就说明我们的教育基础打得很好。笔者想，无论是外语还是哪门学科，让孩子集中精神沉思非常重要。靠什么才能够沉思呢？得有兴趣。儿童哲学的推进与实施，可以很好地帮助儿童沉思、深入沉思及有效沉思。

第二，儿童第一。史宁中教授曾经给幼儿园题词"儿童第一"。笔者认为这个思想很重要，所以笔者在附小提出率性教育，提出保护天性、尊重个性，这是和史宁中教授的想法一脉相承的。

第三，人和动物的区别在于两种特别的思维能力。史宁中认为，人和动物是不能用劳动来区别的。人和动物的本质区别是人有两个特别的思维能力，即想象力和抽象力。[3]34

第四，早期的教育要注重智力开发而不是知识传授。史宁中提出，14岁之前的教育为早期教育，教育应当是有规律的，而这个规律应该服从于人的身心发展规律，特别是服从于大脑的发育规律。"针对大脑的发育规律，理想的早期教育应是注重智力开发而不是注重知识传授。"[3]38

第五，早期教育的本质应当是基本思维能力的教育。我们所说的基本思维能力是存在的，这就是我们反复谈到的想象能力和抽象能力。也就是说，在早期教育中要特别关注培养学生的想象能力和抽象能力。如果这个说法是成立的，那么，我们就需要在早期教育中构想出各种教育内容和方法，用以培养学生的这两种能力。

史宁中教授关于教育哲学的这些核心思想，使得我们开展儿童教育哲学研究的方向基本明确了，即附小应该做的可能不像马修斯或者李普曼那样进行所谓的专门的儿童哲学教育，附小的儿童哲学尝试更大意义上是根源于早期的教育本质。儿童哲学教育对教育学来说或者对于附小来说意味着要重点关注基本思维能力的培养，尤其要结合各个学科去实践。

4. 名师引领的实践探索

在附小的教师专业发展中，我们有着较为完备的优师阶梯工程，即青蓝工程、希望工程、名师工程等。青蓝工程面向教龄1—5年的青年教师，希望工程面向6—10年的骨干教师，而名师工程则面向逐渐成熟起来的已经逐渐形成自己独特教学风格的学校名师。名师工程的教师由学校最为优秀的各个学科的教师代表组成。

在部分教师对儿童哲学理论研究初探的基础上，2015年12月，学校开始有步骤地在名师工程的示范课中尝试进行关于儿童提问的研究。各个学科名师的引领，对整个儿童哲学研究的推进起到了很好的探索性作用。同时，部分名师尤其语文教师对儿童哲学产生了浓厚的兴趣。比如，一年级语文陈老师就做了一个题为"循着提问进入儿童世界，让儿童像儿童一样成长——一年级儿童提问原生态搜集、分析"的研究。陈老师在常规教学中累计搜集了1 700多个儿童的原生态问题，并进行了归类整理。陈老师整理出了四大类问题，即看似莫名其妙的问题、成人司空见惯的问题、难以给出答案的问题及关注作者写法的问题。尤其是关于作者写法的问题，触及了语文学科的深层次问题，比如搜集到的儿童问题有："不是曹冲称象吗，为什么都是官员在说话？为什么到了第四段曹冲才出现？为什么前几段都没有？"[4]陈老师对儿童的提问既进行了归类，又分析了教师应该如何进行回应。

可以说，各个学科的教师都开始慢慢意识到儿童哲学的重要性，开始有意识地关注儿童，关注儿童哲学，关注儿童哲学教育。自此，儿童哲学、儿童哲学教育开始走入班级，走近儿童。

5. 儿童哲学作品研读：走近马修斯，反思优越感，向儿童学习

2015 年 10 月，学校组织参访团访问了儿童哲学的重要基地——台湾儿童哲学基金会。我们对毛毛虫儿童哲学图书馆的访问让我们对我国台湾的儿童哲学开展状况、杨茂秀教授所提出的"儿童是天生的哲学家"的观点以及台湾儿童哲学教材的研究有了系统性认识。

2016 年年初，在台湾访问交流的基础上，笔者开始推荐全校教师开展儿童哲学作品研读。马修斯的"哲学三部曲"，即《哲学与幼童》《与儿童对话》《童年哲学》成了全校教师的寒假读物。2016 年 3 月，开学后我们组织了全校性的儿童哲学作品研读读书交流会。学校 12 个学科的教师结合自己的学科进行了互动交流。

这次读书交流，使得附小的大部分教师理清了几个主要问题：为什么要读马修斯的这三本书？什么是哲学、哲学问题？李普曼、马修斯及他们的哲学有何区别？为什么要向儿童学习？怎么看待"故事"？怎么看待哲学和数学的关系？如何看待东西方文化的差异？

在理清主要问题的过程中，大部分教师达成的较为一致的观点就是要向儿童学习；要保护好儿童独有的哲学思维，因为我们不是上帝，学校也不是宗教裁判所。不是上帝，我们就没有绝对的权利，只有相对的权利；不是宗教裁判所，我们在思想上都只有有限的权利。所以，教师要反思我们的所谓的"优越感"。总体看，教师和孩子比，成人和孩子比，还是有优越感的。就像我们和动物比，这个优越感是客观存在的。如果我们不反思我们的优越感，就不可能真正实现与学生的平等交流。一个成人，在接受了多年的教育之后，获得了很多很多，但也失去了很多，而孩子身上恰恰有我们失去的，比如纯真、天真、想象。孩子们的想象力是非常丰富的，它没有那么多的条条框框。儿童时代有儿童时代的价值，不能简单地否定儿童时代的价值。当然，儿童离不开老师的引导。

另外，各个学科的教师也从自己学科的角度对马修斯的作品进行了研习、诠释。比如，社会学科的杨静老师就结合自己的阅读，提出了要尊重并保护儿童的哲学思维。她认为，《哲学与幼童》等作品所透射出的，是作者站在哲学的高度，透视儿童所提出问题背后的哲学思维。因此，我们需要做的是保护好儿童的哲学思维。因为对儿童哲学思维的认识，所以我们不得不重新审视自己的儿童观、教育观。哲学存在的最深层的原因就是我们还有怀疑与困惑。儿童大量的、充满哲学性的问题都是来源于儿童对周围世界的好奇，所以作为家长、教师，面对儿童的童真和洞察力，必须丢掉自己的傲慢与偏见，谦卑地去善待儿童的提问，尊重儿童的天真、天性，理解、欣赏儿童的认知能力和思维方式，正确调整自己与儿童在教育过程中的关系。

再比如，语文学科的李维奇老师谈道："我倒觉得孩子们关注什么样的哲学内容不重要，有哲学思维对于儿童来说才是最宝贵的。哲学思维是求真思维，一般来说，我们成人是不太具有这种思维的。我们老师要懂得保护这种思维，这很重要。在保护的基础上，我们如何在原有基础上帮助儿童进一步提高？其实我觉得，所有的老师在和孩子交流的时候都可以去有意地培养渗透。"

12个学科的教师对马修斯作品的研读，使得重视儿童哲学思维培养的观念逐渐深入人心。

6. 儿童哲学教育的原生态研究

这是李普曼式＋马修斯式儿童哲学课程的一种初步尝试。

2016年6月，我们在附小的三个长春校区中，每个校区选择了一个主题，分别在低、中、高三个年段进行了专门的儿童哲学课程的尝试，进行了原生态的研究。之所以说展开的形式是李普曼式＋马修斯式，是因为在课程形式上采用的是李普曼的理念，进行专门化的儿童哲学课程尝试，但课程内容则选择了马修斯关于童年哲学三部曲中的经典内容。另外，课程目标上也采用了马修斯的观点，即更加强调与儿童的对话，在与儿童的平等对话中讨论哲学专题。在本次活动中，三个校区累计进行了九节研讨课。

第一，自由校区的学生对于"特修斯之船"所引发的同一性问题展开了讨论。在这个校区我们分别选择了一年级、四年级和五年级中的一个班级来开展研讨课。一年级学生对于"特修斯之船"关于同一性问题的讨论，充满了思辨意味，讨论的角度涉及了数量、历史、意义、时间、材料、结构等；除了材料、结构等表象的内容外，四年级学生相较低年级的学生更多地关注了精神、灵魂、历史以及时间和空间上的延续等问题，讨论得深入、细致；到了五年级，学生们对于同一性问题的讨论的广度基本接近成年人，可以对材料、价值、本质、历史、灵魂、使命等概念进行合理应用，可以对"特修斯之船"的历史进行概念定义，具有了把材料（数量比例、旧材料的意义)、历史（时间、古代的历史、现代的历史）、使命（使命转变）、灵魂、表现形式等作为判断标准的能力。

第二，繁荣校区的学生对于"三个人的快乐和一个人的快乐"所引发的伦理问题展开了讨论。繁荣校区的三位教师分别在各自所执教的二年级、三年级和五年级的班级，像马修斯那样就"伦理"这个主题与儿童展开了对话。围绕着相同的文本内容，三个年级的学生也呈现出了一些不同的特点：首先，尽管学生的年龄有不小的差异，但是，他们在具体的讨论中的关注点似乎没有明显差异，即都关注具体事件本身。无论是评价还是提出解决办法，都是就事论事，少有超越事件进行讨论的。其次，低年级的学生更愿意试图从情感上理解故事中的人和事，更愿意表达同意或者反对的观点；而高年级学生，更倾向于提出解决办法，并且多是基于自身的生活经验。这是否能说明，年纪小的孩子更关注在实践中的个体的情绪，而年纪大的孩子开始关注实践的解决与否？再次，从整体上看，学生在讨论的过程中，思维容易被他人牵引，不能按照自己的思路进行持续而坚定的思考。如，当一个新的观点或者一个容易引起多数人关注的观点被陈述后，学生们会迅速转向对新观点的讨论，而忽略了之前还没有讨论完成的话题。[5]

第三，中信校区的学生对于"自由"的根本性问题展开了讨论。中信校区学生从法国的儿童哲学绘本《儿童哲学智慧书》中选取了其中的一个话题——"自由，是什么?"学校在幼儿园大班、二年级、四年级和六年级的儿童或学生中开展了广泛的讨论。对于幼儿园大班的儿童来说，"自由"是具象的，更愿意以小动物作为自由表征的对象，并从自身的经历和感受来讨论自己对自由的理解。二年级的学生更多关注的是意愿的实现或是经验性的感知，个别学生提到了自由的限制性，认为"自由是没有人管"或是"自由是有限度的"；有同学提到自由可以让人感觉放松、快乐，如比喻成"像在广阔的天空"。四年级的学生既关注个人意愿，又开始关注限制问题，还有具体化的表达，如"练琴不用妈妈看着"等。另外，个别人提到了权利，也有少数人关注到了用处，如愉悦、放松等。六年级的学生更多地关注了自由的限制性，大多数同学都概括性地提到了无拘无束或不受限制，个别人提到了"自由是自己的权利"，少数人提到了自由的作用，而"快乐""轻松"成为讨论中的关键词。

三、研究展望

对于附小，探索儿童哲学，从更大意义上来说或者从儿童哲学的概念、内涵的认识上来说，并非让儿童掌握"名词性的哲学"，即哲学概念体系，而是让儿童实践"动词性的哲学"，即爱问、爱智慧。因此，从保护儿童好问、好探究的天性角度来讲，在教育教学中如何提升儿童的思维品质，如何帮助学生深度地思考问题，是下一步需要集中攻克的难题。

（一）关注基本思维能力的培养

与史宁中教授所强调的"核很重要"的思想一样，附小进行儿童哲学研究的尝试，同样要抓住研究的最主要的内核是什么、最开始实践的出发点是什么、最终的目标追求是什么。正所谓"不忘初心，方得始终"。在马修斯式哲学思想和李普曼式哲学思想之间，笔者认为附小未来要走的道路应该可以视为"第三条道路"，即在各个学科教学中应如何进行儿童的哲学研究，而不是进行专业的儿童哲学教育。附小所进行的儿童哲学研究的尝试，最基本的出发点就是培养儿童的基本思维能力，以求更好地进行基本思维能力的教育。除了生活习惯和价值判断的教育之外，早期教育在本质上应当是基本思维能力的教育。也就是说，在早期教育中，要特别关注培养学生的想象能力和抽象能力。

（二）关注各个学科中的渗透

未来，附小可能会继续开设单独的儿童哲学课程。但是，开设也是为了深入进行儿童之问、之思、之学的研究。可以说，它只是手段而已，所以单独开设专门的儿童哲学课程对附小来说不是主要的方向。对于附小来说，要培养儿童的基本思维能力，未来最主要的方式还是要采用在全学科中进行渗透式的教育方法。

附小各个学科未来都要进行集中探索的课题是：儿童是如何问问题、如何思考问题、如何进行学习的呢？这对教师的教育教学意味着什么？总之，无论哪个学科，在教学实践中都应采用渗透的方式去研究儿童之问、儿童之思，并明确尊重、倾听是目前的重要任务。

教学如何开展才能更有实效？从历史文化的角度来看，我国在一定程度上缺少追求理性和培养未成年人理性思维的传统，再加上教学方法呈现多元化的态势，因此，儿童哲学教育中的课堂教学到底如何展开？是否存在较为成熟的模式？是否具有一些核心的理论基础、原则和流程？各个学科教师如何才能保护儿童好问的天性，并引导、发展儿童好问、好探究的天性呢？这些都是需要进一步探讨的问题。

（三）深入推进关于儿童创造问题的研究

东北师范大学目前的办学理念是在尊重的教育基础上提出了"创造的教育"。"创造的教育"既是时代发展的需要、社会发展的需要，又是人才成长与发展的需要。对于小学生来说，它意味着打基础。在这个阶段，笔者认为重要的事情可能包括三个方面：

第一，培养孩子的兴趣。其实主要是好奇心，即儿童愿意开放地问、开放地想，比如说提问题的兴趣、发现问题的兴趣或愿意动手动脑的兴趣等。这些都需要我们认真地进行研究，而教师在教育教学中也需要有意识地培养、激发和保护孩子的这些兴趣。

第二，培养分类等抽象思维能力。分类能力、归纳能力、直觉能力和想象力是创造教育的重要内容。

第三，培养合情合理地进行推理的能力。笔者认为，最重要的事情是兴趣的培养与保护。对于儿童来说，兴趣是一切学习的起点，可以为持续学习、持久思考提供内在动力。

对于附小来说，我们要坚定不移地继续推进儿童哲学的原生态研究，尤其是关于儿童提问的原生态研究。可以说，这是儿童哲学研究的蝴蝶效应点。通过对"儿童之问"的原生态研究，我们可以较为容易地窥见儿童的秘密，了解儿童的特点、水平，可以很好地帮助教师逐渐形成儿童哲学教育的思维以及模式，并提高儿童哲学教育水平。因此，坚持抓住一个切入点进行原生态的深入研究，是我们未来必须要坚持做好的。

（四）做好教师培训工作

儿童哲学的教育能取得实效，关键在于教师。如果小学教师素质好、能力高、意识强，儿童哲学的教育效果就好，反之亦然。但是，就目前附小推进儿童哲学教育的现实来看，一线从事教育教学实践的小学教师在一定程度上存在着哲学素养不高、哲学教育意识不强、哲学教育能力欠缺等问题。一些教师在进行儿童哲学的教学时，往往是凭着一种感性直觉，而对于为什么这样做、如何做得深入等问题，教师们则缺乏思考或者没有进行深入的思考。另外，很多学科的教师凭经验上课，"教教材"的倾向较为普遍，忽视了儿童如何提问、如何思考的问题研究，忽视了儿童认识是如何发展的问题研究。

历经两年的时间，儿童哲学已经慢慢地走近了东师附小。东师附小比国内的一些小学包括研究机构起步晚，而我们的研究已初见端倪，尚幼稚粗陋，所以抛出来，意在"课虚无以责有，叩寂寞而求音"。

参考文献

［1］于伟. 教育学家之路［M］. 长春：东北师范大学出版社，2014：118.

［2］于伟. 儿童的意蕴与率性教育［N］. 中国教师报，2015-08-12.

［3］史宁中. 试论教育的本原［J］. 教育研究，2009（6）.

［4］陈识欢. 东师附小教育研究［M］. 长春：东北师范大学出版社，2015：103.

［5］东北师范大学附属小学教育研究部. 与儿童的"对话"［R］. 长春：东北师范大学附属小学，2016.

［本文原载于《湖南师范大学教育科学学报》，2017 年第 1 期］

儿童是天生的哲学家

经常有人问："为什么儿童是哲学家？他有什么资格当哲学家？小小的年纪甚至3岁的孩子就说自己是哲学家，怎么可能？"关于这个哲学问题，我们应该回到原初。

柏拉图说："惊讶，尤其是哲学家的一种情绪。除此之外，哲学没有别的开端。"黑格尔说过，"哲学认识的一种方式是一种反思"，就是跟着事实后面的一种反复思考。

我们看一看儿童，无论是从哪一角度来看，都具备了这样的特质。罗素说："当有人提出一个带有普遍性问题时，哲学就产生了，科学也就有了开端。"康德是一位很典型的哲学家，他一生关注的问题就是：人是什么？我能够知道什么？我应该做什么？我希望成为什么样子？现在，看看孩子们提的问题："为什么1＋1＝2？""为什么有男孩、女孩呢？"这两个问题就很难回答。成人也许会很无奈地说本来就有，那孩子就会问："什么是本来呢？""本来之前是什么呢？"大人就会说："你不要问了，再问我生气了。"还有儿童会问："为什么有贫穷和富裕？""我们为什么必须上学？"……孩子们提出这样的问题，不是硬想出来的，也未必是教师教出来的，而是源于他们对世界的好奇，是天性使然。所以，从天性来说，儿童是天生的哲学家。

"儿童是哲学家"这一说法，也来自对学校原生态的观察和研究。记得在语文课本里有这样的问题："小蝌蚪自己生活得挺好的，为什么要找妈妈呢？为什么是小蝌蚪找妈妈，不是妈妈找小蝌蚪呢？咱们人不都是妈妈没看到孩子，着急找孩子吗？"还有一个问题："为什么'三更灯火五更鸡，正是男儿读书时'，女孩不读书吗？"学生问的许多问题都很有意思，我们的教师搜集了上千个孩子提出的问题，所以对"儿童是哲学家"的认识也越发深刻。

我们用哲学的视角研究儿童世界，研究儿童之问、之思、之学。学校近年来提出"率性教育"，就是要保护学生的天性，尊重学生的个性，培养学生的社会性，核心是遵循儿童身心发展的规律和特点。在率性教育理念基础上，我们提出了率性教学，因为它既有学科根源，有对儿童研究的根源，又有教学方法、教学组织形式的根源。因此，要让儿童感受经验的获得和自我体验的过程，感受由个别到一般的过程。可以说，这样一个归纳思维的过程十分重要。

著名儿童心理学家皮亚杰十分关注儿童哲学，并说过一句话："我研究的是小康德。"皮亚杰十分关注儿童认知，重视儿童思维能力的发展，致力于让儿童主动、自发地学习，重视研究儿童心理发展的阶段，尤其是认知发展阶段。这些思想对于世界、对于中国当前的教学改革都有重要价值。

研究儿童的心理、儿童的世界，阅读儿童文学是重要的渠道和方法。我们不仅要善于阅读哲学经典原著，要结合孩子的成长、学校的实际进行原生态儿童哲学研究，更多地从课堂观察入手，还要探索出一些特色，让孩子们获得快乐，获得解放。我们应以哲学的视角探索儿童世界，以全学科探索儿童之问、之思、之学的方式推进研究，从而促进儿童发现问题、提出问题的能力，并发展归纳思维、想象力。

儿童是哲学家，我们要让儿童爱问，爱智慧。从保护儿童好问、好探究的天性角度来说，我们应致力于在教育教学中更好地提升儿童的思维品质，帮助他们深度思考问题。主要包括：

一是关注儿童基本思维能力的培养。除生活习惯和价值判断之外，教育在本质上应当是基本思维能力的训练，要特别关注培养学生的想象力和抽象思维能力。

二是关注学科间的渗透。教师要注重培养儿童的基本思维能力，而未来最主要的方式是采用在全学科中进行渗透式教育的方法。各个学科未来都要进行集中探索的课题是：儿童如何问问题？如何思考问题？如何进行学习？这对教师的教育教学意味着什么？总之，无论哪个学科，在教学实践中都应采用渗透式方式去研究儿童之问、儿童之思，并不断贯彻落实尊重、倾听的态度。可以说，这是目前的重要任务。

三是深入推进对儿童创造性问题的研究。首先，培养儿童的兴趣。我认为主要是培养好奇心，即儿童愿意开放地问、开放地想，如提问题的兴趣、发现问题的兴趣、愿意动手动脑的兴趣等，这些都需要我们认真进行研究，而教师在教育教学中也需要有效地培养、激发和保护学生兴趣。其次，培养儿童的分类等抽象思维能力。分类能力、归纳能力、直觉能力和想象力是创造教育的重要内涵。最后，培养儿童的推理能力。对于儿童来说，兴趣是一切学习的起点，为持续学习、持久思考提供内在动力。坚定不移地继续推进对儿童哲学的原生态研究，可以让我们较为容易地了解儿童，理解儿童的特点，可以很好地帮助教师逐渐形成儿童哲学教育的思维模式，从而提高儿童哲学教育水平。

[本文原载于《中国教师报》，2016 年 11 月 1 日]

儿童哲学课程中的教师角色

"儿童哲学"提出至今已有近40年的历史，世界各地涌现出许多种类的儿童哲学。有人认为儿童哲学的主要目的在于训练儿童的思维能力，也有人认为儿童哲学是一种团体对话的教学方法，还有人认为儿童哲学是重新认识儿童、成人以及二者关系的理论。这些看起来各不相同的观点有一个共同的出发点，即关心儿童生活。

依据儿童身心发展规律安排教育教学活动已经成为学校教育的常识，儿童哲学则在此基础上更进一步，意在向人们表明，儿童不仅因为教育而重要，还因其自身而重要。换句话说，儿童当下的生活应与儿童未来的生活一样，也应该成为教育关注的焦点。

一、儿童哲学的核心精神

我们应该反思：教育向儿童传递人类经验和文化时应如何关心儿童生活？如何将这些对儿童来说先进的经验与儿童现实生活结合起来？除了将儿童视为教育对象外，还可以怎样对待儿童？关心儿童当下生活、生存可以被视为儿童哲学的核心精神吗？这些问题都指向了儿童哲学的核心精神，即意义与儿童、理解儿童的精神世界以及培养儿童对话交流能力。

儿童哲学的第一个核心精神是满足儿童寻求意义的需求。儿童哲学创始人李普曼认为，儿童渴求事物的意义，也在努力为那些使他们困惑的事物赋予意义。儿童期的一个普遍特点是好奇和困惑，儿童进行追问时好像是在要求人们向他们证明世界的合理性。当儿童提问为什么一定要上学、为什么有男人和女人等问题时，背后一定有相似经验的支持，也许是一本漫画书中提到过这样的情况，也许是自己不愿意上学父母却强制他去学校，等等。这些问题与儿童的生活息息相关，是他们理解世界的信息来源。如果没有人回答这些问题，儿童就会依靠观察得出结论，而这个结论可能是正确的，也可能是错误的。

儿童哲学倡导学校要提供让学生探寻意义的机会，并参与到这个过程中，让学校和儿童一起思考这些对儿童来说十分重要的问题。具体来说，学校可以从两方面着手：一是帮助学生形成良好的思维能力，二是为学生提供思考的机会。学校可以尝试将儿童置入轻松、平等的对话中，让他们通过解决生活中遇到的真实问题实现锻炼思维的目的。

儿童哲学的第二个核心精神是理解儿童的精神世界。皮亚杰认为儿童是自我中心论者、泛灵论者，还有人将儿童思维与原始思维进行类比。我国古代哲学家或教育家也常常把儿童视为"绝假纯真"的代表。

儿童与成人不一样，这意味着成人不能按照自己的理解要求儿童和评价儿童。得益于心理学，人们对儿童身心发展规律有了大致了解，但对儿童的精神世界知之甚少，儿童对周围事物的认识、情感和态度如何形成，最终归于何处，对成人来说难以捉摸。儿童哲学鼓励儿童表达自己，鼓励成人放下偏见，倾听儿童的想法，鼓励成人和儿童坐下来交流对事物的看法。由此可见，儿童哲学涉及了对儿童与成人关系的反思、对儿童的反思和对成人自身的反思等内容。

儿童哲学的第三个核心精神是帮助儿童拥有对话、交流、共情的能力和习惯。实现哲学对话的前提是营造一个良好的对话氛围。这个氛围应该是安全的，因为儿童只有在放松、不受责备、不受质疑、不受嘲笑、不受等级评价影响的情况下才有可能畅所欲言。另外，这个氛围应该是民主的，应该让儿童认为他们受到同样的重视和尊重。需要注意的是，讨论的氛围不仅仅由教师营造，更多由参与的儿童来营造，所以教师要引导儿童学会"非攻击性"地与他人对话，学会在对话中控制自己，并善待他人。同时，他们必须学会面对对话中不断出现的错误，学会耐心等待，甚至学会放弃。可以说，这些也是儿童在生活中不得不面对的难题。从这一点来看，儿童哲学是儿童进入社会生活的预演。儿童在私下的同伴相处中也必定会遇到上述问题，他们会采用自己小团体的解决方法，而儿童哲学则将这些问题摆到前面。

二、实践儿童哲学课程的七项任务

儿童哲学的核心精神为儿童哲学实践提供了理论上的指导。作为一项开放的实践哲学，儿童哲学允许、鼓励多样态的实践形式，所以教师指导儿童进行哲学对话时也有较大的自由，但自由的前提是确定唯一不变的"一"，即儿童哲学的核心精神。

李普曼认为，教师在儿童哲学实践中要承担七项核心任务，而任务完成的关键是教师能够恰当地提问。

教师的第一个任务是诱发学生思考。教师需要激发起儿童思考的兴趣，并开始一场讨论。在这一部分，教师可以询问学生阅读某一读物的感受，比如："这让你想到了什么？""你觉得有趣吗？""你在生活中遇到过类似的情况吗？""如果是你面对这样的情况，你会怎么做？"

第二个任务是帮助学生表达思想，明确要点。当学生因为表达能力欠缺或因害羞、恐惧而无法清晰表达自己的观点时，教师需要帮助学生，此时可以使用的问题有："当你说的时候，你想表达什么意思？""你的意思是什么？""这是一个有趣的观点，你能解释一下你是怎么想的吗？""可以概括你的观点吗？"

第三个任务是解释意义，即探究学生已表达观点背后隐含的观点和可能产生的推论。教师可使用的问题有："基于你这样的观点，那是不是可以说……"

第四个任务是确保学生讨论时涉及的概念是一致的。对同一个概念的不同理解容易造成讨论的混乱或难以推进。教师一旦发现有类似的情况就应该及时指出，让学生在某一概念上达成一致后再进行讨论。教师可使用的问题有："你用这个概念的时候想表达什么？""你认为在这个讨论中使用概念的哪一种意义会比较合适？"

第五个任务是指出学生观点中的逻辑错误或未经考虑的前提假设。如："你说过撒谎永远是错误的，但又说如果是帮助朋友的话，说谎是可以被接受的。""如果情况改变了，你这个观点还成立吗？"

第六个任务是引导学生反思自己的认识过程。教师一方面要帮助儿童明确自己提出该观点的理由，另一方面要追问儿童是如何得出观点的。可使用的问题有："你这样说的原因是什么呢？""你为什么会这样认为呢？""你相信的根据是什么呢？""你怎么知道？"

第七个任务是提出多种观点。教师应该让学生知道，许多问题并非只有唯一正确的答案，而是存在很多可能性。可使用的问题有："你认为这个问题还有其他解释吗？"

教师的工作是帮助学生表达观点，寻找对话中出现的哲学话题，并引导学生围绕哲学话题一步步深入思考。这样的工作需要教师具备三项素质：

一是正确理解儿童哲学的核心精神。只有认识到儿童哲学的初衷和想要达到的目的，教师才能开展真正的儿童哲学活动。

二是具备一定的哲学素养，以便及时发现对话中出现的哲学话题和哲学观点。

三是掌握提出问题的时机，了解各种问题适用的情景、问题提出的顺序或哪些发言可以加以引申等。这些素质的养成绝非一日之功，教师需要经过理论学习、榜样学习和亲身体验这三个必不可少的步骤，才能成为一名合格的儿童哲学实践者。

上述三项素养至关重要，但并不意味着教师只有在完全具备以上素养后才能开展儿童哲学实践。正如美国儿童哲学家沃特伯格所坚持的，我们没有任何理由要求一名教师在开展哲学对话之前就具备专业的哲学素养，因为哲学讨论本身就是一个双方成长的过程，即学生从中获益的同时，教师也能够学习到指导讨论的有效方法。随着经验的积累和理论学习的深入，教师最终也能成长为一名优秀的儿童哲学实践者。在从事儿童哲学实践之初，教师需要具备的素质是尊重、信任儿童，认真对待他们的问题和观点。这是儿童哲学实践展开的基础，也是儿童哲学实践的目标。

三、教师在哲学对话中的四个角色

学生是哲学讨论中的主导角色，儿童哲学对话中的所有安排都是为了发展学生的思维能力，教师也不例外。在哲学讨论中，教师扮演的角色有四种，每一种角色都对应相关职责。

一是哲学对话的组织者。在整个哲学对话中，教师都要担任组织者的角色。在哲学讨论开始前，教师要召集学生并确保这些学生有哲学讨论的兴趣，有共同关注的话题，还要与学生共同制订发言规则。在对话中，教师要成为主持人，而不是选择话题的权威。因为学生讨论的问题必须是他们感兴趣的，这样才能产生学习效果，所以选择问题的主动权应始终在学生手上。教师不能对学生的选择强加干涉，但可以根据自己的经验提出建议。

二是哲学对话的参与者。虽然哲学对话主题由学生选择，但教师也可以加入讨论。有教师加入的哲学讨论，儿童与儿童观点碰撞和儿童与成人观点碰撞的情况并存，这种方式比仅有儿童参与的讨论在内容上更丰富。然而，由于教师在学生心中固有的权威形象，当教师加入哲学对话时必须小心谨慎，教师要向学生表明自己并不是帮助他们解决问题的人，而是和他们一起讨论问题的伙伴。在表达意见时，教师的观点并不比学生的观点重要，学生可以反驳、质疑或追问教师观点的合理性。在参与的过程中，教师尤其需要时时进行自我检查，防止自己过于强势。

三是哲学对话的促进者。引导哲学对话不断深入是教师的基本工作之一。教师加入哲学对话的目的在于把握讨论进程，如，讨论涉及了哪些概念、问题，还有哪些内容是需要讨论的；在讨论过程中学生是否遵循逻辑法则；学生是否反思了自己的前提假设；等等。当教师认识到这些后，才可以更好地通过提问的方式帮助学生了解讨论进程，促进学生进一步思考。

四是哲学对话的评论者。对话结束后，教师通常需要总结对话的结果。总结并不是给出答案，也并非意味着对话的结束。通常情况下，上一次的对话总结往往是下一次对话的起点，具体包括五个方面，即学生在讨论中的行为表现、讨论涉及的哲学概念、本次讨论达成一致的地方和存在分歧的地方、本次讨论的收获、哪些问题值得继续研究等。教师评价儿童在对话中的表现时，要注意儿童在天性和个性上的差异，避免用统一的模式和标准对学生进行高下优劣的判断。

总而言之，教师在儿童哲学实践中扮演着十分重要的作用。他们虽然并非哲学课堂中的主要行动者，但其行为直接决定着哲学对话的质量以及儿童哲学实践的最终效果。

［本文原载于《中国教师报》，2018 年 10 月 10 日］

儿童是天生的哲学家

——以小学阶段儿童对"同一性"问题的对话为例

两千年前的雅典，有一艘古老的战船，因为国王特修斯曾经在船上指挥过很多场战争，所以这艘船被称为"特修斯之船"。战争结束后，这艘船被留下来作为纪念。随着时间流逝，木材逐渐腐朽，雅典人便更换新的木头来替代。最后，该船的每根木头都被换过了。

古希腊的哲学家们开始提出疑问："这艘船还是原本的那艘'特修斯之船'吗？如果是，它已经没有最初的任何一根木头了；如果不是，那它是从什么时候开始不是的？"霍布斯加入了用旧木板组成一艘新船的可能的研究：如果"特修斯之船"一直被持续地修复并翻新——把旧木板取出装上新的，并且假设有人将取出的旧木板全部保存起来，再按原来的顺序拼好，用它们造一艘新的船，那么究竟哪一艘才是原来的"特修斯之船"？这就是经典的"特修斯之船"的同一性问题。

这个实验研究的是我们对一件不断变化的事物的定义问题，即同一性问题。一种观点是，同一性由时间连续性和结构一致性决定，即船只要结构不变并且一点一点替换，那么第二艘船是"特修斯之船"。另一种观点是，只有完整的由原来的部件组成的船才是"特修斯之船"，只要修改一点，那就是新船，所以第一艘船是"特修斯之船"。

2016年6月，笔者所在的东北师范大学附属小学针对"同一性"问题以"特修斯之船"为例进行了专门的儿童哲学课程的尝试，进行儿童课堂讨论的原生态研究。我们采用了李普曼意义上的专门化的儿童哲学课程形式，课堂上采用马修斯与儿童平等对话的方式来讨论哲学专题。我们分别在小学的一、四、五年级与儿童展开讨论，对讨论话语进行了原生态的收集，在充分忠于原生态课堂讨论话语的基础上进行了分析，以求从中了解小学生对"同一性"问题的所思、所想。

一、一年级的儿童：广度丰富，已经可以使用类比推理

一年级的儿童，基本处于6～7岁的年龄。在讨论中，我们发现儿童

对哲学问题非常感兴趣，思维跳跃性强，多数坚持自己的观点并能主动通过论据来论证自己的观点，并指出其他观点可能存在的漏洞。受到自身表达能力的限制，他们讨论得不够深入，不够专业，但对同一性问题的认识已然呈现出了广度丰富的特点，基本涉及了材料、数量、名称、历史、本质、结构等方面。

（一）是否具有同一性由材料决定

多数同学会从船的构成材料方面去思考，思考中加入个人的理解，但结论并不一致。例如，姜同学认为还是"特修斯之船"，因为船上除了木板以外，其他东西看起来还是一样的。孙同学认为，即使新换的木板与原来的一模一样，那也不再是以前的木板了。闫同学补充观点提出，因为旧的木板已经腐烂被换了，所以旧的木板才是这艘船的真正模样。

有些同学会关注船上的其他材料，例如，金同学陷入矛盾中，一方面她认为还是"特修斯之船"，因为船上还有一些东西是用铁制作的，没有被换，所以它是；另一方面，认为它不再是"特修斯之船"，因为木板被换过了。

（二）是否具有同一性由更换的数量比例决定

因为对材料的讨论出现分歧，教师追问："如果我们只换一块木板，那还是原来的船吗？"几乎全部学生都认为是。随后，学生逐渐开始针对被换掉的木板的数量进行讨论。当数量发生变化时，学生的观点也变得越来越多样化。

黄同学坚定地说："我觉得只要换超过一半就不是了。"大部分的同学表示认同。张同学说："换一块还是，换两块也还是，但是都换了就不是了。"教师追问："如果就剩一块是原来的呢？"张同学说："那也不是原来的船了。"所以，学生大概以50%作为判断的临界点。

（三）使用类比推理，进一步论证

教师引导孩子从类比的角度去思考，提问："假如我掉了一颗牙，我去医院修补上了，这只是我身体的一小部分，那换牙后的我还是不是原来的我呢？"同学们几乎都认为"我"还是原来的"我"。

杨同学举了一个多数战胜少数的例子来论证事物的整体由组成它的大部分决定，说："比方说打架，坏人很多，但只有一个好人，好人就会输。

对一件事，少部分人认为对，大部分人认为错，少数得服从多数，所以只要我身上的大部分器官还是原来的，哪怕一颗牙发生了变化，我就还是原来的我。"

姜同学进行了反驳："我看动画片里，很少的特工就可以打赢很多敌人，而且一个跆拳道特别厉害的人可以打赢很多个不会跆拳道的人。"

这两个孩子的论证已经采用了比较简单的类比推理的论证方式，不仅考虑了数量，还考虑了质量或能力等。

（四）是否具有同一性由船的功能决定

有的人意识到船的功能发生了变化，所以冯同学说："它不再出海了，现在只是纪念品。因此，它不是原来的船了。"但也有人从同样的角度得出了不同的结论，如，曹同学认为："它的功能没有发生改变，还是一艘船，所以它还是原来的船。"

（五）是否具有同一性由船的历史决定

一年级学生对船只的历史的关注多限于名字和经历过的事件，如，王同学认为："如果它的名字没有变，那我就认为它还是原来的。"而丁同学则反对："我认为不是，因为旧的木板国王曾经站在上面过，新的木板，国王没有站在上面过。"

（六）是否具有同一性由船的结构决定

对于船只，金同学不再把注意力放在材料和数量上，而是对结构有了一点思考。她认为，如果造型完全发生变化，所有地方都不一样了，才算是新的。但是，哪怕结构有一点地方还和原来一样，例如龙骨，那就还是"特修斯之船"。

（七）是否具有同一性由船的本质决定

有同学认为，当船只的本质不发生变化，就应认定它还是"特修斯之船"。比如，陈同学举例说道："桌子上的螺丝掉了，维修叔叔修好了之后它还是桌子，不会变成椅子。今天我掉了一颗牙，但我还是男孩，也不会变成一个女孩。"教师帮他梳理，说："桌子的本质就是桌子；我的本质是男生，虽然掉了一颗牙，但是本质没变。因此，船的本质还是船。"

二、四年级的儿童：关注角度拓展到精神意义层面

四年级的儿童，他们不仅关注了船的材料、结构、历史等，还关注了时间与空间的连续性问题，而且他们更多地关注了精神与物质关系的问题，并就这个问题展开了深入的讨论。

（一）是否具有同一性由时间、空间上是否连续决定

孩子们特别关心"时间"这个元素，他们认为再造的事物，即使所用材料和结构都是一样的，但是不具有时间与空间的连续性的事物绝不是它本身。针对霍布斯的假设，金同学想了一会儿，说："我认为用旧木料造的船才是真正的'特修斯之船'。但是，它的外观和结构必须得是和原来的船一模一样的。"笔者这时候顺势归纳出"时间"这一因素在同一性问题中所起的作用。

在讨论过程中，一些孩子出现了困惑的表情，他们有点儿想不明白究竟哪艘才是真正的"特修斯之船"了，甚至有人干脆说，也许这两艘船都是"特修斯之船"。所以，老师举了一个更贴近他们生活实际的例子，问道："小时候的姜同学和现在的姜同学是一个人吗？人身体的细胞在不停地新陈代谢，现在的她都是由全新的细胞组成的，那她还是原来的她吗？"

金同学想了想，有点儿不好意思地说："我觉得自然生长的那个姜同学是真正的她。因为自然生长的姜同学会从四岁的姜同学长成五岁的姜同学，然后长成六岁的她、七岁的她、八岁的她。但是，用旧细胞造出来的那个姜同学，虽然样子是她的样子，用的也是她的细胞，但是缺少了自然的那种循环。"

（二）是否具有同一性由结构决定

如，金同学说："我认为它不是原来的船了。虽然船看起来还是原来的样子，船原本的木料都是特修斯时代的木料，在现在已经找不到了，如果只是框架一样就是一样的船的话，那相同框架的船谁都能照着样子做出来一艘一样的呀！"

（三）是否具有同一性由数量比例决定

同一年级孩子一样，四年级孩子同样关注了组成船的材料，不同的是，四年级孩子非常肯定自己的观点，并且不需要借助老师的引导，能直接从数量角度来证明自己的观点。

比如，吴同学说："我认为这已经不是原来的船了。我认为，木头被换过之后只能算是克隆或是说代替品。这艘船如果换掉了一半以上的零件以后就不是原来的船了。就比如像这支笔，如果它的笔头被换掉了，你还可以认为它是原来的笔，但是如果笔杆儿也被换掉了，笔芯也换了，一半以上都换了，那我就认为它变了。"

（四）是否具有同一性由精神、意义、灵魂决定

这方面的讨论是四年级学生与一年级学生相比最为鲜明的不同，也是最能显现年龄特征的地方。四年级学生认为那艘船是不是原来的"特修斯之船"得看船的"精神"是不是还在。他们把船的"精神"理解为这艘船所经历过的历史和它所代表的意义，因为历史和意义是无法改变的。

例如，郭同学笃定地说："我认为这艘船还是原来的'特修斯之船'，因为雅典人民想纪念的是特修斯国王，无论这艘船怎么变化，这艘船都是他们心中的'特修斯之船'，也是我们心中的'特修斯之船'。"教师继续追问："我们心中的'特修斯之船'是什么？"郭同学解释道："这艘船的零件虽然被换过了，但是在我们心中，它永远都是那个样子，是特修斯国王坐过的那艘伟大的船。所以，它永远是我们心中的'特修斯之船'。"显然，他非常在意精神的存在，并且认为精神的存在并不是依附在具体的事物之上的。

钟同学接着说："因为这艘船是雅典国王特修斯所乘的，而且特修斯只有一个，意义是不能改变的，总体来说，我认为它还是原来的那艘船。"

韩同学也执着于"精神"与物质关系这个问题不放，说："从木头的角度看，虽然这艘船不是以前的船了，但是这艘船的灵魂没有变。"教师追问他什么是船的灵魂，他说："船的意义和历史就是它的灵魂。雅典国王特修斯乘坐过这艘船，雅典人民也一直认为它就是特修斯乘坐过的船，所以即使它的样貌有变化，但灵魂没变。"

四年级的学生已经可以不用教师引导就非常顺畅、自然地采用类比推理的方式证明自己的观点，比一年级的儿童更加确定、坚决。比如，吴同学列举了万里长城的例子，指出虽然有修修补补，材料在不断更新，但仍然是万里长城，所以"特修斯之船"仍然是"特修斯之船"。

三、五年级的儿童：关注什么判别标准是真正的"特修斯之船"的本质

五年级与低年段、中年段学生相比所表现出的最大不同就是学生们开

阔自己的视野，根据自己的依据、证据去判断是否具有同一性，而且开始探讨到底何种标准才能够判断是否具有同一性。学生们已经可以非常顺畅地使用材料、价值、本质、历史、灵魂、使命等概念。总体来看，五年级的学生对于同一性问题的讨论，基本抓住了"到底什么标准才能够判断'特修斯之船'的前后一致性"这一问题根本，分别讨论了把材料（数量比例、旧材料的意义）、历史（时间、古代的历史、现代的历史）、使命（使命转变）、灵魂、表现形式等作为判断的标准。

（一）材料、有价值的东西是本质

比如，朱同学说："我认为不是同一艘船，因为船的本质变了，甲板都被换掉了。"显然，他传达的意思是一艘船的本质是建造材料。教师提问："你的意思是船的本质由材料决定？"这时他急忙补充说："还有船的样子。"

当教师提示他船的样子没有变化时，他否定了这个说法，而转向了价值，说："不是样子，是把有价值的东西给换掉了。"

"什么是有价值的东西？"

"整艘船上旧的东西是有价值的，因为它已经经历了很多年。"

显然，他已经抓住了"时间"这个非常重要的前提条件。这艘名为"特修斯"的战船，当它作为文物出现时，"时间"便是确定它的价值的必要条件。姚同学更深入一步地认为，现在被全部替换掉的船体，作为一种外在的表现形式是无法表达出这艘船的内在本质的，并说："首先我们研究的是这艘船，这艘船的整体都被换掉了，那就是说明它以前的本质、内涵、灵魂、历史，包括使命全被换掉了，它现在是一艘全新的船，它现在的使命就是供人参观，那它以前的使命呢？它以前的灵魂、历史呢？谁又能直接看出来呢？"

教师追问："你是在强调材料被换掉之后，以前的一切都不存在了？"

姚同学说："不是不存在了，是表现不出来。"显然，她强调的是表现形式问题，或者说她更在意的不是这艘船本身，而是当它被展出的时候能否被别人辨认出来。她认为，甚至这艘船的每一块甲板都承载着使命，都不可以被换掉。可见，她非常注重事物的整体性。

袁同学则持有完全相反的意见，认为："还是原来的船，因为不管它换什么零部件，都抹不掉它的历史，所以它还是原来的船。"张同学也说："这艘船的历史已经发生过了，所以还是那艘船。我现在是学生，未来不是学生了，但是我还是我，本质并没有发生变化。这艘船过去的使命是打仗，现在不需要打仗了，但它还是它。这艘船的历史使命虽然已经发生了转变，但不能因为更换了建造材料造成过去使命的消失而否定这艘船的本质。"

（二）内在的灵魂、历史、使命是本质

有部分同学非常明确地指出，船的内在的灵魂、历史、使命才是船之本质。比如，张同学说："我认为还是那艘船，因为人们只能改变这艘船的外在，而内在是它的灵魂、它的历史、它的使命，它的内在没有变。"

不禁要为这个说法击掌赞叹，但笔者仍然希望她能把这里的抽象的概念具体解释出来，便问道："它的灵魂是什么？"

张同学说："和使命差不多。当它建造出来的时候它的灵魂就存在了。"

显然，她对这样的抽象概念还没有能力准确描述出来，但是她确认了两件事：

第一，这艘船是有灵魂的；

第二，这灵魂在它造出来时便已经被赋予了。如果按照她的逻辑，似乎可以理解为造这艘船的目的或者使命便是它的灵魂吧！

赵同学接着提出了一个类似的话题："我认为不是，因为你把所有东西都给换了，历史就不一样了。你要是把换完的这艘船给那些不知道的人看，他们一定以为这是新建的船。要是把旧的甲板和腐烂的柱子给那些人看，那些人就会知道这是一艘经过战斗和有历史的船。"他的态度很明确，即历史需要物质表现形式，不过他增加了一个限制条件：那些不了解"特修斯之船"历史的人才需要那些原来的材料。

祖同学对赵同学的说法持有反对意见，说道："这艘船的历史已经发生了，所以改变不了。"但是，刘同学反对了祖同学对历史的定义，说："这艘船的现在也可以称为历史，这艘船以前的历史是古老的，现在的历史是崭新的，所以说历史已经改变了。我们不能否认这艘船过去有打仗的历史，但是它在改变。"显然，这些同学对这艘船的历史到底是否稳定、是否发生变化的理解分歧很大。

四、可能的结论

（一）材料

一、四、五年级的学生都在讨论中提到了材料的变化可能会影响判断，置换木板的数量问题引起学生们普遍的思考。不同的是，大部分一年

级学生认为换过的木板数量超过一半就不是原来的船了，而四、五年级学生对这一问题的理解能够超越实体本身，从非物质的维度来理解，所以有学生认为只要有一点点原有的东西就还可以认为是它本身。

（二）结构

一年级学生特别在意船的外形和样子是否发生变化，他们认定由于修补，船的样子肯定会发生变化，因为用新的木板换掉旧的，看起来肯定会有所不同，就不是原来船的样子了。四年级学生则在确定结构和样子发生变化的基础上，讨论了同一性问题。他们讨论的焦点在于精神是否依附于具体的事物。五年级学生更加重视在外形和结构之上的船的本质、内涵、灵魂和历史等问题。

（三）时间连续性和空间一致性

一年级学生由于受到思维和表达的限制，只有一名学生模糊地意识到新的战船根本就不能再是古老的战船，因为它没有两千年的历史。四年级的学生则特别关注"时间"这一因素在同一性问题中所起的作用。通过班级同学从四岁长大到现在的例子，有学生清晰地认识到用旧细胞造出来的那个姜同学，虽然样子是她的样子，用的也是她的细胞，但是缺少自然的那种循环。五年级学生的讨论则更侧重于时间的连续性和空间的一致性。他们对历史的概念、本质、是否需要物质表现形式、历史的转变等都进行了较为深入的讨论。

（四）充满创造力和禅意的表达

三个年级的学生在讨论中都自发地使用了讲道理、举例子、类比推理等思考问题的方法，其中有很多充满创造力和禅意的表达，如，一年级学生试图用上厕所前后的自己来说明男孩依然还是男孩，用打仗中以少胜多的例子来说明数量多不一定有意义，等等。

本次的儿童哲学课是对同一性问题的讨论，可以非常明显地感觉到儿童是哲学家，仅仅把儿童想象成白纸，显然是低估了儿童。作为教师，尊重儿童的率性思考，儿童的表现可能是令人意想不到的。

［本文原载于《上海教育科研》，2018 年第 1 期］（于伟 刘丹 孙千卉 李维奇）

191

儿童是哲学家

——关于儿童哲学的一些思考和讨论

学校号召大家阅读马修斯的儿童哲学三部曲，这其实不仅是读三本书的问题。我提出的"率性教育"理念里面，一个很重要的判断就是"儿童是哲学家"，而且这个判断和天性有着重要的关联。下面就马修斯的三本书、老师们阅读中的问题谈谈我的看法。

一、为什么要读马修斯写的这三本书？

有的老师可能说，我当这么多年的老师了，孩子这点儿事我还不清楚吗？课堂那点儿事我还不明白吗？事实并不一定如此。有一句诗是"不识庐山真面目，只缘身在此山中"，这与我们很多老师目前的情况相似。比如说，马修斯写这三本书，他谈到的事或许你就没注意，或者你看到了也没有引起你足够的反思。为什么呢？就是我们过去没有这么想问题，或者说过去我们很少从儿童是哲学家的角度来思考这个问题。我们不读这三本书，可能我们对儿童哲学的问题，包括类似的现象，看到了有时候可能也未必发现，发现了理解起来也未必自觉，自觉了也未必很深刻。读这三本书，可以了解马修斯的这种将近50年的探索，可以给我们提供一个观察、分析的框架。

还有一句诗为"汝果欲学诗，功夫在诗外"，这实际上可以引用到我们的教育教学改革如何进行上来。我们关注课堂，关注本学科，关注教科书，关注教参，这无疑都是对的。但是，也要适当地抬起头看一看，看一看这些理论，或许我们对课堂的观察角度、境界就不一样了。所以，我又想到了杜甫的这句诗："会当凌绝顶，一览众山小。"可能孩子还是那个孩子，但当你有了不同的境界和视角，再观察的时候可能就不一样了。比如，孩子们再提关于死亡的问题，关于德行的问题，关于时间的问题，可能你就会有了这种准备和应对的经验和技巧。

二、什么是哲学？什么是哲学问题？怎么看待儿童是哲学家？

有几位老师提到，在没有读这本书之前就在想："儿童是哲学家吗？

儿童有哲学吗？儿童能提出哲学问题吗？"其实，对这些问题学术界是有争论的。有些人认为儿童是哲学家，因为儿童能够从他有限的、比较简单的经历里面，凭直觉或者凭感悟，不是凭借系统、完整的逻辑推理就提出一个富有哲学性的问题。比如，马修斯给出一个案例，有的孩子会问："有一艘古老的船，经过大量的维修，属于两百年前的板子总共就那么两块。那么，维修过的这艘船还是不是那艘古老的船呢？"看似简单的问题，其实是一个同一性的问题。孩子们每天提出不少的问题，但并不是所有的问题都是哲学问题，其中只有一部分是哲学问题，更多的问题都是常识性的问题、生活中的问题或者是科学问题。比如，天为什么是蓝的？这就不一定是哲学问题。再如，为什么一小时有六十分钟？这也不是哲学问题。但是，什么叫时间？这就是哲学问题，是根本性的问题。孩子们大概能经常提出来这样的问题，不一定每天都提出来，也不一定人人都能提出来，但的确能提出来这样的问题。

而对于儿童是"哲学家"，我想这个"哲学家"应该是带引号的，显然和杜威、罗素等成人哲学家是有区别的，区别在于罗素和杜威的哲学是体系化、理性化、概念化和系统化的哲学，而孩子的哲学不是系统化的，更不是成体系的。

我认为哲学来自于人类对世界的惊奇和困惑，那么，孩子们会提出哪些类哲学问题或者哲学问题都有哪几类呢？一般来讲，哲学问题有这么几大类，我们如果有这个框架就可以判断孩子们提的哪些问题是哲学问题。

第一类是形而上学的问题。比如，世界的本质是什么呢？身和心可以分开吗？怎么看待知和行？这就不是一般的常识问题了，是一种形而上学的问题。

第二类是认识论的问题。这类问题事实上是怎么认识这个世界，怎么认识我们自己的问题。比如，认识论中会出现这样的问题，就是怎么能证明我看到的这支笔就是这支笔呢？像这样的问题就不是一般的哲学问题了。还有就是怎么能证明我看到的这个世界就是这个世界本身呢？这样的问题不好回答。因为哲学问题往往没有唯一的答案，所以，哲学就意味着争论不休，哲学就意味着开放和自由。

第三类就是价值论的问题。什么是善？什么是恶？包括孩子们有时候提到的平等、自由这样的一些根本性问题，都是价值论的问题。还有一类问题，是自我同一性问题。有孩子会问："我现在和 6 岁相比有那么大变化，我 6 岁时 110cm，我现在 160cm，那我还是不是以前的我呢？"看似简单，但是它是一个自我同一性的大问题。

三、李普曼与马修斯的哲学有何区别？

刚才有好几位老师提到了李普曼和马修斯的区别，我想在这里指出一下，李普曼讲的是教儿童哲学，教儿童学哲学，而马修斯讲的是如何让孩子做哲学。这不是一个概念。马修斯说的是如何在孩子们做哲学中去观察、研究，李普曼说的是如何通过教材、通过课程让儿童学会推理，这是两个不同的角度。另外，马修斯重视对话、讨论在培养孩子形成哲学思维方面的作用，他认为讨论和对话适合做哲学。我认为对话和讨论符合哲学的本质，也符合现在我们新课改的实际。但是，新课改没有从哲学意义上来谈这个事，它更多地从教学改革的效果、从师生关系角度等方面来谈的。如果从哲学的本质来谈，从儿童哲学角度来谈，我认为强调讨论和对话是有充足理由的。马修斯也好，李普曼也好，他们多坐在书斋里研究儿童哲学，而我们学校的优势是我们不仅可以学习理论，还可以在"田野"里直接看孩子如何做哲学。我们可以探索一下，如何借鉴马修斯的框架创造性地来改进我们的课堂教学，增加教学中的对话、沉思，提升学生的思维品质。

四、为什么要向儿童学习？

刚才我听了老师的发言后很受启示，我认为我们都不是上帝，我们没有绝对的权利，只有相对的权利，在思想上都只有有限的权利，所以，教师要反思我们的优越感。总体看，教师和孩子比，成人和孩子比，还是有优越感的。就像我们和动物比，这个优越感是客观存在的。但是，如果我们不反思我们的优越感，就不可能真正实现与学生的平等交流。在这里我想指出的是，我们的确要有"向儿童学习"这样的观念。有人可能会说，儿童有什么可学的呢？我想一个成人，就拿我来说，和一个 7 岁的儿童比，大概我接受了 40 多年的教育，并在这 40 多年中获得了很多很多。但是，你也失去了很多很多，而孩子身上恰恰有我这几十年失去的，比如纯真、天真、想象。孩子们的想象力是非常丰富的，它没有那么多的条条框框。如果限制多了，想象力就没有了。为什么孩子喜欢童话、神话？因为那里面的人是自由自在的，而这实际也反映了人都有自由的梦想。刚才有位美术老师说了毕加索的一生，毕加索年轻的时候就能够画拉斐尔的画，但是用了一辈子的时间才大概能接近孩子的那样一个状态。当然，儿童画也不是那么完美的，但确实有值得我们欣赏之处。儿童时代有儿童时代的价值，儿童时代有儿童时代的目的，不能简单地用"幼稚"来否定儿童时代的价值。当然，儿童离不开老师的引导。

五、怎么看待故事？

我们应该怎样看待小学教育中的故事和叙事的魅力？我记得多尔说过，在课程里，不仅需要 science（科学），还需要 story（故事），原来我们忽视了这一条。比如，为什么中国人喜欢听评书呢？因为有悬念啊。我并不是说在我们的课堂教学里科学、理性、循规蹈矩、讲规则不重要，而是除了讲这些外，我们还要重视故事，重视情节，重视细节，甚至重视一点带有悬念的东西，使我们的课堂教学有魅力，让学生有兴趣。所以，通过读这三本书，我们要重新思考、审视我们对童话、对绘本的认识。

六、怎么看待哲学和数学的关系？

哲学与数学有哪些共同之处？

第一，抽象。一提到"数学"和"哲学"这两个词，给人的感觉就是抽象。那什么是抽象呢？有的人说："抽出来像叫抽象。"当然，这种说法类似调侃，但是显然抽象比具体要难多了，抽象意味着一般。个别很好理解，人类的认识往往是从个别到一般的。抽象是数学的特点，也是哲学的特点。

第二，理性。恐怕世界上最理性的莫过于数学。从西方的主流哲学来看，最理性的也莫过于哲学了。当然，也有非主流的，比如尼采，他认为文学就是哲学。

第三，推理和论证。没有推理就不会有数学，没有论证也不会有数学，对哲学也同样如此。文学讲人生，哲学也讲人生，区别在什么地方呢？文学靠形象、故事，哲学靠推理。就像我们熟知的《平凡的世界》，你要写成一篇论文，大概看的人就不多了，但是你写一篇一百多万字的小说，再拍成电视剧就会有许多人看，而这就是形象和抽象，就是文学语言和哲学语言的区别。

第四，建模。其实哲学思想的创新和发展离不开实验室，离不开那种超越性的构想。对于哲学来说，思想性的实验，那个构想就是模型。比如罗尔斯在《正义论》中提出的"正义的两个原则"，包括所谓的乌托邦社会，还有最早的共产主义设想，都属于人类的一种构想，即模型，并且影响了人类社会。另外，还有老子"鸡犬之声相闻，老死不相往来"，十几个字就勾勒出人类的理想社会。

七、如何看待东西方文化的差异？

西方的文化中比较重视概念的系统论证，这从西方主流的哲学中就会看出，如亚里士多德、黑格尔、康德等。在他们的作品中，有的论证一页半还没有写完，这不是翻译的问题，原版也是这样，反映出在西方文化里面，纯粹思辨、论证的特点非常突出。但是，中国人比较注重形象的、简约的直觉。比如，从先秦到近代的作品中很少有长篇大论，细致入微的论证也很少，虽然我们有《墨子》这样的作品，但它与《孟子》《庄子》《老子》比，毕竟不是主流。有人分析后认为这在一定意义上影响了中国科学的发展。虽然中国的技术在世界上有很多的贡献，但是从世界范围内来看，中国在某些方面还是比较弱的，如，在中学课本里以中国人命名的定理就很少。那为什么这样呢？我想一方面原因在于后天的社会化，包括教育、父母、习俗的长期影响。当然，这个教育是广义的。中国的文化对于中国人理性思维的形成，更多的是一种遮蔽作用。我们的文化强调的是服从、听话，久而久之，或许就对我们中国人的逻辑思维产生影响。另一个方面原因就是我们中国缺少宗教传统。宗教一方面对人的精神世界影响很大，对人的物质世界影响也很大，比如，中国、外国的婚礼习俗就存在巨大的区别。因为历史、习俗、信仰等许多因素综合作用，影响了我们的思维方式，所以我们要客观地看待东西方文化的差异。

八、我们课堂实践的效果如何？

关于马修斯的儿童哲学教育实践方式，我们的三个校区，有九位老师分别围绕"同一性""伦理""自由"三个话题，在一年级至六年级尝试上了九节儿童哲学课，进行了基于儿童哲学问题讨论的研究。教师们原生态地记录了儿童讨论的观点，耐心地倾听儿童的提问，在儿童的提问、回答、交流、讨论中理解儿童的认知、思维，理解儿童之问、之思、之学。通过九位老师的探讨，我们可以非常明显地发现，即使一年级的儿童，对哲学问题的探讨同样保持了很好的讨论热情与水准。比如，关于同一性问题的讨论，一年级6岁的儿童都谈及了数量、历史、结构等主要方面。我们的实践探索很好地佐证了"儿童是哲学家"的命题，所以儿童之问、之思、之学的问题，真的需要引起教师的重视，并加以深入研究。

总而言之，希望通过对马修斯作品的研读，可以起到抛砖引玉的效果，可以带动学校所有学科的教师都能关注儿童之问、之思、之学的问题，从而为促进儿童更好地学习做出自己的努力。

［本文原载于《率性教育研究》，2018 年］

AI 与儿童的在

研究"人工智能对我们意味着什么"这个问题符合哲学的本质。当我们对外界习以为常的时候，思想者就要想这个时代对我们意味着什么。我们确实处在一个和传统社会不一样的"风险社会"。担忧、惧怕常常伴随着我们，尽管我们进入到了信息时代，但是担忧、惧怕的心情目前还没有变化。因此，我们也不得不去思考这个问题。刚才，孙周兴教授提到了这样一句话："我们要反抗，即使反抗没有什么用，也要反抗。"加缪（1913—1960）的《西西弗神话》就反映了我们这样的信条。我们做的好多事情，在当时看不出来，而从历史上看就是这样的事情。

一、我记忆中的 AI

曾经的想象和如今的现实有很大差距。在我还小的时候，我在《十万个为什么》的科普著作里第一次知道了计算机。当时，我只知道十进制，所以从书中知道了计算机的二进制之后感到很好奇，但是始终见不到计算机实物。我第一次看到大型计算机是在 2000 年 2 月，在美国华盛顿的博物馆里见到了 1946 年研制的世界上第一台电子管计算机。这台计算机十分庞大。那个时候，我觉得计算机离我们很远，没有想到计算机能这么大程度地改变我们的活的方式、在的方式、学的方式。

现在出现了第五代、第六代计算机，如高速超导计算机、激光计算机、分子计算机、量子计算机、DNA 计算机、神经元计算机、生物计算机等。具有人工智能的新一代计算机，它具有推理、联想、判断、决策、学习等功能。

这些年来思考人工智能与计算机时受到了先贤的影响，我想到了以下几个人：第一位是维纳（1894—1964）。他在 20 世纪 40 年代写的《控制论》对计算机的诞生有着重要影响。第二位是冯·诺伊曼（1903—1957）。他写的《博弈论与经济行为》《计算机与人脑》等书影响深远，对于当前的人工智能技术来说是一个重要的人物。第三位是海德格尔（1889—

1976)。可以说，思考技术问题与人工智能问题是绕不开海德格尔的。他对人类有着深入的思考，就如弗洛伊德（1856－1939），你可以不赞成弗洛伊德的观点，但是你无论如何不能否认他对人性的思考是深刻的。第四位是李泽厚（1930－）。他关于工具本体、心理本体的看法对我有影响。他说过这样的话，人类面临两个威胁，一个是"人可能成为机器"（我们现在确实有往这个方向发展的危险，机器越来越像人，人在一定意义上越来越像机器）；另一个是"人类可能由于不能控制欲望而下降为动物"（如果人类用感觉、身体代替了理性，欲望就会变得没有节制）。第五位是陈元晖（1913－1995）。他是一位了不起的哲学家、心理学家和教育学家。陈元晖在 20 世纪 80 年代就指出"要思考未来问题"，认为中国的新教育学离不开对未来的思考，离不开对科学与技术的思考。最后一位是我的老师王逢贤（1928－2013）。王老师很重视对人工智能与科学技术的思考。他在 20 世纪 90 年代就多次提到"要关注纳米人"。就像刚才吴刚教授说的那个问题——我们有没有可能打一针药水，所有知识经验就都在脑海里了？

二、AI 带给儿童的风险

这个时代对儿童来说意味着什么？人工智能不仅改变人类的生活，也改变儿童的存在状态。如果人们对人的存在、儿童的存在的看法或世界观不变，技术在一定意义上可能意味着越来越沉重的压力，因为我们在一定意义上正在以对待物的方式来对待人类。如果人们只是把儿童看作学习机器，那么这可能不是解放，而是一种异化。这使我想起了海德格尔的经典警示，"将精神曲解为智能，这是决定性的误解。这种智能是单纯的理智，它思索、观察和计算那些事先给出的事物……这种理智是单纯的能巧，是可以训练出的和批量分配的东西。"[1]有些人的思考确实是天才的思考，走在时代前列，比如尼采（1844－1900）。"解蔽贯通并且统治着现代技术……在现代技术中起支配作用的解蔽乃是一种促逼，此种促逼向自然提出蛮横要求，要求自然提供本身能够被开采和贮藏的能量。"[2]从某程度上来说，技术进步可能并不意味着人类解放（包括儿童解放）。

国内外有许多关于未来学校的畅想，比如以儿童的需求为中心、精准的数字画像、个体最优等。但是，未来的学校不一定是"儿童的乐园"。如果没有正确的理念来指引技术，那么技术对儿童来说就可能是强迫、占有。在人工智能时代，大数据在儿童评价、教师教学评价等方面的应用确实提高了成绩和效率，但是否提升了人的尊严和幸福感呢？是否有助于儿童天性的发展呢？人工智能和技术对儿童的自然天性，如好动、好问、好探究、模仿（孙周兴教授提出），也有可能是威胁。

三、与儿童共在

现在有一个很时髦的词——不忘初心。在超级人工智能即将到来的时代，我们是谁？今天，孙周兴教授提出，人类的样式和状态有三种，即"自然人""理论人"和"技术人"。如果我们不再是"自然人"了，我们又是谁？此外，我们也要追问"从哪里来""到哪里去"的问题。逻辑、理性、科学、技术、哲学从哪里来？要到哪里去？海德格尔强调要回到思想的"第一开端"去思存在之意义[3]75，什么是思想之开端处？孙周兴教授在述评海德格尔后期思想时写道，"思想不是'成品'，不是'学究的事体'……对思之事情来说，重要的是'道路'……要上路，要'在途中'，而'在途中'的思想家的思想就是道路"[3]2，"返回乃思想道路的特性"[3]3。因此，我们需要经常思考"我们从哪里来"这一问题。这并非是一定要回去，而是因为如果不回溯，就更难预测未来。我非常喜欢海德格尔《林中路》中的一句话："林乃树林的古名。林中有路，这些路多半突然断绝在杳无人迹处。这些路叫作林中路，每条路各自延展，但在同一林中……林业工和护林人识得这些路。他们懂得什么叫作在林中路上。"我们在这个星球上相当于在一个林子里，谁能对人、对未来更理解呢？我想是"护林工人"，因为他们长期工作于此。由此，我想到童年的"在与不在"。我们经常听到父母对孩子讲："你们吃得好，住得好，穿得好，为什么还不知足？"实际上，家长认为的好不一定等于孩子认为的好。

有人说，孩子走路就像女人逛商场，逛来逛去花了许多时间也不买；大人走路像男人逛商场，花很少时间直奔主题。逛街是一个过程，现在的家长很像逛街的男人，只看重结果不注重过程。因此，在成人眼里，儿童好多行为都不应该存在，例如玩耍……所以从海德格尔的思想出发来看童年的"在与不在"是一件很有意义的事情。

前段时间我有幸听了我国台湾著名学者熊秉真教授的讲座"又见童年"。她在18岁的时候就在思考中国的孩子如何玩耍嬉戏、如何喂养、如何成长。现在，我也在思考这个问题。我在东北师范大学附属小学提出"率性教育"思想。"率性教育"的重要目的就是保护天性，让童年离孩子更近一点。我希望让学生在小学的6年中体验什么是童年，什么是快乐。

我提出"率性教育"也受《中庸》"天命之谓性,率性之谓道,修道之谓教"的影响。海德格尔也提出"天、地、人、神",即苍天大地给人的一切不是数学主义的结果,也不是物理主义的结果,教育要遵循"天、地、人、神"的赋予——青少年身心发展的规律特点。不要小看小孩子,"小孩不小",孩子的历史与人类的历史、与生命的历史一样悠长。如果说人类的历史有 300 万年,那么在当今的小孩子身上至少承载着 15 万代的基因与经验。

人和机器的区别在于人有创造性。儿童是小小哲学家。下面这些是三年级的科学课上孩子们提出来的问题:"蜗牛脸上有表情吗?""蜗牛会交朋友吗?""蜗牛会做人的事情吗?"有这样想法的是孩子,有这样想法的童年才是真正的童年。赵汀阳说:"一成不变是机器,始终万变是精神错乱,变化而不变才是人。"熊秉真教授也提出:"孩子们的求知年纪每过 100 年提前 1 岁,求知的时间越来越提前就意味着幸福的童年越来越少。"我们要培养儿童与世界交互的变通力与智慧,丰盈儿童的精神与情感世界,重视儿童与他者的共在体验。我们需要保护孩子的童心,少点结果主义、考试主义。愿我们与儿童在一起,愿我们对儿童关心、关爱。

参考文献

[1] 海德格尔. 形而上学导论 [M]. 王庆节,译. 北京:商务印书馆,2017:55.

[2] 海德格尔. 演讲与论文集 [M]. 孙周兴,译. 北京:商务印书馆,2018:15.

[3] 孙周兴. 说不可说之神秘:海德格尔后期思想研究 [M]. 上海:生活·读书·新知上海三联书店,1995.

[本文系 2019 年 12 月 14 日在徐州教育哲学论坛上的发言摘要]

儿童自然·类存在与教育

一、儿童是自然·类存在物

（一）教育的起点：人的先天本能

"人直接地是自然存在物。人作为自然存在物，而且作为有生命的自然存在物，一方面具有自然、力生命力，是能动的自然存在物；这些力量作为天赋和才能、作为欲望存在于人身上。"① 儿童具有先天的本能，想象、好奇心、好动、爱游戏、爱学习等都是人的天性，且儿童的成长发展受自然规律的制约。"人作为自然的、肉体的、感性的、对象性的存在物，同动植物一样，是受动的、受制约的和受限制的存在物。"

教育只有以儿童的内在感觉为基础才能激发儿童的本质力量。"人不仅仅是自然存在物，而且是人的自然存在物，就是说，是自为地存在着的存在物，因而是类存在物。他必须既在自己的存在中又在自己的知识中确证并表现自身。""只有音乐才激起人的音乐感。对于没有音乐感的耳朵来说，即使最美的音乐也毫无意义。就是说，它只能像我的本质力量作为一种主体能力自为地存在着那样才对我而存在，因为任何一个对象对我的意义（它只是对那个与它相适应的感觉来说才有意义）恰好都以我的感觉所及的程度为限。"

因此，教育应该尊重儿童身心发展规律，合乎儿童自身发展所体现的自然意志和自然规律。也就是说，儿童教育应当是合规律、合目的的。

（二）教育的过程：自然的人化

应通过教育使儿童在"自然"规定的基础上更大程度上具有"人"的

---

① 本文的引文全部引自王祝辰《动的教学法之尝试》。

本质。"人对人的直接的、自然的、必然的关系是男人对妇女的关系。在这种自然的类关系中，人对自然的关系直接就是人对人的关系，正像人对人的关系直接就是人对自然的关系一样，就是他自己的自然的规定。因此，这种关系通过感性的形式，作为一种显而易见的事实，表现出人的本质在何种程度上对人来说成为自然，或者自然在何种程度上成为人具有的人的本质。因此，从这种关系就可以判断人的文化教养程度。"

应通过教育为儿童提供丰富的对象以使儿童的本质力量得以表现和确证。这是因为"人的感觉、感觉的人性，都是由于它的对象的存在，由于人化的自然界，才产生出来的"。

"只是由于人的本质客观地展开的丰富性，主体的、人的感性的丰富性，如有音乐感的耳朵、能感受形式美的眼睛等，总之那些能成为人的感觉即确证自己是人的本质力量的感觉才一部分地发展起来，一部分地产生出来。"

（三）教育的终极价值：人的自然化

"异化劳动把自主活动、自由活动贬低为手段，也就把人的类生活变成维持人的肉体生存的手段。"异化教育使教育成为人的功利性手段，个人生活取代成为终极目的，这是对人的异化。教育的最终目的要实现人的"自然化"。

二、教育的应答与"率性教育"的由来

（一）教育要遵守类存在的规定——保护天性

整个小学阶段，6～12岁儿童正处于人的天性发展及个性意蕴不断增加、拓展的形塑时期。保护儿童的天性在小学阶段就显得尤其重要。"率性教育"强调成人应抛弃优越感，将儿童视为有智慧、思想、精神世界、主体能量的主体，尊重儿童类存在的规定。一方面，不能简单化地把儿童当成"知识的仓库""一张白纸"，不能简单化地把教育理解成将知识"搬入仓库""画上白纸"；另一方面，应尊重儿童的成长过程，为儿童提供他们喜欢的"慢步调自由空间"，远离"一刀切"、"完美主义命令规训"和"揠苗助长"，更多的是引导、鼓励、支持。

同时，儿童是类存在物，是自由而有意识的存在物。"一个种的整体特性、种的类特性就在于生命活动的性质，而自由的有意识的活动恰恰就

是人的类特性。""正是在改造对象的世界中，人才真正地证明自己是类存在物。这种生产是人的能动的类生活。"

"儿童有动的本能，活泼好动是儿童的天性……我辈从事教育者，便应当顺应或利用儿童这种自动力。"[1]正视儿童这种"动"的本能，通过提供自由活动的空间，促使儿童释放活泼好动的天性，才能让教育真正走近儿童，复归童年！

（二）教育要使儿童在对象性关系中确证自己——尊重个性

儿童的生理、心理、学习方式和环境背景等方面存在差异。不同社会背景下的儿童对知识的理解程度、接受能力不同，正如"五官感觉的形成是迄今为止全部世界历史的产物。对于一个挨饿的人来说并不存在人的食物形式，面只有作为食物的抽象存在；食物同样可能具有最粗糙的形式，而且不能说这种进食活动与动物的进食活动有什么不同。忧心忡忡的、贫穷的人对最美的景色没有什么感觉，经营矿物的商人只看到矿物的商业价值，而看不到矿物的美和独特性"。

"为了创造同人的本质和自然界的本质的全部丰富性相适应的人的感觉……人的本质的对象化都是必要的。"这就要求学校的管理方式、教育教学评价方式要打破整齐划一，要严而有度，不能对学生苛求；教育要真正尊重儿童的个性，充分意识到儿童在兴趣、需要、意志品质等方面的差异和丰富性；学校所组织的教育活动，要尽可能地发现差异、利用差异，为儿童的个性健康发展提供空间、搭建平台，提供丰富的选择，办出最适合儿童发展的教育。

（三）教育要使儿童实现真正的存在——培养社会性

儿童的社会存在是真正的类存在，"不论是生产本身中人的活动的交换，还是人的产品的交换，其意义都相当于类活动和类精神——它们的现实的、有意识的真正的存在是社会的活动和社会的享受。因为人的本质是人的真正的社会联系，所以人在积极实现自己本质的过程中创造社会联系、社会本质，而社会本质不是一种同单个人相对立的抽象的一般的力量，而是每一个单个人的本质，是他自己的活动，是他自己的生活、他自己的享受、自己的财富"。

"有没有这种社会联系，是不以人为转移的，但不承认自己是人，因而不按人的方式来组织世界，以异化的形式出现。"教育要承认并发展儿童身上的社会性，促使儿童实现真正的存在。率性教育在促进儿童知识技能的习得、行为规范的养成以及价值观念的形成过程中，秉承着"为学生未来成为合格公民奠定基础"的价值定位，培养儿童自主精神、合作态度、规则意识和责任观念，为成为新时代德智体美劳全面发展的一代新人厚植基本素养。

［本文系 2019 年 11 月 17 日在华南师范大学举办的第三届批判教育学国际研讨会上的发言提要中的一部分］

从儿童哲学到率性教育

——《儿童精神哲学》阅读札记

儿童哲学是教育基本理论，也是教育哲学的前沿领域。儿童哲学作为学科出现在世界上大概不到六十年，在大陆不超过四十年。《儿童精神哲学》（1999）是华东师范大学刘晓东教授的重要作品，是新时期我国教育哲学和儿童哲学领域的一部力作，在我国儿童哲学研究方面填补了空白。现在看来，这本书经受住了时间的检验。《儿童精神哲学》这本书一半内容是他的博士论文，完成于1995年；另一半内容是后来补充的。第一次知道刘晓东及其著作是在20多年前听我的老师王逢贤教授讲的。1995年5月16日，王先生主持了刘晓东的博士论文答辩会。从那时起到现在，我一直在读这本书。可以这样说，刘晓东的儿童哲学思想对后来我提出"率性教育"起了重要作用。自2016年以来，刘晓东教授多次应邀到东北师范大学附属小学做学术报告，我与附小全体老师也一直在阅读刘晓东教授的《儿童精神哲学》，以下主要是我阅读该书序言、第一章、第二章三部分的体会。

一、秉要执本——书中突出的主题词

整本著作刘晓东教授（以下简称晓东教授）关注的是儿童的梦想、儿童的想象、儿童的认识、儿童的科学、儿童的伦理、儿童的审美以及儿童喜欢的游戏、童话、神话、童谣。我常说的"儿童是哲学家，儿童是艺术家，儿童是梦想家"主要是来自晓东教授。在来东北师范大学附属小学（以下简称附小）工作的十多年前，我就一直讲这三句话，是"率性教育"的重要思想来源。

晓东教授在著作中提到了大概46个主题词，体会比较深的有六个：

（一）儿童哲学

"由于求知是人类的天性，所以从根本上说，儿童的哲学是儿童的一种天性。"[1]92晓东教授为研究儿童哲学提供了四个理由：有助于认识哲学发生、发展的面貌；有助于了解儿童的精神世界，关心儿童的精神生活；为寻找培养儿童哲学思维的方法开辟了广阔前景；童心可鉴。[1]111-114 马克思在《〈政治经济学批判〉导言》中指出，一个人不能再变成儿童，否则就变得稚气了。但是，儿童的天真不使他感到愉快吗？他自己不该努力在一个更高的阶梯上把自己的真实再现出来吗？我们很难想象这是马克思的话，但这确实是他说的，我特意买来原本验证，原本里有这样一段话："他自己不该努力在一个更高程度上使儿童的淳朴本质再现吗？他固有的淳朴性格不是在儿童的本质上，在任何时期都复活着吗？人类最美丽的发展着的人类史之童年为什么不该作为一去不返的阶段而永远发生吸引力呢？有教养不良的儿童，有懂事太早的儿童，古代民族中，有许多属于这一类的。希腊人是正常的儿童，他们的艺术对我们所产生的那种强烈的吸引力跟他们生长所依据的不发达的社会阶段并不矛盾。"[2]

讲到儿童哲学时，晓东教授多次引用雅斯贝尔斯的《智慧之路》的第一章。这本书的英文版于 1954 年出版，中文版于 1988 年出版，也算是"儿童哲学"这个词进入中国的一个标志。雅斯贝尔斯是一位大哲学家，写过教育方面的书，如《大学理念》《什么是教育》等等。他在《智慧之路》中写道："任何愿意收集这些故事的人，完全可能编成一部儿童哲学专著。"[3] 这些故事就是儿童的故事。晓东教授认为，"每个人都有自己的哲学，每个人都必须完成自己的哲学创造"，"我们可以从孩子们提出的各类问题中意外地发现人类在哲学方面拥有的内在禀赋"[1]97。实际上，这也承认了孩子是哲学家。有孩子会问："我手指甲剪了，为什么我还是我？""我今天头发掉了八根，我为什么还是我呢？"显然，孩子意识到了问题是很重要的，结论性的答案是永无可能的。

晓东教授认为，求知就是对世界充满强烈的好奇和探究的欲望，甚至是一种不可控制的痴迷状态。儿童由于对外部世界感到惊奇，往往会向成人提出一些问题。"儿童的提问反映了他在智力上应付外部世界的渴求。"[1]93说到底，如果我们从生存的角度来看，儿童之问就是生存的需要；从功利角度看，这就是最大的功利。孩子为什么要摸、要碰、要探索、要问？从根本上讲，是他们生存的需要。或者说，是来自于本能的需要，否则他们难以生存，但是有的时候我们忘记了这也是最大的功利。所以，小孩有时候自己也不知道自己为什么要问，但我们从生物进化论的角度可以解释儿童之问、儿童之思、儿童之行。

在书中，晓东教授对哲学做了大量解读，从古希腊讲到当代。他比较早地谈了儿童哲学问题，现在我们都把它变成了四个字的名词，而晓东教授那时候用的还是"儿童的哲学"。他专门用了几十页的篇幅讨论了很多问题，如：哲学是不是仅仅属于成人？是不是充满理性、逻辑论证精神的就是哲学，其他的就不是？怎么看待儿童的哲学思考？儿童有没有哲学？儿童有没有资格当哲学家？这是我看到的我国最早谈论这些问题的著作。这本书是 1999 年出版的，但晓东教授是在 1995 年提交博士论文（本书之主体部分）时就有了系统的思考。

（二）本性

"本性"是重要的主题词。人的本性是什么？儿童的本性是什么？晓东教授深受几个学科影响，一是心理学，尤其是精神分析学派。二是生物学，书中大量引用生物学著作，包括胚胎学、古生物学等。这是我非常感兴趣的。我到附小的这几年，特别感兴趣的就是进化论。我有十几部达尔文的著作，以中文为主，也有英文的。要研究人的本性，要"刨"到细胞，"刨"到生物，从植物到动物然后到人，从这个链条来看对人的理解就不一样了。"如果想了解人，就必须洞察人类基因型的活动和人类的基因库。"[4] 所以，我一直说我们要想象一个孩子身上承载着 15 万代人类的基因和经验，这与晓东教授的想法是不谋而合的。

书中还提到原始意象、种族发育根源的碎片、原始遗留物、原始遗产。提出和剖析"原始遗留物"和"原型"等概念是以弗洛伊德和荣格为代表的精神分析学派为人类认识自己做出的一大贡献。除了经验外，"人还存在着'原始遗产'。这是一种原始的知识，是出生时就携带的'种族发育根源的碎片'"[5]。从古希腊到现在，我们一直在思考"我是谁"。"认识自己"的道路还相当长，所以即使"原始遗留物"和"原型"不是很严谨和明确的概念，但我们可以把它作为很好的解释工具，即如何认识自己、认识精神世界的工具。如今，生物学、遗传学等学科的发展，特别是 DNA 技术使我们相信原始遗留物的存在。有专家提出"表观遗传学"，我们有些遗传的机能是需要表达的。比如说，小孩儿一岁可以走路，但我们不提供走路的机会，他可能就不会走了。这些都属于原始遗留物的一部分。

可以夸张地说，甚至一条鱼或者一个草履虫的某些基因可能都在孩子身上有所体现。我们有时候对儿童不理解，其实是对生物的历史不理解。所以，向儿童学习，实际是向整个生物历史学习。这句话非常重要，我很赞成。叶澜老师有一篇文章——《溯源开来：寻回现代教育丢失的自然之维》，指出我们教育研究忽略的一个重要方面就是自然。我们看待人之本性、儿童之本性，既要看到所谓人的神性，还要看到人的生物性，甚至包括野性。

本能是天性的重要部分，本能有时候是控制不了的，需经过长期练习才能控制。成人可以控制得比较好，

（三）先验

先验就是先于个体经验。先验是在基因里有的，在适当的时候能够表现出来，而不是后天学到的。康德认为，人有先天的认识能力，这属于先验的范畴。先验是指先于经验，先于个体经验，但不是先于人类经验。先验怎么先也先不过基因，先不过历史和人类。人在认识过程中，用先验的认识能力去加工整理后天的感觉经验，这才是带有普遍性、必然性的科学知识。考古专家苏秉琦在考古过程中运用娴熟的手感进行考古研究。我们一般认为考古用眼睛，他不仅用眼睛看，还用手摸。老师也是这样，要依靠感知觉去了解孩子。皮亚杰深受康德影响，提出了几个概念，即图式、自我中心状态、平衡、直觉。皮亚杰对自我中心的解释是，孩子以自己为中心，不采纳别人的观点。直觉是关于物理实体的判断，是根据知觉而不是根据推论做出来的。图式是人的认识功能长期演化的结果。皮亚杰提出的儿童发展阶段论就是说儿童在什么阶段就应该具有一定的能力，这个能力是先天的。

人具有先验的知识。本能就带有先验性。我们很多生理行为都具有先验性，比如眨眼睛、会翻身、会爬等，这些不是后天别人教的，基因里就有这样的密码，有适当条件就展现出来。小孩到一定阶段自然会说话，但动物再教也不会，因为没有这种基因。"身体所具有的一些不学而能的本能'智慧'本身，就是人的精神系统中的部分内容。"[1]5 实际上，先验和整个生物的历史有关系，是整个生物进化的大全。"童年是生命进化史的浓缩，而这生命进化史是一条浓缩的悠长的神秘的河流。"[1]52 这条河长到什么程度呢？其实我十几年前读这本书时缺少感悟，现在我读了关于进化心理学的书之后就有感受了。在人身上流淌着什么样的信息？在无数个基因里承载着父辈的信息、祖先的基因。这是第一部分，是大家都知道的。第二个就是人类几百万年积累的经验和基因。

先验的东西是经验的基础，也是先决条件。任何先验的东西都是经验

积淀的结果。"与生俱来的'精神器官'是在漫长的进化过程中形成的，是历代祖先经验的活的沉积。历代祖先面对普遍的问题和典型情境所采取的共同的策略和反应，会沉淀为先验的知识。这种先验的知识是生物性的知识，是经验变成了先验，是'道成肉身'。"[1]5 对于人类来说，经验成先验。对于个体来说，没有经历的都可以叫先验。为什么小学、幼儿园这么强调体验、经验、活动、操作呢？因为对于孩子来说，先天的很多本能不经过体验的过程，就落不了地或者显现得不充分。开放的建构主义认为，"从人类的进化来看一切知识都是建构的，但从个体发生来看，外部环境的某种简单的刺激，一旦与个体因成熟而觉醒了的某一特定系列的先验知识或生物学潜能的某一点相遇或构建，可能会导致一系列的先验知识或生物学潜能的现实表达"[1]6。就像小孩，有走路的本能，但是如果从来不让他走，他可能就不会走。像说话一样，人生来是可以说话的，有先验的器官，但是如果不接触有声音的环境，没有和别人交流的机会，大概就不会说话了。

（四）复演

复演是很重要的主题词。"由于一切高等动植物的胚胎发育都是从一个受精卵开始的，这说明高等生物起源于低等的单细胞生物，所以个体的发生是生命进化过程的简略重演。"[1]59 0 岁到 12 岁孩子的身上浓缩了整个生物界的历史。"较高级认识的发生要简略地重演较低级认识的发生过程，较低级的认识形态是较高级形态认识孕育的土壤和存在的基础。"[1]59 虽然这个观点也有争议，但是晓东教授极力倡导这一观点，因为至少它是有重要解释力的假说，包括他后来提出的"幼态持续"也是一个重要观点。就是说，小孩如果懂事太早，发展速度太快，很早就小学化、中学化、大学化，看起来比别人学得好、成绩高、发展快，但是容易有后患。

（五）集体无意识

这本书中大量引用荣格的著作。集体无意识、原型都是荣格的思想。集体无意识是生物长期积累的、自己意识不到的。荣格的《原型与集体无意识》有助于大家理解人，理解精神分析，理解人的精神世界以及人的原始遗产。集体无意识就是原始遗产，是上亿年来作为先天的文化财产传递下来的。以儿童绘画为例，儿童画的魅力就在于涂鸦，涂鸦过程中就存在集体无意识。比如，我们观察三百年、五百年来孩子们的画，看哪些是共同的。我们观察同年龄的孩子画一百个题材的画，看哪些是共同的，看孩子们的臆想和想象，什么是一样的，什么是不一样的。如果他们没有商量，也不是老师教的，但都画出了相同或近似图案，那就说明一些问题了。我们过去讲原型分析，其实最大的原型就是基因和经验。我们需要以这样的思路来研究儿童。只有脑子里有这些丰富的信息，看到一个孩子时才会看到背后更多的东西。荣格看到的也是我们在生活中会看到的，但是他做了深入的分析，包括对图案的分析、对绘画的分析。他的分析可能会存在不足甚至错误，但是肯定会给我们带来启发，因为他的分析常常超乎我们的想象。原型在神话里能看出来，在小孩的绘画里能看出来，在老太太的剪纸里能看出来。孩子今天画的画，未必是今天看到的，也未必是昨天老师教的，可能是几百万年积累下来的，用李泽厚的话说是"积淀"下来的。所以，小孩不小，是我们把孩子看小了，如果把儿童看大，我们自己就大了。所以，率性教育提出了"保护天性"。

（六）童话、神话

我们鲜少研究神话与教育、宗教与教育。事实上，教育的起源与神话有关，宗教和教育的关系的历史也相当悠久。现代社会讲立德树人，如果世界上只有一个或几个个体，人不可能成己成人，立德树人也就无从谈起。个体需要追求意义，这是人和动物的重要区别。人生来就属于某个共同体、某个族群，所以立德树人的第一要务就是为家族、为民族。

我们很少从教育基本理论的角度研究童话和民谣。我们研究比较多的是课堂、教学、合作，研究如何有效学习、如何深度学习。但是，我们也可以换一种思路，因为还有很多值得研究的话题。比如民间故事，尤其是流传几百年的民间故事。再如民谣，民谣能反映什么？说明什么？它和教育有什么关系？其实，民谣的传播过程就是教育的过程，不要把教育局限在学校教育，学校教育只占人一生中的一小部分。人从出生开始接受最多的是家庭教育、社会教育以及自我教育，然后才是制度化的学校教育。所以，我们要打开思路，研究民谣等。童话、神话、童谣、儿歌是语文老师尤其要注意研究的，研究它们在语文教学中的地位。我们理解童话、寓言可能更多的是从教育意义上理解的。它们都有一个重要的作用，那就是"教化"：如何使人向善。附小学生总结过童话故事里一定有一个坏人和一个好人，好人开始比较"傻"，会受欺负，后来出现一个神仙来帮助他，坏人最后会受到惩罚。这算是童话的基本模式。心理学家平克写过一本书叫《人性中的善良天使》，如果人类可能变得越来越善良的话，一定是和教化作用分不开的。人很复杂，儿童也不简单。我们需要用大家都熟悉的自然科学方法来研究，包括问卷调查法和实验法等等，但也不能忽视质化研究的方法。

这本书中提到了类精神、类生物，提到了种系，这是过去我们研究教育时很少提的。我们观察儿童时仅仅看儿童，没有从家族、从历史角度来看，这就很有局限。内在教师，这是蒙台梭利提出的。率性，1999年晓东教授就关注到了率性，也提到了率真。我认为，率性里应包括遵循率真。

二、抽丝剥茧——感受颇深的八个命题

晓东教授在整本书中涉及了许多问题，需要反复咀嚼，以下是对书中绪言及前两章部分内容感受颇深的八个命题。

第一，"成熟的有智慧的圣人的精神状态是与儿童一致的"[1]1。

晓东教授的书中多次讲到老子。如何看待儿童和成人是一个大观念、大问题。他不仅重视老子，还重视庄子、王阳明等。保护天性实际上是保护纯真、保护率真、保护童心。所以，保护天性是指保护一颗真、纯、朴素的童心。如何看待儿童其实是教育工作的出发点，至少是之一。这涉及我们对儿童是否尊重和承认的问题。如，一年级班主任很重要的是把孩子当孩子，这就涉及我们的信念和耐心。虽然人的忍受力是有限的，但是在不同的信念下忍受的程度是不一样的。作为常人，没有经过训练的人在情急之下都想打孩子、骂孩子？为什么有的控制住了？这不仅仅是本性问题，还是德行问题、信念问题。

"儿童无意中向人们启示着生命的真谛，他们隐喻地向人们诉说着生存的意义。"[1]2大家可以看到小孩子写的诗，那是真实的。有的孩子写的诗不亚于成人，所以不要小看孩子。还有儿童画，有的是家长帮忙画的，有的是孩子自己画的。是不是孩子画的我们很容易就能看出来，出自孩子之手的东西，一定是有泥土芳香的。如，齐白石的画和纯粹学院派画的画就不一样，一比就能看出来。所以，童心不仅对孩子很重要，对我们成人也很重要。

第二，"儿童的精神文化在很大程度上是对过去的文明历史的复演"[1]2。

这一观点在心理学史上好多人提过，也有人反对，而我现在倾向于接

受这个观点。为什么说这个观点重要呢？因为我也有孩子，我也做过孩子，我也见过很多孩子，我也见过很多的父母。如，经常有人说："这个孩子像谁呢？这么奇怪呢？"像的地方不用说了，关键是有不像的地方应该怎么看。一种情况他可能觉得是少数，就像疾病一样，某个病罕见所以觉得奇怪。另一种不奇怪，你一眼看不出来，小孩自己也不知道，不是后天学的，也不是别人教的。哪儿来的呢？基因里面潜在的，就像有的遗传性疾病在一定年龄才显现出来一样。这个观点告诉我们，不要小看孩子，对孩子得有点儿敬畏之心，因为他们是文明的一个缩影。

第三，"任何一个成人都有儿童时代"[1]3。

心理学家霍尔说，儿童是成人之父；人类学家泰勒说，儿童是未来的人的父亲（母亲）。"儿童既是我们的前身，又是我们的未来。"[1]3儿童是研究人的重要渠道。卢梭说："在我看来，人类所有的各种知识中，对我们最有用但是是我们掌握得最少的，即关于人的知识。"[6]我们不妨从研究儿童开始。附小科学老师指导一年级的孩子做一个作业：观察小鸡的鸡爪、翅膀五十天，看看有什么变化。只要指导到位，一年级的孩子是可以做的。这样的事情如果能做十年，到大学本科写研究报告就没有问题。有的学生读到本科或硕士了还是不会写报告，就是因为从小没有经过这样的训练。霍尔是复演论的代表人物，认为"儿童是成人之父"，而这也是晓东教授极为赞成的观点。

第四，"在童年期中，游戏使个体内在的精神潜能逐渐现实化，而教育使外部文化逐渐内化为个体精神层面上的内容。游戏和教育分别从内、外两方面促成个体精神的发育和成长"[1]1。

这句话是有韵味的，没有哲学功底的人说不出这样的话。晓东教授对游戏和教育进行了深刻的阐释，即：游戏和教育为什么重要？游戏和梦想是怎么回事？游戏就是孩子们要释放本能。"游戏是个体自发地对自身潜能的开发活动，是个体处于游离状态的潜意识的活动的外化。"[1]8所以，一所好学校一定是孩子们的梦工厂与乐园，尤其是小学。对于小学生和初中生来说，游戏很重要。为什么教育要数字化、信息化？就是因为它可以使知识变得清晰。比如力的作用、三角形的分类等，用动画一做孩子们马上就能理解了。做成动画，孩子们感觉就不一样，远超过文字描述。"儿童的游戏是跨文化的"，"儿童的游戏又是不断发展的"。[1]8成人不能过度娱乐化，小孩却一定要讲游戏。率性教育讲究这样一个过程，对不同年级学生的培养重点也是不一样的。

第五，"文化的内核是生物的，生物的东西被文化的东西化了妆。文化大厦的根基是这些被其包装与改造的先天禀赋，如果没有这些先验的东西，文化将失去其根本的形式与质料。我们甚至可以说，在一定意义上，文化作为一种普遍的人类现象其本身就是自然的、生物的"[1]3。

有人说，文化显然和生物不一样，怎么说文化是生物的、自然的呢？对此，晓东教授深入到基因上进行分析，"人与一般生物在基因编码系统的开放程度上有很大差异……微生物、植物以及低等动物的 DNA 编码是特异的、封闭的"[1]1。"人类基因系统中的开放性编码系统本身就是普遍的、生物的，而不是文化的。它的运作与表达也要以先天禀赋（先验的东西）为基础，并受其制约。所以，一方面，我们应看到人类的现实存在是文化的；另一方面，我们又应当充分估计到先天禀赋在文化和精神系统中的根基地位。"[1]3乔姆斯基于 20 世纪 50 年代出版的《句法结构》是很重要的一本书。他认为，"知识"减去"经验"剩下的便是"先天结构"的内容。由于知识与经验的内容相差很大，先天结构的内容必然十分丰富。[7]儿童说出的词是哪里来的？显然我们现在要承认，儿童的语言不仅是成人教授的，儿童写出的作品也不都是成人教的，很多都是自己生成的。所以，我们附小现在有过程的归纳教学一个重要的内容就是相信孩子自己能够探索出东西来。

因此，在率性教育里面，天性是一个核心。我提出保护天性，也是这几年来理论与经验积淀的结果。率性教育中的"率性"一词也体现了保护天性这一最重要的方面。如果不去研究陈元晖，不去研究《中庸》，就提不出"率性教育"这一概念。除《中庸》外，《礼记》和《周易》也非常值得关注。只有读懂这些才能读懂中国人，读懂中国教育。《礼记》中讲中国最大的礼是祭礼。为什么要祭？这涉及万物有灵论。古代教育的目的之一就是教育人知天、知地、敬祖上，这就是那个时代的"立德树人"。叶澜老师讲"教天地人事，育生命自觉"。教和育合在一起才是教育，"教天地人事"这五个字继承了中国天地人的历史传统，"育生命自觉"说的是古希腊的"认识你自己"。

"每一个生命个体都有某种天生的机制，即由遗传而与生俱来的机制，因此，无论是对于人还是对于比人低级的动物，其心理活动都不是从'白板'开始的。""'先天'是就其遗传所得而言。它是不依赖于某个个体经验的，我们应当承认'先天'的存在。"[1]3其实，先验和遗传有关系。因此，讲先天，必须有鲜活的体验。我们说先于个体经验，不是先于人类经验。从个体来说是先验的，个体有了先天的经验，才会产生心理活动。"这些遗传信息是进化过程中自然选择的结果，它们是经验的沉积。"[1]3 它是长期生理的和社会的因素作用的结果，是生理经验和社会经验的集合。

第六，"人的身体已与动物的身体产生了根本的区别，其原因在于人的身体或人的肉身具有文化性"[1]344。

过去，我们对"社会性"讲得多，对"文化性"讲得少。人类的精神成长与人的文化性密不可分。"人类的精神成长既有一个由内向外表达的过程，又有一个由外向内浸染（内化）的过程，而且这两个过程又往往交织在一起。所以，人的具有生物性的先验内容在表达过程中往往又受到外部文化的影响而变成文明化的东西。唯理主义重视的是先验外显的过程，经验主义重视的是文化内化和活动内化的过程。"[1]6

实际上，文化性来自于人的社会化，比如人的眼神，远古时代或西方人所说的野蛮人时代，人的眼神和现在是不一样的，那时人的眼睛冒着凶光、野性的光和本能的光。所以，马克思认为五官感受的形成是以往全部世界史的产物。手还是人的手，身体还是人的身体，变化了的是野蛮在减少、残暴在减少、文明的因素总体看在增加。人类为什么需要教育？教育的产生首先就是生存需要，而且是族群的需要，因为没有族群就没有个体。

第七，"儿童发展的较慢速度也许有利于最后更大的进展"[8]。

实际上，附小的很多做法受欧美和日本影响，比如开放式学校、让孩子们接触自然等。这些都是标志，让孩子们亲近自然。日本的操场没有人工草坪，他们认为用人工草坪不环保。孩子就在土地上玩耍，让孩子一个月踩一次泥。人来自于自然，所以适当回归自然也是好事。黑格尔说："在知识领域里，我们看见有许多在从前曾为精神成熟的人们所努力追求的知识现在已经降低为儿童的知识、儿童的练习，甚至成了儿童的游戏。"[9]人类的精神发展过程是一个艰难的过程，比如，在 16 世纪是杰出人物掌握的知识，到了 20 世纪小孩可能就能掌握了。

第八，"主体的认识结构在对外部客体的不断建构中不断复杂化，从而逐渐意识到自身，这便是（自为的）主体的出现"[1]66。

从一般生物认识的进化过程看，原生生物的反应不是被动的而是主动的，是与有机体对周围条件的生物性适切相结合而保证其生存的反应。皮亚杰也认为，生物体是认识主体的起点。人与一般动物的区别在于能否制造工具，"而'认识的认识'或'运算'是在制造工具、使用工具的实践活动中产生的。所以，'运算'或'认识的认识'是人的认识特性"[1]57。

　　自我意识对一个人的认知、情感和人格的发展很重要。自卑，是指一个人对自我认识过低；自傲，是指对自己的认识过高。实际上，影响人发展的一个重要因素就是对自我的评价。一个小孩自我意识发展的重要阶段就是三岁以前，所以古人讲"三岁看大"是有道理的。三岁、六岁、十二岁是重要时期。可以说，男孩的自我意识发展水平要比女孩晚一年半到两年，甚至可能更长时间。所以，男孩自我意识的能力比较弱，对自己的反省能力比较弱，有时事情做错了自己还不知道。人类最重要的是有自我意识以及对认识的省察和解读。

　　儿童的自我意识与主客体关系的区分有关。"儿童最初还不存在任何自我意识，内部世界跟外部现实之间还不存在任何界限。也就是说，在儿童那里，主客体是混沌不分的，像原始人那样'主体和客体完全合并'，儿童的世界观也有类似于原始人的'非二元论'状态。"[1]68能区分主客观、主客体是自我意识发展的一个结果。所以，怎么看待儿童的世界观、儿童如何看待他和世界的关系，确实是值得研究的问题。皮亚杰认为，"认识活动的存在形式存在两极，即 DNA 和思维，在这两极之间可以发现一切中介阶段"[10]。物质的守恒、对称关系的协调、归类的产生、算术运算的构成等使儿童形成了运算系统。[11]所以，到初中阶段后，学生就可以从具体思维、操作思维逐渐过渡到符号思维、形式化思维。

　　皮亚杰提出"儿童中心主义"，就是讲孩子看世界有明显的个人主观性。孩子有自己对世界的解释，有时候想说服孩子不见得是件容易的事。孩子们看上去什么都不懂，但是他们有自己的思考。甚至有的时候他也不是思考，就是一种直觉、感受。有一次，我亲耳听见一位朋友的女孩问爸爸："如果天上有太阳又有月亮会是什么样子呢？""怎么能让我妈再生我一次？""我能不能变成美人鱼？"这类问题很有意思，但是我们成年人很少会想到。小孩子愿意想，很随意也很经常地想。这个小女孩就单纯地觉得美人鱼很好，但她不是，所以她想让妈妈再生她一次，那样她就可以变成美人鱼。这类事情我们听着很好笑，但是她没笑，她很严肃、很认真地问这个问题。如果能把孩子一年里说的问的类似的话记下来将是很有价值的。儿童的认识的形成依赖于这个不以人的意志为转移的客观世界，儿童只有对他从外部世界得到的资料进行推理，才能认识到表面变化背后的永恒性，而这正是成人思维的标志。主体认识的历史实际上是主体与客体相互建构生成的历史，是主客体关系发生变化的历史。[1]66

综上可知，晓东教授学养扎实，著述文本内容丰富，为我们打开了更广阔的儿童精神世界。整理阅读札记的过程是对文本、对实践再反思、重构的过程，但本人水平、时间很有限，谫陋之处在所难免，写作本文的主要目的是略表对《新儿童研究》的助力与企盼，敬请晓东教授及海内方家指正。

参考文献

[1] 刘晓东. 儿童精神哲学 ［M］. 南京：南京师范大学，1999：92.

[2] 中共中央马克思恩格斯列宁斯大林著作编译局. 马克思恩格斯选集：第 2 卷 ［M］. 北京：人民出版社，1972：114.

[3] 雅斯贝尔斯. 智慧之路 ［M］. 柯锦华，译. 北京：中国国际广播出版社，1988：2—3.

[4] 杜赞布斯基. 遗传学与物种起源 ［M］. 谈家桢，译. 北京：科学出版社，1964：285.

[5] 弗洛伊德. 摩西与一神教 ［M］. 李展开，译. 北京：生活·读书·新知三联书店，1989：88—89.

[6] 卢梭. 论人与人之间不平等的起因和基础 ［M］. 李平沤，译. 北京：商务印书馆，2015：35.

[7] 乔姆斯基. 乔姆斯基语言哲学文选 ［M］. 徐烈炯，译. 北京：商务印书馆，1992：101.

[8] 皮亚杰. 皮亚杰发生认识论文选 ［M］. 左任侠，译. 上海：华东师范大学出版社，1991：18.

[9] 黑格尔. 精神现象学：上册 ［M］. 贺麟，译. 北京：商务印书馆，1979：18.

[10] 皮亚杰. 生物学与认识 ［M］. 尚新建，译. 北京：生活·读书·新知三联书店，1989：161.

[11] 皮亚杰. 儿童的心理发展 ［M］. 傅统先，译. 济南：山东教育出版社，1982：65—77.

［2018 年 3—6 月初成，2019 年 7 月 13 日—8 月 19 日补苴］

马修斯儿童哲学的要旨与用境

国内对儿童哲学的质疑从未停止过。有人主张以儿童哲学教育代替儿童哲学，认为所谓儿童的哲学只是教育学者对"儿童哲学"术语神圣性的凸显。[1]儿童哲学中关键概念的开放性和模糊性造成了"因为什么都是儿童哲学，所以什么都不是儿童哲学"的局面。李普曼等人的初衷是通过帮助孩子自发地、批判地、合理地思考将孩子从确定性中解放出来，使他们成为自由的、民主的公民。[2]然而，因为儿童哲学在实践中的工具理性取向，儿童的主体创造和自我价值在教育中被否定了。从这个意义上来说，儿童哲学违背了哲学精神。

一、儿童哲学"工具主义"及其危害

我国的儿童哲学研究从一开始就带有强烈的工具主义色彩。原因如下：一是儿童哲学进入中国时恰逢素质教育的提出。当时，国内正面临着如何提高学生创造力和独立思考能力的困境，对手段和方法的需求十分迫切。二是李普曼儿童哲学的流行。李普曼凭借一套完整的儿童哲学教材成为全世界最受关注的儿童哲学家，而李普曼的儿童哲学受益于杜威的哲学思想，其本身就极具工具主义色彩。它有十分明确的任务，即提高人的思维品质。这一点恰好与中国的时代需求不谋而合。在这两个因素的作用下，国内的儿童哲学具有了工具理性的基调。

虽然大多数学者同意儿童哲学包括儿童的哲学、童年哲学和儿童哲学探究计划三方面[3]，但是已有研究成果表明，儿童哲学探究计划占据了绝对的优势。不仅如此，儿童哲学面临的争议大多集中在儿童的哲学和童年哲学两方面。因此，事实上只有儿童哲学探究计划得到了认可。随着儿童哲学在实践中的展开，尤其当它从一门独立式课程变为融入式课程时，它的工具理性就得到了进一步加强。融入式课程进一步消解了哲学的内容，只剩下所谓的"哲学探讨形式"。至此，儿童哲学的价值变为纯粹的工具性价值。

然而，受到广泛认可的儿童哲学探究计划在实践中推行缓慢，具体表现为：参与学校范围小，实践形式多样化有余，但深度不够；[4] 课程目标模糊，课程实施模式化；[5] 儿童哲学课程与活动课或讨论课混淆不清，效果难以得到证实。有学者将此归结为缺乏统一的儿童哲学机构或部门[6]、教师哲学素养缺乏、"自下而上"的推广方式[7] 以及缺失哲学界参与。事实上，儿童哲学在国内研究遇到的诸多问题正是儿童哲学"工具主义"取向的必然结果。在缺乏对内涵和价值分析的前提下，人们只能以手段代替目的，不断地追求手段的多样化。这种行为实质上跳过了儿童哲学的合理性论证，而直接预设了手段的有效性。这种预设不仅无助于儿童哲学研究的深化，也无法解决教育的实际问题。它直接导致了儿童哲学在实践中看似多样化，但实则混乱的局面。

二、马修斯儿童哲学中被忽略的价值内涵

儿童哲学的困境只有实现了工具理性和价值理性的统一才能得以解决。为此，我们需要重新关注儿童哲学的内涵和价值，厘清儿童哲学的另外两部分，即儿童的哲学和童年哲学。加雷斯·B. 马修斯一直致力于这两方面的研究。

马修斯在国内一直备受关注，他的观点被归纳为"儿童是个哲学家"，提出了童年哲学。在儿童是个哲学家方面，人们认为马修斯通过找出儿童与哲学的内在性而推论出儿童有自己的哲学，所以儿童是哲学家。马修斯与儿童对话的实践被概括为"通过对话来做哲学，群体探究是对话的过程，思考故事是对话的媒介，意义发现是对话的目的"[8]。另一些学者对马修斯儿童哲学的内涵做了进一步分析。他们认为马修斯的儿童哲学重点在于欣赏儿童，"强调成人应该与儿童进行平等的对话，向儿童学习，聆听他们的声音"[9]。儿童的哲学是"儿童对理解世界的最好方式的理性建构"[10]。至于童年哲学方面，则很少有人涉足。事实上，很多人有意避而不谈马修斯的童年哲学。这从侧面反映出人们没有完全理解马修斯儿童哲学的内在逻辑。因此，现有研究成果也自然无法回答下面这样的质疑：所谓儿童的哲学只是儿童心得似的看待自然界、人类社会及思维自身……如果童年哲学成立的话，那是否意味着还有成年哲学、老年哲学等？

现有研究大多集中在描述马修斯的观点是什么、怎么样等，很少有人从学理上分析马修斯为什么提出儿童哲学以及他提出儿童哲学的目的是什么。笔者认为，马修斯儿童哲学最主要的精神内涵是揭示成人对儿童的主

观偏见，批判儿童缺陷观。马修斯提出"儿童是天生的哲学家"的根本目的是，用儿童在"最不可能"的方面表现出的卓越才能来说明现有儿童观念极大地限制了儿童发展的可能性。他想破除成人对儿童的主观偏见，改变人们对学生和教学的看法。在这一点上，马修斯的儿童哲学就超越工具理性走向了工具理性和价值理性的统一。

三、马修斯对儿童认识方法论的批判

像所有哲学家一样，马修斯的哲学开始于对日常概念的反思。在很多成人眼中，儿童和童年的理论属于显而易见的范畴。[11]但是，马修斯认为儿童和童年概念中隐藏着权力关系，它们并不像人们想象的那样客观和公正。儿童哲学的价值就在于揭示这些权力关系，理解现实儿童，并帮助他们实现更多的发展可能性。

（一）理论引导原则的批判

柄谷行人在《日本现代文学的起源》中提出了一个概念——"风景的发现"，指人们将后来加诸客观对象身上的东西视为客观对象本身的性质，并将之视为客观的永恒的真理。儿童就是这样被"发现"的。[12]124马修斯指出，如今人们信奉的童年概念只是一项"现代发明"，它们不仅没有不证自明的真理性，还携带了资本主义的价值偏好。但是，现在的人们将一些经典的儿童理论视为客观的真理，并以儿童适应理论为旨归。

当现实的儿童被对象化、概念化、抽象化的儿童所取代，儿童的存在和现实需要也就被掩盖了。由此看来，儿童如今的生存状况与历史上所谓"儿童的发现"之前并没有本质上的区别，成人只是换了一种更隐晦、更正当的方式将儿童纳入他们的控制之下。因此，马修斯认为儿童哲学必须批判以理论引导原则认识儿童。他借批判发展心理学表达了自己的愿望，认为不要完全让发展心理学决定我们对孩子的认识以及我们和孩子的交往。成人应该学着聆听孩子们的声音，和他们一起"做哲学"，超越童年缺陷概念，给予他们、我们自己以及我们的关系一个开放的未来。如果说对理论引导原则的批判是对儿童与成人权力关系的揭示，那么对权威理论本身的批判则显示了儿童发展的可能性是如何由于理论自身的缺陷而被否定的。

（二）认知发展理论的批判

马修斯认为，当今儿童面临最大的理论威胁是以皮亚杰为首的发展心理学。它通过标准来规定儿童认知发展的做法，不仅曲解了儿童，还限制了儿童认知发展的可能性，尤其是儿童哲学能力的可能性。

认知发展理论的逻辑起点是"认识论问题都必须通过生物学方面来加以考虑……心理发生只有在它的机体根源被揭露以后才能为人所理解"[13]。因此，皮亚杰"按生物模型来构想人类心理的发展模式，通常是采用一个成熟的样本（成人）作为标准，再让未成熟的个体（儿童）照此发展"[14]140。马修斯发现这里隐含着一个经典的哲学困惑——经验表象应如何评价思维。但是，他也很快明白皮亚杰并没有就这一困惑进行任何的思考就认为行为可以完全反映思想。不仅如此，皮亚杰又向错误的方向迈进了一步——用未经思维的经验表象评价思维能力。认知心理学的任务是建立一个儿童思维发展阶段，这意味着它必须找出那些具有比例恒常性的儿童表现，并以此作为划分阶段的标准。为了印证该理论的正确性，皮亚杰研究了儿童的标准化反应。换句话说，皮亚杰通过分析儿童的相似反应来研究儿童的思维。马修斯认为，标准化反应恰恰是社会化的产物和未经思考的结果，它们并不能用来反应儿童的思维，反而是那些被皮亚杰忽略的"虚构答案"表现了儿童在思考上做出的努力。然而，发展心理学家甚至直接用儿童在其他领域的标准化反应来判断儿童的哲学能力，他们"不曾思考过哲学思考与哲学讨论能力成熟的合理标准应该是什么，甚至没有人想过哲学思考与讨论的能力是否应算一种能力发展指标"[14]140，就从儿童所谓的认知不成熟断言儿童没有做哲学的能力。马修斯认为这样的推论没有任何根据。

对标准化表象的过度关注让皮亚杰失去了对哲学的兴趣，也导致儿童的哲学能力被完全忽略。马修斯从哲学的角度分析了皮亚杰的实验，并从中发现了儿童做哲学的可能性。在守恒实验中，马修斯发现皮亚杰和英海尔德实验中的"标准"，即所谓的物质守恒实际上是"东西守恒"的原则，而"东西守恒"并非先验真理、科学的基础定律真理或低水准的实证真理，真理是质量或能量守恒。[15]因此，儿童能建立关于物质守恒原则时的认知能力并不比他不能建构这些原则时的认知能力成熟。这些非真理性的原则非但不能证明儿童在逐步克服认知缺陷，反而体现了儿童自然的智性实验。因此，皮亚杰的实验并没能证明他的最初假设，儿童的认知发展和哲学能力发展是一个类似于生物成熟、进步的过程。

四、马修斯对儿童与哲学关系的反思

对儿童概念和认识方法论的反省表明儿童并非没有做哲学的可能性，

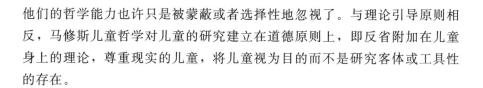

他们的哲学能力也许只是被蒙蔽或者选择性地忽视了。与理论引导原则相反，马修斯儿童哲学对儿童的研究建立在道德原则上，即反省附加在儿童身上的理论，尊重现实的儿童，将儿童视为目的而不是研究客体或工具性的存在。

（一）哲学与哲学对话

马修斯的哲学是关于困惑的哲学。他认为"苏格拉底让我们意识到关键概念的日常性理解中存在着固有的困惑，哲学便是对这些固有困惑的解释"[22]。反过来，也正是对不能解决的难题和固有困惑的惊讶引起了哲学问题。这些固有困惑和惊讶可以看作前哲学行为，标志着做哲学的开始，也是哲学家独有的属性。处理固有困惑不是学习哲学史，也不是形成对某一概念的一致性信念，而是对困惑本身的关注和解释。因此，哲学是一个开放的哲学，包括已有的哲学理论，也接纳可能性的尝试。

哲学的本质决定了儿童的哲学能力只能在对话中去发现。马修斯借助具有哲学的奇思妙想风格的儿童文学，将儿童自然地引入哲学对话中。他认为此类儿童故事有时是一个智力冒险故事，或者说是一个探索诸如生命、自然、意识、情绪和节制等概念的思想实验。儿童容易从中找到归宿感和认同感，从而自然地跟随故事思考哲学问题。不仅如此，这类儿童故事还能缓解成人的"童年健忘症"。它能帮助成人放下自己的成见，在儿童的生活情境中去理解儿童的语言和行为，是成人与儿童进行哲学对话的最好媒介。

与儿童就哲学问题进行对话绝对不是一种教育性的对话。马修斯用编写故事开头法引发儿童对哲学问题的思考。当对话开始后，儿童就占据了绝对的主导地位，他们决定着话题的走向和问题的结论。成人在这场对话中的作用仅仅是刺激儿童就某一哲学问题进行深入思考、理解儿童的思考方式以及他们语言的意义。通过对话，马修斯向儿童和成人传达出这样的信息，即孩子们的观点对解决问题来说是有价值的。在与儿童相处时成人要反思自己的优越感，因为站在自以为正确的立场"教育"儿童的讨论，不仅可能误导儿童的思路还会限制成人自身的发展。

（二）思想实验之儿童思考内容评价

思想实验一直就是哲学研究的方法之一，它在哲学上的使用同主题本身一样古老。与物质实验不同，思想实验与经验相对独立，甚至可以是反经验的。它在虚构的情境中仅依靠逻辑推理来验证或反驳理论。

思维实验不是测试一种理论而是提出一个哲学问题，因此，它具有批判的能力。这恰恰也是儿童的价值所在。儿童与现实世界的联系尚不紧密，很容易进入虚拟世界。在一些成人看来，这体现了儿童的认知缺陷。但是，马修斯认为儿童是进入了思想实验的领域。他们跳出现实世界的限制，进入了更广泛的可能空间。在这个空间中，确定性被打破，现实世界的规则和不证自明的言论都处于一种需要被质疑和重新论证的状态。马修斯认为，如果以思想实验来考察儿童的言论，儿童则完全可称为天生的哲学家。

儿童对哲学的关注来自于他们对自己生活的关心和好奇。因为没有既定的规则，所以他们宽容地接纳一切可能性。在"儿童哲学三部曲"中，马修斯一共展示了30多个儿童哲学思考的实例。在这些例子中，儿童通过对自己的生活进行发问和猜想，对相对性难题、功利主义伦理学等均有涉猎。不仅如此，儿童对哲学中的关键概念，如生命、空间、死亡、知识、语言、可能性和必要性等表现出极大的兴趣。如，他们会指着苹果询问如何判定活着和死亡等。

马修斯认为这些实例不仅证明了儿童对哲学的自然亲近，还为成人提供了思考和批判的机会。它们和具有哲学意味的儿童故事一样，是思想实验的一种。

（三）思想实验之儿童思考逻辑评价

除此之外，儿童的哲学思维具有逻辑性。在处理哲学问题时，儿童的行为并非是随意的和非理性的。他们能够清晰地辨明问题中的基本关系，并熟练地运用逻辑法则。在与儿童对话的过程中，马修斯发现儿童自然地使用了三段式推理和转换原则等。虽然儿童的推论结果常常因为前提的真理性存疑而出现错误，但是他们的思维过程完全符合形式逻辑。

在解决"我们怎么能知道一切不是梦"时，6岁的蒂姆回答道："噢，我并不认为一切都是梦，因为人在梦里，不会四处询问这是不是梦。"这是一个相当符合规范的逻辑推理过程。蒂姆首先预设了一个前提，即如果一切都是梦，人们不会四处询问它是不是梦，然后从现实中寻找证据。蒂姆发现证据，否定了前提中的后半部分。为了确保真实性，前提的前半部分也应该予以否定，所以他得出结论，即并非一切都是梦。如果蒂姆的预设为真，那么他就给出了一个哲学问题的正确解答。蒂姆前提假设的真理性值得深思，它并不是一个显而易见的问题。即便蒂姆的预设为假，他也实实在在地经历了较强的逻辑思辨过程。马修斯认为，自古以来，"非标准逻辑都允许不指称实体"[17]。如果以思想实验来评判思维，儿童的这些行为完全可以称之为哲学行为。

（四）儿童是"天生的"哲学家

人们认为马修斯的观点是"儿童是哲学家"，但是马修斯的原话是："如果能从某种意义上把儿童称为哲学家，那么他们是天生的哲学家"。[18]72 因此，在马修斯看来只有在形容词"天生的"的限定下，儿童才能被视为哲学家。同时，也正是"天生的"把儿童哲学与其他哲学区别开来，从而成为一个单独的分支。

儿童是天生的哲学家表现在两方面。一是儿童天生具备某些和哲学相符的特质。这些特质正是儿童的那些特性，即无穷无尽的好奇心、喜好游戏和质朴的心灵等。儿童秉承自然之性，对一切通过制度而合理化了的东西进行追问和怀疑。他们在哲学讨论过程中表现出区别于成人的，"真正具有想象力与创造性的思考能力"[14]36。对于大多数的儿童来说，他们做哲学的能力就如游戏、艺术能力一样是天生的。他们对哲学的爱好来源于对自身生活的自然关注，也来源于对社会的陌生和好奇。二是儿童的哲学并非来自成人的教诲，而是人的自然本性。儿童眼中的世界很大程度上就是纯粹的世界。同时，因为缺乏经验和理论，所以儿童不会妥协于已有的观念。他们相信无数种可能性，并乐于尝试它们。"他们还不懂得拒绝所谓愚蠢、荒诞、可鄙的问题，而成人哲学家们早就学会不在这些事情上浪费时间。"[18]70 与儿童相比，成人的哲学缺少了纯真和无畏。成人为做哲学而培养纯真是"制度化的纯真"，与天然的纯真并不一样。成人哲学家可以称为"制度的哲学家"，儿童则是"天生的哲学家"。正如儿童诗不同于成人诗一样，儿童哲学也与制度的哲学不尽相同。在做哲学上，成人和儿童正好互补，"小孩也能帮助我们大人探究、反思一些有趣而重要的问题，同时小孩所能达到的成就，可能与我们大人曾经达成的一样有价值。"[14]前言3

马修斯很清楚自己将儿童称为天生哲学家的目的。他说这不过是一种对扭曲的反向扭曲。人们在描述某一对象时，总是自然而然地关注该对象身上最突出的特点。这样的结果通常是，随着对该特征的描述和研究，它会在人们眼中逐渐放大，甚至最终成为对象，而这就掩盖了对象身上其他重要但是相对不显著的特征。他认为这是对对象的扭曲。实际上，人们对儿童的认识便存在这种扭曲。儿童的无知和弱小在成人看来总是那么显而易见，所以人们很自然地把注意力放到儿童的缺点上，并进一步推论儿童在其他方面也同样无知和弱小。为了避免这种扭曲，马修斯便对扭曲的儿童观念进行反向扭曲。他关注儿童身上相对不明显的特征，即哲学能力，并将它放大，提出儿童是天生的哲学家。他认为这是扭转现阶段对儿童的偏见的最好方式，可以揭示儿童身上被无知、弱小等所谓的明显特征掩盖下的东西。虽然将儿童视为天生的哲学家可能有一些夸张成分，但绝不是比喻或诗意的说法，因为儿童的哲学能力是不能被否认的。

五、马修斯儿童哲学对工具主义的反思

皮亚杰认为儿童有这样一种欲念，想在两个性质完全不一样的对象之间建立联系。因此，他们会创造一些推论或虚构一些理由，但是这些不过是假逻辑和假因果关系，应该在实验中予以排除。[19]但是，马修斯的儿童哲学正是在这些虚构答案中发展起来的。他认为儿童与成人的差异并不代表儿童的错误或虚假，反而是对成人的一种挑战。他的儿童哲学理念反映出一种他对待儿童的新态度：尊重儿童与我们的差异，承认他们思想的价值。

马修斯的儿童哲学告诉人们儿童就像美德、信仰、正直、勇敢一样难以认识。在无法确切地认识儿童的情况下，发现儿童能够做什么比否定他们不能够做什么更为重要。这是因为对儿童甚至整个人类世界的发展来说，贸然否定一种可能性带来的损失总是最大的。因此，儿童哲学的研究重心不是判断儿童的思考是不是哲学，而是研究儿童的思维特征、哲学表现以及可能的价值。可见，儿童不仅有做哲学的能力，而且他们在其他领域同样能够发挥作用。在这种情况下，马修斯的儿童哲学为工具主义的儿童哲学提供了一条出路，即从关注儿童哲学对话的形式和结果到关注儿童哲学本身，从工具性的思维重新回到哲学的思维。由此可见，儿童哲学不是为现有的教育体系提供一种新的教学方法或者一门新的课程，而是从整体上改变现有教育观念，尤其是学生观和教学观。

柄谷行人评论卢梭是"为了批判至今积累下来的作为幻想的'意识'，或者为了批判作为历史形成物的制度之不证自明性，在方法论上假设了这一'自然人'的存在"[12]124。事实上，马修斯提出儿童是天生的哲学家也

是一种方法论上的考量。他力图通过这一观点来达到破除人们对儿童陈旧的想象，呼吁人们回归当下的、现实的儿童的目的。然而，这也引起了对马修斯的儿童哲学理论的争论，因为马修斯在批判经典认知理论的过程中必然会为了明确自己的立场而夸大儿童的哲学能力。儿童研究的复杂性很大程度在于儿童不能表达自己，所以要证明"儿童是……"这样的命题很有难度。从这一点看，马修斯儿童哲学理论的最大的价值在于揭示了儿童的现实处境，并承认儿童的价值。

参考文献

[1] 汤广全."儿童哲学"内涵偏差初探 [J].内江师范学院学报，2016 (31).

[2] NANCY V. Philosophy for children as the wind of thinking [J]. Journal of philosophy of education，2005 (39).

[3] 刘晓东.儿童哲学：内涵和外延 [J].浙江师范大学学报，2008 (33).

[4] 高振宇.儿童哲学的中国化：问题与路径 [J].全球教育展望，2009 (8).

[5] 骆明丹，汤广全.儿童哲学课程中国化的缘起与发展 [J].课程教育研究，2017 (30).

[6] 王颖慧.儿童哲学研究述评 [J].基础教育研究，2015 (07).

[7] 陈荟.儿童哲学本土化困境及其对我国教育研究的启示 [J].四川民族学院学报，2013 (2).

[8] 张艳霞.马修斯儿童哲学的反思与启示 [J].现代教育科学，2017 (1).

[9] 钱雨.儿童哲学的意义：马修斯与李普曼的儿童哲学观辨析 [J].学前教育研究，2009 (09).

[10] 刘晓东.美国哲学家加雷斯·皮·马修斯的儿童哲学研究 [J].外国教育研究，1995 (5).

[11] SUSAN M T，GARETH B M. The philosopher's child：critical perspectives in the western tradition [M]. New York：University of Rochester Press，1998.

[12] 柄谷行人.日本现代文化的起源 [M].赵京华，译.北京：生活·读书·新知三联书店，2003.

[13] 皮亚杰.发生认识论原理 [M].王宪钿，译.北京：商务印书馆，1995：58.

[14] 马修斯.与儿童对话 [M].陈鸿铭，译.北京：生活·读书·新知三联书店，2015.

[15] 马修斯.童年哲学 [M].刘晓东，译.北京：生活·读书·新知三联书店，2015：60.

［16］GARETH B M. Socratic perplexity and the nature of philosophy ［M］. Oxford：Oxford University Press，2003：125.

［17］马修斯. 哲学与幼童 ［M］. 陈国荣，译. 北京：生活·读书·新知三联书店，2015：45.

［18］GARETH B M. The child as natural philosopher ［M］. Philadephia：Temple University Press，1978.

［19］皮亚杰. 儿童的语言与思维 ［M］. 傅统先，译. 北京：文化教育出版社，1980.

［本文原载于《全球教育展望》，2017 年第 12 期］（白倩　于伟）

英国儿童哲学课程的发展及其现实启示

哲学向来是一门相对晦涩难懂的学问，因而对于儿童是否能够成为进行哲学思考的主体曾备受争议。直到 20 世纪 60 年代末期，儿童教育与哲学之间的内生关系才逐渐受到学术界的重视，儿童哲学课程以及专门针对儿童群体的哲学教育体系也逐渐形成。特别是在美国和英国等西方国家，儿童哲学课程的发展蔚为壮观，并取得了大量有益的经验。李普曼指出，儿童哲学就是专门对儿童进行的哲学教育与思维培养，其宗旨是"让儿童通过语言、做事等具体方式体验哲学，从而提高儿童的推理及思考能力"[1]。英国儿童哲学课程的发展，其理论根基和思想指引在很大程度上来源于这一前提性的认识。从 20 世纪 90 年代开始，英国引入儿童哲学，并展开了相应的研究。但实际上，英国儿童哲学课程的发展虽首先借鉴的是美国，却也有其自身的鲜明特色和强大实践基因，而且形成了相对完整有效的课程开发与实施体系。

20 世纪末，我国云南、上海等地也实验性地引进了儿童哲学课程，特别是引进了美国、英国等发达国家的儿童教育理念，开展了一系列的儿童哲学活动。本文旨在分析和梳理英国儿童哲学课程的研究和实施的经验与问题，深入剖析英国儿童哲学课程的发展进程与路径，希望对我国探索儿童哲学课程的研究、开发与具体实施有所裨益。更为关键的是，我们希望借此不断深化和推进我国的基础教育改革，培养儿童的学习兴趣、哲学思维和综合实践能力，为中国未来社会发展储备创造性人才。

一、英国基础教育的变革与儿童哲学课程的创立

1990 年，英国广播公司播放了一部长达一小时的纪录片，名为"苏格拉底与六岁孩童"。这部纪录片讲述了李普曼教授最初在美国梅里克州几所学校实施儿童哲学课程的艰难过程与所取得的成果，并对儿童哲学做出了详细的介绍。该片播出后在英国教育界引发了一场轩然大波，很多学术、教育及慈善机构的专家学者对此展开了热烈的讨论，随后成立的教育

中的哲学探究与反思促进协会（The Society for the Advancement of Philosophical Enquiry and Reflection in Education，简称 SAPERE）是这部纪录片最有持续影响的产物[2]，也使这场围绕该纪录片的讨论达到了高潮。

与美国元老级儿童哲学研究机构儿童哲学促进协会（the Institute for the Advancement of Philosophy for Children，简称 IAPC）相比，SAPERE 不像是隶属于大学的附属单位，而更像一个儿童哲学爱好者的集合团体。SAPERE 的主要成员是在学校开展儿童哲学研究的一线教师，其中的领军人物是此前就开始在英国研究儿童哲学的资深学者。SAPERE 在成立初期时注重与 IAPC 建立合作关系，与美国学者保持密切联系，频繁进行学术交流，并着力将美国儿童哲学进行本土化移植。然而，经过最初阶段的本土实践后，一系列关于教材和课程的问题随之而来：李普曼创作的教材中的小说故事对英国的儿童和教师没有足够的吸引力；美国课程中阅读小说、练习及讨论的环节过于冗长；IAPC 设计的课堂材料并不契合英国国家教学大纲的主题，而且学生每堂课都需要耗费大量时间来整理材料。[3]

为了解决这些问题，英国学者进行了一系列的调整。1994 年，英国德维得郡议会所主导的儿童哲学实验研究使用的就是由本土作家穆利斯编写的《用图画书教哲学》，并将其作为儿童哲学课堂的教材。除了本土教材外，该实验同时采用了不同于美国传统儿童哲学课堂模式的探究方法，更加符合英国授课传统，可吸引本地儿童的兴趣。[4]

随着一系列改革的施行，英国儿童哲学逐渐形成自己的特点：第一，英国儿童哲学研究实验的载体不再局限于李普曼教授所用的特定文本或故事。课堂上，这种材料可以是多种多样的，包括诗歌、剧本、微电影、图片、小说、艺术品及图画书等等；[5]21-22 第二，分享者不再局限于教师，也可以是学生；第三，在课堂实施中，教师的引导作用相对较低，通常在岗前培训中会明确要求教师不得过多干涉或引导学生的思考。英国教育学家费希尔对此曾做出过解释："当遇到问题的时候，与通过讨论的方式获得答案相比，孩子们往往更希望直接从成人那里得到明确的答案。他们的注意力通常不会长期集中在某一特定事物上或是通过一个系统持久的方法多角度地去讨论同一个问题。但是，如果有了一个能够引发他们好奇的东西（比如故事），那么即使是年龄更小的孩子也能用一种所谓哲学的方式对问题做出回应。这也就意味着教师能够帮助孩子从具体的、文学的角度转换到从概念的、抽象的角度理解事物，将讨论的重心从故事中发生了什么和发生的缘由转移到去思考这意味着什么。"[6]621

20 世纪 60 年代，英国的批判性思维运动对英国基础教育的影响很大，培养学生的批判性思维素质成了各学科的教育目标之一。儿童哲学在进入英国之后，同样深受批判思维的影响，逐步发展为有英国特色的实践课程。费希尔指出，儿童哲学的主要教学目标是培养儿童的批判性思维能力与创造性思维能力，英国教育者也在实际教学中将培养儿童的这两种能力作为核心策略，并取得了巨大进展。

英国儿童哲学的发展从批判性思维出发，不断汲取美国儿童哲学研究中的可行之处，并对其加以改进。2004 年，英国教育家切尔凯伊等人在他们发表的文章中指出了李普曼教授与他的团队 1980 年的实验中存在的一些不足之处，如：实验对象人数较少（两所学校共 80 人）；研究者未说明实验对象的选取方式；实验周期相对较短（每周两次哲学实验，共 9 周），不足以支撑实验取得的成果等。[7]371 针对这些问题，切尔凯伊等人在他们的研究中做出了相应的调整和完善。在这之后的研究中，英国学者也不断精益求精，追求卓越。

儿童哲学的研究在不断受到关注的同时迅速传播到 60 多个国家，在英国，该领域的研究尤为突出。根据联合国教科文组织 2007 年的统计，英国当时已有 1 万余名教师接受并通过了 SAPERE 为期两天的儿童哲学培训课程，并且展开了自己在该领域的实证研究。[8] 如今，该组织每年为英国 5 000 名教师提供儿童哲学培训课程，而且英国已有 600 多所学校正在逐步将儿童哲学理论应用于自身教学中[9]，超过五万名一线教师接受了儿童哲学的专项培训。同时，儿童哲学的实验研究也在英国各学段的教学中得到了普及。

二、英国儿童哲学课程的实践哲学与实验性探索

英国儿童哲学课程从 20 世纪 90 年代发展至今，在研究和实践上均进行了探索性的实验。在实践哲学方面，英国儿童哲学课程经历了一个"援美入英"的过程。这一过程主要是以"移植"与"吸收"为主的改造哲学。在改造的基础上，英国儿童哲学逐渐开启了本土转化与创新的努力，所以这一阶段体现出了强烈的多元取向。在当代，英国儿童哲学课程的探索越来越注重体系化与制度化的建设，既强调课程实施的学科融合，又强调课程地位的独立自主。

（一）"移植"与"转化"：英国儿童哲学的早期实践

在英国早期开始的儿童哲学研究中，最著名的是 20 世纪 90 年代由威廉在德比郡开展的儿童哲学实验。该实验随机选取了 15 名 11 至 12 岁的学生作为实验组，对其进行了 27 周每周一小时的哲学会话探究活动，而对照组是 17 名来自同校同年级不同班级的学生。在实验开始前，教师们接受了为期两天的培训。在实验过程中，教师所采用的教材是李普曼教授主编的哲理性故事，以视频、录音的方式记录学生们的发言与课堂过程。该实验以伦敦阅读测试为标准，分别测试研究对象在实验前后的各项成绩。同时，研究者们对测试结果与课堂上学生与教师的互动内容进行分析。威廉的研究结果表明，实验组的学生经过哲学课堂的培养，其阅读能力与推理能力有显著提高。相对来说，对照组的学生的这两方面能力的提高幅度较小。可以看出，儿童哲学教育刚刚进入英国的时候，还保留着浓重的美国特色：整个研究采用了美国教材、美国开发的课堂教学模式以及美国儿童哲学课程的教育内容等。

（二）转向多元能力：英国儿童哲学的本土化改进

英国教育家在持续改善与提升儿童哲学课堂效果的同时，也在不断探究儿童哲学研究对于基础教育的影响力。坎贝尔对苏格兰地区两所将儿童哲学教育融入日常教学试点学校的学生进行了能力水平测评。该测评包含的内容有听说技巧、学生参与交流的意愿、自信心以及语言逻辑能力。研究方法包括问卷法、访谈法和直接观察法。测试结果显示，儿童哲学课程提高了学生的听力水平和组内讨论的互动性；参与过儿童哲学讨论的学生更愿意在公众面前表达自己的观点，并且更容易接受别人不同的意见。同时，这些儿童在表达自己观点的时候更有条理，更有说服力。很多参与研究的教师认为，学生通过儿童哲学讨论所得到的益处不仅满足了儿童哲学课堂本身期待的效果，而且有效提高了儿童在课堂以外的交际能力。坎贝尔的测试结果与费希尔之前提出的儿童哲学的教学目标基本相符。

如上文所述，英国教育家切尔凯伊等人指出了李普曼教授的儿童哲学研究中的不足，在 2007 年开展了改进后的研究。相较于李普曼教授 20 年前的实验，这次的研究对象数量更多，从 8 所学校中随机选取了共计 177 人（实验组 105 人，对照组 72 人）；时间跨度相对更长，研究者对这些学生从小学四年级（英国小学实行五年制）一直追踪到初中一年级。在这三年中，实验组的学生每周进行一小时的哲学探究课程，对照组的学生按常规上课。三年后，对学生进行认知能力测试（Cognitive Aptitude Tests，简称CAT），结果再次表明哲学探究课程对儿童的认知能力产生了积极影响。值得一提的是，研究者还发现儿童哲学课程对一部分更有能力的学生在各个方面的提升作用更加明显。

（三）融入学科教学：英国儿童哲学测评及制度建设

迄今为止，英国儿童哲学最大规模的一次探究实验是由英国教育捐赠基金会（Education Endowment Foundation，简称EEF）与SAPERE合作推进的。该研究启动于2012年9月，研究实施阶段从2014年6月持续到2016年6月。这次探究在英国各个地区随机抽取42所学校，其中16所学校作为实验组，其余26所学校为对照组，总参与人数达到2 722人。[10] 研究开始之前，参与实验的一线教师接受了集中培训，包括探究课堂上不同主题的分配与时间管理等相关内容。这次实验的主要目的是测评儿童哲学探究活动对8至11岁的儿童的影响，通过分析学生参加CAT测试及各科目学习测试的前后测试成绩得出实验结果。实验结果证明，儿童哲学讨论能提高学生（尤其是K2阶段学生）的阅读与数学能力，提高的幅度相当于接受2个月专项训练的成果。另外，研究也发现学校里的弱势学生（即家庭经济相对贫困，有资格领取学校免费午餐的学生）相较于普通学生收获更大，各项指标提高幅度更显著。英国《卫报》在2015年7月对此进行了专题报道。该研究的负责人，英国杜伦大学的教育学教授史蒂芬表示，该实验最大的优势在于成本小并且灵活。有些教师由于教学安排的原因将儿童哲学课程融入自己教授的学科之中，但所得到的各项指标均呈现出积极影响，学生多方面的学习成绩均有所提高。

目前，英国儿童哲学课程尚未纳入国家教学大纲之中，因此，英国已知的许多儿童哲学研究均使用实证研究进行对照的方法，检测了儿童的认知能力、逻辑推理能力及社会交往能力等。英国标准教育局曾公布过儿童哲学给基础教育带来的益处，上述教学实验分别从不同层面证明了儿童哲学对学生能力的提高。然而，目前在英国的公立学校中，儿童哲学仍然处于非常边缘的处境，英国儿童哲学的发展仍需经历较大规模、较长周期来推进和提升。

三、英国儿童哲学课程的目标、内容及实施策略

(一) 英国儿童哲学课程的主要目标

英国的儿童哲学教育不仅具有自身特色，而且深受美国及欧洲的影响。美国的儿童哲学教育注重培养儿童的逻辑推理及思维探究能力，欧洲的儿童哲学教育则更加侧重于儿童"爱智慧"及"爱生活"的情感互动。因此，英国的儿童哲学教育既关注儿童的逻辑分析与推理能力，又重视儿童的学习兴趣及社交能力。

1. 认知性目标

英国开设儿童哲学课程的原初动机是促进儿童的认知发展，主要包括对创造性思维、学习兴趣与专注力、推理和反思等能力的培养。当儿童开始提问的时候，正是好奇心的显现，也是推理思维的起点，此时对其进行逻辑推理及创造性思维训练会起到关键作用。针对儿童进行的哲学思维练习可以帮助儿童区分差别与关联，在对话与探究的过程中加深思考，提升判断力与观察力。另外，英国儿童哲学课程关注儿童与知识的互动。有研究证明，儿童在哲理性讨论的过程中所获得的自身及他人的认同感有助于儿童建立自信心，伴随认同感自然产生的情绪反应能提升儿童的学习兴趣与学习专注力。[11]17

2. 非认知性目标

儿童哲学教育更加侧重于儿童的非认知性发展，这是传统教育所忽略的。英国的儿童哲学课程关注儿童的非认知性能力培养，其中包括沟通与协作、批判性思维、帮助儿童建立自信心等。儿童哲学课程不仅包括了儿童获取知识与信息的个体行为，更充满了儿童与儿童、儿童与教师之间共同进行的哲学探究互动行为。这些行为对儿童的影响是隐性并且深远的。一方面，儿童在与他人互动的过程中会学会认真倾听，感受他人所表达的观点和想法，培养同理心；另一方面，儿童与他人出现意见分歧的时候也会学会如何进行有效沟通。

这种哲理性讨论的过程能够锻炼儿童的沟通和协作能力，让儿童在保有自身立场的同时对他人的观点做出客观的评价、分析，最终促进儿童的社会性成长与批判性思维的养成。英国的儿童哲学课程通过团体探究的形式开展，强调创设友好与合作的安全情境，从而培养儿童多方面的综合能力。

（二）英国儿童哲学课程的内容体系

英国当前的课程大纲尚未正式纳入儿童哲学的专属课程，展开的许多有关儿童哲学的探究活动均属于脱离大纲的实验行为，而这样的课程难以长期独立存在于学校之中。因此，英国目前的儿童哲学研究主要以两种形式发展：一种是由研究者在实验学校开展独立的儿童哲学课程研究，另一种是以教学大纲开发的形式渗透于各个学科之中。第一种形式的主导者由理论研究者、大学教师及儿童哲学爱好者组成，教学内容为自定的哲学问题或童话故事绘本；第二种形式的执行者以英国各阶段学校的一线教师为主，教学内容结合了大纲内学科教学的儿童哲学课程。可以说，这种形式更有普遍性，也更加适用于英国当前的教育状况。所以，下面以英国中等学校教学大纲中三门必修课（科学、数学、英语）之一的科学课为例，具体说明英国的儿童哲学课程是如何结合科学学科进行课程设置的。

与科学学科相结合的英国儿童哲学课程内容主题围绕人类与科学问题的反思与追问开展，它们分别是科学的本质、科学的发现、科学的伦理以及科学的概念界定。课程根据上述主题为学生提供探索以及解决当下或是历史视角下的普遍性与世界性问题。该课程包括四个阶段和九个单元，每个阶段均从科学的不同维度展开，并在每个单元活动中引申出具体的学习内容与要点。每个阶段的内容倾向于对学生不同能力的激发与培养，其认知难度逐渐攀升，并将儿童哲学课程与科学学科紧密结合。

科学的本质：具体学习要点包括科学与非科学的区别。这一阶段学生需要掌握概念性的基础知识与规则，了解概念间的区别与联系，了解科学论证的方法，学会提出和表达个人的观点，理解科学的真实性，明晰科学在当前世界中的价值与作用。

科学的发现：具体的单元活动包括看不见的东西能否被观察、理解化学以及如何提出好的假说。在这一阶段，学生要学会区分事实与表象间的差别，从不同角度分析同一事物的优劣。同时，结合科学学科，提出好的假说需要包括的内容，辩证性地思考简单假说的优缺点，并在分析、讨论的过程中对表象、真实、假设等概念加深理解。

科学的伦理：包括地球上的生命起源、必然性与科学性、未来食品与环境污染的元凶四个单元任务。一方面，学生从历史、宗教、科学、环保、伦理等方面展开讨论，了解我们身处环境的历史，讨论各个物种的起源，明确科学与信仰之间概念的区别，对科学知识进行推理论证，学会从不同的角度分析同一件事物，等等。另一方面，教师应从伦理学的视角帮助学生建立价值观，领会个人选择以及责任的内涵。

科学的概念界定：课程主题为定义物种。这一阶段的学习是对前三个阶段学习的综合与升华，要求学生掌握批判性思维、创新性思维和归纳演绎的方法，在讨论中分析当前环境产生的原因，共同回顾历史以及对未来进行推测。具体见表1。

表 3 - 1   与科学学科相结合的英国儿童哲学课程内容

阶段主题	单元活动	具体内容
科学的本质	科学与非科学的区别	科学的概念；科学的真实性；科学与非科学间的界限；科学论证；科学的真相性
科学的发现	看不见的东西能否被观察	眼见是否为实；表象与事实
	理解化学	化学的利与弊；化学制品的优势与风险
	如何提出好的假说	假说的科学性；假说与观察的区别；简单假说的优缺点
科学的伦理	地球上的生命起源	了解过去；了解科学与信仰的关系；验证理论；科学及宗教的权威
	必然性与科学性	科学知识的论证；微观与宏观
	未来食品	"培养肉"伦理观；食素者与食肉者观念上的一致性与分歧性
	环境污染的元凶	环境问题产生的原因；微观层面的环保；人类对未来的责任
科学的概念界定	定义物种	物种的幸存与毁灭；物种进化；遗迹与起源；幸福的意义

（三）英国儿童哲学课程的具体实施

随着儿童哲学课程的传播，不同的国家根据自身文化对该课程进行了适当的调整和修改。李普曼最初的儿童哲学项目注重逻辑和推理，而在英国实践的第二代儿童哲学课程除了强调批判性思维以外，同样重视对话和反思。[12]除此之外，英国学者认为儿童哲学的实践还建立在合作思考的基础之上。在一个哲学探究的团体中，合作思考不仅是共同的认知，还包括价值观和性格以及心理行为："合作思考是共同积极地思考，重视在民主环境下共同探索的过程，发现探究重点，寻找和探究不同的观点以及解决问题的办法，关注探索的方向，展望新的可能，并做出相应的判断。"[13] SAPERE 认为，课堂上合作思考的前提是相互信任、尊重和帮助。为了实现这一目标，有必要为团体探究建立适当的规则。

英国儿童哲学团体探究有着不同于传统课堂的规则与组织形式：教师和学生把课桌推到一边，围坐成一个圆圈，这样团体的所有成员都能看到彼此的脸、听到每个人的声音并能及时回应对方。[5]68 这种安排促进了师生间身份的平等，目的在于对教师角色的重新定位。此时，教师与学生一样平等，而非讲台上的"圣人"。开始哲学探究活动后，热身准备为一些简单的放松活动，包括小游戏、介绍或复习探究规则等，由老师或同学分享一件"刺激物"，如故事、电影、新闻或小物件，以此帮助学生打开思路。学生们经过短暂思考之后提出他们对这个"刺激物"所感兴趣或觉得奇怪的问题。老师或学生将问题列出，并由师生共同进行民主投票，筛选出其中一个或多个问题，然后师生共同就这些问题展开互动与讨论，在交流的过程中加深对彼此观点的理解。在此过程中，教师要鼓励儿童从自己的想法中跳脱出来，并确保讨论的问题集中在重要的哲学概念上。最后，教师利用剩余的时间对本次探讨进行回顾与省思。（详见表3-2）有学者指出，在儿童哲学教育中，教师在提出开放式问题和鼓励儿童发问方面起关键作用，儿童往往会在哲学问题的探讨与反思中得到自己的答案。这些哲学问题包括责任、事实、公平、友谊、证据、知识、尊重和真理等大的概念。

表 3-2　英国儿童哲学课堂流程表

步骤	学习阶段	活动说明	学习目标
1	热身准备	（1）介绍/提示课堂规则。 （2）展开哲学探究思维模式的小游戏	（1）激发已有的能力、知识、理解。 （2）学习或加深哲学探究的基本逻辑方法
2	刺激物引入	借由刺激物引发思考	（1）思考信息。
3	思考时间	深层思考并搜集想法	（2）产生初步观点
4	提出问题	提出哲学/开放性问题（可组成3～5人小组）	（1）深化信息与观念。 （2）形成问题意识

续　表

步骤	学习阶段	活动说明	学习目标
5	提炼问题	记录、参考并讨论彼此的问题	(1) 发现问题中的假设。 (2) 区分差别与联系。 (3) 将模糊的问题具体化。 (4) 合作整理观点
6	选择问题	采用民主投票方式选出一个接下来讨论的问题	(1) 学会民主的合作方式。 (2) 学会公平、包容的交流态度
7	最初想法	由问题的提出者展开探究	(1) 解释与分析提问理由。 (2) 回应之前展现的内容
8	提高能力	围绕关键想法及问题进行思考	(1) 验证并超越传统思维模式。 (2) 有逻辑地思考并寻找关联。 (3) 思考理论并识别问题。 (4) 思考因果联系
9	最终想法	每个学生均有一次发言机会，分享自己的最终想法	(1) 思考意想不到的观点。 (2) 形成观点，并独立判断
10	整体回顾	所有参与者共同评价本次探究在认知上的进步	(1) 反思与评价。 (2) 分享收获体验

表 3-2 是英国儿童哲学课堂上组织探究对话的行动指南，但教师也可根据自己的实际情况进行灵活运用。例如，这些步骤不必在一个讨论主题或某节课中全部达成。教师可以在一个主题中选取问题，并在另一主题中进行讨论。费希尔在他的研究中观察到，随着学生对哲学探究的步骤和内容的不断理解，他们开始逐步主导和规范探究的过程本身。[14]114-116 有研究发现，经过一个阶段的儿童哲学探究活动后，教师的引导变少，学生之间的互动有所增加，而学生提问的频率也有所提升。与此同时，随着时间的推进，讨论也有了质的变化：从学生之间的逸事和独白发展为具有批判性意识的对话等等。[14]118 另外，探究课堂上展开的哲学探究成本很小，除了通常的教学设备和材料（投影仪、黑板、笔和纸张）外，不需要其他的辅助工具，而每周进行一小时的探究却能给学生带来巨大的收获。因此，儿童哲学课程被强烈建议纳入学校教学大纲。[15]

四、当前英国儿童哲学课程面临的现实问题

经过近 30 年的实践，英国儿童哲学课程在探索过程中发现了若干现实问题，而这些问题延缓了儿童哲学课程向前发展的脚步。首先，在传统课堂中，教师一直占据主导地位，而儿童哲学课程抑制了与学生之间进行"平等对话"的可能；其次，中小学教学大纲中的主要课程多数与儿童哲学思维探究课程的内容没有实际关联，甚至在一定程度上限制了哲学探究课程的发展；最后，对于儿童哲学的研究过程和结果，缺少权威且系统的评估方法。

（一）"课堂对话"的缺失：师生地位的不平等

1989 年召开的联合国大会通过了一系列儿童权利保护法案，其中包括《儿童权利公约》。该公约明确指出儿童享有平等的受义务教育的权利。虽然此公约早已颁布，但实施效果并不尽如人意。海恩斯在《儿童都是哲学家》一书中披露，尽管近年来义务教育基本上全面普及，但现实中仍然存在着许多思想与言论自由的障碍。在英国，出于保护孩子等原因，学生和教师的地位是不完全平等的。[5]72 对于这一问题，著名学者亚历山大同样提出过教育中存在的弊端："（英国）过去五十年关于课堂互动的研究基本上呈现出一个现象：教师在课堂上占主导地位，师生互动较少，而且课堂讨论中罕有开放性问题。"[16]

海恩斯所披露的这种现象存在于英国多数学校中，而这些由教师主导的课堂大大抑制了儿童的能动性。儿童只需对老师的问题简单回应即可，从不敢对老师所说的话提出疑问或进行反思。相比于前者，师生之间的"平等对话"反而更加能激发出儿童对于一个普通事物多方位、多层次的思考，而这也是哲学对话开展的基础。[6]625 实际上，儿童哲学教育的展开恰恰对这个问题有一定的作用，其课程设置中老师的角色是与学生身份平等的伙伴或课堂主持人，而这种对等的角色增加了师生间的互动，可激发儿童进行更有批判性的思考，有利于儿童在未来的人生道路上做出更加理性、明智的选择。

（二）融合与冲突：教学大纲对课程实施的约束

英国教育家麦吉尼斯将儿童哲学探究课程分为三类：①游离于教学大

纲之外的完全独立的课程；②能够成为教学科目一部分的课程；③与教学大纲内容相互穿插的课程。[17]麦吉尼斯认为当前进行的哲学探究活动多数是将其概念或思维方式应用在指定的科目（如数学、科学、地理），在大纲科目内拓展儿童哲学思维；或是采用大纲之外的独立课程，单纯探究其对儿童能力培养的作用。对于前者，儿童哲学讨论课程并不适用于大纲中的所有科目，所以从某种层面上说存在一定的局限性。对于后者，脱离大纲的哲学探究活动可以在一些学校中进行短期实验，但这样的课程难以长期发展。如此看来，教育部制定的国家教学大纲与儿童哲学探究课程之间存在着一定的矛盾，而在儿童哲学研究的实际操作上，课堂实践与教学大纲之间的冲突也确实一直层出不穷。

针对这一问题，英国教育学者做出了一定的努力。刘易斯与尼克在麦吉尼斯的观点的基础上提出相应建议，即在某些学科中使用哲学探究的方式拓展儿童思维，让儿童掌握"透过表面看本质"的本领。EEF 与 SAPERE 合作进行的儿童哲学实验证实了儿童哲学教育对学生的数学、阅读及理解能力具有显著促进作用，而这从一个侧面印证了刘易斯与尼克观点的可行性，可以将儿童哲学课程与大纲相结合，打造具有儿童哲学教学特色的新课堂。

（三）哲学教育的评价方法缺乏权威性及系统性

儿童哲学课堂的不断发展对传统的教学思维与课堂模式有很大挑战，其中，儿童哲学课程的评价体系就是一个非常值得关注的问题。

许多研究均能证明哲学课堂的探究活动能提高学生的多方面能力，如，费希尔曾多次在他的论文中指出参与儿童哲学探究课程可以带给儿童多方面益处，包括逻辑推理能力、语言表达能力、人际交往能力、批判性和创造性思维能力等。然而，经过一定的研究与实践后他发现，正是因为儿童哲学探究活动带给儿童的益处涉及太多领域，因此很难有一个全面且适当的检测工具来对儿童的各项能力进行系统评估。[14]197可以说，本文中总结的多个著名研究的检测工具均不系统，并不能全面检测参与哲学课堂活动的儿童各方面能力的变化，而这也反映出整个英国儿童哲学研究领域对实验效果的评价不够系统。

与此同时，针对不同年龄阶段的儿童使用的评估方法也应区分开。如，高年级学生的语言表达能力已经形成，此时采取直接对话或者采用笔试、问卷等方法均可检测其哲学探究与思考的能力，但是对于低年级的学生，其头脑中抽象的哲学思维很难通过语言表达出来，对于他们来说直接观察的方法则更加适合。目前，英国尚未开发出一套对不同年龄儿童进行全面系统评价其能力的测量工具，这些细化的工作仅依赖授课教师的观察是远远不够的。

五、英国儿童哲学课程对我国基础教育的启示

英国儿童哲学课程的发展，既有着浓厚的"美国影子"，又进行了本土性的创新。从 20 世纪 90 年代以来，英国儿童哲学课程不仅在内容上越来越强调兴趣和探究，在教学模式上也更加注重儿童的体验，从而为培养儿童的哲学思维和培养创造人才奠定了重要基础。长期以来，儿童哲学在我国并未受到重视，而在具体实践中又往往流于表面。哲学课程有利于培养儿童的哲学思维和非激进的批判性思维，有利于提升儿童的社交能力（聆听和表达、自信感、注意力）、团队协作精神、灵活性和同理心等，有利于培养儿童的创造性能力，促进儿童自由而全面地发展。因此，儿童哲学课程的开发与实施，不仅必要，而且在某种程度上来说也是应该的。在我国，儿童哲学课程的开发与实施不仅要借鉴英国的有益经验，还需根据中国基础教育的实际探索适当的模式，并以此不断推动我国基础教育的改革与创新。

第一，改革教学模式，鼓励师生平等对话。儿童哲学的发源地是美国，受西方民主思想影响，其主要特点是师生关系一直较为平等。我国在教育上自古有"尊师重道"的观念，教师在课堂上有着不可撼动的崇高地位，学生对教师有很强的敬畏之心，而这会在一定程度上影响儿童哲学课程的效果。儿童哲学课程的实施方式是团体探究，注重在平等的对话过程中让儿童学会倾听，并进一步积累自己的经验，重构思维过程。这种平等的对话不仅应在学生之间展开，而且师生之间也应如此。这种对话过程有利于儿童形成合作与平等对话的意识，促进儿童的认知性与社会性发展。

我国目前大力推行基础教育课程改革，鼓励学生探究、交流、合作、积极参与课堂，培养学生获得新知识、处理新信息的能力，以及发现、分析和解决问题的能力。然而，课堂教学中多年存在的许多问题仍然困扰着我们，亟待解决，如，学生对知识死记硬背、机械训练等现状。针对这些问题，平等对话的教学模式一方面可帮助教师了解学生探索和思考的情

况，明确自身应如何指导学生的学习过程；另一方面可使学生更深刻地、多角度地理解问题、解决问题，从而促进学生与教师共同成长。

第二，根据教学大纲调整探究课程的活动安排。我国中小学各科教师均有明确的教学任务，因此，儿童哲学课程很难长期单独"扎根"于课堂之中。对于这个问题，我们可以借鉴英国学者的观点，根据世界各地的哲学探究尝试，找出适合开展儿童哲学的科目，将哲学探究的思维渗透到这些科目中。教师可以在原本科目的开展中使用儿童哲学探究的方法，按照大纲计划进行课程安排，这样既能完成教学任务，又能引发学生更深层次的思考与学习。另外，在哲学探讨主题及"刺激物"的选择上，可以使用有中国特色的材料，如经典寓言故事、传统游戏等，这样更有利于儿童对话题的理解，如必须选用外国文学故事或材料，也可根据我国文化对其进行适当的调整。

第三，关注学校中的弱势儿童，促进教育公平。通常讲，教育公平分为起点公平、过程公平及结果公平。起点公平指适龄儿童受教育的权利，属于相关教育政策与法律的范畴；过程公平指的是教育资源和教育机会的公平；结果公平涉及学生学业成就在社会地位及经济福利上的平等，包括社会、政治、经济等多方因素。由此可见，要想实现教育公平，从实现教育过程的公平着眼最为实际。研究发现，在学校课堂教学中和同伴之间的交流、合作与讨论会对弱势儿童的学业成就及多方面能力有更加积极的影响。[18]同样，英国儿童哲学研究证明了儿童哲学的探究方法对那些家庭经济相对贫困的学生影响更大，更能激发其参与课堂的兴趣，学业成绩也会随之提高。可以说，哲学探究从某种意义上来说为他们提供了更多公平的机会，培养了他们倾听的耐心，有利于他们建立起良好的人际关系。因此，在我国基础教育中开展儿童哲学课程实践，不仅能为同一学校、同一班级的学生提供公平的教育机会，也能全面激发他们的潜力，提升其综合素质，从而为迎接未来的挑战做好准备。

参考文献

[1] 罗兴刚，刘鹤丹. 李普曼儿童哲学教育的奠基性反思 [J]. 外国教育研究，2012 (10)：26.

[2] SUTCLIFFE R. The evolution of philosophy for children in the UK [M].

London：Routledge，2016：16.

[3] WILLIAMS S. Evaluating the effects of philosophical enquiry in a secondary School [EB/OL]. [2016－07－28] https：// www. thinkingscripts. co. uk/pdf/villagep4c. pdf.

[4] BROOKS G. What works for pupils in wales with literacy difficulties? [EB/OL]. [2017－08－18]https：//www. catchup. org/resources/712/090826whatworks forpupilsen. pdf.

[5] HAYNES J. Children as philosophers：learning through enquiry and dialogue in the primary classroom [M]. London：Routledge，2008.

[6] FISHER R. Dialogic Teaching：Developing thinking and metacognition through philosophical discussion [J]. Early Child Development and Care，2007，177 (6－7).

[7] TRICKEY S，TOPPING K J. Philosophy for children：a systematic review [J]. Research Papers in Education，2004，19 (3).

[8] Philosophy. A School of Freedom [EB/OL]. [2016－06－08]. http：//unesdoc. unesco. org/images/0015/001541/154173e. pdf.

[9] SAPERE. SAPERE is the society for the advancement of philosophical enquiry and reflection in education [EB/OL]. [2017－03－16] https：// www. sapere. org. uk/AboutSAPERE/AboutSAPERE. aspx.

[10] SIDDIQUI N，GORARD S，SEE B H. Can programs like philosophy for children help schools to look beyond academic attainment？ [J]. Educational Review，2017 (11).

[11] LEWIS L，NICK C. Philosophy for children through the secondary curriculum [M]. London：A&C Black，2012.

[12] VANSIELEGHEM N，KENNEDY D. What is philosophy for children，what is philosophy with children：after matthew lipman? [J]. Journal of Philosophy of Education，2011，45 (2)：173－175.

[13] BURGH G，FIELD T，FREAKLEY M. Ethics and the community of inquiry：education for deliberative democracy [M]. South Melbourne：Cengage Learning Australia，2006：116.

[14] FISHER R. Teaching Thinking：Philosophical enquiry in the classroom [M]. London：A&C Black，2013.

[15] FAIR F，HAAS L E，GARDOSIK C，et al. Socrates in the schools：gains at three-year follow-up [J]. Journal of Philosophy in Schools，2015，2 (2).

[16] ALEXANDER R. Towards dialogic teaching：rethinking classroom talk [M]. Cambridge：Dialogos，2006：3.

［17］MCGuinness C. ACTS（Activating Children's Thinking Skills）：a methodology for enhancing thinking skills across the curriculum（with a focus on knowledge transformation）［EB/OL］.［2017－12－08］https：// www. researchgate. net/publication/237780182 _ ACTS _ Activating _ Children's _ Thinking _ Skills _ A _ methodology _ for _ enhancing _ thinking _ skills _ across _ the _ curriculum _ with _ a _ focus _ on _ knowledge _ transformation.

［18］薛二勇. 论教育公平发展的三个基本问题［J］. 教育研究，2010（10）.

［本文原载于《外国教育研究》，2019 年第 5 期］（杨落娃　于伟）

第四编

率性教育：建构与探索（上）

"率性教育"：建构与探索①

　　当一项具有历史意义的传统被发明或向特定群体传输一定的价值和行为规范时，必然暗含与过去的连续性。[1]通过从历史记忆中合法地汲取能被广泛接受的共享观念，那些通常被看作文化象征和交流的旧材料都能被创造性地转化为现实的生产要素。譬如，在时间轴上年代久远、社会记忆渐为模糊的儒家经典著作《中庸》，近年来就常常被重新界定为中国最早的教育哲学著作。②其开篇三言将天命、人性、教育的关系简明凝练地表达为："天命之谓性，率性之谓道，修道之谓教。"当代教育从《中庸》"率性之谓道"社会记忆中发掘出"率性"教育的历史合法性，将其创造性地转化为率性教育，倡导儿童教育要保护天性③，尊重个性，培养社会性，并通过建构一种共享的文化认知观念，重设学校改革发展过程。

一、"天命""率性""修道"的文教传统

　　以细微的、差异的和间断性的视角重新审视古典教育命题的内在思路可发现，中国古代教育思想的著述中散布着形式多样的"天命论"和"人性说"。大体而言，西周之节性、孔子之习性、子思之率性、孟子之养性、庄子之返性、荀子之化性等，均是论证"人何以受教"的思想原点和无法回避的逻辑前提。其中，相传为子思所写的《中庸》被宋儒称为"群经之统会枢要"，其扼要阐发的"率性"教育观念对后世影响颇大。《中庸》开篇三言仅寥寥数语，但围绕"性—道—教"的注解、考证、义疏和章句则构成了一个庞大的解释链条。从先秦儒家的以"情"言性，到汉儒的以

---

　　①　本文系全国教育科学规划"十三五"规划 2016 年度单位资助教育部规划课题"率性教育的理论与实践探索"（课题批准号：FHB160515）的阶段性研究成果。
　　②　教育学家陈元晖先生认为，《中庸》堪称中国第一本教育哲学专著。（参见：陈元晖著《中国教育学史遗稿》，北京师范大学出版社，2001 年版，第 112 页）
　　③　天性，即人的先天本性。天，指先天具有的、通过遗传获得的各种生理性状；性，指事物的状态、特点或性质。天性，就如同夸美纽斯所说的自然法则、种子，裴斯泰洛齐的自然天性，福禄贝尔的神秘本能，蒙台梭利的内在教师，杜威的本能，等等。

"气禀"论性，加以宋学之理学架构，最后建立起一套完整的"理气心性论"。至此，《中庸》"性—道—教"的逻辑论证体系逐步变得复杂化，进而丰满起来。

《中庸》开篇云："天命之谓性，率性之谓道，修道之谓教。"这一命令式的句式十分简练地指明了"天命""率性""修道"的文化内涵，且并未再做具体的逻辑论证，而是以"不证自明"的公理方式指明了命、性、道、教之间的内在关系。朱熹云："其书始言一理，中散为万事，末复合为一理。"朱熹所谓"一理"，正是指"天命之谓性，率性之谓道，修道之谓教"。"性—道—教"框架构成了儒家教化思想得以确立的思维范式，是后世儒家论证人何以要接受教育以及如何进行教育等问题的逻辑前提。

"天命之谓性"。先秦儒家十分重视"情"，以"情"释"性"。人的本性是由天命所赋予的，天性深藏于内，感于"物"的激发而外化为各种各样的"情"。正所谓"性之与情，犹波之与水，静时是水；动则是波，静时是性，动则是情"[2]1988。《礼记·乐记》云："人生而静，天之性也；感物而动，性之欲也。"[3]这一看法在后世出土的郭店楚简《性自命出》中也得到了印证："性自命出，命自天降。道始于情，情生于性。"及至汉儒，以"天地生物禀性说"，即以阴阳五行感生及气禀之清浊不同，来通论"性"与"天道"。至此，先秦儒家"以情释性"的解释传统被汉代"气禀论"取代，"天命"与"人性（情）"的静动关系也被抽象为更高层次的包含宇宙论色彩的"授受关系"。汉代以"气禀"论性的思维模式一经形成，对后世儒家的"性命论"体系影响颇深。宋儒承接汉说，认为"性即理也"。朱熹《中庸章句》云："命，犹令也。性，即理也。天以阴阳五行化生万物，气以成形，而理亦赋焉，犹命令也。于是人物……因各得其所赋之理，以为健顺五常之德，所谓性也。"大体来看，汉儒与宋儒对"天命—人性"的注解在基本架构和形式上是相同的。汉儒提出"气禀论"，认为人之本性得自天命，但有禀气清浊之差异，故而后天的"循性修教"是达成天命之正的关键。宋儒承袭阴阳五行之感生及气禀清浊说，将其化入宋儒独倡之理气论架构中，建立了一套独特的体系。但是，二者都追求"天性本然"之路。

"率性之谓道"。郑玄曰："率，循也。循性行之，是谓道。"[2]1987朱熹承接汉儒注解将"率"同样解为"循也"。《中庸章句》云："率，循也。道，犹路也。人物各循其性之自然，则其日用事物之间，莫不各有当行之路，是则所谓道也。"对于"率性"二字的释义，郑玄注解与朱熹章句在内在上是相通的，都主张"循其性之自然"。但是，这一解释为"修道之谓教"的解读带来了理解上的困难。如果说人性得自天命，循性行之即为道，则性、道为一。天命不可违，则性、道亦不可违，为何又要修道？"修道之教"的立论根据又是什么呢？朱熹《中庸章句》中解释道："修，品节之也。性道虽同，而气禀或异，故不能无过不及之差。圣人因人物之所当行者而品节之，以为法于天下，则谓之教，若礼、乐、刑、政之属是也。"

综上，我们不难发现，对《中庸》"性—道—教"逻辑的阐释无法回避如下三个问题：其一，人性从何而来？或者说应如何看待人的天性？郑玄引《孝经》说曰："性者，生之质。命，人所禀受度也。"[2]1987孔颖达进一步注疏道："天本无体，亦无言语之命，但人感自然而生，有贤愚吉凶，若天之付命遣使之然，故云'天命'……是天性自然，故云'谓之性'。"[2]1988由于"天性自然""天道自然"，因此，顺、循、保护人的天性就十分重要。其二，人的天性在"人情""气禀"上有何差异？或者说应如何看待人在个性上的差异？汉儒在解释"率性之道"时认为，"性"有上智下愚之异。"但感五行，在人为五常，得其清气备者则为圣人，得其浊气简者则为愚人。"[2]1989故此，性有移与不移之别。不移之性，可存而启发；可移之性，可治而矫正。因此，汉儒论性，认为性的静面为天性，动面为人情（欲），个性的差异正是由于"人情"感物不同而产生，故"率性教育"在面对个性时要遵循不同"人情""气禀"之差异。其三，人性以何而成？人的天性与后天教化之间有何联系？或者说应如何看待人的后天社会性的养成？朱熹在注解"修道之谓教"时，将"修"解释为"品节之"，即用一定的手段调整、约束人的天性。根据是，人之本性虽受自天命，但"气禀或异"，不能得其全真，先天之性、禀气之清浊多有欠缺，不能自发地及于无过、无不及的境界。也就是说，先天之性绝非现成之"性"，须待后天养育教导方可大成。因此，只有通过后天教化和社会性的培育，才能使人终达天性本然之路。

二、"性—道—教"传统的创造性转化

传统并非总是源自过去，为了应对新的挑战必然要经历不断的变化。通过溯源将新情况纳入文化的连续性中，常用的手法是重新"诠释"传统。但观念的诠释需要与历史和现实的具体环境相一致，这样才能获得广泛的认可。《中庸》关于"性—道—教"的论证体系尽管在文化史中成为

久远的文教传统，其对"天性""气禀"（个性）"修道"（社会性的养成）的阐释也处处闪现着能与现代教育学范畴相互嫁接的可能。但是，一种文教传统若要在现代语境中成为人们广泛接受的"共享观念"，还需历经话语方式的转变和观念的再创造。《中庸》中关于"天性""气禀""修道"论证体系的核心体现在"率性"二字上，当代教育将其加以深化后即为保护天性、尊重个性及培养社会性。这一转化并非对"天命—天性""气禀—个性""修道—社会性养成"等"传统—现代"对应概念的简单置换，而是深入"命—性—道—教"的原初内涵，突出强调童年期来自天然造化的生物性力量应尤其值得珍视。率性教育是遵循儿童身心发展的自然趋势、规律和特点去促进儿童发展的教育；是根据儿童的天性、个性，找到适合他们的"当行之道"，从而很好地实现社会化的教育。

（一）观念的再造

正所谓：性本于命，道率乎性，教修乎道。率性教育追求天地位、万物育的顺其自然的教育，反对无视儿童发展规律、逾越规律、破坏规律的想当然式的教育。率性教育倡导顺其童年之美，并应其童年之美所固有而给予儿童真正的童年。如果儿童面临过度束缚，就要"解放儿童"。

1. 保护天性

保护天性，即遵循儿童之自然趋势，保护儿童愿意探究、愿意想象、好问、好动、爱学习、喜创造的天性。卢梭认为，人的天性善良无邪，把率性成长和"归于自然"[①] 视为天经地义。自然人就是这种理想的具体化。实际上，天性只是人类发展的潜能，它在合理的环境中，可以"向善的方向发展而成为善"[4]59。康德认同卢梭关于儿童先天地向善发展的观点，"尊重儿童天性"[4]74亦成为康德的信念。保护天性在小学低年级和幼儿园时期尤显重要。忽视对天性的保护，就会影响儿童的率真与创造。率性教育倡导保护人天性中积极的、具有正向价值的方面，尽量抑制或克服、转化天性中消极、具有负向价值的方面。

第一，保护儿童好奇、好问、愿意探究的天性。所有的孩子都有好奇心，他们总是向大人提出各种各样的问题，这是人的本能。孩子们的好奇、好问、好探究是为了了解世界，探索未知，是为了更好地生存。

---

① 滕大春先生在《卢梭教育思想述评》中多次指出了卢梭的天性至善和"归于自然"的理论及"率性发展"的思想。滕先生所谓"率性"，虽意指卢梭的"自然人"，但在内涵上亦暗合了《中庸》所倡导的"率性"理念。

第二，保护儿童好动的天性。"小孩子是生来好动的，是以游戏为生命的。"[5]25如同陈鹤琴所说，"小孩子是很喜欢游戏的，所以利用他的这种心理，以游戏式的方法去教育他，他没有不喜欢听你的话的"[5]46。喜欢游戏、活泼好动是儿童的天性。

第三，保护儿童爱学习、爱创造的天性。失去学习兴趣，是后天人为导致的。人类对自然的探索、对真理的追求是出于本能。儿童都是爱学习、爱创造的，因为学习是为了求生，创造是为了更好地生存。人生来就有学习生存本领的欲望，有改变生存条件的欲望，有创造的欲望。因此，我们应当把"保持并放大孩子学习和创造的天性"[6]作为教育的原则。

2. 尊重个性

人的自我规定与塑造，使得"我异故我在"的个性存在是人的一种客观现实的常态以及未来发展的必然走向。率性教育倡导尊重人的个性化的差异，要循序渐进、因材施教地帮助每一个学生找到自己的位置，要在保护儿童共同天性的基础上，充分让儿童的差别性显现出来。

第一，在课程开发与教学中尊重经验差异。在为学生准备课程内容、开发课程资源时，要充分考虑学生的个性差异；在各个学科的教学中，要充分尊重学生的学习类型差异、进度差异、方式差异、起点差异、速度差异，尤其关注因社会因素所导致的经验差异。

第二，在学校教育活动中发现差异。在小学阶段，低、中、高三个年段学生的成熟度不同，学生的生理基础与心理素质等不同，所以学校组织的教育活动应尽可能地发现差异、利用差异，遵循规律地培养学生。另外，尊重个性也要防止走向"个人主义"。率性教育强调，在从事教育实践时，教育者要对不同教育对象所具有的个性差异尽可能地具有包容之心，但也不能凡事以教育对象为中心。把握好尊重个性的尺度，是率性教育的实践者们必须具备的专业素质。

3. 培养社会性

在人的社会性养成方面，以《中庸》为代表的中国传统儒家教育始终围绕教人"怎么做人"来进行。现代人社会性的培育既需要汲取传统文化资源的养分，浸润国民的文化认同，又需要正视中国传统儒家教育在现代公民意识、国民精神养成方面具有的不可避免的历史局限和自身缺失。[7]因此，率性教育所内蕴的培养社会性，主要在于利用知识技能习得、行为规范养成以及价值观念形成等方法，培养学生的自主精神、合作态度、规则意识和责任观念，为学生未来成为合格公民奠定价值基础。可以说，只有通过社会性的培养，才能使得儿童从自然自由顺利过渡到道德自由，进而获得作为公民的政治自由。

第一，强调儿童自主精神的培养。社会的健康状态取决于组成它的个人的独立性，也同样取决于人与人之间的密切社会结合。只有个人能独立思考，才能为社会创造价值。爱因斯坦说过，要是没有能独立思考和独立判断的有创造能力的个人，社会的向上发展就不可想象，正像要是没有供给养料的社会土壤，人的个性的发展也是不可想象的一样。

第二，注重儿童合作精神的培养。人类社会与其他动物群体的一个重要区别是，人与人之间可以通过运用个人理性而实现某种形式的合作。[8]可能在其他生物种群中也存在合作行为，但是在大规模的群体中与陌生人可以展开合作的只有人类。人与人的合作，是人类文明社会的基础，是人类社会得以稳定、可持续存在的广泛社会基础。因此，率性教育强调通过课堂教学、课外教育活动等多种渠道与途径发展、培养儿童的合作精神。

第三，儿童规则意识的培养。规则，既包括成文的制度、章程（法律、制度），又包括未成文的习俗、习惯、传统。规则是人类社会文明的产物，人类充分发挥自己的主观能动性、创造性，不断创造、总结、确立了各种规则。规则的存在使得人类社会良性发展，合理有序。率性教育强调在小学阶段对学生的规则意识、品质等进行培养。

第四，儿童责任观念的培养。人际依存、社会依存导致了责任的产生，责任是特定社会对个人思想、行为的规定性，责任是一切道德价值的源泉。所谓道德教育，就是要把纯粹道德的动因带进人们的内心，而这种纯粹道德的动机就被称作责任（义务）。个人在与群体、社会及生态环境的互动中内化或生成这种规定性，并最终体现于自身的思想和行为中。因此，我们有必要在小学阶段，逐步与其他阶段协同，培养儿童的责任观念。

率性教育注重人的天赋、天性、生物性根基对于儿童成长的重要作用。童年期的小学教育，更容易受到生物规则控制，其发展有阶段性、规律性和不可逆性，因而需要更加重视儿童生物性基础、天赋、天性力量，提供与之顺应的教育。当然，保护天性、尊重个性、培养社会性三者之间须保持有机的统一与平衡，失去了对天性的保护，难以培养儿童的创造性；疏于对个性的尊重，则会使得儿童失去自我；过分追求对社会性的培养，则会造成对人的压抑。天性、个性是人的发展起点，融入社会、发展好人的社会性才是归宿。可见，三者的培养不可偏废。

（二）转化的根据

对"天命""率性""修道"等传统儒学概念的教育学转化，需要在形而上学假定与经验科学证据之间保持合理的张力。率性教育的提出，就是从现实出发，基于生物学、脑科学、神经教育学等学科对人、人性、儿童进行多角度认识。因此，在倡导、呼吁小学教育在兼顾社会性、个性培养之时，要更多关注儿童的生物性、天性的重要作用。

1. 儿童的生物性、 天性基础及其根基作用

人与一般生物相比，基因编码系统在开放程度上存在很大差异。人的DNA 编码绝大部分是未特化的、开放的，只有少部分是特异的、封闭的。特异性编码可以遗传。基因的未特化、开放的部分要通过与环境的互动完成编码，而这种编码不能遗传。所以，人需要在整个儿童期来学习，发展、完善自己的未特化部分。"人类应该将其人性之全部自然禀赋，通过自己的努力逐步从自身中发挥出来。"[9]

从脑科学看来，人脑自身的结构特点具有强烈可塑性。脑本身无论从功能还是从本质上来说，先天、与生俱来地具有可塑性，脑能根据环境刺激产生改变。这种可塑性特点正好符合了人的非特化、开放的与环境后天互动编码的需要。学习和记忆过程中形成的"记忆痕迹"正是这些塑造作用的结果。因此，可塑性是学习的必要条件，也是脑的固有属性。它在人一生当中始终存在。少量的、特异的、封闭的部分，加上人的 DNA 编码未特化的、开放的部分，构成了人的生物性基础。少量的、特异的、封闭的部分对应人类的共性的先天禀赋，即天性，具有人类共通性特点，较为稳定、确定；大量的、未特化的、开放的部分指向后天的环境互动与信息编码需求，指向每个个体的个性塑造，不稳定，不确定，随机性较强。就人的特异性编码部分来说，与开放性编码部分相比虽然非常脆弱，主要靠与后天的环境互动最终完成编码，但并不意味着"人的先天禀赋比一般动物在量上少或在质上差"[10]。依据生物学以及神经教育学对人的观察研究，想象、好奇心、好动、爱游戏、爱学习等都是人的共同天性。

因此，保护儿童的天性、尊重个性，在小学阶段就显得尤其重要。整个小学阶段，6～12 岁儿童正处于人的天性发展及个性不断发展的形塑时期。阻碍或是标准化了人的非特异化编码部分的发展都违背了人类本性。脑科学、生物学、神经教育学的研究告诉我们，小学教育要更多地关注儿童的生物性基础，认识其根基地位。

　　小学教育既要重视生物性根基，又不能屈从于生物性原则。在人的基因的特定性部分中，除了好动、好问等天性之外，也包括社会性。生物学家达尔文、社会生物学家威尔逊等注意到了人身上的社会性。威尔逊研究了社会性动物的遗传特征，寻找到了包括人类社会在内所具有的集体生活、利他互惠、舍己为群等行为的生物学根源。达尔文认为："人是一种社会性动物——谁都会承认人是社会性的生物。"[11] 人类是高度社会性的动物，"靠集体分工合作而生存，依集体力量求安全，赖社会培育后代。一个孤立的人几乎不可能生存"[12]。马克思一再强调，人的本质不是单个人所固有的抽象物，在其现实性上，它是一切社会关系的总和。人只有在介入、习得所身处社会文化圈的文化基因后，他才算是"完整的人"。

2. 自然适应性原则

　　率性教育要提供适应儿童身心发展阶段的"学不躐等"的教育，要提供珍视童年期儿童独特价值的教育，要提供超越知识教育的智慧教育。

　　第一，儿童是"有力量"的个体，成人需要抛弃优越感。

　　儿童是哲学家。好问与探究是儿童之天性，也是智慧之源。儿童经常提出成人哲学家们思考的问题，儿童有自己的哲学。如，一些孩子会提出这样的问题："什么是政治？""为什么有男和女？""为什么有贫穷和富裕？""为什么1＋1等于2？"儿童的好问与探究是创造教育的起点。

　　儿童是艺术家。所有的孩子都有一种愿意用画笔通过涂鸦的方式表达对世界的理解的愿望。每一个儿童都是艺术家，喜欢涂涂画画。另外，儿童的游戏活动也是儿童对世界的理解、认知和表达。

　　儿童是梦想家。童年是想象力发展的黄金时期，而想象力是创造之基。梦想给了儿童无限的想象空间，儿童的梦想空间甚至可以超越成年人。梦想是对现实世界的同化，梦想是意识与集体无意识的对话，梦想可以使儿童进入一个比现实世界更有诗意也更为宏大的世界。儿童生活在梦想的世界，浸润在梦想里。儿童是诗人、艺术家，他们诗意地栖息在大地之上。梦想给了儿童诗意，也给了他们自由。"儿童具有梦想的心态，这个心态创造了一个生机盎然的充满人情、人性的世界。"[13]

　　儿童有他们自己的智慧、思想、精神世界、主体能量，成人需要抛弃优越感，谦虚地面对儿童。成人不能简单化地把儿童当成知识的仓库、一张白纸，不能简单化地把教育理解成将知识"搬入仓库"，成人需要利用好儿童各个方面的能量。

　　第二，自然适应性原则及最近发展区意义的适应。早期教育既不能超前，又不能落后，应根据维果茨基的最近发展区理论，支持、促进儿童发展。自然适应性原则反对早期智力开发、超前教育。

第三，早期教育要注重过程教育、基本思维能力教育。它不再把知识的教育奉为"终极旨归"，尤其在当今知识爆炸的时代，知识的包袱已经显得愈发沉重。因此，相对于知识的教育而言，智慧的教育更为根本。智慧"不是实体，智慧体现在过程之中。在本质上，智慧并不表现在经验的结果上，也不表现在思考的结果上，而表现在经验的过程，表现在思考的过程"[14]。智慧的教育的根本不在于教给学生多少知识，而在于更为根本的基本思维能力的培养。除了生活习惯和价值判断教育外，"在早期教育中要特别关注培养学生的想象能力与抽象能力"[15]，因为想象能力、抽象能力在人类能力中是更为基础的，是人与动物在思维方面最为根本的区别。

（三）实践的指向

率性教育理念还常常面临着多种共享观念的竞争。与学校理念存在最大竞争的是来自于教师的行动习性和实践意识。在教师的惯例化行动、实践经验与潜层意识中隐藏着许多"视若当然"的文化要素，布迪厄将其称为"没有概念的知识"。

1. 着力解决功利主义倾向问题

这里尤其强调反对过度的功利主义教育。从人性的角度看，人的存在，既是一种工具性的存在、利己性的存在、自然的存在，同样是一种目的性存在、精神性存在、超自然的存在。因此，教育既要使人获得关于生产的经验，让人学会生存（知识与技能），同样要使人获得生活的经验（道德与伦理），让人学会做人。率性教育倡导人的发展有规律性，而人的童年因其特殊性具有独特价值。童年期的儿童充满主体性、丰富性的自然和天性力量，有自己独特的精神世界，不是蒙昧无知、一张白纸，因此，不能为了一个尚未确定的未来而牺牲儿童的童年生活。

2. 着力解决完美主义倾向问题

完美主义倾向的理论假设是"教育万能"，认为学校教育能够把任何学生都按照统一的标准、统一的要求、统一的步调培养成为完美个体，使学生个体具备完美的知识和道德。从很大意义上来说，这是一种可望而不可即的"乌托邦"。用教师或管理者定义好的完美主义标准去要求所有富有各种个性、经验、自然禀赋等特点的学生，是一种以实现完美之名而展开的"道德的教育暴力"。率性教育希望学校管理者及教师打破完美主义，为顺应儿童天性、保护儿童的个性以及促进儿童按照自己的"轨道"发展提供可能。

三、观念的制度化：率性教育框架下的学校建设

从文化认知的层面来看，制度是观念系统，在特定的学校场域中为个体或组织提供了行为标准和活动范畴。因此，学校理念作为共同知识、规则、程序和具体的结构模式而被赋予合法性。

（一）构建率性学校

率性学校是面向未来的"试验田"。未来学校的新样态、未来课堂的新模式、未来学习的新变革均是率性教育探索的方向，而率性学校致力于开发未来学校可能的"生长点"和"萌芽点"。

1. 率性学校是儿童喜欢的慢步调自由空间

儿童的成长可以慢慢地展开，过上童年本来就应该拥有的慢生活。在倡导率性教育的学校中，学生的自由度相对较高，课间充满了童趣，儿童在校园里可以自由地玩、快乐地奔跑。率性学校较少"一刀切"，较少命令，较少揠苗助长，更多的是引导、鼓励、支持、等待和信任。

2. 率性学校是儿童兴趣发展的沃土

兴趣是一切学习的起点，也为持续学习、持久思考提供内在动力。率性学校致力于保护好儿童好问与探究的欲望，鼓励学生发现问题、提出问题，激发学生愿意动手动脑的兴趣。

3. 率性学校是儿童可以体验探究的智慧之家

在智慧之家中，教育教学超越了单纯的知识教育，注重在知识教育习得的基础上追求智慧教育，关注基本思维能力培养、高阶思维能力培养。在这里，学生可以有深度地发问，有质疑地思考，有实践地探究。

4. 率性学校是促进儿童想象力、创造力发展的梦工厂

在这里，儿童有很强的探究欲望，可以天马行空，可以大胆假设，而教师们也更愿意创造机会鼓励儿童开放地问、开放地想。

（二）有根源、有过程、有个性的率性教学

率性教学的内涵为有根源、有过程及有个性。它的本质是遵循知识发生发展的规律、遵循儿童成长发展的规律以及遵循教学方式方法演进的规

律。儿童认识世界的过程是从个别到一般的归纳的过程，因而课堂教学要努力还原知识产生、发展的情境，尽可能让学生经历知识、概念、原理产生的过程，让这种先验的知识转化为学生可经验、可发现、可探究的知识。[16]

1. 有根源的教学

有根源的教学包括三个方面。一是"知识线索之根"。教学内容要挖掘知识发生、发展的本源，让教学有深度，有广度，有据可依，有智慧深蕴。在教学设计、教学活动中，教师要注重挖掘知识的来龙去脉，追溯知识的本源，厘清知识发展的过程。二是"教学对象之根"。儿童的身心发展是不断发展变化的，其起点水平可探，其身心发展有规律可循。因此，有根源的教学要求教师要在各学科层面把握儿童的学习基础、学习起点，要遵循儿童学习的规律和特点展开教学。三是"教学方法之根"。教师要了解不同教学方法、教学模式、教学组织形式的本质和特征，把握教学规律，为教学目的选择合适的方法，为教学寻找本源依据，不盲目而教。

2. 有过程的教学

有过程的教学是指由特殊到一般的归纳的教学，强调从个别（个人或他者）经验或个别事物出发，归纳概括出一般结论。它包括五个方面。一是"归纳过程的智慧"。它是指引导学生经历知识从个别到一般的过程，重视归纳，重视从个别出发、从经验出发。二是"知识产生过程的智慧"。它是指引导学生对知识产生的环境、原初状态进行还原，经历人类知识再发现的过程。三是"探究推理的智慧"。它是指引导学生经历探究、发现及合情合理推测建构的过程，而不单纯是获取知识的结果。四是"沉思自省的智慧"。它是指让学生经历对知识的习得、问题的解决、价值与意义等问题进行沉思、沉淀的过程，深入自省。五是"真正学习产生的智慧"。它强调学生学习发展的"真"过程，重视由"教"向"学"的转变。学习过程必须注重学生的学，这就要求教师既要关注学生是如何学的，又要想办法了解学生学的过程、思的过程。

在教学实践中落实有过程的教学时重点要强调以下几个方面：

首先，情境/具象：还原知识发生发展的原初状态，把抽象的东西形象化地呈现出来，让学习变得更容易。

其次，操作/体验：学生要经历动脑思考、动手操作的过程，而这个过程是基于个人经验的亲身参与的过程，是发现、探究、建构的过程。

最后，对话/省思：学生要开展与自然、与自我、与他人、与文本的

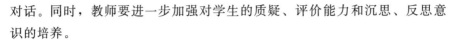

对话。同时，教师要进一步加强对学生的质疑、评价能力和沉思、反思意识的培养。

3. 有个性的教学

有个性的教学要尊重学生差异，要基于学生差异展开，不搞"一刀切"，不追求完美，要因材施教。学生的学习差异主要表现在社会文化、民族、性别、家庭以及学习的兴趣、速度、适应性、起点、认知风格等方面。因此，学校应在不同学科集中探索学习进度模式、课题选择模式、学习起点模式、学习顺序模式等不同教学方式，从而适应学生的学习差异，满足学生的不同学习需求。

（三）率性教育的实施保障

率性教育观念的制度化，需要从学校管理、教师队伍、空间环境等各个方面做出与学校理念协调一致的改革举措。

1. 管理上打破完美主义

学校管理要注重尊重个性，关注差异，防止因教育过程管理的严密化对个性造成的压抑。有根源、有过程、有个性的教学要与发展性评价有机结合，相互促进。

2. 培养"率性教师"

学校对理想的"率性教师"提出了有情怀、有人格魅力、有功夫、有风格、有研究的要求。

有情怀：要有不仅当教书匠，还要当教育家的理想情怀，要有自己的教育哲学。

有人格魅力：即公正、耐心、尊重、阳光、真诚、民主及仁爱。

有功夫：要有所教学科的知识功底、技能艺术及学习功夫。

有风格：教学是创造的事业，要从实际出发，走出属于自己的道路。

有研究：要有进行原生态的小微课题研究的能力。

3. 开放的空间环境保障

率性教育实施对空间环境最核心的要求就是"开放"，从而给予儿童更多的自由空间。在空间规划上，学校可以通过建立开放式的教育建筑，尤其通过走廊空间与普通教室的一体化、开放化等，为率性教育实施提供便利条件。

刻着中国文化基因印记的"率性教育"，创造性地对小学儿童教育做出了大胆探索。这种探索既有对未来学校存在样态的大胆想象，又有对其理论合理性的小心求证，更有对解放儿童、对儿童主体性能量的客观冷静观察。我们深知始生之物，其形必丑，"其作始也简，其将毕也必巨"，吾辈将一如既往探究并跂望着。

参考文献

[1] 霍布斯鲍姆，兰格. 传统的发明 [M]. 顾杭，庞冠群，译. 南京：译林出版社，2004.

[2] 郑玄. 礼记正义 [M]. 上海：上海古籍出版社，2008.

[3] 孙希旦. 礼记集解 [M]. 北京：中华书局，1989：984.

[4] 滕大春. 卢梭教育思想述评 [M]. 北京：人民教育出版社，1984.

[5] 陈鹤琴. 陈鹤琴全集：第二卷 [M]. 南京：江苏教育出版社，1989.

[6] 史宁中. 数学的抽象 [J]. 东北师大学报（哲学社会科学版），2008（5）.

[7] 于伟. 儒家的濡化与国民性问题再思 [J]. 教育研究，2016（6）.

[8] 阿克塞尔罗德. 合作的复杂性：基于参与者竞争与合作的模型 [M]. 梁捷，高笑梅，译. 上海：上海人民出版社，2016.

[9] 康德. 论教育学 [M]. 赵鹏，何兆武，译. 上海：上海人民出版社，2005：3.

[10] 刘晓东. 儿童精神哲学 [M]. 南京：南京师范大学出版社，1999：3.

[11] 达尔文. 人类的由来 [M]. 潘光旦，胡寿文，译. 北京：商务印书馆，1983：111.

[12] 宋健. 人性兽性：科考人本 [M]. 北京：人民出版社，2015：90.

[13] 于伟. 儿童的意蕴与率性教育 [N]. 中国教师报，2015-08-12.

[14] 史宁中. 关于教育的哲学 [J]. 教育研究，1998（10）.

[15] 史宁中. 试论教育的本原 [J]. 教育研究，2009（8）.

[16] 于伟. 教育就是要保护天性、尊重个性、培养社会性 [J]. 中国教育学刊，2017（3）.

[本文原载于《教育研究》，2017 年第 5 期]

教育就是要保护天性、尊重个性、培养社会性

教育的终极目的是实现人的发展，理想的教育应该是符合儿童身心发展规律的教育。《中庸》在开篇就提出："天命之谓性，率性之谓道，修道之谓教。"意思是说，天赋予人的禀赋是"性"；遵循天性而行动称为"道"；从道入手，修饰品节，就是教化。这句话不仅提出了"教"从何而来，更道出了"教"的依据。教育要遵循儿童本来所具有的身心发展规律和特点，倡导顺其自然、因其固有。

在"互联网＋"时代，《中庸》所倡导的教育要"循性修道"的思想仍然具有极强的现实意义和价值。当前教育现象中有个别功利主义、完美主义倾向，也有注重以知识教育为核心的效率主义，忽视了儿童成长发展的内在规律，消耗掉的是儿童的想象力、好奇心和创造力。教育意味着启蒙心性，意味着善，意味着使人学会"在"。"在"的内涵在于要让中小学生有尊严地生活，使其是个性化的存在，是灵性的存在！教育中的"一刀切""一锅煮"忽视了儿童的特殊性。教育要考虑到人是有个性、有尊严的存在，要在尊重儿童发展规律的基础上展开。童年有其特殊性和独特的价值，不能为了一个尚不确定的未来而牺牲儿童的童年生活。

教育中的完美主义最直接的表现为：学校教育对任何学生都按照统一的标准、统一的要求和统一的步调进行培养。用一条完美的"标准"去框定所有的学生，这在很大意义上是一种可望而不可即的"乌托邦"。以教师或者教育管理者定义好的完美主义标准去要求所有富有个性、经验和自然禀赋等特点的学生，是一种以实现完美之名而展开的"教育暴力"。学校管理者以及教师只有打破完美主义，才有可能顺应儿童天性，保护儿童的个性，为儿童按照自己的"轨道"发展提供可能，最终才有可能使其实现具有个性的和可持续的发展。

2014年，东北师大附小确立了"率性教育"的办学理念，倡导保护天性、尊重个性及培养社会性，让教育真正在符合儿童身心发展规律的基础上促进儿童的发展！

一、保护天性：让教育复归童年

保护天性是率性教育的核心要义。保护天性突出强调的是要保护儿童愿意探究、愿意想象、好问好动的天性。保护天性在小学阶段尤为重要，忽视对天性的保护，就会影响儿童的率真与创造。对于学校教育而言，我们更加关注与学校教育相关性较大的领域。因此，保护天性在这里特指保护人的天性中积极的、具有正向价值的方面，而尽量抑制或克服天性中消极的、具有负向价值的方面。好奇心、学习、爱玩等是公认的儿童天性，是我们所倡导的保护天性的核心内容。当前，小学教育中的一些做法与孩子的天性相违背。例如，要求儿童在上课、行走、站队的时候坐齐、站齐等。"齐步走""整齐划一"虽然符合我国传统的审美观，但是如果带入小学低年级的学校教育中就变成了对天性的摧残，是小学教育中应该摒弃的做法。

儿童天性好问，这源于儿童对未知世界的好奇。可以说，好问与探究是启迪儿童的智慧之源。儿童经常会提出一些成人无法回答的问题，如："什么是政治？""为什么有男和女？""为什么有贫穷和富裕？"东北师大附小的教师针对一年级学生，利用"问题树"的方式收集了 1 700 多个问题。这些问题涉及与儿童自身生活相关的自然现象、天文、历史、哲学和社会常识等诸多领域。通过对这些问题进行分析，我们发现，我们可以把儿童提出的感兴趣的问题可以划分为现实性问题、想象性问题、哲学类问题以及前沿性问题等几大类。儿童提出的问题不仅千奇百怪，而且有些问题是非常根本性的问题。例如，有的孩子问道："爸爸妈妈为什么要去上班？我为什么要去上学呢？"好问、好探究是学习的起点，更是创造的起点，也为持续学习、持久思考提供了内在动力。这让我们进一步反思如下问题：我们的教育教学是否给予了学生充分想问题、提问题的机会和时间？我们的学校教育是否回应了儿童提出的问题？是否满足了他们的好奇心和求知欲？我们的教学能否以儿童的问题作为起点？这些都是需要我们在实践中思考的。

好玩好动是儿童的天性。东北师大附小首任校长王祝辰先生早在1936 年就提出了顺应儿童天性的观点，认为儿童有动的本能，活泼好动是儿童的天性，所以教育者应当顺应或利用儿童这种本能，正视儿童这种"动"的本能，释放儿童活泼好动的天性，这样才能让教育真正走近儿童。东北师大附小的教学楼，最窄的走廊都达到了 6 米，宽的甚至达到 8 米，每个教室面积至少都达到了 90 平方米，大的可以达到 140 平方米。每一个教室都不设门，教室的墙带有滚轮，可以推开。这些宽大、灵活的设计都遵循了孩子好动、爱玩的天性，他们喜欢时不时地上躺一会儿，或者四处跑动。学校一年一度的校节成了儿童最为快乐的节日，而如何玩得好、如何玩出花样则成了校节中每个班级的创意焦点。水枪大战、户外 CS、保龄球比赛、金钩钓鱼等游戏让孩子们乐在其中；小小美容师、发型师、育婴师、考古专家的微体验等为儿童开启了探索世界、了解社会、与人交往的独特而又充满趣味的旅程；欢乐购物街、跳蚤市场等社会实践活动真正实现了跨年级、跨班级的异龄交往，让校园灵动而鲜活！

儿童学习的过程并非如成人想象得那样简单，然而成人降低了儿童学习的难度。在课堂教学过程中，学生的学习过程被代替、修正、缩短。这些做法都是违背儿童天性的。东北师大附小在遵循儿童天性的基础上，更注重开展儿童是如何展开学习的过程性研究，倡导实施有根源、有过程的教学。

"有根源的教学"是指要挖掘本源，让教学有据可依。教学活动要注重挖掘知识的来龙去脉，追溯知识的本源，遵循儿童学习的规律和特点。只有这样做，才能准确把握教学规律。只有深谙知识的来龙去脉，才能让教师的教学游刃有余，真正实现"用教材教"，而不是"教教材"，而这就意味着要从真、善、美的角度来理解教育，意味着要用世界的眼光、本土的情怀来理解教学。

"有过程的教学"是指教学应体现学生的学习和成长过程。首先，要对知识产生的环境、原初状态进行还原，经历人类知识再发现的过程。教师的课堂教学要努力还原知识产生、发展的情境，尽可能让学生经历知识、概念、原理产生的过程，并让这种先验的知识转化为学生可经验的、可发现的、可探究的知识。其次，要重视归纳。教学应从个别出发，从经验出发。归纳是从个别到一般的过程。人类认知世界的过程就是从个别到一般的过程，所以归纳的过程与儿童认识世界的过程具有相似性。重视归纳，对于培养儿童的创造性、保护儿童的好奇心以及激发儿童想象力具有重要的意义和价值。最后，强调学生学习发展的"真"过程，促进由"教"向"学"的转变。学习过程必须注重学生的学，这就要求在教学过程中，教师既要关注学生是如何学的，又要想办法了解学生学的过程、思的过程。

二、尊重个性：办适合学生的教育

尊重学生的差异，即尊重学生的生理、心理、学习方式和环境背景等多方面的差异。这就要求学校的管理方式、教育教学评价方式要打破整齐划一，要严而有度，不能对学生苛求。个体之间最明显的差异表现为生理和心理之间的差异。生理上的个体差异，表现在性别、身高、体重、相貌、体能（耐力、爆发力、平衡性、柔韧性等）等方面；心理上的个体差异，一般表现在动机、兴趣、信念、能力、气质和性格等方面。从教育角度看，学生之间的个性差异体现在性格、情绪及行为的调控能力、同伴交往的意愿及方式、对权威和规则的理解等方面。从教学的角度看，学生之间的个性差异体现在学习速度、学习能力（学习动机、学习态度、学习方式、认知方式等）、兴趣爱好和生活经验等方面。

率性教育以尊重学生个性为基础，旨在促进学生个性协调发展，从而实现更好地发展学生的社会性教育目标。从教育公平的角度看，尊重个性意味着真正意义上的教育机会均等；从教育发展的角度看，尊重个性意味着我们的教育是面向未来的教育；从教育哲学的角度看，尊重个性意味着我们的教育是真正的人本主义教育，即以人为出发点，走向人的自由这个终点。那么，如何才能让教育真正尊重儿童的个性，办出最适合学生发展的教育呢？对于这一问题的追问需要回到儿童的立场上去思考和行动，重新清晰、明确"儿童意味着什么"这一本源性问题。

第一，儿童是哲学家。柏拉图在《泰阿泰德》中说："惊讶，这尤其是哲学家的一种情绪，除此之外，哲学没有别的开端。"[1]儿童就具备哲学家所说的表达对万物惊讶的本事，因此，儿童被称为哲学家！对于"儿童是哲学家"的基本认识启发广大教师要充分尊重儿童，信任儿童。我们需要为儿童搭建合适的平台去支持其发展，而不是对这种"哲学天赋"视而不见。东北师大附小进行了将儿童哲学与课堂教学进行有机整合的尝试，在课堂上开展关于不同哲学话题的儿童对话。例如，引导学生对"特修斯之船"所引发的同一性问题进行讨论，而不同年级的学生在讨论过程中也展现出了不同的思维水平。一年级学生对于"特修斯之船"同一性问题的讨论，充满了思辨意味，讨论的角度涉及数量、历史、意义、时间、材料、结构等。除了材料、结构等表象的内容外，四年级学生更多地关注精神、灵魂、历史以及时间和空间上的延续等问题，在短短一节课的时间内讨论也更为深入、细致。五年级学生对于同一性问题，讨论的广度基本接近成年人，可以对材料、价值、本质、历史、灵魂、使命等概念进行合理应用，可以对到底哪一段历史才算是真正的"特修斯之船"的历史进行概念定义，具有了把材料（数量比例、旧材料的意义）、历史（时间、古代的历史、现代的历史）、使命（使命转变）、灵魂、表现形式等作为判断标准的能力。

第二，儿童是艺术家。所有的孩子都有一种通过涂鸦的方式表达对世界的理解的愿望。每一个儿童都是艺术家，喜欢涂涂画画，一粒石子、一块小砖头或者一小段树枝都可以成为儿童进行艺术创造的工具。绘画、涂鸦是儿童内心世界个性化的表达，是创造力、想象力的展现，更是儿童认识世界、理解世界的独特过程。因此，学校应该是充满涂鸦、童趣和游戏精神的地方。

第三，儿童是梦想家。童年是想象力发展的黄金时期，而想象力是创造之基。梦想给了儿童无限的想象空间，儿童的梦想空间甚至可以超越成年人。梦想可以使儿童进入一个比现实世界更有诗意也更为宏大的世界。"儿童生活在梦想的世界，浸润在梦想里。儿童是诗人、艺术家，他们诗意地栖息在大地之上。梦想给了儿童诗意，也给了他们自由。"[2]学校应该是神奇的"梦工场"，应成为促进儿童想象力、创造力发展的乐园。

小学阶段的教育应充分注意儿童在兴趣、需要、意志等方面的差异，学校所组织的教育活动应尽可能地发现差异，利用差异，为学生的个性健康发展提供空间，搭建平台。如，班级管理、体育节、科技节、校节、社团活动等，都要尊重不同年龄阶段学生性别、兴趣等方面的差异，关注学生个性化的需要。为此，学校一直强调学校整体规划部署与年级自主相结合，其目的就是始终依据不同年龄学生的差异设计出适合的教育活动。

在教学方面，学校一直倡导要让学生经历从不理解到理解的真正的学习过程。这种观念下的教学必须是一个等待的过程，是一个允许出错的过程。教学要实现由"教"向"学"的转变，最为关键的是要基于学生的学习速度、学习能力、学习兴趣设计出具有个性化的学习模式。同时，学校在不同学科集中探索了学习进度模式、课题选择模式、学习起点模式、学习顺序模式等不同学习模式，以适应不同学生的学习差异，满足不同学生的学习需求。

三、培养社会性：为学生成为合格公民奠定基础

率性教育所强调的培养社会性，即培养学生的自主精神、合作态度、

规则意识和责任观念，为学生未来成为合格公民奠定基础。

在学校教育中，社会性的过程主要蕴含在知识技能的习得、行为规范的养成以及价值观念的形成过程中，而这也就界定了社会性在内容范畴上包括知识技能、行为规范和价值观念。立足于全球化社会以及"互联网＋"的时代诉求，为了中国梦的实现，培养儿童具有现代公民的基本品格显得尤为重要。为此，学校在继承与发扬优良办学传统的基础上，将社会性的培养确定为"为学生未来成为合格公民奠定基础"这样的价值定位，其目的就在于让儿童经过小学阶段的教育，具有成为合格的社会公民的基本素养和基本条件。

学校社团活动的开展关注儿童社会性的发展规律。学校社团活动把有共同兴趣和爱好的学生打破年级界限组织起来，让学生自发组织、自愿选择以及自主管理社团。学校各校区共开设社团近百个，学生自主选择社团、设计社团标志、招募团员、开展活动、展示汇报等，这些对保护儿童兴趣、发挥儿童特长、发展儿童交往能力有较大的促进作用。社团组织打破了原有的固定的班级空间，让学生活动超越班集体的限制，拓展了学生的学习内容。自主组建社团、自主规划、自主管理让学生有机会参与到活动的设计与实施中。一方面，锻炼了学生的思考、策划和组织能力；另一方面，这种参与权的赋予和下放，让学生感受到了责任感，提高了学生的主观能动性。

学校依托社会资源积极开展小学生职业微体验活动，开展职业生涯指导，为学生认识自我、发展兴趣特长、了解职业环境、适应未来社会发展搭建平台。小学生有机会走进大学，走进科研院所，走进各类企业，通过观察、体验、交流等活动感受不同行业和不同职业的特点，丰富了人生的经历。职业生涯指导的微体验活动让学生感受到了未来职业的多种选择，是学生体验社会、培养自身社会性和提高社会化程度的有效途径。

总体来说，保护天性、尊重个性、培养社会性的目的是让儿童的发展在自然的天性、后天形成的个性和社会化之后的社会性之间求得有机的统一与平衡，进而实现全面发展。因此，忽视其中任何一个方面，都会造成片面发展。可以说，失去了对天性的保护，就难以发展儿童的创造性；疏于对个性的尊重，就容易使儿童失去自我；过分追求对社会性的培养，就容易造成对儿童的压抑。因此，对这三者关系的处理不可有失偏颇。

教育要保护天性、尊重个性以及培养社会性，这体现了我国古代教育哲学思想与现代儿童发展观念的契合，是基于东北师大附小办学传统与改革历程生发出的教育理念，更是汲取本土教育智慧，解决当前基础教育问题的一种尝试。因此，希望我们的思考和实践，可以让孩子们获得更好的发展，享受更优质的教育，使学校成为学生愿意学习、学会学习、学会成长的地方。

参考文献

[1] 柏拉图. 柏拉图全集：第二卷 ［M］. 王晓朝，译. 北京：人民出版社，2003：406.

[2] 于伟. 儿童的意蕴与率性教育 ［N］. 中国教师报，2015-08-12.

［本文原载于《中国教育学刊》，2017 年第 3 期］

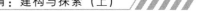

一位小学校长的教育哲学之思与本土行动

率性教育视域下看儿童发展，童年期的教育有童年之美，童年期不是哪一段生活的"前奏"，没有哪一个阶段是最重要的。从率性教育角度看待生命就像季节，每个季节都有迷人之处。

儿童意味着什么？在互联网时代、后喻时代和少子化时代，儿童的成长环境面临着什么新挑战？如何以哲学的视角研究、关照儿童世界？多年来，我主要的研究方向和兴趣在教育哲学领域。偶然的机遇让我来到小学工作，促成了与儿童的相遇。从大学教授转身为小学校长，自然会面临诸多新课题，我结合多年的学术研究，提出了自己的一些思考。

比如，我认为，我们既要给学生一个分开的世界，如语文讲语文的世界，数学讲数学的世界，还要给学生一个完整的世界——世界是我的教室，世界是我的教材；我眼中的教师，既像演员、医生、牧师，又像科学家；我们要追求有根源的教学，要研究"道"；思想产生的场域不再是图书馆，而是课堂……

如今，我一个人的思考，已经成了一个团队的思考，成了一所学校的思考。

一、率性教育：保护天性，尊重个性，培养社会性

从接任附小校长到"率性教育"正式提出，仅用了不到两个月的时间，但关于率性教育的思考，却整整持续了15年。我一直非常重视我国传统教育哲学研究，因为这是我们的文化之根、之魂。

"率性"这个词，最早来源于《中庸》。《中庸》开篇的三句话："天命之谓性，率性之谓道，修道之谓教。"这三句话表达了天性、人性和教育的关系。我将"天命之谓性"中的"性"解释为儿童与生俱来的生理和心理发展规律、特点，"率性"便是遵循这个规律，而教育就应该遵循这个规律去促进和改变一个人，这就是保护天性、尊重个性、培养社会性的教育。

保护天性，是保护儿童愿意探究、愿意想象、好问好动的天性。忽视

对天性的保护，就会影响儿童的率真与创造。尊重个性，是尊重学生的差异。东师附小近 70 年的历史，其重要的积淀就是尊重学生的差异，所以我们要做好传承工作。我们的管理方式、教育教学评价方式要打破完美主义，少搞"一刀切"，不能对学生苛求。培养社会性，即培养学生的自主精神、合作态度、规则意识和责任观念，为学生未来成为合格公民奠定基础。

总体来看，率性教育倡导遵循儿童的发展规律来办教育。在率性教育视域下看儿童发展，童年期的教育有童年之美，童年期不是哪一段生活的"前奏"，没有哪一个阶段是最重要的。从率性教育角度看待生命就像季节，每个季节都有迷人之处。

二、儿童是哲学家

有人曾问皮亚杰："你为什么那么重视儿童的认知、儿童的道德判断、儿童的逻辑能力呢？"皮亚杰回答："我研究的是小康德。"即儿童可以提出哲学家们经常思考的问题，儿童有自己的哲学。二十年来我一直关注儿童哲学。2014 年，我主编的全国百所高校规划教材《教育哲学》一书中，曾专门列了一章谈儿童与儿童哲学。来到附小之后，我一直在思考如何将我的学术专长与我的办学实践结合起来。

儿童是哲学家，好问、探究是儿童的天性。柏拉图在《泰阿泰德》中说："惊讶，这尤其是哲学家的一种情绪，除此之外，哲学没有别的开端。"然而，惊讶绝不是少数成年人的专利，儿童天然地具有这种可贵的情绪，他们对自己和世界都怀有无限的惊讶与好奇，因此他们不断问为什么，提出"我是谁""我从哪里来""世界是什么"等根本问题。

率性教育提出的一个重要的依据就是"儿童是哲学家"。附小正式提出"率性教育"后，我对儿童成长与发展的研究也从理论走向了实践。2015 年 6 月，附小承办了一次学术会议，即儿童哲学与儿童教育高峰论坛。会上，我以"儿童的意蕴与率性教育"为题做主题发言，围绕儿童意味着什么、什么是率性教育、为什么要提出率性教育等几个问题和与会代表进行了交流。至此，"儿童哲学与儿童教育"首次进入全国教育哲学学术委员会的学术视野，标志着我们的儿童哲学研究工作获得了国内诸多专家的认同。

2016 年 9 月，哲学与幼童——第二届儿童哲学与率性教育高峰论坛在附小召开。本次会议的主题为"儿童之问、之思、之学"，我做了题为"我，我们与儿童哲学研究"的主题报告，向与会代表整体介绍了儿童哲学研究的探索历程，提出了东北师大附小倡导以哲学的视角研究、关照儿童世界，以全学科探索儿童之问、之思、之学的方式推进研究，以发现问题、提出问题、归纳思维、想象力的发展为目标追求。我们还以纪要的形式向大会汇报了关于儿童哲学在教学实践层面的原生态研究工作。这项工作标志着我们关于儿童哲学的研究正式由思辨进入实践，从宏观进入微观。

三、我的理想课堂

学校的所有秘密都蕴藏在教学过程里。到附小两年，我听了400多节课，可以说有价值的东西都是在听课过程中以及和老师们互动交流的过程中产生的。

我认为，当前教育或教学中的一个突出问题是缺乏"过程"的教育，具有强烈的结果导向，一方面是"速成的教育"，忽视了儿童发展的过程性和阶段性，用结果评价发展；另一方面是"功利的教育"，忽视了儿童长远的、可持续性的发展，用短期目标预测发展。因此，我们提出教育需要有等待儿童的过程、允许出错的过程以及给孩子时间的过程。这才是孩子探究、发展的过程。

另一个突出问题是普遍重视从一般到个别的演绎教学，缺少从个别到一般的归纳教学。小学教学内容是人类经验筛选的结果，我们看"1＋1＝2"很简单，但这不是孩子发明的，而是前人发现的结果。所以，课堂教学要努力还原知识产生、发展的情境，尽可能让学生经历知识、概念、原理产生的过程，让这种先验的知识转化为学生可发现、可探究的知识。因此，我们提出"有根源的教学"，即我们的课堂要把握知识的根、儿童发展规律的根和教学方法的根。这样的课堂教学是真正体现了知识本质的教学，是真正具有学科特点的教学，是培养学生学习能力和思维品质的教学。

人和人是不一样的，然而课堂教学是让不同的人在相同的空间和时间内接受相同的知识。这个问题怎么解决？在目前的条件下，我们提出课堂教学要尊重学生的差异，要基于学生的差异展开教学。教师要充分研究、了解学生差异，要努力让我们的课堂为每个孩子保留相应的空间，让每个孩子都能有自己的兴趣点、探索点和增长点。

基于以上认识，我们在"率性教育"基础上提出了"率性教学"，有根源、有个性、有过程是它的本质特征，核心在于课堂教学要遵循知识发生发展的规律、儿童发展的规律以及教学方式方法演进的规律，最终使儿童愿意学习，学会学习，学会成长。

四、一所学校的方法论

现在有流行一个普遍的说法，即：校长是学校的灵魂，一个好校长就是一所好学校。在我看来，这话说得不够全面。

一所好学校，如果没有一个优秀的教师团队，再好的校长也是独木难成林。我是学者出身，学者提出一个理论构想很容易，只要能自圆其说就可以了，但是在实践中提出一个思想是非常困难的。这需要十分谨慎，同时要思想开放，说出来的话要经得起实践的考验、历史的检验。所以，我提出率性教育之后，提倡老师们和我一起思考和研究。

第一是本土情怀。我们是在中国办教育，是为国人办教育。因此，对我国教育文化传统耳熟能详是立足点。率性教育的提出就源于我们几千年教育传统的文化自信。每一所老校的未来发展必须从历史中寻找依据。我们东北师大附小有着近70年历史，在梳理历任校长资料的时候我们发现，1950年担任校长的王祝辰先生，这位燕京大学的研究生在1936年就提出了一个重要教育思想——尊重儿童的天性。这为率性教育办学理念的提出提供了很好的史料支撑。

第二是面向未来。教育是面向未来的事业，在"互联网＋"时代，我们应时刻关注高技术等人机关系、人己关系对我们的影响。

第三是追踪学术前沿。优质的教育离不开一流的教育研究支撑。附小的老师，有世界眼光，不满足于课标、教科书和教参的要求，几十年如一日地一直在关注国内外最前沿的研究，如脑科学、神经教育学的最新进展等。

办教育离不开研究和行动，思考得越深入，研究得越透彻，我们的教育行动才能越有效。

校长是思考的行动者，是行动着的思想者。一个校长，不能满足于仅仅是政策法规的执行者。

教师是有实践智慧的匠人，教师的实践智慧来自行动与反思。

一所好的小学应当是神奇的梦工厂，是孩子们心中梦想的乐园，是思想、智慧激荡的沃土。这样的学校，需要每一位老师用仁爱之心善待学生，要学会倾听、等待和宽容。只有这样的学校培养出来的人才能真正成为愿意学习、学会学习、学会成长的人。

[本文原载于《人民教育》，2017年第5期]

倾听儿童的声音，寻求共鸣性理解

伴随着国际上日益倡导的"评价促进学习"理念的深入，人们逐渐认识到教学与评价是一个过程中的两个方面。评价不再被看作教学过程终结之后的一个环节，或凌驾于教学过程之上的活动，而是被看作教学过程之中的一个部分，与教学、学习一起构成了三位一体的整体。教学一旦开始，教师就需要完成两项任务：第一，执行已经制订好的教学计划；第二，不断评估学生学习的实际情况和教学进展。只有这样教师才能及时准确地掌握学生真实的学习效果，并通过对教学计划进行调整来促进学生学习。阿莱萨指出，教师在教学过程中的任务存在两个隐喻：在某些方面，把教师看作兼职演员是恰当的，他们的任务就是观察"观众"对其教学表演的反应。于是，教学开始之后，教师就卷入了没有止境的观察、评估教学进展与反应的过程中了。[1]

在课堂教学中最常见的是形成性评价。形成性评价是指其结果能够指导以后的教学与学习的评价。形成性评价可以是观察，也可以是一节课上教师的一两句的总结，或者提出相关的问题，描述学生在课堂上的反应。它是在教育活动中展开的一种过程性评价。形成性评价最大的价值就在于在课堂中能够及时诊断、发现学生学习中存在的问题，并能通过教学策略的调整纠正问题，改善学生的学习效果。这种评价是最具现实意义的促进学习的评价方法。

形成性评价对于儿童的重要意义在于获得"共鸣性理解"[2]。评价不再是一种教师与学生单向、冰冷、简单的评价与被评价之间的关系，而是基于课堂教学目标、教学内容的互动。提倡形成性评价的目的在于让老师更加理解儿童、读懂儿童、激发儿童并引领儿童。这也就意味着课堂上教师不仅要观察学生语言、行为的表象，更重要的是探索其背后的原因；不仅要关注课堂教学目标的实现，还要有对儿童长远发展的关注；不能用僵化的观念去看待儿童，要用持续发展的观念促进儿童的发展。在原生态的课堂情境中，教师对学生的形成性评价主要是通过与学生的对话、交流来实现的，具体包括提问、对话、指导等。本文将以课堂教学案例作为研究对象，分析、梳理教师课堂形成性评价促进学生学习的策略与路径。

一、评价的前提：倾听学生真实的声音

传统的学习评价具有强烈的管理主义色彩，教师、学校作为评价的主体，学生作为评价的客体，而这种被动、被评的角色让学生很难在评价过程中表达真实意愿。教师在课堂教学情境中运用形成性评价时要关注儿童在学习过程中真实发生的问题，将学习过程中儿童所表现出的方法、能力、过程、情感、态度作为评价的对象，并做出即时性的评价与反馈。师生的对话交流的情境性、生成性、不确定性等要求教师专注而持久地观察、倾听儿童，这样才能获得准确的评价信息，为教学判断和决策提供依据。

1. 提出问题后的 3 秒等待，体现了对儿童的尊重

课堂提问是教师了解、评价学生学习情况的重要方法。我们经常看到很多课堂上，教师提出问题后直接就让举手的儿童回答，而那些仍然在思考过程中的学生则失去了深入、独立思考问题的机会。因此，应使学生有时间思考并组织答案。在附小的课堂上，我们倡导教师口头提出问题之后，要保持 3 秒左右的等待，教师的"等一等没有思考完的同学"或者"慢慢来，你还有时间"都是给予儿童充分的思考机会，放慢学习过程，也是对儿童学习差异的一种尊重。从中可以看出，教师需要了解、掌握的不是儿童一闪而过的思考，而是在充分的思考基础上做出的应答。

2. 观察、倾听、记录为评价提供真实、生动的信息

课堂中的形成性评价往往是现场性、生成性的，教师既要关注教学目标的进度，又要关注学生现场的反应，并做出相应的决策和调整。也正是因为一个过程中的两面性，所以有些教师在教学过程中缺少对儿童学习过程和效果的关注，在倾听、交流的过程中流于形式，有时候的"听见"不等于"听懂"，也就无法发挥形成性评价的作用。

评价学生，最首要的是要关注"人"，教师要学会观察、倾听，并记录儿童的行为和语言。

下面这段课堂对话体现了教师对于儿童语言的倾听与记录。

师：下面就请同学们自由读一读这七首诗词（《清平乐·村居》《幼女词》《池上》《小儿垂钓》《宿新市徐公店》《所见》《古朗月行》），谈一谈这些诗词中的儿童给你留下了怎样的印象。

生1：我觉得这些诗词里的小孩都是有理想的。【板书：有理想】《清平乐·村居》里的小儿是"无赖"的；《幼女词》里的小孩在"拜新月"；《小儿垂钓》里的小孩在钓鱼；《宿新市徐公店》里的小孩在"追黄蝶"；《古朗月行》中，诗人李白就特别喜欢月亮。

师（慢慢地说）：所以你认为他们都是有理想的，为什么这么说？

生2：我感觉这些都属于他们的一个爱好。【板书：爱好】《小池》中的孩子迟早要被抓到；《幼女词》也有一个时间的问题，只有在夜晚能拜新月。

师：看来对于"理想"这个词，我们还要进一步加以理解。你有理想吗？你的理想是什么？

……

师：听了同学们的发言，再来想想用"有理想"来形容是否合适。

生3：他们说的都是孩子的行为，而不是理想。

语文老师提出问题：谈一谈这些诗词中的儿童给你留下了怎样的印象。儿童根据个人对文字表面意义的理解提出了这些古诗词中的儿童是有理想、有爱好的这样的观点。虽然这个问题的答案有失偏颇，但是教师仍然认真倾听，并将儿童的观点记录在黑板上。儿童对于这类问题的理解是多元的、个性化的，教师在倾听儿童回答的过程中，在试图理解这种"不太恰当"的表达背后的合理性，并通过追问的方式引发学生对"理想"内涵的理解与思考，帮助学生加深对问题的理解，从而促进学生对古诗中儿童形象的理解。

评价要以尊重人作为前提和基础。尊重儿童、等待儿童、倾听儿童体现了课堂教学中形成性评价过程中的生本取向，是彰显人的价值、培养人高尚品格的过程。

二、评价的过程：基于深度对话的理解

评价的主体与客体在评价活动中是相互对应、相互依存的。在课堂教学情境下，师生之间需要寻求在价值判断上的一致性才能提高评价的有效性。课堂教学中的教学评价的过程的根本目的在于促进师生之间在交往过程中的理解，这种理解就是要理解儿童的学习困难，理解儿童思考过程以及由此得出的结论。以往，我们仅对儿童的学习效果做出评价，而课堂教学中的形成性评价则关注了儿童学习的全过程。理解的产生要基于师生之间的深度对话。为此，在师生对话过程中，作为具有教学和评价双重身份

的教师要做到以下几点：

1. 发现学生的困难之处，并给予支持和引导

教师在进行形成性评价的过程中要始终明确每一个课堂教学的评价所对应的教学目标，并据此判断教学目标的达成情况。学生在哪些方面有学习困难是形成性评价过程中教师要重点获取的信息，也是师生之间寻求理解的关键。在小学阶段，学习内容的抽象性、先验性对儿童个体来说是困难的。从某种意义上说，儿童学习的过程就是克服、解决认识上、经验上的困难的过程，而评价就是发现儿童的困难之处，并给予支持和引导的过程。因此，发现并理解儿童学习之难，对于评价、改进教学具有重要的意义和价值。

2. 努力了解学生的思维过程

形成性评价与终结性评价最大的区别就在于形成性评价关注的是学生学习的过程。儿童思维发展的过程是内隐的，这也是为什么评价始终无法穿越所谓"思维黑箱"的屏障的原因。课堂教学过程中的形成性评价为教师了解学生思考过程、经验积累过程提供了可能，而评价过程中的好的提问则是了解学生思维过程、提升学生思考深度的重要途径。

以长方形面积这一课为例，教师在课堂上设计了用小正方形测量长方形面积的测量活动。活动后，教师设计了小组汇报的环节，并提出问题："哪个小组愿意把组内测量的过程和方法跟大家进行交流和分享？"从老师的提问可以看出，教师并没有马上关注测量的结果，而是关注学生测量过程中所运用的方法以及学生对测量过程的描述。

给学生充分展示思考过程还只是走进学生、理解学生的初始阶段，教师要在与学生的深度对话过程中挖掘学生思考的依据以及展开的过程，解读并梳理学生的思维过程，这样才能真正发挥教师评价对于全体学生的教育价值。比如，当学生同样求解出长方形面积结果的时候，教师追问，具体如下：

师：你们小组和之前那个小组用的方法是一样的吗？

生：我们并没有用面积单位求，而是用格尺量，这样就能知道一行能摆 5 个，能摆 4 行，一共是 4×5＝20，所以它的面积是 20 平方厘米。

师：看到他们用的方法和别人都不一样，别人都是在用面积单位，他们只是测量了长方形的长和宽，就知道了这个长方形的面积是 20 平方厘米。你们是怎么做到的？

生：小正方形的边长是 1 厘米。

师：小正方形的面积是 1 平方厘米，它的边长是 1 厘米，所以通过想象就能知道在这个长方形中摆小正方形，可以摆 4 行 5 列，也可用算式 4×5＝20 来计算。

在这段师生对话中我们可以清楚地看到教师对学生学习过程的深入剖析，当老师发现学生有了新的求解方法的时候，主动追问两种方法的区别，引导学生解释自己的方法。简单的对话中蕴含着丰富的教育意义：首先，教师的提问具有指导性，有助于帮助学生梳理自己的思路，清晰表达自己的观点；其次，教师的问题具有评价的意义，对学生思考方法的多样性做出了肯定性的评价；最后，教师的追问也体现了面向全体的教育意义。因此，教师可以通过小组个人汇报，引发班级全体同学对于方法与方法之间的辨析与判断。

3. 挖掘学生表现的多重价值

课堂教学评价最终要促进人的全面、持续的发展。然而，在教育评价的实践操作过程中也存在个别的急功近利的短视的做法：仅关注知识技能的评价，忽视过程性评价和情感、态度等非智力因素的评价；关注眼前、局部效果的评价而忽视长期的、全局性发展的评价，特别是对儿童创新思维、提出问题、解决问题能力评价的忽视将导致教育方向的偏离。

下面这个教学片段体现了教师在关注儿童对运算道理的理解时也注重问题提出能力的培养。

师：用计数器来计算 25＋4，谁来说说你是怎么拨的。

生 1：我先拨了 25，又在计数器的个位上拨了 4 个珠子。

生 2：你为什么在个位上拨 4 个珠子？为什么不在百位、千位、万位上拨 4 个珠子呀？

师：快给×××（学生名）鼓鼓掌！他提出了一个特别有价值的问题。

师：谁能解释这个问题？

生 3：十位上加 4 个珠子，就是 65 了。

师：十位上加 4 个珠子就是 4 个 10 了。谁还能说说为什么在个位上加 4 个珠子。

……

在教学过程中，教师不仅关注了儿童操作的正确性，还关注了儿童在学习过程中提出问题的能力。

评价，归根结底是对儿童学习过程做出解释和判断，所以教师在评价儿童学习过程的时候，一定要以有利于儿童发展的更广泛、长远的视角认识并解读儿童的学习过程和结果，深入挖掘儿童表现的多元意义和价值，这样才能全面、准确地把握学生的学习情况。

三、评价的目标：改进儿童的学习

标准化的测验只体现了评价对于学习结果的评定和等级划分，从而帮助教师了解学生是否完成了教学目标，但并没有真正成为学习过程中的一部分。教学评价一体化的真正意义在于课堂教学情境下的形成性评价为教师调整教学决策提供了重要的依据，从而让教学与评价之间保持动态平衡。在这样的教学活动中，教师不仅要了解活动目标或者方向，并不局限于教育目标，还要思考在什么样的情境下，利用意想不到的机会提高教育质量。因此，在教学过程中，评价不能止步于对学生学习过程、结果的信息的收集与反馈，要成为调整课堂教学策略与方法的基础，只有这样才能重归基于师生互动而形成的课堂教学的良性状态。

我们仍以《古诗中的儿童》一课为例，教师要求学生默读《幼女词》《池上》《古朗月行》中描写儿童玩乐的句子，并思考这些玩乐的儿童有什么相似之处，然后批注学习卡片上的相应诗句。学生的回答呈现多样化："我发现这些儿童都不太聪明。""我发现这些儿童都很天真，你看《幼女词》的小女不知'巧与拙'。""我觉得都挺笨的。"（众生大笑）【板书：拙】从学生的回答中我们可以看出儿童的思维仍然停留在对诗词字面上的猜测和理解上。如何真正引导学生透过文字理解古诗中包含的意蕴呢？此时教师追问："如果从你们的分析来看，看来作者写这些儿童都是为了讽刺儿童啊！这不是欺负小孩嘛！（笑）别急，老师还有一首诗，是施肩吾写给幼女的。你们再来读一读，试着想想作者想表达什么，想想'天真'和'笨'有什么区别。"教师拿出事先准备好的施肩吾的另一首诗作为教学备用资料，加深学生的理解。教学资料的扩展，对于启发儿童对古诗的理解产生了明显的效果。比如，有的学生说："从这首诗中我感觉到作者是想写儿童的天真，不是在讽刺他们，读起来让人感到这些小孩做的事在作者看来都很有趣。"有的学生说："你想想一个小孩在自家庭院里比比画画，看起来多有意思。"【板书：趣】

针对板书由"拙"到"趣"的变化，教师在进行教学反思时指出，在学习任务出示之后，学生的一边倒的结论让教师感觉到儿童认识上的困难，这时教师及时改变了教学策略，将事先准备好的学习资料提供给学生，为学生理解与思考提供支持，从而达到了预期的学习目标。

长期浸润在小学课堂教学中进行"田野"观察，我们不仅逐步发现了课堂教学中形成性评价促进学生学习的内在发生过程，同时对当前教育评价中存在的问题进行了深刻的反思：

第一，小学阶段的评价要以倾听和尊重为基础。基础教育阶段的评价，特别是小学阶段淡化甄选和评判，突出发展性、诊断性是评价重点。从这个意义上说，评价意味着读懂儿童、发现儿童以及理解儿童。教师愿意倾听、会倾听是理解儿童的重要前提，而尊重儿童是评价过程中构建师生平等关系的基础。

第二，小学阶段的评价要关注过程性目标的达成。评价的最终的目标是促进儿童的学习，发现儿童学习的规律，揭示儿童成长的秘密。然而，学校中多数的测验并不能提供学生得到答案的方式以及过程的相关信息。教师不能仅凭结果来判断学生的思维发展过程和问题解决的过程，以及在这个过程中多种非智力因素所带来的影响。小学阶段，理解学生如何获得答案的过程对于教师的教学决策具有重要的作用，应该成为教育评价的重要目标之一。

第三，小学阶段的评价应该减少唯一性和确定性。教育研究方法论中的普遍观点之一，是对客观性的需要。客观性意味着评价结果的确定性、唯一性。但是，对于倡导回归现实、回归知识产生与发展情境的小学教育来说，简单追求评价的客观性和唯一性会使评价和教育目标相背离。小学阶段的教育评价应该立足于回归现实，用更多开放性、合理性代替唯一性和确定性。

第四，评价研究应该基于原生态的"田野"观察。如何制订评价的目标、确定评价的方法以及对一种评价方法的反思要立足于长期的"田野"观察和行动研究，特别是基于大量数据以及观察证据开发出的评价工具需要反复修改、确认。

在教育评价领域出现众多教育方法、工具的今天，只有深入教学现场，我们才能看到具有广泛现实意义的教育评价的路径和策略，才能让我们感受到具体情境下的形成性、即时性的评价所蕴含的教育实践的本土意义。以评价促进学习，以评价改革推动教育改革，发挥评价的教育功能，是学校教育改革的方向，应脚踏实地地进行探索。

参考文献

[1] 阿莱萨. 课堂评估：理论与实践 [M]. 徐士强，译. 上海：华东师范大学出版社，2008：126—127.

[2] 钟启泉. 读懂课堂 [M]. 上海：华东师范大学出版社，2015：163.

[本文原载于《教育科学研究》，2019 年第 3 期]

一位大学教授的小学教学之问

公开课到底是一种什么课

公开课就像体能测试一样，看一看到底能跳多高，虽然这可能不是你跳得最高的一次，但至少是比较高的一次。

公开课是展示课、交流课。以前，我对公开课是有意见的，担心公开课会有作秀的成分。但客观来说，公开课是很好的交流课，这种交流可以最大限度地展示一位教师可能到达的境界。因为我们不可能每节课都达到这种境界和高度，而且这样要求教师也不现实。

公开课是研究课。公开课一定是站在国内外教育的前沿，在其他教师的帮助指导和个人的努力下往前探索的课，所以无论是内容的选择还是整个教学过程的把握，包括教学设计等，都要体现出前沿性的研究水平和特点。

公开课是反思课。每位教师上完公开课后，都会对自己的课进行正反两方面的反思，尤其需要对应该进一步优化和改进的地方进行反思。这样的反思是下一个阶段提升、完善自己的开始，所以反思非常重要。

公开课是实验课。公开课前的各种设计、尝试就如同实验的设计与假设一样，公开课开展的过程也如同科学实验的尝试，主要目的就是找到更好的路径去发展学生，为学生提供更优质的教育。

公开课是有差异的课。一些学校有非常好的研究传统，有很好的教学模式，虽然不同的教师课堂风格迥异，但归纳起来总会有许多方面就像一家人一样，具有同样的"血统"。但是，我们要立足于研究，对课堂既要有统一的要求，又要给每位教师以足够的自由去做一些具有差异性的探索，而且这样的探索即使失败也是有意义的。

教师角色到底该如何定位

教师的教学不只是给予学生知识、技能，还要为他们指明人生的方向和意义。

"教师意味着什么"是我想了 30 年的问题，到东北师范大学附属小学任职之后就想得更多、更接地气了，在一定程度上可以与一线教师对接了。

教师像演员。教师是特殊的演员，是编剧也是导演，因为教师参与了教材的校本化处理，就像演员一定要对剧本进行个性化处理一样。而且，不仅教师是演员，学生也是演员，师生在课堂上都可以充分展示自己的潜能和才华。

教师像医生。教学的第一位是"诊断"，所以每位教师都应对教学过程进行分析，课堂观察、诊断评价、及时反馈等都非常重要。医生讲究对症下药，而且给人治病的过程需要责任心，需要让病人调养，所以叫"养病"。同样，学生也需要"养"，为什么培养、教养都有一个"养"字？因为"养"需要过程，需要精心。

教师像牧师。教师的教学不只是给予学生知识、技能，还要为他们指明人生的方向和意义。教师可能不经意间就给学生指点了迷津，包括对学生人生观的确立、价值观的引导等。而且，教师要比学生站得高一点，看得远一点，所以叫"登高望远"。学生看不到的世界，教师或许能看到；学生看不见的未来，教师或许能想象到。从这个角度讲，教师像牧师。而且，教师的教学工作很复杂、琐碎，需要有顽强的意志品质，又需要有博大的胸怀，给学生慈爱、关怀。

教师像科学家。第一，每节课、每个单元都有明确的任务和问题；第二，教师对自己的教学有假设、期待；第三，教师进行的尝试有的可能达不到，有的可能还过头了，需要教师根据实际情况去不断调整；第四，都有检验。因为教师不是只上一节课，而是一节一节上课、一遍一遍上课。这些都与科学家的工作类似。

教室也是实验室，是教育实验室，许多实验结果在意料之中。尤其是老教师，闭上眼睛"掐指一算"就能估计出来，但也有出乎意料的时候，而这就是教学的魅力。学生的学习过程，说到底是不断创造的过程。

小学教育教学到底有多难

教学内容是人类经验的结果，学起来有难度；先验的内容跨度大，学起来有难度；课堂教学因为制度化的规定、文明化的过程而具有难度；课堂教学作为有意识的学习过程，与无意识的学习相比更有难度。

经常有人说，难道小学教师还不好当吗？我个人认为，绝对没有那么简单。之所以这样说，主要是基于以下几方面理由。

第一，教学内容是人类经验的结果，学起来有难度。

小学教学内容是人类经验筛选的结果，是人类几千年知识经验的结晶。我们看"1＋1＝2"很简单，但这不是孩子发明的，而是发现的结果，是几千年积累的结果。

对于儿童来说，这些内容就是规定，是先于儿童经验的，即使教师用了许多形象的、直观的、鲜活的方法进行讲授，但许多东西毕竟是先于经验的，甚至是难于经验的，所以教起来并不容易。

第二，先验的内容跨度大，学起来有难度。

先验的内容与儿童之间有距离，这个距离有时甚至可以用"断裂"来形容。

经验和先验之间跨度大。说到底，先验的东西对于成人来讲都很难，比如数学、语言文字方面的内容，何况是孩子。我们给孩子讲的基本都是历史上的内容，但孩子生活在现代，这也是造成学习有难度的原因之一。

从个别到一般的跨度大。教师给孩子讲的知识基本都是一般性的，但孩子能接受的基本都是个别的。比如，与孩子讲"水果"这样的一般性概念就稍微困难，孩子很容易理解成"苹果""鸭梨"等。

从具体到抽象的跨度大。比如语文教学中，尽管文字组合起来表达的内容是具体的，但文字对孩子来说是抽象的。

综上可知，我们认为简单的东西，对孩子来说可能很难。

第三，课堂教学因为制度化的规定、文明化的过程而具有难度。

我们的教育过程是一个制度化的逐渐向前推进的过程，教什么并不与孩子们商量，教师的选择权也小。制度和自由就是一对冲突，孩子天性爱自由，但是制度在一定程度上来说束缚了孩子的自由，让他们产生压抑。

教学是文明化的过程，文明在一定意义上就意味着对人的本能、本性的压抑。比如吃饭，小孩小时候愿意用手抓，学会用筷子、不掉饭粒的过程，可能要经历挨批评、被训斥等，这就是文明化的过程。

第四，课堂教学作为有意识的学习过程，与无意识的学习相比更有难度。

小学的学习是一个有意识的过程。儿童在一两岁时学习语言的过程也很难，但因为是无意识学习，所以孩子并不觉得难。比如，汉语非常难学，孩子到了一定年龄后基本能听懂，能说出来。但是，小学的学习是有意识的学习，人有意识地做事情就容易疲劳。看电影为什么不觉得疲劳？因为许多时候是无意识的。有意识的学习容易使人失去学习兴趣，产生疲劳、焦躁等问题。因此，我才常常鼓励教师要激发儿童的学习兴趣。

教学个性和共性之间有什么关系

不论从教师还是学生来看，教学共性是第一位的，个性占的比例比较小，但恰恰是个性能使人与人区别开来。

就课堂教学究竟要关注共性还是个性这个问题，我想应该是这样：不论从教师还是学生来看，教学共性是第一位的，个性占的比例比较小。

教学首先是面向大多数学生，是为了大多数学生。我们讲个性，不是只盯着个别，是指在面向大多数学生的同时要做到眼中有个别，眼中有差异。

如何看待教师的个人风格？对教师来说，要形成自己独特的教学风格，关键是要学会独立思考。我们学校进行"优师阶梯工程"建设的一个重要目标，就是让教师们有校本化的教学风格，有学科的教学风格，有年级的教学风格，有自己的教学风格。

坚持独立思考很重要。教学之所以有魅力，就是因为我们需要不断地研究新情况、新问题，我们要不断地想，不断地创造。孩子每天都有新想法，时代每天都是新的，不研究就跟不上。

从我个人来说，做教师30多年，虽然是大学教师，但我觉得是有相通之处的。我个人不愿意重复已有的内容，总要换个角度，要有新东西，不然自己都觉得乏味。所以我觉得，强调有个人风格的目的还是想更好地创造，更好地摸清教学规律和学生成长规律。我们每一位教师，都应该为之不断努力。

教学的关键是什么？教学其实是时间的艺术、火候的艺术、度的艺术。教学规律中很重要的一点就是时间怎么把握，包括给孩子多少时间、与孩子互动多少时间、与孩子交流多少时间等。许多教师有一个弱点，就是准备的东西都想讲出来，这是可以理解的。但是，教学是一门留白的艺术，要求我们不能讲那么多，不能都讲，留一些时间、空间让孩子们展示很有必要。

我们要明白，教学首先是让孩子发展，其次是让教师发展。教师是主导，但是孩子是站在中央的，这涉及教师对时间、度的把握。《学记》中讲"禁于未发之谓豫，当其可之谓时"，要想恰到好处就得把握好"时"。教学跟做菜差不多，火大不行，火小不熟，所以有人说，教学有法，教无定法，而这就是艺术，就是度。

[本文原载于《中国教师报》，2016年10月12日]

关于小学语文教学的三个问题

让我谈语文实际上属于班门弄斧，因为我没有当过语文老师。但是有一点是毫无疑问的，那就是语文在我的成长当中起到了非常大的作用，因为没有语文素养就很难考上大学，也很难成为一位大学教授。今年"十一"期间我过得很充实，把长春版 12 本语文教材一页一页地翻了一下，然后把人教版的教材也看了。我到附小以来就一直在想我们的小学语文课的目的到底是什么？我们附小的数学教学目标很清楚，因为有史宁中老校长的引领。语文有它自己的学科属性，所以我们今天尝试着讨论一下这类问题。我想说三个问题：第一个问题是怎么看待小学语文的教学目标，第二个问题是语文课的特殊性是什么，第三个问题就是小学语文教育应如何看待学生的逻辑和推理。

第一个问题：怎么看待小学语文的教学目标。

语就是口语，文就是书面语。语文从分类角度讲，一方面是语言，一方面是文学。其实，我们对母语的教育有很悠久的历史，过去叫国语、叫国文。我们从知识与技能、过程与方法、情感态度价值观三维目标看语文教学：知识没有太大的问题，如字词句段这方面的知识，包括修辞、语法等；技能问题也不大，即听说读写的能力。但是，关键是过程与方法。这确实是一个问题，比如，过程是表达的过程，就是如何熟练地通过口语把自己的想法或情感表达出来，或者通过语言文字表达出来。我讲的过程，核心其实是体验过程。为什么是一种体验过程？它和语言的特殊性有关系。说到过程与方法，它既包括认识，又包括情感过程。认识过程也就是如何通过语言来认识世界。通过语言认识世界和通过手或脚等去认识世界是不一样的。通过手或脚等认识世界孩子容易做到，那么，认识如何用语言文字表达出来呢？有时候孩子说不出来，用文字也表达不出来。有的孩子刚入学时，可以说连基本的交流都有些困难，因为他不会那么多字，也不会组合。我们的课文的表达水平很高的，有不少是大作家写的。课文如果是孩子写的能好一点，如果是老师写的也可能接近一点，但如果是老舍等作家写的，这个距离就很大了。因此，由浅入深、由易到难的过程和方法是重点。

语文是语言工具，课文课的核心就是要培养孩子听说读写的能力。语言是认知工具，对这一点，可能我们老师原来没太在意。语言是认识世界的工具，比如，我们通过概念、通过判断来认识世界，而概念本身就是由词汇组成的，判断、推理、论证也是由句子来表达的。如果一个人在字词句方面的基本功不行，就会影响他对世界的认知。因此，对于6岁的孩子来说，对于小学生来说，我们说的说明文、记叙文等，它重要的作用就是让学生认识世界。

语文学科的一个突出特点就是语言是态度、情感、价值观的非常重要的承载物。数学学科，它的主要目的不是培养人的情感，但可以有，比如热爱科学、喜欢数学等。然而，对祖国大好河山的热爱，对童年的回忆，对家乡的热爱，对生活的向往，等等，这些恐怕是主要在语文课堂中实现的。所以，情感的培养相当重要。由此可知，语文课是人文课，是丰盈精神世界的课，是寻求真善美的课。著名学者葛兆光写的《中国思想史》很好，一百多万字，是我十五年前读的。这本书有三个核心词："知识""思想"和"信仰"。小学语文课应为孩子奠基，奠定什么基础呢？就是要奠定知识方面的基础，奠定情感方面的基础，奠定思想方面的基础，奠定信仰方面的基础。这还不够，还得有情感。因此，通过语文课让孩子有比较丰富的情感，有对于自然、自己、他人、社会、历史的想法，甚至有一个信念，都是相当重要的。实际上，教材课文的选取就是这样的，有描写动物的，有描写祖国山河的，有描写家乡的……总之，人是中心，核心是有助于学生成长，而这其中包括文学。经常有人问文学有什么用、什么叫名著等问题，名著里面有道理，比如人生的道理、世界的道理、真善美的道理等。今天，我把习近平总书记在文艺座谈会上的讲话发到群里。建议所有的老师一个字一个字地看，讲话中谈了文学，也谈了艺术，谈得很细致。可以说，这对我们深入理解语文的意义、功能是很有指导性、启发性的。

语文课是自由课，是创造课，是有助于培养学生个性的课。为什么这么说？因为没有自由就没有文学。为什么艺术家有时候那么强调个性？人类为什么喜欢文学作品？一个重要方面就是因为文学里面有自由，有人类的自由，有动物的自由，有个人的自由，有人类对美好生活的向往。文学作品有一个重要的特点，那就是与众不同。有的人当不了作家，因为作家要有想法，要有创作的冲动，硬写不行。可以说，不是谁都能成为曹雪芹的。我们小学语文课的基本目标不是培养作家，而是要着重了解普通人需要什么情感、普通人需要什么知识、普通人有什么想法等。文学作品，包括我们课本中选择的课文，有些既是个人的表达，在一定意义上又是历史的表达，是时代的表达。思想是离不开语言表达的，思想的传播更是离不开文字。

第二个问题：语文的特殊性是什么？

一是具有历史文化性。这在语文中很突出，如，学习数学不用了解孔子，学习语文却要了解孔子。由此可知，语言文字的历史文化性特别突出。当语文老师不容易，如果没有历史方面的素养，没有文化方面的素养，教语文课是很难的，因为有的文章虽然每个字都认识但是不知道什么意思。所以，语文课能涵盖多学科的内容。小学语文课就是要帮助学生把触角伸向人生、生活的方方面面，教师帮学生伸得有多广，他们的地基就有多牢，就不至于偏狭甚至极端。

二是传递人生经验与感悟。这些数学课可能涉及，但肯定不是它的主题。我们语文教材选的内容，或者是历史的、国家的、民族的，或者是团体的、个人的命运，等等。为什么它们吸引人？因为它们往往和不确定的命运连在一起，值得人们深思。因为人生短暂，所以要想理解人生，经验就显得特别重要。人还有一个重要任务，那就是认识你自己。学来学去，思来想去，6岁的孩子也好，30岁的老师也好，大作家也罢，大家都要认识自己，怎么办？就得借鉴其他人的经验。有文字之后通过文字进行借鉴，没有文字之前通过口口相传、民间传说来借鉴经验。这些人生经验、感悟如何获得？主要通过语文课来获得。由此可知，传承人生经验是语文课的一个重要内容。这就是语文课（文学作品）的魅力所在，很吸引人，因为这里有你不好把握的，有你经过努力可能把握一点的，所以语文课就是工具课，是人类为了生存发展必不可少的智慧课。好的语文课不能仅仅是知识课，更应该是闪烁智慧光芒的课。我们经常说有根源的教学，所以我们确实需要寻找一下语文课的历史文化、人生命运这一根源。

三是在语文课中，学生学习阅读写作是有难度的。经常听人说数学不好学，尤其到了初中或高中后。其实，语文更难学，从小学就开始难学。难学在什么地方？第一个就是语言文字难。它难在哪里呢？语言有习俗性、历史性和规定性，如，这个字就是这么写、这么读的。文字是先于儿童经验的，即我经常说的先验。第二个就是文学之难。说文学难是因为文学需要生活体验的原型，如果学生的生活体验有限，那么他就难以理解作家所写的内容。为什么理解不上去？因为你对作家写的内容缺少生活体验。为什么有的学生写作文写不出来呢？因为对主题缺少理解，尤其是写十分抽象的人生主题。第三个是用语言文字去表达世界难。用文字、用语言来表达世界比认识世界还难。我和物理老师说过，中学的物理课不是培养所有学生将来都当物理学家，将来能当物理学家的只能是一少部分人。道理这么说大家都懂，但是上语文课的时候有的老师就不懂了，就要求所有学生得怎么怎么样。试问，现在能有几个人能达到曹雪芹这个程度的？全国能出几个李白？要知道，我们培养的是所有的孩子。阅读也好，写作也好，什么最重要？语言那么难，文字那么难，表达那么难，不能要求他们都做到。就像写日记这件事，本来写日记是好事儿，是个人的事，如果你非得把它当成一个培养学生写作能力的手段、载体，要求他们一定要这么写，要写多少字或一周写几篇等，这样做是可以培养学生的写作能力，但学生可能再也不愿意写日记了。从低年级到高年级，年级越低，学生的学习兴趣越重要。如果一个人小学就不愿意学语文，就会影响他一生的发展。

我不是说我们老师做得都不对，我是说我们应改进一下，让孩子产生兴趣，让孩子愿意读书。我们的语文课文可以分五类：第一类是自然方面的，就是人与自然方面的。这显然不是纯粹的描述自然的文章，大多写的是自然和人类的关系等，比如写胡杨林的文章，里面就融入了人的情感和经历。第二类就是人与他人方面的，包括老师、父母等等。第三类就是人与社会方面的，包括家庭、家乡、国家、民族、世界……第四类是不同阶段的"我"方面的。长春版教材中有一个"童年"板块，因为人经历过不一定反思过，只有反思过才是真正经历过的。第五类就是人与未来、人与科学方面的。

第三个问题：小学语文教学应如何看待学生的逻辑和推理？

对这一问题我们以往关注得较少或者我们没有特别关注。数学关注判断、推理和逻辑，语文也需要关注这些，因为语言文字是对主客观世界的摹写，比如名词，很多名词都有比较明确的内涵，如痛苦、微笑等，都有基本的内涵，比较清楚。语言文字是对世界的摹写，或者是认识意义上的，或者是情感意义上的，或者是审美意义上的。我希望大家用业余时间，用一学期左右的时间读一点发展心理学方面的书，了解儿童的感觉、知觉，了解他们的语言能力发展和思维想象能力发展的特点，然后你就可以知道为什么有的学生写错别字、为什么马虎、为什么丢三落四等，你就会知道主要不是学生主观不努力，而是他就是那个水平。儿童的语言能力是有差异的，如，女孩表达起来就容易一些，小男孩就有些费劲，有的是相当费劲，发音都不清晰。难道他是主观不努力吗？不一定。我们要研究不同年龄阶段儿童感知觉特点的不同，要注意年级越低的学生越是以无意注意为主，到五六年级后就好一点，会有一些有意注意。为什么我们说保护天性？记不住不等于罪恶，我们要想办法让学生记住，所以低年级老师有自己的难处。

在小学阶段，教师在小学语文教学中进行归纳推理是很重要的。语文是用抽象的词来表达具体，来表达形象。它表达的是具体的事物，但这个词是很抽象的，比如黄瓜，什么样的是黄瓜？再比如茄子，还有豆角，如果我们问孩子，豆角还不认识吗？我们看过多少豆角？孩子看过多少？他吃过几次？这是很难的事。为什么说语文教学有时候强调形象、直观，就是要让学生多体验。比如，我们附小一到假期很多家长就会领着学生出去旅游。这其实是很好的语文学习。因此，语文学习最重要的就是要有经历，有体验。生活经验越丰富，越有助于语文学习，包括游历的地方越多，越有助于对散文的学习。同样的，从家庭和社会生活角度来说，学生参与得多，体会得就多，在相关的课文学习中就容易理解老师讲的内容。为什么说有的孩子情感反应较弱，这是因为家里的情感氛围一般。我遇到过这样的孩子，已经是大学生了，她对我说："同学们都不喜欢我。"我说："为什么？"她说："他们说我不会笑，但是我妈妈就不会笑。"她妈妈绝对没有想过不会笑能给孩子带来这么大的问题。

学生对世界的认识过程是一个由此及彼、由表及里的过程。如，孩子们说鲸鱼是鱼，因为他一看像鱼，那就是鱼，但实际上鲸鱼不是鱼。以为在水里的就是鱼，到不是水里的就不是鱼，再到水里的不一定都是鱼，达到这样的认识程度是需要一个过程的。逻辑是无形的，是人类经过几千年才形成的，包括诗的逻辑、词的逻辑、曲的逻辑等都是慢慢形成的，有时候很难说清楚，所以数学里面有一句话很好，叫"合情合理地推理"。这句话对语文教学特别实用，因为语言中有些东西不能较真。

其实以上这些都是建议，我只能大体上说说，比如，率性教学一定要考虑语文课的难度。对于这一问题，过去有人也提过，但过去提的是考虑词本身的难度，我提的是要考虑所有字和词的难度，因为再简单的字和词对孩子来说都是有难度的。我们为什么强调要进行有根源的教学，就是因为我们的教学要有助于孩子对字的理解。我来附小的第一学期就推荐学生读《汉字王国》，因为这本书和我们率性教学的想法是比较契合的。这本书的突出特点是通过讲历史、讲文化、讲习俗来讲汉字的内涵。学生如果对某个字不理解，只是背、硬记，效果不会理想。所以，进行有根源的教学就是老师和学生对作品也好，对语言文字也好，要把它的来龙去脉弄清楚。比如一年级的孩子，字写得比较歪，或者容易丢字落字，我们就要有要求，要培养，但是要有过程，不要太着急。就像打扫卫生，一年级学生也可以打扫，但是老师的要求要先放低，只要扫就行，到三年级再做进一步要求也来得及，别着急。比如体育课，比如运动会，不用要求学生走那么齐，只要能走就行。语文也是，六岁小孩不需要写那么多文章，因为没必要。我的语文教学理想是让每个学生都喜欢语文，因为我认为语文和人类的灵魂连在一起（不是说数学没有和人类灵魂连在一起），一个人的精神世界怎么样的确和语文有关系。小学语文是指南，是入门，所以要注意引起学生的兴趣。一个人的语文素养如果是 10 分的话，可能学校只能教给他四五分。可以说，打破完美主义是适合所有学生的。

教学评价既需要教学管理部门的设计，又需要我们每个老师的探索。附小是实验学校，附小有一种传统，就是鼓励探索。显然，我们现在的课程标准也好，教材也好，按照附小的要求都可以进行进一步的探索。为什么附小要起引领作用？我们做的不仅是探索附小的问题，我们要探讨的其实是全国小语界要解决的问题。"功成不必在我"，我们现在做的可能几年才能见成效，但是我们不在意这些，我们就做人梯或者叫垫脚石，我们愿意做这件事！

［本文根据 2016 年 10 月 11 日在附小语文教师学术沙龙上的发言整理而成］

为"课堂革命"尽应有之力

对于基础教育领域的"课堂革命",或者说课堂教学的改革,我有这样几个认识:

一、为什么提"课堂革命"?

我国自 2001 年开始推进国家第八次基础教育课程改革,至今已经有十多年时间,为什么还提"课堂革命"?我想原因可能有以下几个方面:

首先,革命意味着一个事物要发生根本变革,一定是一个由量变到质变的过程,是一个漫长、不断试错和调整的过程。"课堂革命"的论述,明确了我们正在经历的国家课程改革,经由理念、政策、管理、课程、评价等层面的探索后,将重点指向更微观、更多样态的课堂教学层面。这是教育改革必经的过程和阶段。

其次,课堂教学改革本身就是教育改革的深水区和核心地带,需要持续不断地、深入地进行研究。课堂教学改革之所以被称为"改革深水区",我认为是由其本身的"难"决定的。教育家王逢贤曾说过,课堂教学看似很浅,实则很深;教学的过程就像一个"灰箱",只能看见一点,剩下的就靠"猜",也许"猜"对了,也许"猜"错了。而我认为,那个我们看不见的"灰箱"之内,包含着儿童具有哪些生理和心理特点、学生是如何学习的、不同学科的学习过程有何不同等诸多认识还不够清楚的问题,这些问题共同决定了课堂教学的难度。所以,迎难而上,把课堂教学作为改革的对象,体现了国家提高基础教育质量的决心。

再次,"革命"一词带有对课堂教学现状的理性批判。当前,我国课堂教学中的一些问题仍然很突出,如课堂教学中存在所谓的"结果导向""功利导向"等现象。"结果导向"使得教学缺乏过程,追求速成,用结果评价儿童发展,甚至用知识获得的多少来评价儿童发展和教学效果,既忽视了儿童发展的过程性和阶段性特点,又严重削弱了课堂教学的育人功能。因此,需要对课堂教学进行"革命"。

但是，即使再有紧迫感，课堂教学的改革也要十分谨慎，要尊重规律，一步一步来，不能一阵风地一哄而上。因此，这也决定了未来一段时间内我们将围绕课堂继续求索。

二、儿童就是儿童

一位教师、一所学校的儿童观，决定了这位教师、这所学校的教育观、教学观。回到课堂上，教师如何看待儿童，决定了他们采用什么样的方式和行为对待儿童。

儿童是哲学家，是艺术家，是梦想家。好问与探究是儿童之天性，也是智慧之源。保护好儿童好问与探究欲望的学校才是优质学校，能激发学生大胆猜想、探究的课堂才是优质课堂。东北师大原校长史宁中认为，教育是来自人的生存需要，人天生是愿意学习的，但为什么后来一些人不愿意学习了呢？一部分原因是被学校的教学消磨掉了学习的兴趣和探究的欲望，一部分原因在于教育者没有正确看待儿童。

儿童就是儿童，不是对世界全然无知的"白纸"，也不是缩小版的成人。他们有自己的成长规律和精神世界，每一个都独一无二，而且千差万别。所以，课堂教学改革一定会有一个发现儿童、研究儿童、理解儿童的过程。比如，儿童的生理、心理特点决定了他们认识世界的过程与人类认识世界的过程具有天然相似性，都是由个别到一般，从具体到抽象。另外，儿童学习的内容看似简单，实则抽象；看似经验，实则先验。所以，教师教的方法必须根据儿童学的方法而调整。儿童怎么想、怎么做，就怎么学；儿童怎么学，教师就要怎么教。只有这样，才能让儿童成为学习的主人。

三、走入真实的课堂

课堂教学改革的推进需要先进理念的引领、政策制度的保障，但更需要扎根于实践土壤的研究与行动。

我原来是一个从事学术研究的学者，后来到东北师范大学附属小学做校长。这两个角色的交互作用，使得我有了打通理论与实践的机会。学校内的改革虽然与做学术研究不完全相同，但也有许多相似之处，要置身于国内外教育改革的大环境下，考虑这所学校的传统、现在和未来。

受中国儒家经典著作《中庸》开篇三句话"天命之谓性，率性之谓道，修道之谓教"的启发，我提出在学校推进率性教育，希望我们的学校教育能保护天性、尊重个性及培养社会性。我又在探寻和实践中提出了率性教学的三个关键词,即有根源、有个性及有过程。"有根源"是指教学中要挖掘知识的本源,发现儿童学习与成长的起点,了解不同教学方法、教学模式、教学组织形式的本质,让教学有据可依;"有个性"是指要尊重学生差异,发现并分析学生在学习兴趣、学习速度、学习适应性、认知类型等方面的差异,并将其作为重要的教学生长点;"有过程"是说站在学习者的立场,学习是学生成长的过程,包括经历人类知识再发现的过程,经历从个别到一般的过程,经历沉思、自省的过程,等等。可以说,只有这样的课堂才有可能促进学生主动习得知识、锻炼能力、丰富情感及形成正确的价值观。目前,学校的率性教学改革正在积极推进中,而且伴随着学校课程设计、教学管理等系列变革,已经初见成效。

其实,对于一所学校来说,课堂教学表面的变化是容易实现的,如教室内课桌怎样摆放、某种教学模式的步骤怎样进行……但是,以学习者为中心的课堂的真正形成,无论对于学校还是教师来说,都需要经历从观念到行为的变化过程。这个过程复杂多变,见效缓慢。因此,我呼吁更多的教育教学研究者走出研究室,走入真实的中小学课堂,带着研究者的思考,发现和解决实践中的问题,真正为"课堂革命"尽应有之力,而这应是所有教育工作者的共同使命。

[本文原载于《中国教师报》,2017 年 10 月 25 日]

课程是用来学习的

根据会议主题，我讲三个问题：为什么学习方式要变革？学习方式如何变革？为了学习方式的变革，教师要做什么？

一、为什么学习方式要变革？

我们倡导学习方式的变革，因为学习是一种本能。既然学习是一种本能，为什么有的孩子不愿意学习？为什么有的孩子觉得学习比较困难？什么原因呢？谈到学习，包括小学学习，无非就是知识的学习、技能的学习和德行的习得。这几方面的学习难度有哪些呢？我觉得有几个方面的难度。我在附小工作已经超过 5 年了，全国研究教育基本理论、研究教育哲学的人，能在一所小学持续工作 5 年多，大概不多。我可以向各位报告一下，我这 5 年听课超过 900 节。有人说，大校长为什么听课？是因为我没有当过小学老师，没有当过小学老师还要当校长，容易瞎指挥，所以我必须听课。我参加附小语文、数学等学科的备课研讨超过 200 次。只要我在附小工作一天，我就要这么做，因为校长很重要的工作是课程教学领导。中国不缺纯粹做行政的人，但是课并不是谁都可以去上、谁都能讲明白的。同理，小学的课也不是谁都能讲、谁都能讲明白的，因为它有四难。

第一，由经验到先验。课本的知识是人类几千年演进的结果，虽然这些知识也来自于经验，但是经过几千年的演化提炼，对孩子来说最简单的知识往往也带有先验的特点（就是先于他的经验）。比如"马""牛""羊"这几个字，语文老师说这太简单了，随口可以说，也不难写，但是对于没有接触过马、牛、羊的孩子来说不简单。

第二，由具体到抽象。"马""牛""羊"是很抽象的字，有人说"马""牛""羊"还不够具体吗？不够具体。它涵盖了世界上几乎所有的马、牛、羊，难道还不抽象吗？孩子们认识具体事物容易，认识身边体验过的事物容易，认识没有经历的、抽象的事物就比较难。比如，1＋1＝2 不简单吗？不简单。它的关键是要理解 1 是什么。一个苹果、两个香蕉好理解，但 1＋1＝2 就不好理解，所以不要小看小学的教学内容。

第三，由感觉到沉思。一个人如果说我感觉天气挺热，但是要论证一下为什么热，就需要沉思、需要概念、需要推理、需要根据了。有人说小学教育还需要学习那么复杂的符号吗？需要。小学是为人的一生奠基。那么，为什么奠基呢？很重要一个方面是为人一生的理性奠基，为理性思考奠基，为学会推理奠基。所以，小学教学如果让一个孩子快乐可能难，让一个孩子理性地快乐更难。

第四，由知到行不容易。小学生特别是低年级小学生，用著名教育家洛克的思想来说，小学生往往是一种"无规定的存在"。为什么是"无规定的存在"呢？我们见过三四岁的孩子，他们有什么特点？就是看什么要什么，你吃什么我就想吃什么，你喜欢什么我也喜欢什么，不清楚"我"到底需要什么。那么，教育就意味着使他由一个"无规定的存在"变成"理性自由人"。有人说你不是在东北师大附小提出了率性教育吗？我认为，率性教育不是任性教育，率性教育也不是无规则的教育，学生要知道节制自己，要知道规则，而这需要一个过程。

二、学习方式如何变革？

"学习是完整人的学习。"什么意思呢？学生不仅要学知识，要学技能，还要有德行。这是我们教学和学习的一个大前提。"学天地人事，悟生命自觉。"我借用叶澜教授的话，并做了改动。她说的是"教天地人事"，我说"学天地人事"。我觉得"学"比"教"还重要，学是教的前提，做是学的前提。陶行知说过，"做是老子，学是儿子，教是孙子"，可知"做"是最重要的。叶澜教授的第二句话"育生命自觉"，我改一个字，改为"悟生命自觉"。学习不仅是一个教的过程，也是一个觉醒的过程、一个悟的过程。"学天地人事，悟生命自觉"体现了五个词，那就是天、地、人、己、工具。学生学什么？知天知地，自古以来就如此。人在天地之间，对天地充满敬意，才能保护环境，因为我们只有一个地球。另外，学生还要了解社会和他人。同时，还有一个"认识工具"。工具对人类、对教育、对孩子来说影响是深远的，比如说手机、互联网。还有一条最难的，苏格拉底那个时代就讲，叫"认识你自己"。人类认识自己很困难，所以小学教育的一个重要目标就是让孩子知道自己、喜欢自己、包容别人。"学习是一种体认的历程。""学习是一种体认的历程"是什么意思呢？学习不仅是你说他听，不仅是看，还得摸，还得做，还得进入情境，所以小孩子学习不是一件简单的事情。我们省里举办过这样一个活动，有 300 多位老师参加，追求的就是我们的教学进一步走近孩子的学习，贴近孩子的学习，越走近、越贴近，效果越好，否则你越卖力气效果越差。为了实现这一点，我到附小之后，附小的团队这几年提出一个重要的想法就是"有过程的归纳教学"。

什么叫"有过程"呢？有人说过小学的知识，如果加速讲，让孩子记住，大概最快一年半就能学下来，我相信差不多。但是，知识记住了，有没有利于思维的发展、想象力的发展、人格的成长呢？不见得，可能还有副作用。学生记下来了不等于就懂了，会做题了也不等于就会了。理解需要一个思考过程，所以我们倡导有过程的教学。

那么，什么样的教学、什么样的学习能够体现有过程、体现归纳呢？第一是小组学习。我们上学那个时代就有小组学习，但没有今天这么重要，如，现在教室桌椅摆放的方式都是有利于小组学习的。这样做是因为学习不仅是求知，也要学会做人，要倾听别人的声音，表达自己的想法，而这需要一个学习的过程。第二是单元学习。这是我们中国基础教育改革的方向。单元学习是什么意思呢？不是仅仅教课文，而是用课文教，以课文为基础，然后进行组合，即学习资源的开发。附小的做法各位都知道，比如我们讲边塞诗、讲中国寓言，就不仅讲课本某一篇寓言、某一首诗（中国教育有一个高境界，是《学记》里讲的叫"比物丑类""知类通达"，很讲究"类"），比如，通过一首诗很难知道、理解一类边塞诗什么样，但是我们选八首边塞诗，用几课时来学习，孩子们就容易理解边塞诗：得有月亮，有边关，有将士，有风雪……一组的教学就是单元教学。我们（东北师大附小）这么做以后，好多人跟着我们这么做。附小不只属于长春市，不只属于吉林省，属于中国。我们大学（东北师范大学）领导讲，东北师大要把国家的责任扛在肩上，附小也如此，附中也如此。第三是深度学习。深度学习意味着不是浅表的记忆类的学习，是理解学习，是有意义的学习，能够让孩子们发展思维。也就是说，我能知道我在学什么，我能调控我的学习，即自主学习，所以深度学习一定是自主学习、思维的学习、有意义的学习。那么，围绕这样的学习，我们的课程就意味着是一种"历程"。课程不是封闭的，而是开放的。我们的教学对小学生来说，第一目的是让孩子愿意学习，比如说写日记、写作文，我觉得学生怎么都能学会，但有的是有代价的，有的代价比较大，如学生会说："我学会写作文了，但是从此以后我再也不写了，我恨透了。"我们的教学能不能减少这样的"副作用"? 比如学老舍的文章,老舍是独特的,想达到老舍的境界不是努力就行的,大人都达不到,孩子能达到吗? 所以我们附小的实践是三年级让孩子们先从观察蜗牛开始。比如,让学生直接写三峡很难,写大兴安岭也很难,我们就让孩子先观察蜗牛,观察半个月,孩子们情不自禁就写,第一次可能写 20 个字,然后能写四五句话。这样很不容易,而且学生写出感情来了,写出习惯来了,写出兴趣来了,就达到了小学教育的目的——愿意学习,学会学习。

三、为了学习方式的变革,教师要做什么?

第一个就是"开方子"。在教学上,中医值得我们借鉴,因为教育学很像医学,得了解对象。中医不开刀、不做手术,看一看、摸一摸,就知道你有什么毛病,了不起! 所以,"开方子"的前提是"望""闻""问""切",做学情调研,研究学生。我跟附小老师讲,小孩子不简单,你别看他只有两岁或者六岁,但他有很长的根源。可以说,人类历史有多长,孩子的历史就有多长;生命力有多长,孩子的历史就有多长。孩子的历史是和生命的历史一样长。从人类角度来说,如果 20 岁算是一代的话,一个小孩子身上承载的基因包括经验超过 15 万代。因此,我们对孩子要敬畏。"开方子"的第二个前提就是翻箱倒柜找东西。找什么东西? 找孩子们学过的、用得上的。有人说附小有那么多课时吗? 没有那么多课时,附小课时和全国其他小学的课时是一样的,我们的做法就是有所为、有所不为。用教材教,不能一字不差地教,教材是面向全国的,是最低要求,像我们这样的学校,那就得"上不封顶"。

第二个就是"搭梯子"。教师不能用教材直接教,有时候得"退几步"。比如,学老舍的关于大兴安岭的散文,你不能直接教,但不如"搭梯子"上去,如,先写南湖行不行? 先写松花湖行不行? 先写北山行不行? 然后再往上去,这就是维果茨基说的要搭个梯子。搭个梯子,退一步,进两步。这里我还要讲本土资源的开发,我们东北的学校、吉林省的学校,一个重要责任是传承东北的、吉林省的优秀文化传统。小学要给孩子们打的第一个烙印就是家乡美,不仅风景美,还有文化美。比如高亨,有人可能不知道高亨,曾在吉林市当老师,是吉林师范学校毕业的。他是王国维的学生,研究生读的是清华大学。高亨对古典文学的研究在国内是一流的。还有我们东北师范大学的著名语言学家、古文字学家、书法家孙常叙(孙晓野)先生,东北师大校训"为人师表,勤奋创新"八个字就是先生写的。最近，上海古籍出版社专门出了多卷本的《孙常叙集》。我们要充分利用我们的资源，要重视家乡，重视家园，不论将来他毕业之后在不在吉林省，他只要想起小学就想起老师教给我吉林有多么美，总是在心里想着即使不在吉林也要以各种方式来回报吉林。这就是教育。可以说，语文学科素养的重要一条就是文化传承。

第三个就是"我无知"。什么叫"我无知"？不是你真不知道。只有认为"我无知"才能把学生放在重要位置，才能让学生表达、表现。好的教学不是老师尽情地"表演"，老师得收着点儿。我见过这样的老师，一讲兴奋了就都是他讲了，但是没有完全达到教育目的。老师讲是引子，老师代替不了学生成长，所以我们得向苏格拉底学。苏格拉底说他知道他无知。因此，我希望这句话能成为一些老师的信条。只有知道"我无知"，人才能谦卑，才能向学生学习，而这是聪明人的策略——让孩子们表现，我们要做的是引导。

第四个就是"练功夫"。对于一线老师来说最大的功夫是教学功夫，我重点谈理论功夫。你要想成为优秀的老师，仅仅靠经验还不够，还需要什么呢？还需要理论。中医讲究望、闻、问、切，如果你没有学过中医，你把手搭在脉上一年也搭不出什么来，只能说血管在跳，具体情况如何并不知道。所以，我们要学理论。《礼记·学记》就值得我们学。它总结了上千年的经验，如，"道而弗牵，强而弗抑，开而弗达"。所以，我们可以围绕着课程教学读几本书，谁读书谁发展得可能会更好，因为读书就意味着站在别人肩膀上。吕型伟，当过上海市教育局副局长。他说研究人很重要，研究蚂蚁都不容易，人比蚂蚁复杂多，所以他写了一本书，即《吕型伟从教七十年散记——从"观察蚂蚁"到"研究人"》。他说我们都说要站在巨人肩膀上，但你得知道巨人在哪儿、谁是巨人，这很重要。苏霍姆林斯基是一个乌克兰的乡村教师，但他为什么那么了不起？在没有互联网的时代，他当校长22年，每天听两节课，写了3 000多页的笔记，藏书2万册。他虽然是中师毕业，但最后读了副博士，当了院士。多尔已经故去了，但他的书《后现代课程观》《课程愿景》等书大量印刷，而且都是很重要的书籍。比如派纳，他也写了很多课程类的书，如他的《理解课程》等都是很有影响力的书，《自传、政治与性别》是15年前他给我的英文著作。这些书都值得大家看一看。再比如佐藤学，他曾多次到附小，他跟我说他父亲很有远见，知道人类将来要进入学习化社会，所以给他起名叫佐藤学。实际上，他对中国的文化就很熟悉。

第五个就是多交流。《礼记·学记》讲"相观而善之谓摩","观摩"就这么来的，不是吹出来的，是做出来的。老师成长需要力量，因为老师也不容易。我在附小 1 500 多天，看到了老师的不易，早晨六点半、七点就到校了，一忙忙一天，中午一个小时休息。如果是班主任，有的老师还休息不了，眼睛不能离开学生。另外，还有活动、比赛、磨课，还要加班加点，相当不容易，所以需要"共同体"给予力量。中国办的是世界上最大的教育，也是最难的教育，需要理论支撑。中国教育难题很多，家长要求高，国家要求高。那么，老师怎么办？就得切磋。原来，我对观摩课、比赛课有不同的想法，为什么要花那么多时间磨一节课？还要说课、点评、反思？磨课的目的是打个样儿，是穷尽各种因素看到底你能飞多高、能走多远，把你的潜能最大限度地挖掘出来。如果磨课你就这个水平，平时的课大概也超不过这水平。因此，磨课、观摩课是实验课，不是常态课，但是对常态课起引领作用。

为什么要进行学习方式的变革？说到底是为了每一个孩子的发展，是为了每一个孩子的茁壮成长，是为了每一个家庭的和谐，是为了中华民族的伟大复兴。

[本文为 2019 年 9 月 24 日在吉林市一实验小学举行的吉林省小学教研活动总结表彰大会的报告整理稿]

小组合作学习的儿童哲学价值与行动

我在附小的四年半，听了850节课，这对我来说是在"补课"。作为一名校长，没在小学讲过课，如果还不听课，那么对教育教学就容易瞎指挥了，所以至少要听到上千节课，才能对教育教学真正有发言权。

五年来，我们一直在思考"率性教育"。"率性教育"的第一个核心词"保护天性"的提出受到了刘晓东教授的影响。为什么要保护天性？儿童为什么重要？其实我也是去年忽然想清楚了，别看六岁的孩子、三岁的娃娃很小，但是他们的根很硬，因为他们背负着人类几百万年的基因和经验，所以小孩子年龄虽然小，但是他们身上先验的东西不少。这也是"保护天性"有价值的一个方面。第二个关键词是"尊重个性"。人有差别，男孩、女孩有差别。我曾经说过，在小学和初中，男生是弱势群体，老师要优先保护男生，因为他们的成熟程度要比女生差一年到两年的时间。我在四年级课堂上看见过，有女孩用手拽男孩的耳朵，男孩一动不动。我观察过，在足球场上，四年级的男生不一定踢得过女生，但五年级就不一定了。女生发育是比较早的，我们确实要考虑到孩子的差异——性别的差异、发展的差异。第三个就是"培养社会性"。我认为，"社会性"也是一种现实的选择。我们讲的"社会性"很重要的一部分内容，就是我们中国孩子甚至成人世界也缺少的，包括责任、规则、自主与合作意识等。"自主"是社会化很重要的一个方面，或者是反社会化的很重要方面，就是"回到你自己"。

儿童哲学的精神是什么？儿童哲学离不开共同体。儿童的学习很重要的是观察学习、体验学习，包括模仿学习。儿童的学习具有社会性的特点，包括同伴之间的模仿。另外，还有平等交流、尊重倾听、批判质疑、有根据的表达以及学会思考等。

这些年，我们深受刘晓东教授等专家的儿童哲学思想影响，在学李普曼的思想、马修斯的思想的基础上，附小最近几年的探索就是把儿童哲学的精神浸透在各学科的教学当中。下面就说一说我们的探索：小组合作学习的儿童哲学价值和行动。结合在附小的观察和思考，我围绕小组合作学习的价值与行动谈谈四个问题：对儿童哲学精神的培养离不开课堂浸透；小组合作学习的过程具有丰富的儿童哲学意蕴；小组合作学习能力要从细微处开始；儿童哲学需要每个学生都发出自己的声音。

一是为什么选"合作"？有那么多人类的核心价值，为什么选"合作"？因为合作是重要的价值选项。现在，人们都谈人类命运共同体，谈学会合作，有好多学科都在关注合作，比如从进化心理学、博弈论、社会生物学角度来谈合作，谈合作的复杂性、人类合作的进化。一些重要的思想家、教育家在合作方面也有重要的论述，如杜威、陶行知等。选"合作"是因为有些冲突来自于合作，比如，家里一个孩子容易唯我，容易孤独，容易培养出精致的利己主义者，但家里有多个孩子唯我的可能性就比较小。因此，如何包容他人、如何倾听、如何交流、如何合作，这些都需要教育。很多人的著作从教学、学习角度谈小组合作，但我觉得合作不仅是教学目标、教育目标，也是儿童哲学的核心精神之一。合作离不开培育，合作不仅是自然生成的。从小学来看，儿童合作的意识和习惯是需要精细培养的。

二是为什么从教学的角度谈合作？学校是学习合作的重要共同体，教学是学校工作的基本，是学生的主要经验来源，也是学生学会合作的主渠道。教学无论是在时间安排还是重视程度上都占据重要地位。原来，我们一谈到价值观念的培养就想到德育，想到思想品德课，其实那些是重要渠道，但在小学最重要的是每一节课。比如，遵守纪律，需要老师在每一节课中去培养、从每一个动作开始，告诉孩子如何倾听，要面对着说话的人，要注视他人的眼睛。民主的培养是非常具体的，是从一个个行为开始的。

有效地利用教学活动，开展学生合作引导，能够起到很好的作用。从教学角度谈合作，是把教学指向学生认识的过程、交流的过程、反思的过程、合作的过程，通过情景与具象、操作与体验，通过生生、师生对话等环节，使学生在真实的学习与探究过程中敢于合作，愿意合作，并学会合作。

三是小组合作的前提和起点。合作是需要自由、规则和自律的。合作的起点是自尊与尊重他人。合作的目的是培养理性自由人。理性与价值观有密切关系，价值观的确立需要信仰，需要信念，也需要理性。有的附小老师说："一天中，一个孩子在学校，整整一天没有说过话，上课没有发过言，没有举过手，举手也没有提问他，没有留下痕迹就回家了，而且可能不是一天，而是一天复一天。"这句话我记了半年。如何让每个孩子都能够发出自己的声音？如何保证每个学生的学习权？理性自由人培养的起点在哪里？未来公民自由、民主、平等的价值观念培养的起点在哪里？由此，我想到了小组合作学习。杜威说："学习成为人类，就是要通过交流过程里的奉献与索取发展出一个有效的观念——如何成为共同体里的独特个体。"[1]185 "理智自由的公共交流是民主的核心和焦点。"[1]367 "民主首先是一种联合生活的方式，是一种共同交流经验的方式。"[2] 陶行知说："创造的民主是动员全体的创造力，使每个人的创造力得到均等的机会。"[3] 民主教育要做到六大解放：解放眼睛，解放双手，解放头脑，解放嘴，解放空间，解放时间。陶行知的教育确实是以儿童为本的，他心中有孩子。他说，来！来！来！来到小孩子的队伍里，变成一个小孩。你不能教导孩子，除非你变成一个小孩。"在民主的生活中学习民主，在争取民主的生活中学习争取民主。"[4] 还有学者提出："语言能力和社会行为规范的文化传播支撑了人类的合作。"[5] 佐藤学大家也比较熟悉，他倡导学习共同体，提出："学习共同体要坚持三项基本原则，即公共性、民主性和卓越性。""民主主义的哲学指的是学校的每一个成员都成为主人公，通过以互相倾听关系为基础的对话性交流，实现'与他人共生的方法'的民主主义。"[6] 还有约翰逊兄弟，他们从 20 世纪 70 年代就研究合作，谈到"人类似乎都有一种合作需求。我们渴望并寻找机会来与他人合作，以达成共同的目标。合作是生活中不可避免的事实……人们在一起成功地取得了单靠个人努力无法获得的成就，并分享彼此的悲伤与喜悦。从生育孩子到火箭发射上月球，我们的成功都需要个体之间的相互合作"[7]。

我觉得小组合作的价值就是：

第一，通过小组学习来学习合作。我们以前关注的是从班级的其他生活中学习合作，从少先队、从思想教育活动中学习合作。我认为那些是需要的，但我们关注的应是通过小组合作学习来学习合作。学习是需要合作的，包括测量，包括很多细微的工作一个人做不了。

过去，我们的合作是在家庭里实现的，因为家里孩子多，不合作、任性的孩子可能会被收拾。现在时代不一样了，家里一般都是一个孩子，他们到了集体之中怎样克服唯我独尊、想到他人或者是和别人和平共处？这不是一件容易的事情。

我们小组学习如果能持续六年，一年上学是 192 天，6 乘以 192 就是将近 1200 天。1200 天的学习足以让一个人养成习惯。其实，培养一个人的品格，很重要的是每节课上的 40 分钟，因为每一节课都有合作。

第二，通过小组合作学习来学习现代文明。合作是人类文明的体现，对学生合作的正确引导是引导学生对现代文明的实践。合作方式的演进是伴随着人类文明的不断发展而形成的。小组合作学习是使学生在学习与探究知识的过程中理解现代文明的交流方式，养成符合现代文明的行为习惯。

第三，通过小组合作学习来学习做合格小公民。只有有合作意识、心中有他人、有规则意识以及能够倾听，才可能在未来成为合格的公民。在课上，孩子们交流、分享他人的结论，然后倾听、观看、交流、点评，这是一个真实的学习合作、学习民主的过程。比如，有孩子在推荐卡上写：

"他是三年级时转学过来的，他有大大的进步。他来的第一天字写得一点也不好看，现在写得可好了。"孩子们写得很具体。

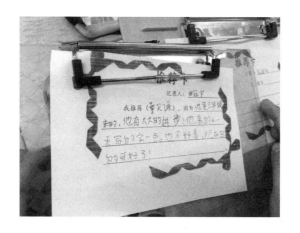

第四，通过小组合作学习来增强规则意识。我们从一年级就开始培养孩子们的规则意识。第一次或前几次大家发表自己的想法时，大家都抢着说，贴名签的时候都往上挤，但经过老师的指导，在小组交流的时候大家就能够有秩序地表达自己的想法，包括将别人的话听完，再提出疑问或发表意见。

我们要总结出孩子们乐于接受的、喜欢的规则，因为孩子不喜欢的就不会去做，如果只是强迫的规则，那么是很难实现的。

在小组学习中，学生可以学会交流。我有时会在社会中看到这样的现象：交流意味着打仗甚至人身攻击，有的时候说不过别人就开始挑别人毛

病，即不会平等、理性、有根据地评价别人的观点。所以，学会交流对孩子来说是重要的，要一步一步来。在小组学习中学会倾听不是一件容易的事情，尤其是自评和互评，也要逐渐培养。

对小学生来说，学会合作需要经历一个由行觉知的过程。这一过程可能需要有很多能力、意识方面的培养，我重点说一下倾听、表达、交流。

下面说一下附小是怎样从细微之处对学生进行培养的，大概分为说、听、交流几个方面。

学会合作看起来简单，但里面也有遗传的因素。人是群居的动物，而如何有规则地合作，需要一步一步培养。

我没到小学工作时觉得合作很简单，告诉学生要合作、交流就可以了，其实这是很抽象的。附小的老师跟我讲，交往和合作要从倾听开始，而对于低年级孩子来说，合作不是简单的能力，而是复杂的高阶能力。那么，高在哪里呢？

这是附小老师在充分地借鉴、学习，继而反复实践后总结出来的，即倾听的"六步骤"。教师不是简单告诉孩子"倾听"两个字，而是把它变成学生的行动，变成学生的习惯。第一步，让学生像向日葵一样把身体转向讲话的人；第二步，让学生眼睛看着讲话的人；第三步，让学生微笑聆听，用微笑的方式传达给讲话的同学这样的信息，"我想听你说""我在听你说"；第四步，对于听懂的话，学生要用"点头"来回应；第五步，如果学生有问题的话，在别人说完一段话后提出来，跟他说："你刚刚讲的我没听懂，你可不可以换一种方式，再说给我们听听，也许我能多懂一些"；第六步，告诉学生，别人的话要听到最后。

我们还将"倾听"的细节指导张贴在教室后面，随时提醒老师和学生要这样做。比如，小组交流时我这样听：注视对方的眼睛，用眼神表示"我在听你说"；以微笑或点头，表示感兴趣或赞同；边听边想，他（她）的想法哪里和我一样，哪里不一样，哪些是我没想到的；不打断别人说话，有不同的意见，耐心听完再提出，让说话的人感到安心。

从儿童哲学来讲，孩子们的交流需要一个安全的、有秩序的环境。有的时候忽然打断孩子说话，他可能一下子就想不起来了，这样就没办法交流了。只有相互倾听才能感受到思考与感觉的细微差别，才能促进不同个性学生的相互学习。

发言不仅是表达、发言，而是要让每个孩子都得到提高。

比如说，表达能力，强调听说能力的互动培养——表达个人的观点：我认为……；我的观点是……。质疑他人的观点：我不同意××的观点，我认为××观点中的××是不合理（或不对的）；在××的观点中，我同意他说的××，但是不同意他说的××。讨论困惑的问题：你刚才说的观点是什么意思？能否再解释一下？对于××的观点，我不太明白。梳理小组的意见：我们小组一共有几种观点，分别是××、××、××，下面分别由××和××阐述自己的观点。

在表达中，采用这样一种策略能够比较容易地将交流进行下去，而让孩子们能够持续进行反复的思想交流是需要技巧、方法、策略的。

培养汇报能力。现在，附小的孩子做到了用口头、用作业纸、用图示来表达小组的观点，二年级学生就可以初步做到，三年级学生基本可以正确应用了。

因为附小的教室是开放的，没有门，班级和活动空间只有软墙间隔，声音过大会影响其他班级，所以我们对声音音量做出了规定。另外，在培养过程中，老师有很多技巧，比如桌牌。为了让更多孩子有发言的机会，桌牌是有两种颜色的，如果发了言就将自己的桌牌调转过来，就可以让老师清楚地看到谁还没有发言。除了桌牌之外，每个学生还有名牌，可以将自己的名牌贴到自己的观点旁边或自己赞成的观点旁边，可以让孩子感受到自己的存在，这样就让孩子愿意表达和交流。另外，还有要允许别人看，而这是需要培养的。可以说，这是互相交流、互相借鉴、共同提高的过程。说到底,"允许别人看"也是一种自信的表现。附小老师认为这种交流是自然的交流,不是僵硬的、死板的。真正的小组合作学习要做到让孩子敢于说"我不会",这是孩子们本心的体现。"不会"是交流的前提,这说明没有自卑感。

附小很多课堂是允许孩子们直接坐在地上的,孩子也愿意坐在地上。

浸透着儿童哲学的小组学习经过这两年的探索后有了良好的开端。可以说,附小的做法就是把儿童哲学的精神渗透在所有学科的教学当中。

在学习方式的转变中,老师起到了重要的作用。老师要给孩子们独立学习、小组合作交流、自主表达的机会。附小现在有相当一部分课都是静悄悄的,不是热热闹闹的,是有冷场的。我们追求的不是剧场效应,不是为了给外面来的人看的。那样热热闹闹的课可以有一两节,但是不能成为常态。其实,静悄悄的课才是小学的常态。

现在,附小的"率性教育"已经进入到第二个阶段,我们正在进行"率性教学"的探索。具体来说,就是探寻"有过程的归纳教学"。在附小,40分钟的课基本是老师讲三分之一,三分之二是学生在课堂上思考、交流。附小老师不怕别人说我们的课堂不够热烈,不活跃,因为每年都会有上万频次的嘉宾来参观,所以老师们的心态都比较平和。附小的课堂教学包括学生的自主学习、小组讨论交流,也包括在全班的汇报交流等环节。比如,语文有十个左右单元的开发,如"中外寓言故事比较""中国古代智慧故事"等,不仅是讲一节,而是讲一个单元。这就意味着一个单元至少是四节课、八节课,甚至是十二节课。

有一节四年级的语文课,孩子们热情比较高,教师也忘了休息,连续上了110分钟,但孩子们没有疲劳感。这说明单元开发孩子们是愿意参与的。为什么吸引人？因为我们的设计体现了儿童认识世界的特点——从个别到一般。比如，寓言故事、边塞诗，过去我们教学是一首诗分析得特别细，但孩子对边塞诗的整体认知有限。现在，老师把孩子学过的，加上课外的，一共挑选出十首左右，一起学，孩子们大概能看出来边塞诗有什么特点。当孩子们对某一事物的认识由个别上升到"类"的时候，理解就不一样了。从"类"来看"个别"会看得更清楚，甚至孩子们自己都能创作出自己的边塞诗，如，"明月出边关，战士宿其间。如有精兵战，胡马休想还"。

有过程的归纳教学现在看比传统的教学效果要好，我们还会一直探索。

我们做某一节公开课，想让它精彩并不难，但让常态课精彩并不容易，而一个都不能少就更不容易。老师想让每一个学生在小组交流的过程中感到安全，是要建立在"尊重"的基础上的，要让每个孩子知道在小组交流中的责任：有责任地思考，说出自己的想法。

为什么我们会这样做？是因为受到了我们一些老师说的话的刺激。

有的老师说："有的孩子整整一天没有在学校留下自己的声音。"也就是说，孩子一整天在学校没有说过话，一个班级四五十人，一天好几节课，他可能在课堂上一句话都没说。一天 5 节课，这样 6 年下来，这个孩子的发展一定会受到影响。这对这个孩子是不公平的，他可能会变得不愿意说话。教育的作用可能就是让不愿意讲话的孩子能够说两句，说话是孩子的权利，但需要引导。有个别的孩子不愿意进教室，老师们想尽各种办法引导、指导，最后经过两个月孩子才能进班级上课。这样的孩子在家里通常特别任性，所以小学教师的责任特别重大，因为这样的孩子的行为习惯如果在小学没有予以矫正，将来进入社会后可能也会遇到问题。

在小组发言的时候，有的小组没有机会发言，而没发言的小组里可能会有孩子说："我们这不就是摆设吗？"这说明一堂课让每个孩子都发言是一件很难的事，说得容易但做到很难。因此，一个都不能少说起来容易，但让每个孩子都学会合作不那么简单。让每一个孩子都学会合作是一个长期的教育教学过程，需要我们长期的坚守。

儿童哲学精神和小组合作要成为孩子们的观念和行动，需要学校、老师兢兢业业地工作，是一个长期的培养过程。

参考文献

[1] 刘放桐，陈亚军，张国清. 民主之为自由：杜威政治哲学与法哲学［M］. 上海：华东师范大学出版社，2018.

[2] 杜威. 民主主义与教育［M］. 王承绪，译. 北京：人民教育出版社，2001：97.

[3] 胡晓风. 陶行知教育文集［M］. 成都：四川教育出版社，2007：534.

[4] 陶行知. 中国教育改造［M］. 北京：商务印书馆，2014：267.

[5] 鲍尔斯，金迪斯. 合作的物种：人类的互惠性及其演化［M］. 张弘，译. 杭州：浙江大学出版社，2015：269.

[6] 佐藤学. 迈向基于协同的高质学习［J］. 中国德育，2016（07）.

[7] 约翰逊. 合作学习［M］. 伍新春，郑秋，张洁，译. 北京：北京师范大学出版社，2004：7.

［本文根据 2019 年 5 月 11 日在杭州师范大学举办的儿童哲学高峰论坛上的报告整理］

未来班级
——高技术与高情感平衡

　　"人类是面向未来的，但是没有教育的未来，也就没有人类的未来。"[1]如何培养21世纪人才早已成为各国共同关注的教育话题，中国、美国、新加坡、俄罗斯等国都陆续实施了未来学校项目。班级在未来学校制度中扮演着关键角色，它不仅是实现教育目的的主要场所，还是学生和教师的共同生活空间。在未来，技术入驻教育将是不争的事实。"每当一种新技术被引进社会，人类必然会产生一种要加以平衡的反应。技术越高级，情感反应也就越强烈……强迫性技术向高技术与高情感相平衡的转变"[2]38也必将成为未来教育甚至未来班级的趋势。

一、未来班级研究：复杂视角

　　未来与现在和过去相并列，是时间序列上的分段，它所表示的是还未到来的时段以及与此相关的事物。"由于未来总是在与人类相关的意义上使用，因此，真正的未来必然是一个包含着一种社会期望和趋向的内在整体。"[3]人们在思考未来时，便常常无意识地将它与现在和过去相对照，认为未来就是对现在的修正和补充。此外，基于社会阶层差异的事实，未来在不同群体中出现了意义上的分化。对精英阶层来说，未来是人类群体中还未到来的事件；对底层人群来说，未来仅仅是尚未在他们世界中出现的事件。

　　未来学家阿尔温·托夫勒将未来分为可信的未来、希望的未来和可能的未来三种。与之对应，未来班级的思考路径也有三种。① 三种研究思路

---

　　① 一种是经过事实分析，推理出可信的未来班级，回答的问题是"未来班级是什么样"。它需要关注班级组织从诞生以来的历史演变、未来人才必须具备的技能以及未来学校和未来课堂研究的现状。二是自由想象的可能的未来班级，回答的问题是"未来班级还可能是什么样"。未来的复杂性决定了未来班级有很大的随机性和偶然性。通过事实推理得出的未来班级只是其中的一个可能性，还存在很多未知的、不可预测的、突发的事件在影响着班级的变革。因此，我们可以天马行空地自由构思未来班级的形态。三是带着价值偏好描述希望的未来班级是什么样的，回答的问题是"未来的班级应该是什么样"。这种研究思路存在价值预设，包括对人的价值的判断、对班级功能的定位以及对班级现状的不满。

虽然看似有信效度高低的差异，但在未来没有到来之前，未来班级研究的信效度只是一个概念，它们的差别仅仅在于事实分析成分的多少。因此，三种分析路径显示了未来班级其实是事实判断和价值判断的综合结果。意图对未来班级做绝对的事实判断或绝对的价值判断都绝无可能，这是由未来班级的内在性和超越性决定的。

其实，未来的必然性在哲学史上有过较大的争论，"有人认为未来发生的事件是预先决定的，如德谟克里特认为原子由必然性决定，霍布斯以严格的因果必然性决定未来，斯宾诺莎认为未来是由理性与物理的必然性所决定的。另一种观点则认为未来发生的事件是尚未决定的，如柏格森和怀特海，他们认为未来的事件还未存在，是在事态的发展中有待决定的；美国的米德认为，过去和未来都是基于现在的性质而变化的"[4]。工业革命的发生印证了霍布斯提出的因果必然性。"它告诉我们，同样的条件总是产生同样的结果。"[5]375我们可以依据现实条件，比较精准地推断出必然的未来。然而，随着时间的推移，这种因果论逐渐显示出它的缺陷。"第三次浪潮因果论也有令人兴奋的新鲜见解。事实上，它帮助我们终于从宿命论与反宿命论——必然与偶然这两个长期对立的争论中走出来。"[5]378"一个结论将在精确的一点上，'跃'至一个新的复杂阶段。在实践中，甚至在原则上，要预言它将采取什么形式是不可能的。在多种可能的形态中，它究竟选择哪一种？然而，路径一经选定，新的结论一旦开始形成，决定论的机制则又将占统治地位。"[5]380这种新因果论展示了偶然性一旦被选择，变革便是一个由质变到量变的过程。偶然性的选择造成了变革难以追踪和预判，有关未来的研究也应从简单视角走向复杂视角，由分析方法走向综合方法。

二、未来班级的分析向度

对未来班级的构想离不开一些基础性的分析。未来持何种人性假设，人类未来社会的政治、经济、文化和人类情感状态，以及它们与班级的关系等决定着未来班级建设的价值取向。班级自诞生以来的历史样态影响了未来班级的组织形式，现有未来学校和未来课堂为未来班级提供了研究的框架，直接制约着未来班级的发展方向。

（一）人性假设：未来班级的价值取向

人性假设和人类未来社会的期望决定了未来班级的建设。"马克思将人类历史发展阶段划分为被人奴役的阶段、被物奴役的阶段和全面自由发展的阶段。前两个阶段主要以自我为工具，而最后一个阶段，物质极大丰富，人本身也成为目的。"[6]54 所以，人从工具中解放出来成为普遍的呼声。当代提出的人性假设，如，"理性生态人""目标人""价值人"等正在逐渐消解以前的"政治人""理性人""经济人"。信息技术的出现使人们原有的时间、空间概念发生变化，在资源的不断创生与极大共享下，人类有机会追求更高一层的精神需求：回归自我和实现价值。逃脱集体束缚，反抗外界规则，专注个人体验这种诗意性存在似乎成为人类触手可及的未来。然而，我们似乎面临着诸多难题，人们越来越容易受到心理问题的困扰。虽然人类的沟通方式越来越多样、便捷，但越来越不愿意沟通。"人是群体动物……人的生存本身构成了人生价值……个体为自己、为群体的生存而奋斗、牺牲。"[7]20 逃离群体的束缚，人的价值也将不复存在。中国传统文化的核心是"情本体"，"是以'情'为人生的最终根本"[7]46。这里的情是指感性、情欲和人情。只有在与人的社会交往中，人才能实现自身价值。值得注意的是，"人的存在既是一种工具性的存在又是一种诗意性的存在"[6]54。学校面临的是一群心性尚未成熟的学生，他们的社会交往需求，对安全感和归属感的需要更胜过成人。学生需要在群体中找到自己，也需要在社会交往中找到自己。因此，帮助他们学会群体生存，学会利用外在媒介表达自己、找到自己为未来班级的首要任务。

　　未来人类将生活在一个高技术的信息时代，技术将改变我们的时空观，并进而改变人类的阶层结构。"新的权力来源不是少数人手中的金钱，而是多数人手中的信息。"[5]15 "随着信息社会的到来，我们的经济有史以来第一次可以建立在一种不仅可再生而且可自生的重要资源上。"[2]22 非正式化的网络组织使信息由上而下、差序格局式的流通方式转变为横向的、爆发式流通。人们几乎在同一时间获得信息，也就在同一时间获得权利。代议制、民主制和等级制将过时，一个新社会的轮廓正在缓慢出现。在我国，隶属于国家教育事业的学校教育也将受到挑战。与西方自下而上的变革趋势不同，我国学校教育的变革是自上而下的。国家的未来发展规划和课程改革直接决定着学校发展的走向。但是，正如著名未来学家约翰·奈斯比特所预测的一样，中国的八大支柱首先是解放思想，然后便是自上而下与自下而上的结合。中国的学校改革和班级改革不仅需要国家的力量，也需要学校、教师、学生，甚至家长的力量。自我创新的班级和多样化的班级将成为未来班级的主要形态。在未来班级中，学生掌握着建构自己知

识体系的权利，可多方利用有效信息，为成长为全面发展的通才而努力。

（二）历史样态：未来班级的组织形式

以班级为单位的教育形式最早出现在中世纪末期的欧洲。一方面，此时的欧洲正经历着文艺复兴，而随着思想的解放和社会民主运动的高涨，大众接受教育的愿望越来越强烈。另一方面，工业取代农业成为主要的生产方式，资本家对劳动者的知识和技能的要求提高，普及教育势在必行。夸美纽斯为调和有限的生命和无限的知识之间的矛盾，以及教师的缺乏和学生的庞杂之间的矛盾，确立了仿照工厂生产模式的一对多、流程化、批量式的班级教学制度。为应对师资力量的缺乏和学校经费不足等难题，兰卡斯特推出了导生制。清朝末年，班级教育制度传入我国，衍生出"学级担任制"的训育制度，即各学级委派一名教师负责学生的功课及所有其他事务。这种制度被看作班主任制度的缘起。

随着资本主义国家受教育对象的不断扩大，义务教育年限进一步延长，不同阶层的学生在学业成就上表现出较大差异。因此，20世纪初期兴起了一些关注个体差异、倡导个性教学的教育组织形式，以弥补班级教学制度的不足。其中，最具代表性的当属柏克赫斯特的"道尔顿制"。该制度主张用个别教学代替班级教学。学生和教师签订学习契约，在设置成学科实验室中的作业室中自主学习。"在作业室中，每个年级的学生各有指定的座位，并有大长桌，可坐6－8人，以便共同讨论。"[8] 每个作业室配有一到两名辅导教师，以解决学生的问题。只有当学生遇到共同难题时，教师才把他们召集在一起进行集体讲解。直到21世纪初期，我国的班级组织形式仍以集体授课为主，但也出现了小组合作、个性化教学的探索。慕课、翻转课堂和移动学习的出现在技术上解决了个性化教学的难题。因此，人们对满足个人教育需求的呼声越来越高，对改革班级组织形式的呼声也越来越高，而走班制便是一种尝试。

（三）现实基础：未来学校和未来课堂

未来班级深嵌在未来学校和未来课堂的研究框架中，而未来课堂的基本特性更是直接决定了未来班级的样态。自20世纪60年代以来，计算机与现代通信技术的有机结合，多媒体技术和人工智能相继出现，人们热切地期望利用信息技术提高教育品质。教育信息化和智慧教育成为未来教育的代名词。此后，慕课风靡全球，人们重新思考学校教育的价值，对未来课堂和未来学校的研究也随之兴起。

教育信息化和智慧教育旨在利用高端云技术营造班级和课堂物理氛围。"它是依托物联网、云计算、无线通信等新一代信息技术所打造的物联化、智能化、感知化、泛在化的教育信息生态系统。它的教育的主要特征表现为信息技术与学科教学深度融合、全球教育资源无缝整合共享、无处不在的开放按需学习、绿色高效的教育管理以及基于大数据的科学分析与评价。"[9]。未来课堂和未来学校利用技术寻求教育价值的转变。"我们认为，未来课堂是基于一定的技术和理论，以互动为核心，旨在建构一个服务和支持课堂教学主体的发展和自由的各构成要素和谐共存的教与学的活动及环境"。[10]因此，教育向更具有人性化、混合性、开放性、交互性、智能性、生态化的方向发展。在教学场所和教学资源方面，"未来的教室一定是云端教室，包括电子课本、电子课桌、电子书包、电子白板……在资源方面，由模拟媒体到数字媒体，再到网络媒体，资源最终都在教育云上，内容达到极大丰富，从而满足个性化学习的需要"[11]。教学上，有人认为，到 2030 年，原本落伍的按表上课将转变为动态的学习组群。届时，整合性的课程将成为常态，专家、教师将利用 3D 网络环境等引导学生加入全球互动的学习组群。戴维斯从生态学的角度将未来学校视为一个协同进化学校系统。在这样的学校系统中，教学服务不再由单一的学校提供，转而由包括虚拟学校和网络服务等在内的网络组织提供。维克托·迈尔—舍恩伯格通过对大数据应用的分析，认为未来"学校依然会保持面授教学的传统，传统的师生等级制度依然存在，但是它的严格性将逐渐降低……学生可能会得到围绕着概念和方法而量身定做的个性化教学"[12]。信息技术给教育带来的变化无疑是巨大的，但是未来教育有变也有不变，变的是学习方式和教师角色，不变的是教育的本质。"教育传承文化、创新知识和培养人才的本质不变，立德树人的根本目的不变……人是要靠人来培养的，这是所有机器代替不了的。"[13]未来教育的改变绝不仅仅是教育技术上的进步，而是技术和情感相互影响的进步。

三、走向高技术与高情感平衡的未来班级

基于对未来班级的人性假设、人类未来社会的图景、时代人物以及班级的历史积累，我们相信未来班级将具有以下特征。

（一）为学生提供社会交往的多样化班级组织

个体发展不是孤立的，而是在与他人和环境的互动中习得社会性的。

个人需要集体，需要一个相对稳定的集体给予他认同、关注和归宿感。在未来，学生面临的严峻挑战并不仅限于知识问题或能力问题，而是社交环境虚拟化所引发的心理问题。个性化和自由的代价是孤独，而班级生活将是化解孤独的良药。未来班级可以为学生提供一个稳定的人际关系网，他们在这里一起生活，一起学习，从而获得归属感和安全感。不仅如此，班级内部和班级之间是开放、交流的，班级还和家庭、社区甚至全球进行资源互享，可以让学生将学习和生活联系起来。"在高技术的信息社会里，我们使用的是脑力，而不是像工业时代的工人那样使用体力，所以我们在业余时间的活动中需要更多地利用手和身体以平衡工作中对脑力的不断使用。我们将更加需要经常到大自然中去，去野营，去海边。"[2]52 在高技术支持下的班级，学生更需要体验真实的社交环境。在班级组织中，学生将全方位地利用各种感觉器官，如眼、耳、口、鼻等去深度接触这个世界，获得对世界的感性认识。

（二）以涵养学生价值观为主要任务

"自从电脑被用来进行一些基本教育课程后，学校就不得不越来越多地承担责任教授价值观……"[2]47 为培养学生的价值观，未来班级首先要做的便是明确自己的价值观念。2015 年，联合国通过了《改变我们的世界——2030 年可持续发展议程》，并确定了教育为人类和地球可持续发展服务的主旨。为实现这一目标，未来教育必须坚持公平、高质量以及增进全民终身学习机会的原则。人文主义成为未来教育的愿景。人的价值和力量在教育中进一步得到重视，教师、学生摆脱机械无聊的教学过程，开始寻求更有探究性、创造性和体验性的教育。学习的意义也会发生变化，学习不再局限于从外部获得某种东西，也在为世界创造新的知识。正如乔布斯所说，"社会前进中面临的一个问题是教会学生用他们这一代的媒介去表达自己。当学生在创造自己的时候，学习就发生了"。当学生极大限度地进行自主学习、个性化学习的时候，需要一种集体认可、社会支持的价值观将学生们联系在一起，而这一任务就落在了以社会交往为主的未来班级上。

在未来世界，学生更容易接触到多元的社会和文化，但心性尚未成熟的青少年极易迷失其中，从而造成价值观的混乱，所以未来班级要引导学生理性选择，形成健康、成熟的价值观念。除此之外，未来学生是数字"原住民"，高技术在他们整个的生命中扮演重要的角色，而他们对高技术的认同也会达到史无前例的高度。引导他们正确看待技术价值，把技术的物质奇迹和人性的精神需要平衡起来成为班级的重要任务之一。

（三）高技术与高情感平衡的班主任

未来的学生必须学着应对世界的高度不确定性。与之相反，未来班主任则需要把握教育中的确定性。"实践活动有一个内在而不能排除的显著特征，那就是它的不确定性。"[14]世界变化不已，未来学校教育也将面临各种变革。缓解这种快速变动给学生带来的危险感，是机器不能完成的任务。这种心灵安抚工作只有和其具有同样情感体验的班主任来完成，所以心理辅导能力成为班主任的基本素质之一。然而，确定性的追寻不仅包括心理上的安慰，还有对事实理性的把握。未来班主任必须清楚明白地了解学校教育的不变，即学校教育的本质不变；理解教育之所以为教育的基本内涵；理解学校教育以育人为主旨；理解班级以培养每一个学生全面发展为目的。只有把握了教育本质的确定性，未来班主任才能在面对各种不确定性的变革中不迷失方向。

未来班主任将是一个高度专业化的职业。能够获得教职的老师，就是因为身怀多元的教法以及完善的教学策略，不管在虚拟或实体的场域，都能与学生砥砺成长。他们不仅需要精通未来学校和未来课堂中那一系列高端的技术，还要不为技术所困，以人为技术的标准，灵活自如地运用这些技术帮助学生成长。因此，处理学生社会交往问题和引导其形成正确的价值观将成为班主任的工作重心。当然，这一切都建立在关注每一个学生的基础之上。

我们有理由相信，高技术与高情感平衡的未来班级将帮助人机交流达到一个崭新的高度。在这样的班级关系中，个性化学习和社会化发展将深度融合。

参考文献

[1] 陈元晖. 中国教育学史遗稿 [M]. 北京：北京师范大学出版社，2001：70.

[2] 奈斯比特. 大趋势：改变我们生活的十个新趋向 [M]. 孙道章，译. 北京：新华出版社，1984.

[3] 刘孝廷. 未来的哲学研究：未来形而上学导论 [D]. 长春：吉林大学. 2004.

[4] 冯契. 外国哲学大辞典 [Z]. 上海：上海辞书出版社，2008：8.

[5] 托夫勒. 第三次浪潮：第1版 [M]. 朱志焱，译. 北京：生活·读书·新知

三联书店，1983.

［6］于伟. 教育哲学［M］. 北京：教育科学出版社，2015.

［7］李泽厚. 哲学纲要［M］. 北京：中华书局，2015.

［8］瞿葆奎. 教育学文集·教学：上册［M］. 北京：人民教育出版社，1988：370.

［9］杨现民. 信息时代智慧教育的内涵与特征［J］. 中国电化教育，2014（1）.

［10］陈卫东，张际平. 未来课堂的定位与特性研究［J］. 电化教育研究，2010（7）.

［11］杨宗凯. 教育信息化十年发展展望：未来教室、未来课堂、未来学校、未来教师［J］. 中国教育信息化，2011（18）.

［12］舍恩伯格，库克耶. 与大数据同行：学习和教育的未来［M］. 赵中建，张燕南，译. 上海：华东师范大学出版社，2014：130.

［13］顾明远. 未来教育的变与不变［N］. 中国教育报，2016-08-11.

［14］杜威. 确定性的寻求：关于知行关系的研究［M］. 傅统先，译. 上海：上海人民出版社，2004：1.

［本文原载于《教育科学研究》，2017年第2期］

第 五 编

率性教育：建构与探索（下）

非理性观照下的儿童创新能力培养

中共中央办公厅、国务院办公厅印发《关于深化教育体制机制改革的意见》指出："要注重培养支撑终身发展、适应时代要求的关键能力……培养创新能力，激发学生好奇心、想象力和创新思维，养成创新人格，鼓励学生勇于探索、大胆尝试、创新创造。"创新能力是新时代发展所需的重要能力，其提升是人的理性与非理性协同发展的结果，是以人完整的精神性发展作为支撑的。

一、非理性是创新性精神发展力量

（一）理性与非理性构成人完整的精神属性

人的精神发展是理性能力与非理性能力协同作用的结果，缺失任何一种能力都会导致人在精神性上的失衡，并且影响精神的发展层次。理性与非理性的协同发展是人的创新性精神属性健康发展的重要前提。理性"通常用以表示推出逻辑结论的认识的阶段和能力的范畴……一般指概念、判断、推理等思维活动"[1]，非理性则更强调人的精神生活要素，如意志、情感、无意识、直觉、想象、顿悟等。理性与非理性构成了人完整的精神属性，为人的创新能力研究提供了一个切入点与分析框架。

理性与非理性绝非对立的两个要素，它们都是人精神发展中的重要因素。黑格尔将神秘主义与非理性包含进可被思维把握的人的精神发展逻辑中。"神秘的东西固然是神秘莫测的，但只是对理性而言。也就是说，理性的原则是抽象的同一性，但神秘的东西（作为与思辨同义的东西）则是那样一些规定的具体的统一。这些规定在理性看来只有在其分离和对立中才是真实的……相反，理性本身恰好在于把对立面作为观念性的环节包含于自身之内。因此，一切理性的东西又可称之为神秘的，但这只是说，它是超出理性之上的，而绝不是说，它是完全不能为思维接受和把握的。"[2]在人的成长过程中，非理性要素是人的精神发展的重要构成。柏拉图将灵魂分为理性、激情与欲望三个部分，将灵魂比作一驾马车，理性是御马者，对应着智慧；激情是被驯服的马，对应着勇敢；欲望是桀骜的马，对应着节制。[3]灵魂的本性是理性，激情与欲望是非理性，都应服从于理性，但是激情与欲望同样是灵魂前行的动力。

非理性要素中包含了理性要素中所缺失的突破力与上升力。某些非理性的要素一方面引领理性回到自己的本源，一方面引领理性向更高的境界冲刺，从眼前的琐碎知识进入哲学的知识和形而上学的领域。正是这种逻各斯精神中的形而上学隐含着的努斯精神，成为理性层次发展到后理性层次的契机。[4]这种对理性框架的突围与上升是理性与非理性相互综合、辩证统一的过程，也是人的精神发展过程中对非理性要素进行引导的目标。

（二）人的精神属性发展经历三个层次

根据人的精神发展特征，笔者将人的精神发展分为三个层次：第一层次是非理性占据主导地位的前理性层次，仅仅是神秘的，是基于直观体验与无系统的逻辑规则的思维发散，是不以理性作为支撑的；第二层次是理性占据主导地位的理性层次，是指人拥有逻辑能力、概念能力以及判断、分析、综合、比较的能力，但是相对缺乏非理性调节；第三层次是理性与非理性协同发展，并达到高度统一的后理性层次。

非理性要素在人的精神发展过程中具有重要的作用，是精神发展的内驱力。非理性要素的发展程度、非理性与理性的综合程度直接影响人的精神发展层次与人的创新能力发展层次。第一层次与第三层次中的非理性具有本质性的不同，前理性时期的非理性与后理性时期的非理性相比较而言缺乏理性的支撑，是盲目甚至迷信的。

从第二层次到第三层次的发展过程，是人的精神升华过程。传统的教育观念过度强化了理性的作用，第二层次成为教育的目的，使人掌握概念、分析、综合、比较、推理、计算等能力成为教育的最终目标，却忽略了非理性的重要性，以及它在人的发展过程中的价值，从而使人丧失了从第二层次向第三层次上升的能力。

从第一层次向第二层次的上升的能力，是基于知识学习、逻辑训练以及实践总结等方式获得的。要想达到第三个层次，就要保护人本身所具有的正向意义的非理性能力，而这种保护在由第一层次向第二层次过渡的过程中尤为重要。儿童的精神层次正处于精神发展的第一层次，非理性占据主导地位。此时，人的理性学习与非理性保护同等重要。直觉、顿悟、人文性情怀、美感、灵感在这一时期的保护和培养相较于其他时期都更具价值与意义。

（三）以理性为基础的非理性是创新的源泉

单一的理性或非理性都无法支撑人的创新精神发展。人的精神系统是一个统一整体，理性与非理性的平衡是精神系统健康发展的重要前提，而概念、分析、综合、比较、推理、计算等方面如果片面发展，缺少非理性要素的辅助，就会限制精神的延展性与突破性。理性思维能够给人提供一个解决问题和分析问题的框架，使人建立起规范的思考方式，而非理性思维则在能动性、突破性、持续性等方面对理性予以推动以及修正。

在人文与科学领域的发展中，非理性要素尤为重要，"神志清醒的诗遇到迷狂的诗就黯淡无光了"[5]。非理性不仅在艺术、哲学等人文领域中具有重要的价值，在科学发展中也具有重要的作用与地位。科学是理性的学科，但是在科学道路上非理性的辅助是必不可少的。科学的重要使命之一便是寻求与证明具有高度普遍性的基本定律，"要通向这些定律，并没有逻辑的道路，只有通过那种以对经验的共鸣的理解为依据的直觉，才能得到这些定律。"[6]102这种以理性为基础的非理性直觉与灵感，是创造的源泉，是顿悟的基础。

许多艺术家、哲学家以及科学家都具有精神第三层次的特征并致力于追寻理性与非理性的协同发展。晚年的毕加索致力于像儿童那样画画。毕加索这样说过："我在十几岁时就能画得像个古代大师，但我花了一辈子学习怎样像孩子那样画画。"[7]尼采深受浪漫主义音乐大师瓦格纳的影响，两人是至交好友，并经常相互拜访。尼采在其影响下完成了《悲剧的诞生》这一伟大的著作。[8]在物理学家与数学家中，波尔不仅善于弹奏钢琴，还会吹黑管；普朗克、海森堡、波恩和埃伦菲斯特都具有较好的钢琴素养；[9]爱因斯坦是一位出色的小提琴家，小提琴伴随了他的一生。爱因斯坦热爱莫扎特，音乐带给他灵感。[10]很多艺术家、哲学家、科学家都具有在非理性方面的特殊天赋，并且达到理性与非理性的高度统一，从而使自身的创新力具有持续性与突破性。

二、非理性是儿童的重要精神属性

（一）儿童的精神发展以非理性为主导

儿童的精神世界中充满了好奇与想象等非理性要素，"与情绪有关的脑区在10到12岁时得到充分的发展，但与理性思维和情绪控制有关的脑区成熟则发生在 22 到 24 岁"[11]。儿童处于一种理性建构萌芽、非理性占据主导地位的成长时期，也是生命本能与社会规范的交融时期，所以此时的儿童具有强烈的诗化精神与原始欲望。六个月以上的婴儿在被成人抱在怀里时，便会有主动将脸部朝外以便观察世界的举动。婴儿的咬、抓等基本动作都是出于生存的本能，是对外界的事物进行探索的举动。从精神层面的求知欲望到实践层面的探索行动是人类与生俱来的自然禀赋。儿童的求知冲动是极为强烈的，而这种冲动的产生并非源于理性认识，而是源于精神的初始动力与对直观世界的探索渴望。

小学阶段尤其是小学低年级阶段，儿童正处于想象力与创造力的快速发展时期，一支铅笔、一块橡皮甚至一张纸都能引起儿童的极大兴趣。这是因为儿童的想象力与创造力赋予了这些简单事物更为复杂、更有趣味的意义，所以他们愿意将简单的事物赋予喜欢的形象。在儿童的眼中，或许一支铅笔就代表着孙悟空，一块橡皮便代表了小汽车，在成人眼中无趣的常见物品在儿童眼中或许正展开着一场有故事情节、有人物形象甚至有背景文化的、别开生面的大戏。儿童的想象力使静止的东西具有动态的形象，使呆板的事物富有生趣，能够为不同的元素想象出新的联系，也能为客观的世界赋予新的故事性含义。可以说，情绪性、故事性、跳跃性、情境性等都是儿童时期精神发展的主要特征。

（二）儿童的创新能力禀赋弥足珍贵

儿童的创新能力禀赋是儿童独具且弥足珍贵的。儿童所提出的问题一部分是基于操作层面的探索，一部分是基于认识层面的求知。操作层面的探索性提问是儿童根据自身实践所遇到的困难而萌发的，是带有目的性与实践性的提问。这一类的问题在儿童的成长过程中具有很大的实践意义，儿童乃至成人对这类目的导向问题的好奇心是较容易保留的，因为其源于生活甚至生存的需要，是人实践与实用的智慧。但是，认识层面的提问则是儿童出于对知识的纯粹的渴求、对外界的好奇。或许在成人的眼中这些问题并无实际的意义，但是这种求知的冲动对于人的成长来说更具价值与意义，是人的珍贵品质。好奇是逻辑判断的前提，逻辑判断是好奇的目的。源于儿童非理性的好奇心的强弱直接关系儿童逻辑练习的频次与理性建构的进程。

儿童的想象力不仅是一种思维的发散能力，更是一种思维主动向外延伸的能力。它驱动着儿童去构建远景、自由创造，是客观世界在主观世界中的映射与升华。"梦想是把无人性的世界变成人的世界，是对现实世界的同化；梦想是意识与集体无意识的对话；梦想使儿童进入一个比现实世界更有诗意也更为宏大的世界。"[12] 儿童的梦想是具有创造性的想象，是儿童通过自身所独有的概念、逻辑方式对现实世界进行加工的结果。儿童的想象与创造的过程是儿童逻辑能力提升的过程，是对现实世界反复地进行形象加工、故事加工甚至概念加工的过程，是非理性与理性的反复交替练习；梦想的建构过程是搭建思想框架与打破思想框架的循环过程，是创新思维自我发展的过程。儿童想象的冲动是突破常规思维的上升力，是能够摆脱固有思维框架的冲击力，而这种想象的力量往往会因为刻板的理性训练而消失。因此，保护儿童的想象力就是保护儿童的创新力。

（三）警惕"标准化"对儿童非理性的磨灭

如果儿童的理性要素培养是儿童教育的主线，那么儿童的非理性要素培养则是教育的隐线。可以说，只有这两个要素共同发展才能保证儿童精神发展的全面性与可持续性。儿童精神发展的目标是培养儿童的规则性、逻辑性以及概念能力的同时保护儿童的天性，在精神上锻炼儿童意志品质的同时珍视儿童求知的冲动、创造的冲动、实践的冲动，从而使他们有个人选择的自由、意志的自由、人性的自由以及创新的自由。现实教育中存在着一定程度的对儿童的非理性缺乏保护、引导甚至进行压制的问题。当儿童提出问题或表述自身观点的时候，成年人有时会有不理睬、嘲讽甚至指责的举动，不尊重儿童的直觉、想象、顿悟与好奇，而这是对儿童非理性禀赋的压制。

另外，我们要警惕过度的标准化训练使儿童丧失直觉、飞跃与顿悟等能力，避免抑制儿童创新性思维的发展。传统的"一刀切"式的教学忽略了儿童作为个体，尤其是处于成长与发展过程中的个体的特殊性。统一化标准教学是依据儿童的普遍性特征而建立的，作为儿童发展的重要指标具有可量性与指导性。但是，如果过度依赖这种指标，不考虑儿童的特殊偏好与个体能力，就会使一部分儿童处于受教育的边缘，而不契合的教育方法会使这一部分儿童在受到教育边缘化的同时，成长与发展的方向也脱离预期，从而丧失原有的非理性创新能力。"人在追求、信仰、思想观念、知识、智力、体力、能力、心理、兴趣爱好等方面存在巨大差异，使个体生命具有独立个性，而且人有着富有个性的个体活动、个体生活、个体创造。正因如此，人的生命才会丰富多彩，个体才会去体现自己、实现自己、完成自己，并以其差别性、多样性、对立性促进人类社会的发展。"[13] 单纯注重知识灌输与理性培养会使儿童的理性发展更具规则性，但缺乏突破性，容易磨灭儿童在精神层面发展的初始冲动，容易使儿童丧失创新能力发展的基础与动力。

三、儿童创新能力的培养

（一）培育创造性的直觉能力

直觉是一种行为，通过这种行为，人们可以不必明显地依靠其分析技巧而掌握问题或情境的意义、重要性和结构。[14]71爱因斯坦曾经说过："我相信直觉和灵感。"[6]284人类历史中很多伟大的发明都源于人的直觉。实际上，直觉是人的创造性思维的重要组成部分。儿童的直觉思维具有形象思维主导与强烈猜想意愿的特征，而儿童的创新能力发展无法离开直觉思维，所以要重视直觉在儿童创新能力发展过程中的价值，并且鼓励儿童对直觉思维加以运用，鼓励儿童对"猜想"的积极性，发展儿童在学习中"不教自明"的直觉理解力，倡导教师"通而不达"的教学方式。

我们应从儿童以形象思维为主导的直觉特征出发，开展故事性教学。形象思维在其运动的整个过程中，"思维永远离不开感性形象的活动和想象"[15]，而这种感性形象的思维活动是儿童感性直观与感性直觉的基础。儿童的形象思维表现在其将故事与形象代替了成人理性思维中概念的位置，儿童往往将不同的人、物、事乃至背景文化总括于一个具体故事或形象当中。儿童将自身的经验与外界进行故事性的衔接，甚至将自己融入故事之中，以自我为思维的中心，以情志为思维的根本。在教育实践过程中，我们要对儿童的形象思维进行合理的引导，使儿童的创新思维得以发展。我们应从儿童的经验出发，以故事性教学与形象带入，触发儿童的直觉思维，使儿童的思维更为发散与延展，使儿童在进行知识学习的同时，促进创新能力的持续发展。

我们应从儿童直觉能力的跃迁式思维特征出发，鼓励儿童进行猜想。直觉的非逻辑性决定了儿童直觉培养中非形式逻辑训练的重要性。爱因斯坦认为，在科学的基本关系和概念的创造性选择上，"多少有点像一个人在猜一个设计得很巧妙的字谜"[6]346。儿童的思维方式具有不稳定性与非逻辑性特征，容易受到外界环境的引导并且能够迅速进行跳跃式发散，与科学创新过程中的"猜想"逻辑具有很多的共性要素，所以要正确把握并且引导儿童的跃迁式思维与猜想意愿。开放性的课堂更符合儿童的思维特质。课堂作为知识传授的重要载体，教学目标的弹性预设与可发散的课堂空间是尤为重要的，所以我们应鼓励儿童围绕一个研究主题对未知的领域进行猜想式的探索，同时，"应该给学生一定的训练，使之认清猜想的似合理性"[14]74-75，并且在课堂中鼓励儿童对自己的猜想进行即兴演讲，通过环境压力使儿童的注意力得以集中，使儿童的思维更加发散。

（二）创设感性直观的实践场域

实践是人类推动历史发展的具体形式，是一切创新创造的手段。"在现代，物的关系对个人的统治、偶然性对个性的压抑，已具有最尖锐、最普遍的形式，这样就给现有的个人提出了十分明确的任务……确立个人对偶然性和关系的统治，以代替关系和偶然性对个人的统治。"[16]儿童的实践同样是确立自身对偶然性和关系的统治的过程。"小孩的推断和他的实践思维首先具有实践和感性的性质。感性的禀赋是把小孩和世界连接起来的第一个纽带。实践的感觉器官，主要是鼻和口，是小孩用来评价世界的首要器官。"[17]对操作与体验的渴求是儿童的天性，也是儿童的好奇心与创造欲的客观化表现，学生要经历动脑思考、动手活动的过程。这个过程是基于个人经验的亲身参与的过程，是发现、探究、建构的过程。

我们应从儿童的实践感性特征出发，创设更易于儿童接受的感性直观的实践场域。我们应设计适宜的主题与游戏，使儿童进行各种各样不同的体验，体验不同的工作职业，体验不同的家庭分工，体验不同的体育活动，体验不同的文化场域，增加其对"成人世界"与"自然世界"的认识，并且选择自己感兴趣的方面进行进一步的深入体验，从而了解儿童的个性偏好与特性特长。我们应在实践场域中发现儿童偏好的差异、能力的差异，并且利用这种差异因材施教，使儿童在自己更感兴趣、更有优势的方面与领域进行进一步的探索与创造，培养儿童的兴趣，并在兴趣中进行互动探究，在直观与互动中发散思维。

我们应从儿童的实践意愿出发，把握儿童的被动实践与主动实践的关系。儿童实践有两种，一种是被动的实践——练习，而另一种实践则是儿童自发的主动实践。实践是儿童内心欲望的表达，所以正确的引导是习惯养成的关键，是对内心情绪发泄的有效规范以及对创新欲望的方向性修正。我们可以通过开展问题导向教育、实验探索教育、劳动主题教育，使儿童在特定的教育场域中进行主观运动与客观存在的"对峙"、个体存在与集体存在的"对峙"，完成经验、信心、兴趣与对世界认识的进一步加深。我们应使儿童以主动实践的方式解放天性，发展个性，同时以被动实践的方式培养其社会性。

（三）把握儿童理性与非理性的矛盾关系

我们在对儿童的创造性能力的培养过程中要注意把握儿童精神中的理性与非理性的平衡统一，把握儿童自发性与外在约束性的关系，把握儿童探索性与规范性的关系，把握儿童思维开创性与事物发展普遍规律的关系，把握创新与遵循的关系。在教育过程中，我们应该正视儿童精神发展中非理性与理性协同发展的规律。

我们应用理性控制儿童非理性的消极发展，通过培育理性思维修正儿童精神的发展方向，保证必要的外在的约束。儿童以自我为中心，对周围世界的经验加工与成人相比具有更强烈的主观性、片面性与独特性。当父母、亲友对儿童愈加宠爱时，儿童的主观性就会愈加发展，而过度的宠爱等会使儿童的主观性膨胀。基于欲望——意志——欲望的基本逻辑，如果现实中缺少客观困难对儿童的限制，就会使儿童更渴望自主支配，渴望一切都服从于自身的欲望，使"好东西"都能够随时处于自己的掌握之中。[18]儿童的创新教育要在预设的区间内培养儿童的探索性与开创性，而不是使其主观性肆无忌惮地膨胀。因此，我们应在儿童成长的过程中适当为其制定规则，对儿童解释每一条规则制定的原因，并且在阐释规则合理性的同时保证规则的适用性。同时，我们应明确相应的奖惩机制，使儿童在接受规则的过程中并不感到压抑，在养成良好习惯的同时保证其思维的活跃性。

我们应用理性引导儿童非理性的积极发展，使儿童在接受教育的过程中自发地追寻内心规定性。首先，我们在教学过程中要引导儿童通过理性控制非理性的发展方向。我们应明确理性在人的精神属性中的主导与决定性地位，以理性发展作为儿童培养的主线索。课堂中，我们要对儿童进行开放性教学，使儿童在知识主题范围内进行大胆的思维发散与开创。其次，我们在教学中应通过设计问题、情境、内容等，鼓励儿童对经验进行整理，对自身的探索创新过程进行记录、反思、改进以及再实践。总之，我们应通过教学使儿童利用理性对非理性进行引导与操控，利用非理性对理性进行调节与补充，使理性与非理性协同发展。

参考文献

[1] 冯契. 哲学大辞典 [M]. 上海：上海辞书出版社，1992：1410.

[2] 黑格尔. 小逻辑 [M]. 贺麟，译. 北京：商务印书馆，1996：184.

［3］梯利. 西方哲学史［M］. 葛力，译，北京：商务印书馆，2015：72－73.

［4］邓晓芒. 西方哲学史中的理性主义和非理性主义［J］. 现代哲学，2011（3）：46－54.

［5］柏拉图. 柏拉图文艺对话集［M］. 朱光潜，译. 北京：人民文学出版社，1983：118.

［6］爱因斯坦. 爱因斯坦文集：第一卷［M］. 许良英，范岱年，译. 北京：商务印书馆，1976.

［7］曲丹儿，曲振海. 艺术的理由［M］. 天津：天津教育出版社，2008：63.

［8］雅思贝尔斯. 尼采其人其说［M］. 鲁路，译. 北京：社会科学文献出版社，2001：66.

［9］魏文凤. 仰望量子群星：20世纪量子力学发展史［M］. 杭州：浙江教育出版社，2016：100.

［10］加来道雄. 爱因斯坦的宇宙［M］. 徐彬，译. 长沙：湖南科学技术出版社，2006：17－18.

［11］舒飒. 心智、脑与教育：教育神经科学对课堂教学的启示［M］. 周加仙，译. 上海：华东师范大学出版社，2016：12.

［12］于伟. "率性教育"：建构与探索［J］. 教育研究，2017（5）.

［13］张旺. 人的类生命与素质教育［J］. 教育研究，2010（8）.

［14］布鲁纳. 教育过程［M］. 邵瑞珍，译. 北京：文化教育出版社，1982.

［15］李泽厚. 美学论集［M］. 上海：上海文艺出版社，1980：264.

［16］中共中央马克思恩格斯列宁斯大林著作编译局. 马克思恩格斯全集：第三卷［M］. 北京：人民出版社，1965：515.

［17］中共中央马克思恩格斯列宁斯大林著作编译局. 马克思恩格斯全集：第一卷［M］. 北京：人民出版社，1995：142.

［18］渠敬东，王楠. 自由与教育：洛克与卢梭的教育哲学［M］. 北京：生活·读书·新知三联书店，2012：16－20.

［本文原载于《中国教育学刊》，2019年第1期］（张敬威　于伟）

否定性
——儿童批判性思维培养的前提问题

    批判性思维是西方思想的一个核心词汇与重要精神，如今已出现在许多国家的教育目标与课程标准中，成为 21 世纪良好公民的必备技能与素养之一。[1]儿童批判性思维的培养作为人的批判性思维培养的初始阶段更具基础性意义。批判性思维的培养有利于儿童学会通往可能生活的选择与创造。"可能生活是现实世界条件所允许人进入的生活"[2]，是在满足人的基本生存需要之后的一种合目的的、有选择的生活，是使人发挥积极的自由权利的生活。这种权利首先表现为否决权，即能够对已有的生活进行反思与质疑；其次表现为选择权，即在消极否定的基础上能够积极主动地进行"选择"这一重要的实践活动；最后表现为创造权，即人能够意识到自己在时空中的存续性与自决性，并在创造性的生活中追求自由。这三种自由权利构成了人的可能生活的基础，而其实现过程正是人的批判性思维发挥质疑、建构、创造作用的过程。培养儿童的批判性思维，就是使儿童成为能够自由选择，超越现实规定性的可能生活的创造者。批判性思维的培养有利于儿童探索、理解、改造世界。儿童具有强烈的好奇心、探究的精神、不断挑战的欲望、积极地参与社会实践的天性，这些天性都源于"否/或/非"的基础意识，促使儿童以否定性为动力不断地探索外部的世界，并通过自身的力量加以改造。培养批判性思维的过程就是在尊重儿童否定性天性的基础上，引导儿童实现从单纯否定到批判建构的转化，对世界进行积极的、批判的、现实性的改造。

一、否定性——批判性思维的前提性概念

    批判性思维的核心意思是"判断"，判断并非单纯的否定，而是否定与肯定的结合，是深度的认知。批判性思维的内核就是否定之否定。在已有的对批判性思维的诸多教育学研究与论述中，人们很少关注批判性思维的前提性要素——否定性。批判性思维的核心要素是否定性，批判性思维的产生基于人与世界的否定性统一关系，源于人的否定性精神特征，以否

定之否定作为其核心内质。否定性是一种批判性思维产生的前提性关系基础，基于人的特殊属性而存在；否定性是批判性思维得以在人脑中实现的思维基础，作为人的特殊属性而存在。正确把握人与世界的否定性关系，正确引导人的否定性精神发展，正确发挥否定之否定的理论方法与精神力量，是批判性思维合理发展与培养的前提。

（一）批判性思维基于人与世界的否定性统一关系

人对世界的否定性是人的生命属性，也是人区别于其他生物的本质属性。动物对世界的认识是单一尺度的，对世界是肯定性统一关系；人类对世界的认识是多种尺度的，对世界具有否定性统一关系。动物的生存状态是适应自然，而人类的生存状态是改变自然。"人所面对的现实世界，是由于人的活动已经两重化的世界……现实世界的两重化就是指：一方面具有自然的本质，另一方面又有属人的本质。"[3]133人的否定性思维一方面决定了人的独特性，另一方面又使人对世界的改造得以实现，"否定总是与运动和能动性联系在一起的"[4]198。"人与世界的关系，之所以不是动物式的肯定性的统一关系，而是人所特有的否定性的统一关系，就在于人的实践活动既是依据'物的尺度'的'合规律性'的活动，又是依据'人的尺度'的'合目的性'的活动，'合规律性'与'合目的性'在人的实践活动中是相互规定、对立统一的。"[5]人在对世界的"合规律性"与"合目的性"指导下的实践过程，是事实标准与价值标准辩证统一的综合实践。

人与世界的否定性统一关系使人的批判性思维的产生成为可能，而批判性是人的特殊属性。人对世界的否定性特征决定了人在认识世界过程中的多样性特质与人对自身实践自省的可能性。"有些古代哲学家曾把空虚理解为推动者。他们诚然已经知道推动者是否定的东西，但还没有了解它就是自身。"[6]24"物的尺度"决定了人具有认识活动的可能，"人的尺度"则使人的认识活动具有否定性、创造性、反思性的特征。人对世界的认识活动不仅仅是"合规律性"地适应与认同客观自然，而是具有"合目的性"特征的能动性认知，"是以人的方式所建立的人与客观、人与对象、人与世界的新的更高的统一性，而这样的真理必然体现着人的理性和追求的真善美的统一性"[3]133。批判性思维是人"合目的性"与"合规律性"辩证统一的结果。"合规律性"是批判性思维得以发展的外因，"合目的性"是批判性思维得以发展的内因："事物的内在否定性只是理想的潜在的因素，不能认为事物内部已具备了某种现成的否定因素"[7]，人的内在否定性从初始的欠缺理性的否定状态向批判性思维发展的过程需要"合目的性"与"合规律性"的协同作用。

（二）批判性思维源于人的否定性精神特征

人对世界的否定性精神特征是批判性思维的重要来源。正是由于人基于理性而产生的对世界多尺度的否定性统一的认知方式，使人在接触给定的观念时，不是像动物一般被动接受、适应，而是从不同角度审慎思考这一观念，给予肯定或否定的回应，而这一审慎的思考过程正是批判性思维的表现。"被称为现实性、能力的东西，正是这种否定性、活动性积极的作用。"[8] 人的否定性精神为批判性思维的重要精神内核，是人的先天属性，否定"是一切活动——生命的和精神的自身运动——最内在的源泉，是辩证法的灵魂……并不是一种外在反思的行动，而是生命和精神最内在、最客观的环节，由于它，才有主体、个体、自由的主体"[9]543。但批判性思维并非是人与生俱来的，需要经过训练与教育才能够获得。批判性思维是人的原初否定性精神经过发展的思维形式。

人的逻辑是从单一逻辑到多重逻辑发展的过程，是从"是/等于"的信号系统到"否/或/非"的逻辑系统转变的过程。"信号以'是'的方式所供给的信息皆是肯定性的'一'"[10]101，而"否定"的概念超越了"是"的概念，开启了人多尺度的认识方式与无限的可能性。由于"是/等于"（例如 A＝B）是具有确定性的单一逻辑系统，而"否定"（例如 A≠B）则是具有不确定性的多重逻辑系统，所以否定性不仅开启了逻辑的多重性，同时决定了逻辑的无限延展性。"对于人类意识而言，否定词开启了无穷可能性，意识以此借力创造一个思想世界，自然万物在语言魔法中被再次世界化，被命名，被分类，被重新组织在语言的世界中，所以说否定词所发动的语言革命就是第二个创世事件，是人对世界的再度创世。"[10]109 "只有超越了'是'的关系，才能够超越对应关系而为意识开启一个由无穷可能性组成的因而与有限现实性完全不对称的思想空间，使意识进入自由的创造状态，也因此能够提出超越现实限制的任何思想问题。那个超越了'是'的词汇就是'不'，一个否定词。"[10]129

批判性思维是具有多元性与建构性的"否定性"思维方式。"否定性"分为两种，一种是未经理性化的具有单一排他性的"否定性"，仅仅信奉一种观点或原则，对信奉的观点以外的所有观点都排斥；另一种"否定性"是基于人的多尺度认识特征的"否定"。多尺度的认识方式的内涵是超越对应的逻辑关系的逻辑多样性，出现了"否""不"与"非"的概念，而基于多尺度认识原则的否定是在多元视角分析下的理性否定。批判性思维中的"否定性"并非单纯的否定，而是对"可能性"与"多样性"逻辑开启的基础，所以"否定性"是批判性思维发展的第一步。人类的生命本性体现在标准的多元化与选择的多样化。人的精神生活状态可以分为两个极端，其一是在选择的多样性与不确定性中产生焦虑，其二是在确定性的规定中得到安逸。人的"合目的性"与"合规律性"特征要求人不断地在多元标准与不确定性中得以发展，并进行反思。保尔将人的批判性思维分为"无批判性的人"与"有批判性的人"，并且依据"有批判性的人"的批判性的强弱做出了"强势"与"弱势"的区分，而其判断标准是批判性是否融入人的性格。[11]"无批判性的人"的概念过于绝对，因为否定性作为人的重要属性，完全丧失批判性与纯粹的单一排他性并不存在，而"强势"与"弱势"的批判性思维之区别则在于人的"合规律性"与"合目的性"的融合程度。同时，人的"否定性"特征在于实践过程中的理性化程度，人的"多元性"反思的内化程度取决于人所接受的教育。

（三）批判性思维的核心内质——否定之否定

否定之否定是具有建构性质的反思，是批判性思维的内在支撑。否定之否定不是单纯的对外在的否定，而是一种自否定。对否定之否定的理解应脱离"实体化"的限制，从其自身的单纯性出发，从单一走向多样，从片面走向多维。"它从单纯的规定性开始，而后继的总是愈加丰富和愈加具体……普遍的东西在以后规定的每一阶段，都提高了它以前的全部内容。它不仅没有因它的辩证的前进而丧失什么、丢下什么，还带着一切收获和自己一起，使自身更丰富、更密实。"[9]549 否定之否定是人的精神性超越，是批判性思维的核心内质，也是批判性思维发展的内在动力。否定之否定从一种确定性开始。它不仅是一种结果，还是根据，更是一个新的开端。它是一种能动性的运动方式，贯串于发展的各阶段之中。否定之否定作为一种原初力量，使思维在肯定与否定统一的运动之间进行反思与批判，不再把否定的对象看作僵化的、被动的、消极的对象，而将其看作一个同样在进行着否定运动的否定者。因此，否定之否定便要求思维与精神处在永恒的反思、批判、发展之中，并在否定之否定的运动中实现对自身的螺旋上升式结构的建构。

否定之否定是人运用批判性思维的重要理论方法，可以使人在否定活动中寻求规定与超越。对外物的"排斥",实际是一种人的感性、知觉、知性的低级认识方式的意见,而只有将客观上外在的事物或对象由对立关系化为流动的"否定过程",这种关系才能成为对事物的本质关系的纯形式的表达。[4]203规定性"自身就是否定,所以它们是否定的无,但是否定的无自身就是某种肯定的东西"[12]。从无到有的过程是思维的建构过程,是批判性思维的运动过程,是人对真理的寻求过程。"它建立起肯定的东西,不是靠直接的确定性(事先建立),而是通过否定之否定而回到肯定,从而进入了不断否定、不断建立、不断'进行规定'的运动"[4]213,进而实现一种积极的、超越的、自律的自由。换句话说,否定之否定是一种不断回溯的前提性批判。批判性思维的本质便是"否定之否定",即从外在的相互否定出发,通过"否定之否定"的运动法则实现自否定,即自己否定自己,自己超越自己。否定之否定的具体方法便是"扬弃"。扬弃并非是"去掉一部分,留下一部分",而是包含一种"敢于面对面地正视否定的东西,并停留在那里"[6]21的精神力量。它不是以固定标准审视现实发展中的事物,而是以一种主动的、能动的精神活动直面真理,勇于开辟一条"怀疑"甚至"绝望"的道路,最终走向真理之路。否定之否定的运动过程的实质就是批判性思维产生的过程,它不仅为批判性思维提供了循环上升的思维方法,也提供了直面真理的能动的精神力量。

二、否定性的缺失——批判性思维培养的实践障碍

儿童的精神成长符合否定性发展的规律。"儿童精神完成了一个辩证的'圆圈':已表达的精神成长潜能——即将表达的精神成长潜能——新状态的已表达的精神成长潜能(即所谓'正——反——合'或'肯定——否定——否定之否定')。"[13]20儿童的精神成长规律中潜藏着批判性思维产生的积极要素——否定性,但否定性能否被正确引导、批判性思维能否真正得以形成需要正确的价值取向与规范的教育引导。

在当下的教育实践中,部分教育者对儿童否定性这一天性禀赋的忽视使其缺少对儿童自主性与能动性的信任,导致教育者对外部控制手段过分依赖,形成了控制取向;对个体否定性作用的忽视催生了求齐取向,儿童为达到所谓的"好孩子"的标准而丧失了对自身存在价值的追求,丧失了否定与反思的能力,而成为一味顺从的人;对否定性运动过程的忽略,导致了教育对质的结果过于急切与功利的追求,压制了儿童的否定性天性,

极易产生"早熟的果实"与"老态龙钟的儿童"①。

（一）控制取向：程式化的儿童

控制取向未能认识到儿童的否定性天性，将儿童看作符合行为主义的机器。"行为主义者对人类所作所为的兴趣要比旁观者对人类的兴趣更浓——如同物理科学家意欲控制和操纵其他自然现象一样，行为主义者希冀控制人类的反应。"[14]12 在行为主义指导下的控制取向理论认为，只要对儿童进行适当的刺激与强化，就能达到教育目标。控制取向未能关注人的"自否定"的运动规律，即未能关注人具有自己否定自己、自己超越自己、自己打破自己的能动性。由于对儿童的天性与教育目标认识的偏差，教育中的控制取向扼杀了儿童的自主性，造成了交往中的信任危机，抑制了儿童的求知欲望，阻碍了对儿童批判性思维的培养。

控制取向扼杀了儿童的自主性。控制取向主要指在教育过程中对儿童施加过度的外部控制的行为。它不仅表现在学校的教育过程中，还普遍存在于家庭教育中。控制取向理论未能认识到儿童在否定性指导下具有能动的自主性，认为除非通过外部控制对儿童的行为进行引导与管理，否则儿童就不能完成对既定的知识的学习。这一取向指向一种程序性的教学，将儿童看作符合行为主义理论的程式化的机器，将教学内容看作预先设定的任务内容，并认为"只要我们安排好一种被称为强化的、特殊形式的后果，我们的技术就会容许我们几乎随意地去塑造一个有机体"[15]。这种教育取向下培养出的儿童成为强力控制之下的消极的学习者。身心的自主性被高度限制的儿童，其自我意识逐渐被消磨，批判性思维难以形成。

控制取向造成交往中的信任危机。外部控制来源于对儿童的不信任。信奉外部控制的教育者弱化了儿童好奇、求知与参与社会实践等天性的积极作用，他们认为儿童是懒惰的、抗拒理性的，若缺乏外部的控制儿童便会误入歧途。这种对否定性的压制导致了儿童与教师、家长之间的紧张状态，儿童认为自己只是一个"兵卒"，只需完成教育者所提供的固定任务，丧失了主动求知的欲望，并认为学习更多的是麻烦而不是乐趣。在这种紧张的对立状态下，儿童本应由认识世界、改造世界所产生的矛盾转向儿童与教育者之间的矛盾，抑制了儿童批判性思维的发展。

---

① 卢梭在《爱弥儿·论教育（上卷）》中说道："大自然希望儿童在成人以前就要像儿童的样子。如果我们打乱了这个次序，我们就会造成一些早熟的果实。它们长得既不丰满也不甜美，而且很快就会腐烂；我们将造成一些年纪轻轻的博士和老态龙钟的儿童。"

控制取向造成儿童天生的求知欲的降低。儿童天生具有好奇心，具有渴求知识的天性，只要被恰当地关照，学生便会自愿去学习知识。但是，控制取向会破坏学习者的内在倾向。强迫、压力与控制抑制了儿童的好奇心，损害了可以引发批判性思维的学习过程。[16]外在力量的强制压迫会破坏内在否定性的激励作用，导致儿童学习的内部驱动力的消解。

（二）求齐取向：标准化的儿童

求齐取向忽略了个体否定性在"大众标准"形成中的作用，限制了儿童个体批判性思维的形成。求齐取向所求之"齐"乃是当下教育中的"大众标准"（一般性）。这一标准是由无数个体否定性（特殊性）在历史的生存与发展条件下扬弃而成的公共契约，但这种"大众标准"需要个体不断通过"否定之否定"的运动法则实现超越与发展。求齐取向忽略了这一由特殊性到一般性的客观规律，忽略了个体否定性到"大众标准"的转化与超越过程，将已经形成的"大众标准"看作僵化不变、不需发展的教条"真理"，并以此标准培养儿童，导致具有否定性思维的儿童被边缘化，使更多的儿童缺乏批判性思维。

求齐取向使个性化的儿童被整齐划一。古代封建制度下的"一统"①的思想、工业化时代的大规模生产的要求，都催生了求齐取向。它的教育目标是培养标准化的、大规模的、工具性的人。当前的小学教育对儿童的培养具有"一刀切"的教育趋向，坐、立、行、学等都要求整齐划一。尽管整齐划一符合"一统"思想与工业化时代的审美标准，但是并不符合儿童的身心发展规律，是对儿童否定性天性的摧残与磨灭。[17]对儿童统一化的要求使儿童作为一个被动的个体只能被规定、被同化、被要求，而且对其个性的压抑必然会导致其独立思考能力、质疑能力、批判性精神的丧失，从而成为符合标准的工业化社会的产物，而非新时代所要求的具有个性、创造性、批判性的人。

求齐取向使具有否定性的儿童被边缘化。在教育实践中，部分教育者以单一的、僵化的、静态的标准要求受教育者，使教育成为封闭的集合系统。这种统一的教育标准来源于部分教师的"完美主义"，认为学校教育能够把任何学生都按照统一的标准、统一的要求、统一的步调培养成为完

---

① "一统"最初出自于《春秋公羊传》："元年者何？君之始年也。春者何？岁之始也。王者孰谓？谓文王也。曷为先言王，而后言正月？王正月也。何言乎王正月？大一统也。"后孔子、孟子、荀子、董仲舒等人对其多有论述。

美个体。[18]23这种"完美主义"催生了一种近乎"零容忍"的师生关系，即教师对儿童过于严苛的要求养成了儿童畏惧权威、温驯顺从的性格，具有敢于质疑、勇于试错等批判性思维所需的重要品质的儿童却在教育中被排斥与边缘化，并难以得到有利的培育与引导。

求齐取向使儿童发展趋向大众化。儿童作为未成熟的个体，外部驱动力是影响其行为的重要因素，家长的认可、教师的表扬、同伴的接纳这些外部因素逐渐内化并影响儿童的成长，影响儿童的自我认知与世界观的形成。因此，外部的评价标准如果是单一、僵化的，这种标准便会通过儿童周围重要他人的评价而内化为儿童的自我评价标准。儿童为了迎合他人的期待，保持自己在群体中的地位，便出现了趋众的行为。这种过度趋从于他人评价标准的行为，使儿童成为追逐平均状态的"常人"。"常人以非自立状态与非本真状态的方式而存在"[19]，各具差别与突出之处的儿童消失不见，儿童否定与质疑的能力被消解，并以单一的标准评价自己与他人，从而与批判性思维所要求的多元的、建构的、否定的认知能力与情感意向背道而驰。

（三）结果取向：被算度的儿童

结果取向忽略了过程，更忽略了否定之否定的过程，限制了儿童批判性思维的发展。教育过程是个体不断通过自我否定实现自我探寻、自我发展、自我超越的过程，其发展的方向与结果充满未知与挑战。"教育既要使人获得关于生产的经验，让人学会生存（知识与技能），同样要使人获得生活的经验（道德与伦理），让人学会做人。"[18]32教育目标是为教育指明方向，而非脱离过程性的空洞概念。对结果的过度关注会导致教师忽略儿童"否定之否定"的精神成长过程，将儿童偏离规定性结果的发展进行强制性的规定，限制儿童批判性思维的发展。

结果取向限制了儿童对多种可能性的探寻。儿童在否定的精神发展过程中可以实现对多种可能性的探寻，而批判性思维正是要求我们打破思维定式与权威观念，寻求具有建设性的多种替代方案。但是，结果取向片面地追求所谓唯一的"标准答案"，阻碍了儿童思维发展的多种可能性，以量化的标准衡量不可算度的儿童，与批判性思维多样性、创造性、超越性的特点相悖。

结果取向使儿童丧失了对自身的目的性的追求。在现在的教育中，很多教育目的是由成人所规定的确定性的目标，"好孩子""听话的学生"

"问题学生""差生"等词语作为标签定义着不同的儿童。儿童作为未成熟的人，其发展被局限于成人所预定的方向，而其他发展的可能性被遮蔽，儿童"失落于"他人的"世界"，受制于他人的"世界"，而不是作为"我自己"、作为一个"他人"而存在。[20]功利主义通过把儿童定为客观的、合目的、有规律并且是与"自我"具有同质性的整体，逐渐完成了对儿童自我的控制，从而掩盖了权威的复杂运作方式。[21]儿童主体性的消逝标志着儿童否定精神的失落，被成人所规定的教育目标与评价所左右的儿童失去了对自身本真存在的认识，而成为依附于成人"标签化"认同而存在的附庸。

结果取向使教育服从于可量化的功利结果而忽视长期性素养的培养。批判性思维是一种儿童必备的核心素养，但这种素养的培养具有长期性，其结果也难以量化。因此，在效率主义的驱动下，对可量化分数的过度追求使知识技能的传授成为教育的核心。这种分数至上的理念造成一种唯结果论的取向，使儿童对世界的认识从否定与怀疑变成了对"达标"的追求。结果重于过程使分数成为衡量教育质量的唯一标准，对工具理性的过度追求忽视了儿童的价值理性，抹杀了儿童的主体意识。

三、否定性的引导——批判性思维培养的关键策略

儿童的否定性是批判性思维培养的起点。这种否定是"外在的反思"，是以自我为中心的否定，并非"从对他物的关系折回到自身"的否定之否定，而否定之否定正是批判性思维的核心内质。因此，我们需要通过教育将自然的否定性转化为具有逻辑性、自觉性、建构性的批判性思维。儿童本身具有自我成长的天赋素质与自我指导的原始基础，教育的作用是对儿童的否定性禀赋进行合理的引导并提供相适应的条件，从儿童批判性思维的发生到发展给予方向的指引与方法的帮助。儿童的否定性是潜藏的，需要教师创设适当的情境予以激发；儿童的否定性是非理性的，需要教师通过思想实验与提问进行逻辑化的引导；儿童的否定性是以自我为中心的，需要教师引导其通过与自我、他人的对话实现自我省思。在教育的引导下，儿童的否定性实现了由否定到否定之否定的发展过程，批判性思维也由单一逻辑、以自我为中心的弱势批判性思维转化为具有逻辑性、建构性、开放性的强势批判性思维。

（一）基于否定性的情境创设
我们应在具体情境中诱发儿童的否定性思维，从而使其进行深度思

考。我们应引导儿童"在以体验活动为主的表象构建的基础上，依靠想象建立表象与概念、知识、认知等的联系，从而升华为理性直觉形态的意象"[22]，通过创设具有冲突性、复杂性、真实性的问题情境激发儿童的否定性思维，从而使其在否定冲突中产生批判性思维。弱势批判性思维处理的课题，运用的是单一逻辑且分割的思维技能，如关于语文、数学的难题等。利用强势批判性思维可以处理包含价值观与信念的现实性课题，如判决中陪审团的决策过程等，而这要求运用多个领域的综合能力。因此，强势批判性思维的特征在于将潜在否定性变为自主的否定性。第一，通过情境的设置引发认知冲突。认识冲突就是要使知识与儿童的先验产生碰撞，从而使其形成自身内部的认知冲突，即新知与旧知的不平衡。儿童并非白板，儿童有千百万年人类形成的先验财富。这种先验"对个体而言是先天地而存在的，但同时，它又是过去世世代代祖先的所有经验的精华，是固着在生物学层面的经验。这样，集体无意识（也即先验）这一概念便不是形而上学的"[14]364-365，而潜藏在天性中的否定性正是在先验与知识的冲突中被激发的。因此，在教学中，教师要正确看待儿童的先验，并充分了解其先验与经验，通过设置情境或问题，引导儿童自主发现知识与先验的不一致之处，使其产生进一步探究的兴趣。第二，情境要具有复杂性，使儿童能够运用多领域的综合能力。情境与问题的选择要摆脱单一逻辑与单一学科的限制，在儿童的最近发展区内，设置具有多学科融合与多元解决路径的复杂情境，为儿童否定性的多元化发展提供条件。第三，教师应选取真实的、贴近儿童生活的、符合儿童兴趣的材料，使儿童不仅能够在这一过程中得到批判性思维技能与情感意志的双重培养，还能够将其应用到具有相似性的真实生活事件中。

教师通过提供情境变式与增加限定条件让儿童形成对真理相对性的认识，养成从否定出发的思考方式。因此，在情境的创设上，教师要以具体情境为基础，根据儿童的认知水平不断地对情境进行合理化的改变，并增加限定条件，使儿童认识到真理的相对性。第一，教师要将具体情境抽象为一个情境的模型，如以时间、地点、人物等要素为模型的重要组成部分，在此基础上改变其中某一要素或增加某一要素作为限定的条件来实现问题情境的变化；第二，在变化的情境下，引导儿童或通过思维的推演，或通过实践的验证对原初的观点进行检验，从而使儿童自主发现在变化的情境下，最初得到的"真理"已不再适用，进而认识到真理的适用区间是有边界的。通过这一过程，儿童能够形成从否定出发的思考方式与勇于质疑、突破思维定式的精神品质。

（二）基于否定性的逻辑引导

我们应通过鼓励儿童进行反复的思想实验实现对儿童否定性的逻辑引导，从而使其否定性思维向批判性思维转化。思想实验是鼓励儿童在否定性被激发的基础上，在思想中将否定性假设置于理想化条件中，预测其运动变化与发展规律。这个思维过程是建立肯否假设——思想实验验证——否定最初假设——形成新的假设的循环过程，也就是"否定之否定"的思维过程。在这一思维过程中，儿童"通过跳出现实世界的限制，进入了更广泛的可能空间。在这个空间中，确定性被打破，现实世界的规则和不证自明的言论都处于一种需要被质疑和重新论证的状态"[23]。因此，教师在教学中需要提供给儿童充分的时间与空间，通过思想实验将未经理性化的、抽象的否定转化为具体的、具有现实性的否定。第一，在否定性思维被激发之后，儿童便会进入一种新旧认知，或是自己与他人认知不平衡的"对峙"状态，教师应充分认识这一"对峙"状态对于培养儿童批判性思维的重要意义，给予儿童充分的时间，让儿童进行否定的假设与思想的实验验证，并进行深度思考，以检验其否定性是否具有逻辑性。第二，在辩驳与交流中构建否定性的逻辑性。儿童的"自我中心性思维"① 容易使其囿于具有排斥性的抽象否定，因此，教师需要在现实中鼓励儿童与他人进行辩论或交流，通过外部语言或文字表达的碰撞使其逻辑更加清晰化与条理化。第三，教师应将思想实验的方式融入学科日常的教学中，使其成为儿童常规的思维方式，并通过长期性的、反复性的思想实验，培养儿童审慎思考的思维习惯。

教师应通过苏格拉底式的提问引导儿童实现肯定——否定——否定之否定的思考过程。② 教师应在教育中有过程地对儿童的思维进行引导，通过苏格拉底法不断地追问，了解儿童的思想"究竟生出来幻影和假的东西，还是能够存活的和真的东西"[24]，使儿童从不断的肯否循环中实现否定之否定。苏格拉底式的质疑，对思想、行为、生活的批判和反思态度，

---

① 保罗所谓的"自我中心性思维"指的是仅从自己的观点出发思考事物。这种思维方式与"社会中心式思维"或"民族中心式思维"一样，构成了对事物的片面理解，是弱势批判性思维的表现。

② 柏拉图所著的《泰阿泰德》中通过苏格拉底与泰阿泰德的谈话，指出苏格拉底法，即助产术是用来检查年轻人灵魂方面的"生育"情况，为他们的思想"助产"。

都是强势批判性思维。[25]第一，教师要以一种"我知道我无知"的心态，通过展现自己的"无知"来激发儿童的表达欲。第二，教师要对儿童的回答不断进行精准的反问，且不对其回答做出判断与纠正，使儿童认识到自身观点的前后矛盾之处，不断否定之前的错误观点。在这一过程中，教师要精准地设计反问的问题。一方面，问题要符合儿童的认知特点与知识基础，保证儿童能够回答出反问的问题；另一方面，教师要把握好前后问题的关系，在防止出现主题偏离的前提下注重问题的挑战性。第三，引导儿童从问答中提到的具体现象、具体事物中进行分析、归纳，寻找其共性、本质，实现从特殊到一般的归纳与提升，得出定义，并据此判断自身观点的真伪。

（三）基于否定性的对话省思

教师应促进儿童与自我进行对话，形成反思性的自我意识，养成不断进行前提性批判的思维习惯。儿童的自我对话是一种隐性的对话形式，难以被观察与测量，却是个体进行自否定的重要途径，是批判性思维发展的重要内源力。因此，教师要通过教学使儿童的思维过程外显，促使其形成自省的思维习惯。第一，通过思维模型的建立促使儿童的思维过程外显化。教师通过引导儿童对自己思维过程的回溯，将隐性的思维发展过程以框架或导图的形式表现出来，将抽象的思维过程具象化，从而有利于儿童的自我反思。第二，教授给儿童元认知技能，使儿童形成自我反思的合理化范式。"元认知过程实际上就是指导、调节认知过程，是选择有效认知策略的控制执行过程。它的实质是人对认知活动的自我意识和自我控制。"[26]教师要向儿童教授促进自我意识发展的元认知技能，如自我观察、自我监督、自我命令、自我分析等方法，通过掌握这些技能，让儿童掌握思维过程中的三个重要因素，即思维程序（思考问题的步骤是否合理）、思维条件（是否具有恰当运用思维的问题条件）、陈述性知识（是否掌握正确思维的知识基础）。第三，在教学中通过反思日志、自我描述等外显的具体途径引导儿童对自身的观点进行客观的评价与归因，并在此基础上提出改进的计划与新的方案，使儿童的否定之否定不局限于结果，而是作为不断向新的事物发展的开端，而这也符合批判性思维建构性的特征与要求。

教师应引导儿童与他人进行多元对话，形成"共在先于存在"的群体精神。未加理性训练的否定性更多的是一种对外物的单纯排斥，是一种感性、知觉、知性的低级认识方式的结果。因此，儿童需要通过与他人的对话，实现不同否定性的外化与碰撞，使单一排他的否定性在对话中不断被扬弃，完成其理性化的过程，避免狭隘的"自我中心性思维"。第一，教师应创设安全、轻松、平等、开放的教学环境，使每个学生都感受到被接纳、被欣赏，形成归属感，使其在相互信任的环境下自由表达不同意见，并且避免以单一的评价标准进行正误的二元判断。第二，教师应打造具有开放性、接纳性的集体，培养儿童倾听的能力，使儿童对于任何异己的观点都能够客观地进行分析、评价，引导儿童放下具有狭隘性与排他性的自我中心意识，不以自己的"是"评判他人的"非"，形成一种开放多元的态度与视野。第三，教师应通过对不同观点的归类，将儿童进行同质分组与异质分组，并开展集体讨论，交流观点。通过与同质小组成员之间的讨论，儿童交流各自的思维过程，发现看似一致的观点背后的多元思维过程，从而实现对自身思维方式的完善。另外，同质小组中的讨论还能够让儿童找到思维的共鸣，形成一种"共在"的群体精神。因此，教师应将持有对立观点的儿童分到同一小组中，通过异质小组成员之间的交流与辩论，使儿童实现思维的碰撞，并从对立的观点中反思自身，实现自否定。第四，教师应加强儿童相互之间的评价，促进对彼此观点的相互理解，并从他人的角度审视自己观点的局限性，吸收他人的逻辑优点，修正自己的思维过程，形成活性化的思维方式。

参考文献

[1] 诺丁斯. 批判性课程：学校应该教授哪些知识 [M]. 李树培，译. 北京：教育科学出版社，2015：1—2.

[2] 赵汀阳. 论可能生活：一种关于幸福和公正的理论 [M]. 北京：中国人民大学出版社，2004：140.

[3] 高清海. 高清海哲学文存：第一卷 [M]. 吉林：吉林人民出版社，1997.

[4] 邓晓芒. 思辨的张力：黑格尔辩证法新探 [M]. 北京：商务印书馆，2016.

[5] 孙正聿. 人与世界的否定性统一：高清海对人与世界关系的理解 [J]. 天津社会科学，2015 (1)：32—36.

[6] 黑格尔. 精神现象学：上卷 [M]. 贺麟，王玖兴，译. 北京：商务印书馆，1979.

[7] 萧焜焘. 关于辩证法科学形态的探索 [J]. 中国社会科学，1980 (2).

[8] 黑格尔. 哲学史讲演录：第二卷 [M]. 贺麟，王太庆，译. 北京：商务印书

馆，1978：291.

[9] 黑格尔. 逻辑学：下卷 [M]. 杨一之，译. 北京：商务印书馆，1977.

[10] 赵汀阳. 第一个哲学词汇 [J]. 哲学研究，2016（10）.

[11] 保罗，埃尔德. 批判性思维工具：第3版 [M]. 侯玉波，译. 北京：机械工业出版社，2013：11－13.

[12] 黑格尔. 逻辑学：上卷 [M]. 杨一之，译. 北京：商务印书馆，1977：93－94.

[13] 刘晓东. 儿童精神哲学 [M]. 江苏：南京师范大学出版社，1999.

[14] 华生. 行为主义 [M]. 李维，译. 北京：北京大学出版社，2012.

[15] 普莱西. 程序教学和教学机器 [M]. 刘范，译. 北京：人民教育出版社，1964：66.

[16] 库伦. 教育哲学指南 [M]. 彭正梅，译. 上海：华东师范大学出版社，2011：349.

[17] 于伟. 教育就是要保护天性、尊重个性、培养社会性 [J]. 中国教育学刊，2017（3）：79－82.

[18] 于伟. "率性教育"：建构与探索 [J]. 教育研究，2017，38（5）.

[19] 海德格尔. 存在与时间：第2版 [M]. 陈嘉映，王庆节，译. 北京：商务印书馆，2018：165.

[20] 袁宗金. "好孩子"：一个需要反思的道德取向 [J]. 学前教育研究，2012（1）：18－22.

[21] 张敬威，于伟. 非逻辑思维与学生创造性思维的培养 [J]. 教育研究，2018，39（10）：40－48.

[22] 钟启泉. "批判性思维"及其教学 [J]. 全球教育展望，2002，31（1）：34－38.

[23] 白倩，于伟. 马修斯儿童哲学的要旨与用境：对儿童哲学"工具主义"的反思 [J]. 全球教育展望，2017，46（12）.

[24] 柏拉图. 泰阿泰德 [M]. 詹文杰，译. 北京：商务印书馆，2015：21.

[25] MARIE F D, EMMANUELLE A. Philosophy, Critical Thinking and Philosophy for Children [J]. Educational Philosophy & Theory，2011，43（5）：415－435.

[26] 董奇. 论元认知 [J]. 北京师范大学学报，1989（1）：68－74.

［本文原载于《教育学报》，2019年第4期］（苏慧丽　于伟）

学校文化不是打造出来的

学校的文化不仅表现为具有开放的育人环境、特色的课程体系、自主的管理制度，还表现为凝聚在每一位师生身上的良好气质与文化韵味。

文化是一所学校的灵魂，是学校内涵发展的本质所在。东北师范大学附属小学在率性教育理念的指引下，形成了独特的学校文化气质，具有开放的育人环境、特色的课程体系和自主的管理制度，而且每一位师生身上都有良好气质和文化韵味。在近70年的发展历程中，东北师大附小是如何形成融历史积淀、时代气息和校本特色于一体的学校文化的呢？

传承、凝练、创新的精神文化。学校文化不是打造出来的，更多地要靠传承、凝练、创新而来。学校在创办之初，先后进行了"动的教学法"改革实验、单科单项改革实验、提高小学生素质综合改革实验、小主人教育整体改革实验等探索性研究。进入21世纪后，学校着重进行了"开放式学校"构建改革实验，创造开放、多元、自主、个性的教育环境及教育要素。

综观学校近70年的探索历程，学校文化一直在传承、凝练、创新中发展，其实质是在不断解放学生以及发展学生。现阶段，学校以"率性教育"办学理念为核心的精神文化也正是传承于此。率性教育的核心就是要在进一步解放儿童的基础上，让儿童成为教育中的主人，让儿童获得更多的自由和爱。

基于对《中庸》"天命之谓性，率性之谓道，修道之谓教"教育思想的理解，学校于2014年提出"率性教育"理念。"率性"就是指遵循儿童的身心发展规律和特点；"率性教育"就是指遵循儿童的身心发展规律和特点促进儿童发展的教育，即保护天性、尊重个性、培养社会性的教育。

保护天性，即保护儿童愿意探究、愿意想象、好问好动的天性。保护天性在幼儿园和小学低年级尤为重要。可以说，忽视对天性的保护，就会影响儿童的率真与创造。尊重个性，即尊重学生的差异。

学校的重要历史积淀是尊重学生的差异。因此，学校在管理方式、教育教学评价方式上，打破完美主义，减少"一刀切"的做法，做到严而有度，对学生不苛求。同时，学校致力于培养学生的自主精神、合作态度、规则意识和责任观念，为学生未来成为合格公民奠定基础。这一新的教育理念的提出，使学校教育更注重从"人"的发展视角和高度，叩问学校教育的本质，核心更加指向对人的理解、对教育的理解，使学校精神文化在传承、凝练中走向创新。

自主、交流、合作的活动文化。学校本着"请进来，走出去"的原则，加强对外沟通协调，多次承办全国性及省、市学术会议，接待了来自世界各国学术团体的考察与参观访问。交流互访活动促进了教师对国内外前沿教育思想的了解与学习，提升了对学校教育理念的践行力。同时，学校坚持边研究、边实践、边反思、边提升的行动研究策略，在提高课程质量的同时，积累了高质量的课程文化成果。

学校按照"与自我""与他人""与社会""与自然"四个维度构建了教育目标体系，设计了"红领巾相约中国梦"主题系列教育活动；根据学生兴趣，学校打破年级、班级界限，引导学生自主开展社团活动；依据学生心理阶段特征开展相关活动；结合不同季节特征，组织学生进行社会实践体验活动，绘就了一幅幅阳光向上、个性飞扬、率性发展的学生成长画卷。

学校为改变同步性教学的弊端，推行个性化教学改革。在班级授课制背景下，学校有效地优化了个别学习、小组学习和集体学习组织方式，通过开放、弹性、自主、多元的教学机制，启发、诱导学生主动获取知识、发展智力，陶冶情操，从而促进了学生个性发展与全面发展。目前，学校的课堂教学正在从共性走向个性，从整齐划一走向关注差异，从教师传授走向多元对话，呈现出崭新的面貌。

民主、自治、弹性的制度文化。学校注重现代教育治理，强调制度管理、自主管理。针对系统改革的需求，学校从学生管理、课程管理、教师管理等多个维度进行探索，形成了一系列丰富独特、精细的管理制度。如，弹性时间制度改革，实行长短课时结合制，模块化安排学生在校时间；在原有的寒假、暑假基础上增加春假、秋假，为我国基础教育时间制度改革提供新范式；建立学校家长委员会制度、家长开放日制度，促进家校共育；年间大型教育活动制度、主题升旗仪式制度等彰显教育活动特色；建立学科委员会制度，推进各学科的均衡、优质发展；建立教育研究发表会制度，定期发表学术研究成果，为学校的课程开发与教学研究搭建对话、交流、展示的平台。

学校还设立了教师教育科研专项基金，用于资助出版校本教材、教师个人著作，奖励教师总结和发表高水平的学术文章，支持教师开展课题研究，不断提升教师的教育教学及研究水平，促进学校教育科研工作向高层次、高水平发展。

开放、多元、个性的环境文化。学校从儿童视角出发，将为学生的学习、娱乐、生活提供优质环境和丰富的资源为基本出发点，于 2004 年设计建造了开放式教学楼。教学楼在设计与改造中以开放式作为建筑风格，每间教室外都有一个宽 8 米的开放空间，与教室之间没有墙壁，相互连通，使班级的使用面积可以得到延展。教室内分区设置了书包柜、图书角、活动区、展示墙等，还配置了多功能交互式一体机等现代化教学多媒体设备。开放空间设置了游戏区、读书角、活动区等，使其成为学生交往、游戏、活动的开放乐园。

专业教室是环境文化的重要载体。除体育馆外，学校还设有两个多功能厅、两个图书室及 20 多个不同功能的专业教室。与开放空间整合后，学校还有学科空间，如外语、音乐、美术、生活、社会、科学等学科空间。其中，社会学科专业教室的面积达到 360 平方米。教室内的功能分区灵活，有集中授课的学习区、网络资料查找区、满足个性化学习的个人学习角、学习成果汇报发表区、作品展示区、书资料区、学具档案区等；专业教室内外环境布置采用手绘、喷涂、玻璃墙等形式，多角度、立体式呈现学科构成要素，彰显学科特色，为学生的体验、探究创设丰富便利的学习环境，最大限度地满足学生自主、个性化的学习与成长需求。

[本文原载于《中国教师报》，2015 年 12 月 2 日]

中小学教育研究本土化：必要与可行

习近平说过，世界上不会有第二个哈佛、牛津、斯坦福、麻省理工、剑桥，但是会有第一个北大、清华、浙大、复旦、南开、南大等中国著名学府。这一席话表达了我国教育本土化发展的雄心与诉求。教育的本土化与教育研究的本土化是密不可分的，没有本土的教育研究，就不可能有本土化的教育理论，也就不可能有本土教育的健康发展，这是由教育理论与教育实践的关系决定的。在教育研究本土化的推进过程中，广大中小学教师这支力量是十分重要的，而这是由其在教育理论与教育实践连接中的枢纽作用决定的。在教育理论——教育实践——教育理论的发展链条中，广大中小学教师因是教育实践的主体而成为这一链条发展的最主要推动者。无论是外来教育理论在我国教育实践中的修正与发展，还是基于本土教育实践的教育理论创生，或是创生了的本土化教育理论对教育实践的进一步推动与发展，每一步都与中小学教师的教育实践密切相关。可以说，正是中小学教师在教育场域中独特的"位置占有"使其在教育研究本土化过程中具有巨大的发展空间。

综观教育研究本土化的相关研究成果，大都集中在教育学的学科建设以及教育理论的发展方面阐述教育研究本土化的必要性及其基本路径，所强调的教育研究本土化的责任主体往往是专门从事教育理论研究的学者。因此，它们对于中小学教师群体在教育研究本土化发展中的优势缺少充分的认识，对这一群体如何从事本土化教育理论的建构方面缺乏相应的指导与具体的策略建议。在教育现实场域，中小学教师对自身在教育研究本土化中的优势与价值使命亦缺乏深刻认知。相关调查研究表明，中小学教师在教育研究方面存在原创性不足等颇多问题。这些问题既是教育研究本土化意识缺乏的表现，又是教育理论本土化发展的阻碍。鉴于此，为教育研究本土化的进一步推进，为教育理论本土化的进一步发展，为中国特色教育理论的进一步创生，中小学教师教育研究状态亟待改变，应唤醒教师本土化教育研究意识，增强教师本土化教育研究基本素养，丰富教师本土化

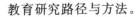

教育研究路径与方法。

一、本土问题意识——教育研究本土化的核心意识

本土问题意识是教育理论本土化的逻辑前提，发现与确定本土问题是中小学教育研究本土化的切入点。"教育理论本土化是一个理论创新过程，这个理论创新过程并不是故意说与从前不同的话语，简单地与别人不一样。教育本土化是从本土教育实践问题出发进行教育理论创新，是与国际教育理论对话的过程。从这个意义上说，没有本土教育问题，教育理论本土化就无从谈起。"[1]29

本土化的教育研究是立足本土问题、面向本土实践的教育研究，研究问题的原发性、研究取向的本土性、研究方法的适切性、研究成果的原创性是它的基本特征。缺乏本土问题意识的教育研究成果将缺乏对本土教育实践的解释力与指导力。"一直以来，我们往往从西方问题中推演，得出中国式的教育问题，或者是以西方问题来说出中国经验，缺失的是基于中国实际之上的中国问题"。[2]当下，在中小学教育研究中存在着个别"尊奉"西方文化思想与文化概念的现象，"西方……理论在我国……中的应用"这样的题目在中小学教育研究中占有很大比重，好像如果不在研究问题中加上西方当下流行的教育话语似乎就显得不够现代，不在参考文献中标注几篇英文文献似乎就显得不够学术。这样的"学术"标准影响了中国本土教育问题的发现与解决，影响了教育理论本土化的质量与水平。因此，本土问题意识的觉醒，是中小学教育研究本土化的第一个步骤。

那么，怎样增强中小学教育研究的本土问题意识呢？"只要是问题都要与本土文化联系在一起，教育问题是特定文化中的问题。我们需要从本土寻找问题，或任何教育问题都需要一个本土文化的视野。"[1]40 所以，教育研究本土化需要在增强本土文化意识的基础上增进本土问题意识。具体来讲，中小学教育研究应做到以下几个方面：

一是理解外来教育理论时要考量理论诞生的文化土壤与环境，在理解文化基础上对教育理论进行理解和阐述。因为教育在某种意义上说就是文化，教育本身就是文化传承与发展过程。教育理论是个性化很强的理论，若是缺乏对其文化的深刻理解，就会限制对教育理论的全面与深刻的理解。

二是运用外来教育理论对我国本土教育问题进行研究时，要结合我国本土文化特点进行选择性吸收与借鉴。因为教育理论是针对特定问题的教育理论，是对一定文化下教育实践的提升、反思等。正如奥康纳所言："理论这个词从最严格的意义上看，一种理论乃是一个确立了的假设，或者更常见一些，乃是一组逻辑地联系着的假设。这种假设的主要功能在于解释它们的题材。"[3]教育理论的属性决定了教育理论难以像自然科学理论那样无阻碍地跨地域推广，教育理论建构条件的限定性决定了中小学教育研究中拟应用外来教育理论改善自身教育实践时，必须纳入本土文化的整体视野，有条件地选择、吸收与借鉴。

三是中小学教师要增强自己对本土文化的自信。只有对本土文化有认同感、使命感与责任感，才能使中小学教师在应用外来教育理论时产生植根中国本土文化的意识。对本土文化的自信是教育理论本土化的"根"，可保证教育研究在本土化过程中不会随波逐流。

二、反思批判能力——教育研究本土化的核心素养

教育研究本土化过程是对教育研究中"复制"主义的拒斥过程，是对"拿来主义"的摒弃过程。"复制的生产观念和批量化的概念以及话语搬用，使教育研究成了概念、教材、著作的生产集散地。其学术内涵的'相似性'造成了'千人一面''千人一语'的现象，遮蔽了'原本'与'类像'、'创造'与'模仿'、'天才'与'匠人'之间的本体差异。"[4]这种对学术自由、创造能力的消耗无情地吞噬了人类文化世界中所凝聚下来的用于精神再生产的各种宝贵的精神资源。

我国中小学教育研究中使用的概念、假设、框架大都来自西方，缺乏自主的研究框架，一些研究成果只是概念的搬运和逻辑的推演，缺少了必要的经验支持与现实关怀。"长期以来，教育理论尽管以各种各样的形式丰富着自身，但作为一种虚假的繁荣，它一直缺乏对这种繁荣背后的批判。"[5]这源于对传统知识的急于抛弃，努力要摆脱传统文化对教育现代化的文化"负累"，从而导致我们对教育现代化真正有益的传统文化继承得不够，使其处于西方知识的挤压下，成为西方主流教育研究的分支。"批判"既是教育研究赋予研究者的时代重任，又是研究者须秉持的立场与思维方式，也是实现教育理论本土化的关键。

中小学教师反思与批判的教育研究素养主要体现在这样几个方面：

首先，汲取我国有益的传统文化。我国在长期教育发展中，积淀了宝贵的教育理论财富。如《学记》，它是世界上第一本专门论述教育问题的专著，全书虽然只有一千多字，但揭示了诸多教育教学发展的规律，对当

下的教育发展仍具积极影响。民族传统是本土化的主体，为本土化教育研究提供了本土的智慧引擎与思想资源，中小学教师要善于挖掘我国的教育思想宝库。

其次，不做外来研究的"代言人"。我国的教育研究不是外来教育理论的推广地，也不是外来教育理论的试验场，中小学教师应增强自身的理论自信，彰显自身在教育研究中的主体地位。我们对国外教育理论应不排斥，不生搬硬套，不削足适履，应放开眼光，以我为主，为我所用，扎根自身实践努力创生适合本土的教育理论。

最后，善于对教育实践经验进行沉淀与升华。我国有着世界上最庞大的基础教育，基础教育的教师数量与学生数量都是世界之最。世界上最大的教育理论实验场在中国，最丰富的中小学教育经验与财富蕴藏在这里。我国在教育理论本土化的道路上步履蹒跚，难以创生出有世界影响的原创教育理论，一个重要原因是由于我们缺乏对这一巨大教育实践宝库开采的意识与能力。一线中小学教师在教育反思基础上凝练而成的教育理论往往最有生命力，基于本土教育实践、一线教师反思而创生的教育理论最接地气，如李吉林的情境教育理论等。因为社会科学中最为出色、最吸引人的观念"不太可能与普通行动者的某些思考结论截然分开，在这些经过思考得出的结论里，普通行动者可以在话语层次上明确阐述甚至改进人们用来构成社会过程的理论"[6]。因此，中小学教师的教育研究，要有"面向中国教育事实本身"的研究态度，要善于对中国教育实际进行抽象与反思。

三、多层次对话——教育研究本土化的基本路径

教育研究本土化是一个复杂过程，是一个基于多层级不断推进的体系。

首先，中小学教育研究本土化要在观念层面进行。观念层面的对话是一个基于智慧的文本共享过程。它要求中小学教育研究的理论成果能够与不同地域、不同文化下创生的教育理论成果进行交流与共享，实现与国际教育研究成果之间的互动，在世界教育理论舞台上发出来自中国教师的理论研究的声音。

长期以来，我们的教育理论自信不足，缺乏理论创造与创新的勇气，在教育研究中表现为侧重于翻译、引进与介绍国外的教育理论，缺乏对中国本土教育实践经验的理解与挖掘热情，缺乏对本土教育经验进行生成与提炼的努力，直接导致立足于中国本土的教育实践研究成果的缺乏。因

此，中小学教师首先要从增强自身的理论自信开始，要善于洞察发生在自己以及周围的教育事件、教育问题，有意识地总结与梳理典型的教育实践经验，从而发掘隐藏在教育现象中的规律性的东西。这样，基于本土教育实践的教育理论研究成果才能在国际舞台上出现，从而增强本土的教育实践的解释力与指导力。

其次，推进中小学教育研究的本土化仅有观念层面的对话还不够，还要寻求双方在文化价值上的相互理解。因为文化是教育理论诞生的基质和土壤，仅有观念上的对话还难以理解其观念产生的深层逻辑，会导致研究肤浅。所以，中小学教师要做到教育研究中的本土化，就不仅要与外来教育理论做到观念上的共享，还要对这一理论观念深植的文化土壤进行深刻理解与透视，这样才能真正做到透彻理解外来教育的观念创造与实践，从而将其合理纳入自己的教育研究中。

最后，中小学教师要做到教育研究的本土化，还要在教育研究方法上寻求与外来教育在技术上的相互承认与理解。教育研究成果的可靠性是建立在可靠的研究方法基础上的。现有的研究表明，我国中小学教师在教育研究方法的运用方面存在比较严重的问题，如，"在运用统计学方法处理测验或问卷数据时，存在着选择能力和解释能力问题；在质化研究中存在着人际关系的把握和沟通能力等问题"[7]。实际上，我国整体的教育研究也存在这种倾向。我国教育研究成果在国际舞台上受关注程度不够，很大程度上是由于国际教育理论界对我们教育研究方法选择的适切性与应用的科学性认同度不高。因此，中小学教师的教育研究成果若想对外来教育产生影响，发出自己的声音，就要在方法的选择和运用上下一番功夫，增强教育研究方法相关素养，提高自身运用教育研究方法的能力。

四、行动研究——教育研究本土化的基本方法

实际上，教育研究本土化的过程就是本土教育与外来教育互动的过程。在互动过程中，行动研究是处于社会环境中的人为了提高生产力、行动的合理性、自身社会实践或教育实践的公平性，以及提高他们对这些实践的理解而进行的一种自我反思与质询。行动研究之所以能够成为中小学教育研究本土化的基本方法，是由以下几个方面决定的：

首先，行动研究的研究旨趣决定了它必将产生本土化的教育研究成果。行动研究关注教师日常遭遇的教育实际问题，寻求对问题的解释与解决是行动研究的基本旨趣。"行动研究强调在行动中反思，而任何课题情

景都是复杂的、不确定的、不稳定的、独特的和有价值冲突的。因为这个复杂的、不确定的、不稳定的、独特的和有价值冲突的情境处在已经产生的理论和技术之外，所以实践者就不能将它作为一个工具性问题。"[8]这个情境不在书中，不在外来教育理论中，"拿来主义"和"复制主义"解决路径在此遭遇根本困境。它让教师不得不调动自己头脑中的理论资源尝试创造性地加以处理。这种处理的过程就是研究的过程，是真正基于本土问题的研究。

其次，行动研究是形塑反思性实践者的重要路径。当下中小学教育研究中本土创生能力不强，普遍主义问题严重，这种现象背后的原因是存在技术理性路线。技术理性的根本错误在于：第一，它假设了实际的问题有通用的办法；第二，认为解决这些实际问题的办法是可以在实际情境之外的地方如行政或研究机构发表出来的；第三，认为这些问题是可以直接转换成行动者的实际行动的。与技术理性相反，行动研究坚持的问题解决思路是反思性的实践理性，坚持问题发生于情境中，坚持问题解决的办法应根据情境的改变做出调整。这种解决问题的基本思路决定了反思成为行动研究者必然具备的基本思维品质。

最后，行动研究可以增强研究者的批判能力。它使教师作为知识分子开始通过自己的行动验证知识，并形成属于自己的个人知识；它将教师从传统、习惯、迷信与权威中解放出来，使批判成为教师的基本生活方式。

总之，教育研究本土化是一个不断发展的动态过程，是一个不断推进的历史过程。它要求研究者既应具有国际视野又应扎根本土实践，既应有历史视角又应兼具现代意识。相信通过研究者意识与能力的不断提高，既是民族的，又是世界的教育理论一定能够诞生，而这也必将意味着中国教育理论对世界教育理论发展做出重大贡献。

参考文献

[1] 于伟，秦玉友. 本土问题意识与教育理论本土化 [J]. 教育研究，2006 (6).

[2] 叶澜. 中国教育学科年度发展报告 2011 [M]. 上海：上海教育出版社，2002：30.

[3] 奥康纳. 教育理论是什么 [M] // 瞿葆奎. 教育学文集：教育与教育学. 北京：人民教育出版社，1993：467.

[4] 刘士林. 先验批判 [M]. 北京：生活·读书·新知三联书店，2001：15.

［5］李珊珊，于伟. 本土化信念：我国教育理论本土化之前提性动因［J］. 东北师大学报（哲学社会科学版），2009（6）.

［6］吉登斯. 社会的构成［M］. 李康，李猛，译. 北京：生活·读书·新知三联书店，1998：55.

［7］李向辉，翟秀军. 中小学教师教育研究方法运用现状及分析［J］. 继续教育研究，2006（2）.

［8］刘良华. 校本行动研究［M］. 成都：四川教育出版社，2002：36.

［本文原载于《人民教育》，2014 年第 19 期］

原生态实践性研究：小学教育研究的
本土化行动

作为东北师范大学创建的育人实验基地和教育科研基地，东北师范大学附属小学（以下简称"东师附小"）在建校之初即确定了实验性、示范性的办学方向，并逐步确立了坚持实验、探索规律、科学施教、全面育人的办学方针。回顾学校近 70 年的历史，在初创时期，王祝辰先生进行了"动的教学法"的尝试；在教育体制改革时期，学校先后进行了教育同生产劳动相结合实验、九年一贯制学制实验等；在整体改革实验时期，学校逐步推进学校管理的整体变革。进入新世纪，学校以"质量立校、特色兴校、科研强校"为战略，开启了全面构建开放式学校的改革历程。2014年，学校在已有的办学成果的基础上，从《中庸》中得到启发，提出"率性教育"的办学理念。

抚今追昔，我们看到，立足于本土需要的原生态的教育实践研究不断孕育与强化着东师附小的内生力和发展活力，使学校逐渐形成了独有的学术品牌和文化特色。研究，已经成为这所学校生长的主要范式。

一、办学理念本土化：追溯传统哲学，承继办学传统

1. 从中国传统哲学中寻找办学之根

中国传统哲学是我们的文化之根与魂。陈元晖先生提出，中国有自己的教育哲学，如《中庸》。《中庸》开篇的三句话，即"天命之谓性，率性之谓道，修道之谓教"非常凝练地表达了中国人关于天命、人性和教育之间关系的看法。

东师附小提出的"率性教育"中的"率性"，即源于"率性之谓道"。"率"即遵循之意，"率性"就是指遵循儿童身心发展的规律和特点，而"率性教育"就是指遵循儿童身心发展规律和特点的教育，是保护天性、尊重个性、培养社会性的教育。

保护天性，就是保护儿童愿意探究、愿意想象、好问好动等天性；尊重个性，就是尊重儿童的差异，不搞"一刀切"，严而有度，不尚苛求；

培养社会性，即培养学生的自主精神、合作态度、规则意识和责任观念，为他们成为未来的合格公民奠定基础。

2. 在传承本校文化的基础上提出校本化办学理念

近年来，东北师范大学大力倡导尊重的教育、创造的教育，其核心目的就是解放儿童，让儿童成为教育中的主人，并获得更多的自由和关爱。率性教育正是体现了儿童本位的教育。它的提出，是东北师范大学教育理念在基础教育中的继承和发展。

率性教育的提出，也是对东师附小近 70 年来优良的办学传统的继承与发展。首任校长王祝辰在建校之初就提出了顺应儿童天性的观点。1936年，他在实验探索的基础上写了《动的教学法之尝试》《小学各科新教学法》等著作，提出了"儿童有动的本能，活泼好动是儿童的天性，我辈从事教育者，便应当顺应或利用儿童这种自动力"等思想。

综观历史，东师附小在各个历史时期的实验探索中，都是围绕如何促进儿童发展、以儿童的视角开展实验研究的。可以说，率性教育所承载的正是学校在近 70 年的发展历程中所沉淀的潜心研究、大胆实验、示范引领的优良传统，是对学校以人为本、尊重儿童的儿童观的总结与提炼，彰显了历史性、时代性和本土性的鲜明特点。

二、研究问题本土化：顺应时代发展，立足学校需要

东师附小的教育教学改革有深厚的文化土壤和现实背景，一直跟随国家教育教学改革的步伐，保持着研究的前瞻性和时代性，起着引领前沿、示范一方的作用。

1. 聚焦教育发展需要，确定全局性的实践课题

东师附小的教育研究一般以三至五年为一个周期，依托学校课题研究，引领带动学校各领域的协同改革。学校始终保持着教育科学研究的敏感性，密切关注国内外基础教育改革的发展趋势，探索教育实践领域中的热点和难点问题，选择和挑战我国基础教育的前瞻性课题。

从 20 世纪 70 年代进行单科单项课堂教学改革，到 20 世纪 80 年代进行整体教育改革，再到 20 世纪 90 年代初进行小主人教育实验研究和小学生主体性教育实验研究，再到 21 世纪初以综合实践活动课程为突破口进行的全学科联动式校本开发课程，一系列举措实现了学校课程体系的重构。东师附小的改革探索展现出了一所小学对于教育改革发展中重大话题的实践性回应，体现了一所小学在教育改革与研究中的前瞻性与时代性。

伴随学校改革发展的新常态，针对教育教学改革过程中出现的"速成的教育""功利的教育"，学校在率性教育的基础上，提出"率性教学"这一主张，倡导教学要体现出有根源、有过程以及有个性。"有根源"，强调挖掘知识的"根源"，遵循儿童学习的规律和特点，让教学有据可依；"有过程"，强调让学生经历从个别到一般的过程，经历人类知识再发现的过程，重视归纳性思维的发展；"有个性"，强调基于儿童的差异展开教学，不搞"一刀切"，不追求完美。我们认为，学校提出的关于率性教学的三个关键词是颇具问题指向且具有时代价值的教学观念，也是对现有课堂教学改革具有传承、发展和创新意义的教学观念。

正是坚持了综合协同改革的思路，东师附小在以科研引领学校发展的道路上，形成了创新的内在生长力，并始终保有持续发展的动力。

2. 积极开展儿童哲学研究，开创"第三条道路"

就目前世界上几个主要国家的儿童哲学教育实践而言，儿童哲学研究主要有两种方式。第一种以美国的马修·李普曼为代表，对学生进行专门的儿童哲学教育，重点关注儿童对哲学的探寻过程。第二种以马修斯为代表，主张成人应该与儿童展开平等的对话，儿童可以帮助成人对有趣的甚至重要的哲学问题进行反思。另外，他自己作为大学教授，也会到中小学亲自与儿童展开对话交流。

我校基于"儿童是哲学家"的研判，做了大量有关儿童哲学研究的理论储备，如，组织全体教师认真研读马修斯哲学，反思不足之处；鼓励教师向儿童学习，并结合教育教学，对"同一性""自由""伦理"等问题进行研究，深入了解儿童之学、之思、之问；将儿童哲学与学科教学进行渗透式融合，培养儿童的基本思维能力，形成较为独特的儿童哲学实践风格。对此，我们称之为"第三条道路"。

学校先后成功举办了两届儿童哲学与率性教育高峰论坛。在我国儿童哲学研究的初始阶段，相关研究还处于起步晚、底子薄、作品少的状态，东师附小以先行实践者的姿态，努力在该领域持续发声，使中国儿童哲学研究更具有实践性。

3. 努力破解实践难题，开展教师小课题研究

学校依托教师青年基金制度等，设立小课题，组建研究团队，鼓励教师针对教育教学实践中的瓶颈问题，开展原生态的行动研究和实验研究。学校倡导教师立足于日常教育教学的微观领域，发现"真问题"，将研究做小、做微以及做细，鼓励教师做真正接地气的、实证性的研究，如学生合作学习能力的培养、学习笔记在教学中的应用、儿童好奇心的研究等。

在研究方法上，我们强调教育学、人类学、心理学的相互融合与借鉴，如儿童课堂提问的原生态收集、合群性叙事研究等。在研究过程中，我们注重通过深度的课堂观察、作品分析、调查研究等方法收集证据，如基于作品分析的儿童想象力研究、一年级学生入学识字量调查研究、基于数据分析的课堂教学研究等。

目前，该项制度已成功运行 8 年，共批复了课题 130 多项，70％以上的教师具有参与课题研究的经历。小课题研究让教师完整地经历了选题、研究、中期汇报、结题汇报的全过程，锻炼了进行科研"实战"的能力，而这也为教师深度参与学校课程教学的整体变革储备了经验，有利于使他们走上专家型、研究型教师的发展之路。

三、研究方法本土化：基于教学改进的行动研究

行动研究是实现本土教育研究的基本路径。比如，学校基于单元教学改进的行动研究不是为任何校外研究者提供研究证据，而是为了改善学校课堂教学的基本面貌。因此，教学改革的目的与行动研究的目的是合二为一的。学校采用自上而下与自下而上双向互动的工作机制，从宏观上对单元教学开发与实施进行了设计，确定了以三年为周期的学校教学改革实验的基本方向、整体目标、具体举措及保障条件。在此基础上，各学科委员会组织学科成员进行多轮的充分讨论，详细规划本学科在课程教材建设、教师发展、学生培养方面的发展目标，规划改革的具体措施、推进路径，并预期产出的成果。第三个层面的规划由每个学科下的研究团队制订。学科委员会根据学科成员的研发力量，将其划分成相应数量的小研究团队，每个团队专门负责一个单元的设计与实施，按照"计划→行动→观察→反思"的行动研究路线，完成教材比较研究、单元内容设计、相关资源开发、进行教学实施等系列准备，最后在教学中加以实施并开展跟踪研究等。

东师附小的行动研究始终伴随着研究者有意识的、自省式的、深层次的思考。我们将问题直指教学内容的改进和教学过程的优化，关注来自教学现场的第一手素材的收集与分析；力图在规范、学术的理论研究与自发、随性的经验总结之间，探求基于问题解决、改善教育实践、深化理性思考的方法。

四、研究机制规范化：建设研究基地，保障本土研究持续推进

中小学教师若想通过教育研究成果发出自己的声音，不仅要修炼研究内功，有过硬的实践性研究成果，更要有自己的研究平台。为此，东师附小创建了一系列研究机制，激发教师的积极性和创新力。同时，东师附小努力为教师搭建研究平台，致力于建立中国小学教育实践研究的基地。

学校将原有的校刊《东师附小》升级为《东师附小教育研究》，由东北师范大学出版社公开出版，每年一辑，集结了东师附小多方面的教育研究成果，充分展示了教师的实践智慧和研究能力。著名教育家顾明远先生为这本校刊亲笔题写刊名。与此同时，学校开通了"率性教育"公众号，面向海内外学者、教师及时发布学校最新的研究成果，引发了广泛的共鸣。

小学教育研究的持续推进需要一系列科研机制和制度的保障。为此，学校组建了学科委员会，并将其作为研究和决定学校课程教学改革、教师队伍建设、学科建设等重大事项的决策和执行机构。学校吸纳了全校 1/3 的教师，组建改革发展的生力军。这支队伍在探索中成长，逐渐成为具有较强的研究意识和研究能力的骨干教师团队。学校先后创立了教育研究发表会制、教师科研基金制度、成果奖励制度等，目的是鼓励教师深入研究，对研究过程进行梳理、总结、提升，将零散的、粗浅的研究与思考，逐步提升为可以公开发表的、理性的、深刻的研究成果。这些制度和机制大大激发了教师的研究动机，提升了教师的价值感与成就感。

[本文原载于《中小学管理》，2017 年第 1 期]（于伟　王艳玲　脱中菲）

童心同行，率性而歌

  70 年栉风沐雨，70 年改革创新。回顾 70 年的发展历程，东北师范大学附属小学在东北师范大学"尊重的教育、创造的教育"办学理念的指引下，秉持"坚持实验，探索规律，科学施教，全面育人"的办学思想，根植中国大地，紧扣时代脉搏，勇立基础教育改革潮头，不断为基础教育改革提供参考的范式和实践的案例，被誉为"全国基础教育的旗帜"。东北师范大学附属小学于 2014 年、2018 年先后两次荣获基础教育国家级教学成果奖。

  2014 年，学校汲取《中庸》中"天命之谓性，率性之谓道，修道之谓教"的教育智慧，将办学理念创造性地转化为"率性教育"①，倡导保护天性、尊重个性以及培养社会性。学校以立德树人为根本任务，结合当前形势下教育教学改革中存在的片面追求完美主义、功利主义、"一刀切"等问题，强调站在儿童的立场，尊重儿童成长的规律，因材施教，重视用中国智慧，解决中国问题，培养中国儿童，让儿童的差异显现出来，让儿童在获得知识技能的基础上，形成正确的世界观、价值观、人生观。

一、继承红色基因

  东北师范大学是中国共产党在东北地区创建的第一所综合性大学，创建之初需要解决员工子女教育问题以及为学生提供教育实习基地，于是筹办了一所子弟小学，东北师范大学附属小学应运而生。作为师范大学的附属小学，学校从诞生之日起就承载着实验性、示范性的独特属性。学校是东北师范大学推动基础教育改革的"试验田"，立足于为基础教育改革奠基，将中国传统文化、爱国主义教育融入学校文化，致力于培养适应未来社会发展的合格公民。

---

  ① 2017 年，笔者在《教育研究》发表文章《"率性教育"：建构与探索》，对率性教育进行了深度阐述。

学校建校 70 年来，始终遵循儿童成长的规律和身心发展的特点，从学生的思想道德、个性特征、学习品质、社会性发展、责任担当等方面进行课程、文化、制度等方面的改革创新，努力在开放的文化氛围中涵养其灵魂，浸润具有中国味道的生命底色，在学校的生活与体验中逐渐帮助其完成从自然人向社会人的转化，塑造具有阳光自信、好问多思、友善乐群、敢于担当的"附小学生像"。

二、勇立改革潮头

东北师范大学附属小学建校 70 年来，始终以改革创新为动力，以教育科研为内生力，密切关注国内外基础教育改革发展的趋势，不断追踪和探索教育实践领域中的热点和难点问题。首任校长王祝辰先生是国内很有声望的课程与教学论专家。先生以东北师范大学教授的身份主持附小工作，创建"动的教学法"理论体系，提出解放儿童、关注儿童、立足当下、面向未来的教育主张，为附小的发展指明了方向，并奠定了坚实的基础。

20 世纪五六十年代，学校改革探索的重心是教育体制改革，教师们与教育系师生进行了因材施教、培养特长生的实验。在这一时期，学校开展了学制改革，开展了劳动教育、品德教育实验，研究成果参加了教育部举办的教育成果展览会。另外，学校还被评为吉林省及全国教育系统先进单位。

改革开放到 21 世纪初，学校以单科单项的课堂教学改革为突破口，着力进行学校整体改革实验探索。如，语文学科的"讲一读三写一"实验研究、数学学科的彩色木条实验研究、音乐学科的乐器进课堂实验研究等。这些单项课题研究有效地提高了学科教学质量，增强了教师的科研意识和研究能力。1989 年，学校开展了全面提高小学生素质综合改革实验研究。该实验研究将提高小学生素质作为学校整体改革的基本目标，使学校课题研究向教育、教学的纵深领域扩展。1994 年，学校在总结前两轮整体改革经验的基础上，进行了"小主人教育整体改革实验"，将发挥学生的主动性、创造性，培养学生的主体意识、主人翁责任感以及适应能力、自我教育、自我管理能力作为学生教育目标，并进行了深入探索和研究。

2001 年，伴随我国基础教育课程改革的全面启动，学校进入"开放式学校"构建时期，挑战封闭、单一、固化、被动的传统学校特征，关注开放、多元、弹性、自主的教育要素，进行了开放式教育的探索。开放式教育的理论与实践研究、校本课程开发与实践、综合实践活动课程的开发与实践，带来了基础教育课程体系的结构性突破，也给中小学在课程实施上提供了新范式，为开放式学校办学理念的提出提供了本土化的实践路径。

从 2014 年起，基于对小学阶段儿童学习与成长规律的研究，学校开展了深入的行动研究，并按照边研究、边实践、边反思、边提升的策略，在教学改革中着力探索有过程的归纳教学，对语文、数学、英语、科学、道德与法治等学科进行了系统深入的实验研究。在德育工作中，学校倡导有过程、有尊重以及有道理理念，通过班队会活动、主题教育活动、年间大型活动、养成教育活动等培养率性学生。

三、践行率性教育

"率性教育"的提出有其深厚的传统文化背景，也是对当下教育改革问题的回应。"率性教育"的改革实践以立德树人为目标，从课程设计、学科教学、教学方式、文化制度等层面进行顶层设计，将立德树人的使命融入思想品德教育、知识技能学习、社会实践探索等各个环节，以"率性的学校""率性德育""率性教学"为突破口，从空间文化、理想信念、实践探索等方面，培养新时代具有世界眼光、中国灵魂的社会主义合格公民。

（一）率性学校，构建儿童成长的梦工厂

秉承附小 70 年办学"解放儿童"的儿童观，率性学校从外显的学校样貌到内隐的制度文化都以儿童的发展和需求为核心，让学校成为有利于儿童发展的场所，尊重学生自身成长的规律。基于对"儿童是科学家""儿童是哲学家""儿童是艺术家""儿童是梦想家"的研判，学校从育人目标、学校空间革新等角度为学生营造平等、和谐、尊重的校园文化。

为了让学校成为学生身体放松、精神自由的家园，学校打开时空的局限，为学生的学习、生活提供自由、人性化的空间和时间。率性学校是学生"慢步调自由空间"，学生拥有沉思空间、探索环境和自由研究的地方，时间不受约束，空间不受制约，让学生可以集中精力去思考，去探索，并在不断的假设中寻求解决问题的方法和策略。

我们致力于让学校成为儿童喜欢的"慢步调自由空间"、儿童兴趣发

展的"乐土"、儿童体验探索的"智慧之间",让学校成为儿童想象力及创造力发展的"梦工厂",使儿童在开放的环境中长大,让儿童在开放的环境中具有全球的视野、世界的眼光,进而培养其家国情怀、理想志向,使其凝神聚力、勇于担当。

(二)率性德育,着"思想"于无痕处

思想道德教育之难,在于说教的无力与形式的单一。率性德育结合儿童的身心发展规律,将立德树人的根本任务转化为学生易于接受,并乐于接受的方式,实现了方式、方法的转变,从而达到教育的最终目标。在率性教育理念的指导下,学校遵循儿童的认知规律、身心发展特点以及儿童的成长变化特点,提出有过程、有尊重、有道理的率性德育,其本质是强调儿童道德品质的形成,遵循儿童的发展及变化规律,关注儿童发展过程中的变化,尊重儿童的个性特征,使儿童在知理、明理中学会做人、做事,使儿童成为有理想、有道德、明事理的合格公民。率性德育的实践与探索,着眼于对学生观念和精神上的引领,注重加强制度与环境建设,致力于为学生营造良好的环境,使学生在开放、多元、尊重的环境中,在显性的参与和体验中,在隐形的文化熏陶和感染中促进儿童的成长和发展。

率性德育强调学生的认知活动、体验活动和实践活动三方面的整合。活动的设计及组织强调在模拟的情境中促进儿童道德认知的发展,注重细节,关注设计,做到全员参与。学校围绕班队建设活动、学校年间活动、社团(社会)实践活动、养成教育活动等,关注学生成长的过程,关注在参与过程中对学生进行自主精神、合作精神、规则意识和责任感的培养。本着班级活动有特色、学校活动有主题、社会活动有实践、养成教育有方法的工作思路,学校致力于为学生构建多元、开放、互动、体验的德育活动平台。率性德育强调让学生通过各种实践活动丰富体验,并获得经验。如,学生的日常文明习惯养成教育注重学生的劳动实践,主题教育活动突出强调情感体验,志愿者活动关注公益服务体验,年间大型活动凸显学生的主体参与。走进社区、走进大自然开展社会实践活动成为一种教育常态。学生到伊通河畔、南湖公园、文化广场等处开展综合性的实践活动,到农博园、民俗馆、科技馆、博物馆、图书馆等处开展跨学科探究活动,到体育学院交流,到东北师范大学观摩,到消防大队实操,还走进各种职业场所开展体验活动。每到寒暑假,学校都有学生最喜爱的研学旅行。这些实践活动都关注学生的生活体验、实践探究、问题解决、文化理解,关

注对学生的生存、共处、做事能力的培养。可以说，没有实践和体验，德育便无从谈起。

率性德育活动不仅在形式上凸显实践的特点，还围绕"实践与体验""对话与唤醒""明辨与省思""立志与笃行"四组关键词进一步阐释其深刻内涵。"实践与体验"强调从各种实践活动中使学生的综合能力得以发展和促进。"对话与唤醒"以尊重为前提，是师生之间、生生之间的双主体、多主体的平等交流与对话。"明辨与省思"体现个体在矛盾过程中的自我觉醒，在思辨中逐渐明白要怎么做、为什么做，经历由他主到自主的过程。"立志与笃行"是成于内显于外的修养的体现，是为学生奠基未来的基石。

（三）率性教学，聚焦实践体验变革

率性教学立足当下我国课堂教学中存在的问题进行反思，聚焦课堂教学的本质及儿童发展的需求。率性教学改革以单元行动研究为切入点，以促进学生的发展为目标。在实践操作中，学校以单元案例开发为载体，以行动研究为主线，强调在研究中深入探讨学生学什么、为什么学、怎么学等。以学科教学的行动研究为例，依据率性教学有根源、有过程、有个性的主张，针对不同学科、不同年龄段的学生特点选取不同的教学内容，通过多轮的行动研究，分别从学生学的维度以及教师教的维度观察课堂中真实发生的事件，透过显性的学生学习兴趣、学习内容选择、学习活动设计、学习效果检测等，深入探索教学目标的达成度、教材内容的适切性、教学方法的有效性、教学评价的准确性，使儿童不仅知其然，更知其所以然，为基础教育教学课堂改革注入活力。

强调有根源的教学，重构课堂教学内容。"有根源"关注的是教学的规律、儿童的学习规律，要求教师遵循规律。"有根源的教学"是指要挖掘本源，让教学有据可依。在教学内容上，教师要注重挖掘知识的来龙去脉，追溯知识的本源。例如，语文学科"边塞诗"单元，教师要让儿童了解边塞诗的基本特征，初步感受边塞诗的创作风格和基本规律。同时，教师应遵循儿童学习的规律和特点，针对不同层次的学生在课堂教学中设计不同的教学任务；在教学方法上，教师应准确把握教学规律，采用恰当的方式、方法，课前充分地对学生的学情进行分析，针对学生的"真问题""真难点"采取行之有效的教学策略和方法。只有深谙知识的来龙去脉，准确了解学生的学习状态，深入把握教学的本质规律，教师的教学才能做

到高屋建瓴，游刃有余。

重视有过程的教学，关注学生学习的过程。这是指教学应体现学生的学习和成长过程。有过程的教学，要引导学生对知识产生的环境、原初状态进行还原，经历人类知识再发现的过程。同时，归纳是从个别到一般的过程。人类认识世界的过程就是从个别到一般的过程，归纳的过程与儿童认识世界的过程具有天然的相似性。以数学学科"分一分与除法"为例，学生在生活中已经积累了一定的平均分的经验，但是如何将丰富的生活经验数学化、抽象化呢？在教学过程中，教师通过不同情境中的例子引导学生体会什么是平均分，进而抽象出平均分的概念。因此，有过程的教学要重视归纳，注重从个别出发，从经验出发。

关注有个性的教学，尊重学生个体的差异。这里的"关注"指的是关注学生的学习差异性。"有个性的教学"是指在教学过程中根据学生的学习起点、学习速度、学习兴趣、学习适应性等方面的差异设计教学，让不同的学生在同一课堂中得到富有个性的、多元的成长和发展。这样的教学，是允许学生出错、充分等待学生的教学；是满足学生不同需求，支持学生获得个性化发展的教学；是尊重学生个性，不搞"一刀切"，不追求完美的教学。例如，音体美学科的教学，依据不同学生的喜好及能力，提供不同程度的学习任务，进而使不同层级的学生的能力得到相应的发展。

率性教学在提出"三有"的基础上，还提出了课堂教学评价的三个着眼点，即情境与具象、操作与体验、对话与省思。

情境与具象：教学始于情境，始于个体的经验。教师要有目的地对知识产生的情境、原初状态进行还原，把抽象的东西具象化地呈现出来，让学习变得更容易。数学教师依据生活的情境创设出多个分物情境，由多个个别的活动经验概括出一般结论。可见，情境还原和具象化是教学的起点，最终的目的是使学生的思维发展到形式化、符号化、抽象化阶段。

操作与体验：儿童的思考和对世界的认识离不开体验，离不开操作，离不开活动。儿童获得认识的过程是动态的而不是静态的，它一定要通过具体的操作活动，比如"摸一摸""试一试""探一探"来展开。儿童只有亲自体验、操作了，才更有可能理解。以科学学科为例，探索蛋的内部结构，就要让学生经历已知的经验回归，经历现实的验证与发现，最后得出结论并反思。在探索、实践、体验的过程中，学生的操作、体验具有直观性和不可替代性。因此，教师要引导学生经历动脑动手的过程。这个过程是基于个人经验的亲身参与的过程，是发现、探究、建构的过程。

对话与省思：有过程的归纳教学强调在共同体中学习，强调与自我、与他人、与文本的对话。与自己的对话是省思，与他人的对话是平等交流，与文本的对话是深度探究，有过程的归纳教学的最终目的是引导儿童进行抽象的思、符号的思、想象的思、推理的思、论证的思、逻辑的思、哲学的思，促进儿童思维发展。例如，语文学科的"中国智慧单元"，单元构建由古代的关于人的智慧开始，经过多重的对话和探索，对智慧进行了深入的研究与思考，让学生对智慧有了多元而丰富的理解。一闪念的思、偶发的思是起点，教师要让这种思成为一种沉思，并让儿童一直思考下去，变成有推理链、逻辑链、论证链的思，从而培养儿童具有良好的思维品质。

70 年风雨，70 个春秋。在国家创新驱动发展、科技革命风起云涌、基础教育改革鼎新的时代大潮中，东北师范大学附属小学以此回顾 70 年办学的历程，追忆往昔，登高望远，为肩负国家、民族之使命，立足国情、民情、学情，为我国基础教育改革发展助力，为祖国培养社会主义新人。

［本文原载于《人民教育》，2019 年第 10 期］

率性教育十书

从教几十年，我一直在思考"学生"意味着什么、"老师"意味着什么以及"教育"意味着什么。我深信，只有植根本土经验，挖掘传统智慧，借鉴国际理论，才能看清中国的教育现实，解决当下的教育问题。因此，以下推荐的十本（套）书都是在文、史、哲大背景下论教育的经典著作，希望对大家有益。

一、陈元晖的《中国教育学史遗稿》

陈元晖先生是我国当代著名的哲学家、心理学家和教育学家。"一生布衣，半世坎坷。唯读书是好，非真理不从。"这一段镌刻在陈元晖墓碑上的文字，生动地概括了陈元晖先生波澜壮阔的学术生涯及其与教育的不解之缘。陈元晖酷爱读书，杂涉百家。他一生积攒了一万多册书，文、史、哲各类图书均有收藏。他有深厚的哲学素养，精通中国哲学、西方哲学和马克思主义哲学，并坚持在这一基础上进行教育学研究。他有良好的心理学、史学和社会学的素养，这三个学科对于教育研究来说都很重要。不仅如此，他还具有丰富的教育实践经验，因为他当过小学教师，还做过中小学校长。他认为使学生闻一知一的教学，是一种"教书匠"的教学，所以他鼓励教师要勇于当"教育家"。因此，他的著作不仅具有学术理想还有实践情怀。陈元晖一生著有22本书，这一本是他的遗著。他总说教育学要提高不能单靠借鉴外国人，还要善于总结自己的优秀文化遗产。这本书就是他梳理中国教育学史的成果，但是由于晚年病重，最终只完成了一"头"一"尾"。陈元晖认为中国教育学的"源头"之一是《礼记》，认为《礼记》是中国的大教育学，《学记》便是小教育学，应该放在各篇之首。陈元晖分析《学记》和其他人的不同之处在于，他从总结规律的角度来看中国教育学的历史，因此他能分析得更加全面、深刻，能够快速、准确地把握住核心。比如，他说《学记》中教学艺术的核心是"时"，是时间的艺术，"道而弗牵，强而弗抑，开而弗达"概括了整部《学记》的精华。中国教育学史的"尾"则是从 1919 年到 1989 年七十年期间，中国教育学的发展历程。他将这一时期中国教育学的发展总结为两条线索，即从唯理论到经验论，从经验论到唯物论。这对我们了解教育学在中国的发展，了解如何处理好古与今的关系、如何处理好东方和西方的关系以及如何处理好理论和实践的关系都有重要的价值。

陈元晖所著的教育学历史不仅有事实的阐释，还有理论的分析；不仅有教育学的视野，还有心理学的视角、思想史的视角、哲学的视角，所以他看问题就比别人看得远一点，站得高一点。这里面有事实，有情趣，十分具有可读性。我现在提出的"率性教育"跟陈元晖有密切的关系，他在20 世纪 90 年代提出中国有自己的教育哲学，那就是《中庸》。《中庸》开篇三句话，"天命之谓性，率性之谓道，修道之谓教"很好地体现了天、性、道、教之间的关系。后来，我来到附小做校长，就时刻谨记这几句话，并结合附小的实际，结合中国的实际，提出了率性教育。我们还编了一本书，即《陈元晖的教育学家之路》，并拍了一部纪录片。

二、三联书店出版的《李泽厚集》

李泽厚是我国当代著名的哲学家、思想家和美学家。他的学问、思想、文采和方法对于教育研究者具有十分重要的启示。他的著作语言简练而优美，具有骈文的特点，讲究对仗和排比。在方法上，他强调"六经注我"。他的思想十分富有原创性，自成体系。他研究马克思主义、西方当代哲学以及中国儒家的思想。事实上，他也十分关注广义的教育问题，就是人性的问题、人化的问题、心理本体的问题或者说情本体的问题。他有一个著名的论点："历史终结日，教育开始时。"这是李泽厚对人类（以及个人）的未来、教育的未来做出的预测性判断。他把自己的哲学概括为三句话：历史建理性，经验成先验，心理成本体。一个知识点对于人类来说是历史形成的，但是对个体来说是在先的；前人的经验对于后人来说是先验。因此，教育学强调学生要适当地进行体验和实践，其原因就是要对知识进行还原，没有这个还原，学生对知识的理解是不完整的。我在附小提倡"有过程的教学"，最重要的理论就来源于此。他说马克思主义哲学是"吃饭哲学"。这个概括准确而直白。当我们在思考人的问题、教育问题，尤其是教育改革问题的时候，要把人当成现实中活生生的人，而不是头脑中固有的、虚幻的人。现在之所以教育改革这么难，很大程度上是低估了现实人的存在。此时，李泽厚的观点就显得尤为重要了。李泽厚的另一成就体现在对中国思想史的深刻分析上。他在思想史研究的基础上将中国文化核心精神归结为实用理性和乐感文化，深刻而细致地剖析了中国人的人性结构。综合来看，《李泽厚集》是提升教师人生境界、思想境界以及审美境界的很重要的一本书。

三、人民教育出版社出版的"外国教育名著丛书"

这个是重点推荐书目。这部书分两套（"外国教育名著丛书"与"汉译世界教育经典丛书"），我重点推荐第一套。这套书毫无疑问是专业出版社出版的教育名著。它选择了外国从古希腊以来到当代最具代表性、最有影响力的教育著作。它的内容十分丰富，包含了多个国家在不同时期的教育代表著作，是全面理解教育的必读书目。不仅如此，这套书还是名家名译，好多译者本身就是很有名的教育家，比如夸美纽斯《大教学论》的译者傅任敢等。因此，这套书的翻译质量也能得到保证。这些著作无论是原著还是译著都经过历史检验，在多年来影响着一代又一代的人。仅就其译著来看，有些早在民国时期就开始翻译，多数都出版几十年了。比如洛克的《教育漫话》，最早的翻译版本在 1939 年到 1940 年间出版，到现在近八十年了。我个人的学养深受这套书的影响，它奠定了我的教育研究和教学实践之根基。我认为这套书对提高中小学教师的教育理论学养非常重要。

四、马修斯儿童哲学三部曲：《哲学与幼童》《与儿童对话》《童年哲学》

接触这三本书是做附小校长之后的事情，在此之前我专攻教育哲学，与孩子尤其是如此生动的孩子接触甚少。到附小以后，儿童慢慢走进我的视野并逐渐占据主导地位。这三本书就成为我认识儿童、认识学生的重要工具。马修斯是儿童哲学的创始人之一，他的这三本书被翻译成十多种语言，并在全世界流行。其中，最有影响力的是第一本《哲学与幼童》。这三本书对附小、对我的影响十分大，也是我现在研究的重要领域。在这三本书中，马修斯通过丰富的案例论证了一个看似绝不可能的命题：儿童是天生的哲学家。他认为儿童的力量可能远远超出人们的想象，现有的儿童理论很有可能限制了儿童发展的可能性。因此，我们需要对儿童的概念进行进一步反思，"现实的儿童"应该得到更多的关注。他在书中向读者展示了如何用一种新的方法——与儿童进行哲学对话——去认识儿童。他一方面借助具有哲学的奇思妙想风格的儿童文学，将儿童自然地引入哲学对话中；另一方面自创了一种方法，即编写故事开头法。他为儿童提供一个蕴含哲理的故事开头，让他们在讨论中完成接下来的故事。可以说，马修斯的儿童哲学以十分浅显的方法论述了一个十分深刻的问题。它们不仅为我们提供了理论，还提供了实践方法，非常适合中小学老师阅读。

五、贾馥茗的《教育的本质》

这本是我推荐给附小老师的必读书目。贾馥茗是我国台湾 20 世纪 60 年代以来最有影响的教育学者。她从小受"四书"教育，有深厚的国学功底，又在美国攻读了博士学位，受到过现代学术的训练，尤其是心理学的理论方面的训练。因此，她既有中国文化的根，又有西方文化的视野，还有心理学独特的视角，所以看教育问题比别人更全面一些。她是教育哲学的专家，生平著作十余本，其中，《教育的本质》最能反映她对人、对教育的看法，对我本人影响也最深。我在附小提倡儿童哲学和率性教育，离不开这本书的支持。贾馥茗一个重要的主张是中国的教育研究要根植于中国本土，根植于中华大地。她的《教育哲学》和《教育的本质》的出发点都是中国传统文化，尤其是儒家思想。这一点和陈元晖不谋而合。另一个不谋而合之处在于，她和陈元晖都十分重视《中庸》，尤其是开篇三句。不同的是，贾馥茗用现代学术观点对这三句话进行了深入细致的分析，最终将"率性修道"视为教育的本质。她认为，教育主要是教人成人，人的根本是道，道是宇宙的本体，也是教育的准则。这个观点是率性教育的理论来源之一。我认为中国的教师应该读一些中国教育学，而这本书就是一个不错的选择。

六、教育科学出版社出版的"世界课程与教学新理论文库"

这套书选取了 20 世纪 70 年代以后，世界各国的课程与教学理论名著。它们是我接触教育哲学时阅读的主要书籍，直接影响了我的整个研究生涯。其中，有三本书非常值得一提，佐藤学的《学习的快乐：走向对话》、威廉·F. 派纳等人的《理解课程：历史与当代课程话语研究导论》以及小威廉姆·E. 多尔的《后现代课程观》。佐藤学是日本著名的教育学者，与通常的理论研究者不一样，他经常深入课堂，与教师一同研究教学。他曾两次来到附小，给附小的老师讲学。《理解课程：历史与当代课程话语研究导论》一书一直被视为西方课程的经典。在这本书中，派纳梳理了不同历史时期课程的概念。他认为课程已经从最初的历史文本发展至当今的政治文本、种族文本、性别文本等十种文本形式。最后，他将课程概括为"复杂的对话"，是没有定论的、高度个人化的一个事件。可以看出，派纳是后现代主义。我"本土化"观点中很重要的一部分就来自于后现代主义。我曾私下与派纳交流过，他说他在讲课时也一定要创建一个情景然后把自己融进去，这是因为课程是离不开情景和生活的。《后现代课程观》是多尔的代表作之一。后现代新鲜的观点、原则、问题和方法可以帮助确定课程的新的研究方向。在融合3S（科学、故事、精神）的前提下，他用4R模式取代泰勒的课程模式，即丰富性、回归性、关联性和严密性。这一套书不仅系统地梳理了已有理论，还有很多新思想的表述。如果一线老师能够结合自己的兴趣，翻阅思考，就可以很快地了解当代西方关于课程与教学的新理论、新思想。

七、《礼记》

《礼记》有《大戴礼记》和《小戴礼记》之分。我认为《礼记》值得阅读，因为它记载的都是老祖宗以礼治天下的智慧。中国礼教不分家，读懂礼也就能大概理解中国传统的教育观念。《礼记》共四十九篇，其中直接论述教育的有《学记》《中庸》《大学》等。除此之外，与教育相关的还有《礼运》。我们所熟知的"天下为公""大同""小康"等思想均出自于此。诚如陈元晖所说，《礼记》是中国的"大教育学"，它将社会理想寄托在教育身上，因此既关注教育的实施，又关注社会的建制。这种精神也是当今教育研究者需要认识到，并付诸实践的。现在，《礼记》的注解成果也十分丰富，如《礼记集解》《礼记训纂》《礼书通故》《大戴礼记补注》《礼记集说》《礼记今注今译》《仪礼注疏》《周礼注疏》等，这些书都可以帮助我们理解《礼记》，可以配套阅读。

八、渠敬东与王楠合著的《自由与教育：洛克与卢梭的教育哲学》

教育领域的很多人对洛克和卢梭二人的教育思想局限于《教育漫话》《爱弥儿》。但是，别忘了洛克的身份是政治哲学的奠基人，他的教育思想源于他的政治哲学理论。所以，单单读他的教育著作很难完全理解他对儿童、对教育的主张，而卢梭也一样。《自由与教育：洛克与卢梭的教育哲学》是一本融会贯通之作，它将洛克和卢梭的教育理论放在他们整个思想体系中去考虑，把《教育漫话》与《人类理解论》《论指导理解力》，把《爱弥儿》与《社会契约论》《论人类不平等的起源》结合在一起，以"读"带"解"，以"解"化"读"，发掘出很多新鲜的观点。例如，本书对洛克的"白板说"和卢梭的"自然人"都有一番十分精彩的分析。不仅如此，《自由与教育：洛克与卢梭的教育哲学》还有助于我们从人类社会发展角度、公民培养角度看教育问题。这本书的观点为我研究儿童，研究率性教育提供了理论基础，尤其是它对卢梭"自然人"的解读，与附小提倡的天性、率性一脉相承。我相信，如果老师们愿意花时间去读这本书，一定会有意想不到的收获。

九、陈向明的《教师如何作质的研究》

这是一本实用性很强的书，意在一步一步指导一线教师如何在教学中进行质的研究。作者陈向明出生于长春，本科毕业于湖南师大外语系，后来去美国哈佛大学读博士。在美国期间，陈向明完成了自己的代表作《质的研究方法与社会科学研究》，这里推荐的书是该书的缩减版和操作版。《教师如何作质的研究》采取"理论＋案例"的方式，简明地论述了从研究设计到对象选取、资料收集、资料分析、理论形成和研究报告的撰写等完整的研究过程，在向读者展示具体操作过程的同时，也涉及了一些方法论。它告诉我们到情境中去，确切地说是带着理论到情境中去分析问题。

我在附小倡导原生态、生活史、人类学研究，就深受陈向明这个观念的影响。我看到了教室就是研究室，课堂也是学术殿堂。教育学和医学有相似之处，应该重视"临床"，做"靶向"研究。一线教师就在这方面占有优势。但是，如果没有理论素养，没有方法，情境还是情境，教师就无法从中发现问题。因此，这本书对教师显得尤为重要，能帮助我们看到以前看不到的现象，发现别人没有发现的现象。另外，这本书还告诉我们归纳法很重要。质性研究不是从理论出发去解释现象，相反，它从事实出发，然后生出理论，丰富理论。这对我们的教学也有启示，即从学生出发，从问题出发。如果教师们有兴趣还可以搭配另一本书《搭建实践与理论之桥：教师实践性知识研究》一起看，相信定能收获颇多。

十、史宁中的《数学思想概论：数学中的归纳推理》

史宁中是全国著名的数学家、哲学家和教育家。哲学方面，他对西方哲学、马克思主义哲学，尤其是中国古代哲学都有自己独特的见解。教育方面，他提出"四基""四能"（四基，即基本知识、基本技能、基本思想和基本活动经验；四能，即发现问题、提出问题、分析问题和解决问题）的思想，并写入国家课程标准。《数学思想概论：数学中的归纳推理》虽然是数学领域的书籍，但是蕴含着丰富的哲理与教育思想，适合我们研究教育的人阅读。史宁中认为，归纳推理是从经验和概念出发，按照某些法则所进行的前提与结论之间有或然联系的推理。数学教育要重视归纳推理，应当让学生在学习过程中逐渐感悟出这种推理模式的"自然属性"。这种体验和感悟，就是将抽象经验还原为具体经验的过程。学生经历这个过程后获得的知识也更加深刻。除此之外，归纳推理的"自然"模式，还决定了它是创新时所依赖的推理模式。因此，不仅数学教育要注重归纳推理，整个教学都应该重视归纳推理。可以说，它与我们现在倡导的创新教育息息相关。

[本文原载于《中国教师报》，2017 年 11 月 1 日]

附　录

附录一 教育意味着善

中国网记者王晓霞（以下简称王）：您是东北师范大学的教授，又是东北师范大学附属小学的校长，这在整个中国教育界比较少见。从理论研究到实践需要一个转变的过程，这个过程中您是否遇到了一些困难？

于伟（以下简称于）：对我来说，我长期从事教育理论研究，一下子到小学来当校长，确实落差比较大。比如，工作节奏不适应，小学的节奏比较快，中午休息时间比较短，在大学时休息时间比较长。比如，大学的走廊比较安静，小学就不一样，一到下课，走廊包括操场上，到处都是孩子们的声音，所以真是有些不适应。但是，这都是表象，更大的不适应就是学校任命我当小学校长，我的第一反应就是我到小学能干啥、我能不能当得了这个校长、能不能管得了这所学校，因为附小是一所有良好传统的学校。

王：您刚到附小不久就提出来"率性教育"的理念，其实在您漫长的从事教育的过程中，已经有十几年的积淀了。

于：我到附小大概三个月就提出了"率性教育"，但实际上我关注"率性"这两个字有十几年的时间。"率性"这两个字是受东北师范大学教育系首任系主任陈元晖先生的启发。他说中国有最早的教育哲学——《中庸》，《中庸》开篇有三句话，表达了中国的教育哲学思想，即："天命之谓性，率性之谓道，修道之谓教。"我当时只是把它作为一个知识来学习，因为我是搞教育哲学的，没有想到把它变成一种教育理念，也没有想到把它落地。现在看来，经过这三年多的实践，我觉得"率性教育"这四个字是很好的，也是很有价值的。

王：您刚才提到"修道之谓教"，这句话该怎么理解？

于："修道之谓教"就是讲要遵循人的身心发展规律特点，促进一个人的发展，或者提升一个人的境界，这才是教育。"修"有教育、道德、修养、修炼之意。怎么做才是教育呢？要考虑儿童身心发展的规律，不能简单地从社会、从成人的要求出发，因为那样效果往往不好。

王：您的"率性教育"提到了儿童是哲学家，是艺术家，是梦想家。那么，"儿童是哲学家"应怎么理解？

于：这个不仅你问，我自己也在问，即：这句话有没有道理？能不能立得住？凭什么说儿童是哲学家？儿童有什么资格当哲学家呢？可以这样来理解这句话，首先，儿童对世界充满了强烈的好奇心，就是从这一点来说，他和哲学家的品质是很接近的；其次，孩子们不停地对现实发问，虽然不能说他提的问题都是哲学问题，但的确有的问题是带有根本性的。比如，人死之后有没有灵魂？为什么有战争？为什么有贫穷和富裕之分？为什么1＋1＝2？等等。

王：这就是人一直的一些思考。

于：儿童带有本真性的好奇心带来的发问是非常宝贵的，我们经常讲要搞创造教育，要保护儿童的好奇心才能让孩子保持创造的欲望。

王："钱学森之问"一直受教育界关注。钱先生提出，为什么中国的学校培养不出创新型人才？这说明教育在取得成绩的同时，也存在一些问题。目前，我们基础教育都存在哪些问题？

于：一个突出问题就是如何保持儿童学习的积极性。说到底，学习来自于人的生存需要。为什么有的孩子不愿意学习呢？就是我们的内容和方法可能有值得改进的方面。小学的重要任务首先是让孩子愿意学习，其次是学会学习。如果一个孩子小学毕业了能做到喜欢学习，愿意上学，又能掌握一定的学习方法，就相当好了。

我们教育中也存在着"一刀切"等倾向，喜欢用一个尺度要求所有的孩子，喜欢孩子们站得齐、坐得齐、答得齐，甚至要求老师教案都写得齐刷刷的。这个做法要改变，要不然孩子个性的发展、老师的个人教学风格都会受到影响。

王：东师附小的课改是走在前面的，教学研究有东北师范大学团队的支撑。目前，东师附小在教学上有什么样的突破呢？

于：附小作为东北师范大学的附小，的确有优势。有人问我，东师附小有多少专家支撑？从理论上讲，东北师大所有的老师都是我们的专家，有一千多位，这是非常难得的资源。

我们在研究率性教学的时候，团队提出这么三个词，就是有根源、有个性、有过程。为什么要提"有根源"？有人说小学的教学能有多难？第一，小学的教学看似简单，实际不简单，所以我们要很好地研究学科的根源。比如说讲语文，讲数学，要刨根问底。第二，我们要搞清楚学科、教师教学风格及儿童学习的差异性。第三，我们特别倡导"有过程"的归纳教学。目前，我国中小学还是倡导以从一般到个别的演绎教学为主，归纳的教学比较少。但是，归纳教学更适合培养创造性的人才，这样做有利于孩子们提出各种不同的观点。

王：您提到的归纳教学到底是什么样的教学方法？

于：有归纳的教学是倡导由个别到一般的教学，比如语文课一般是讲范文，孩子们按照范文写作文。我们倡导有归纳的教学，可以让孩子们先写。比如，写南湖公园，这个班 40 个孩子如果有 7 种方法，经过讨论，最后归纳出和老师预先设想一样的方法。但是，对孩子们来说，结论虽然一样，但是经历的过程不一样。

王：在中国的教师队伍中，有部分老教师出现了职业倦怠。那么，东师附小的老师是如何保持这样一种工作激情的呢？

于：我在附小三年多，有个强烈的感受，就是附小的老师非常敬业，愿意研究。他们不满足于课本，也不满足于教材，在千方百计地探索新方法、新思路，让孩子们学得更有效，更愉快。为什么老师愿意做呢？就是他觉得学校氛围好，团队好，大家都在琢磨怎么改进教学，怎么促进孩子发展，这一点我特别感动。

王：您提到率性教育落地有一方面原因是环境，我们也看到了附小的整个空间是非常大的。也有老师告诉我，这不仅是一个活动空间，也是一个教学空间，这是基于什么理念？

于：它的成本是比较高的，比如，附小的走廊比其他学校的走廊要宽多了。其他学校用于做教室的空间在附小变成了走廊，八米宽左右。比如墙壁带轱辘，这样有利于学生活动，有利于学生交流。走廊里边有十几个展板，孩子们的作业可以贴上去，孩子们就可以充分地交流，充分地观察。可以说，这是空间的优势。东北的冬天冷，出去不方便，孩子们就可以在八米宽的走廊里活动。

王：课间学生非常活跃，有转呼啦圈的，有跑步的，有各种玩耍的，我很惊讶。老师说，我们不在于让他们玩什么，而是给他们一种安全感。这种开放的思想，给孩子们带来了什么呢？

于：这已经形成传统了。我们的地面都是硬塑的，保障了学生的安全。因此，孩子们可以放松地趴在地上，任意玩耍。孩子和大人的一个重要的区别就是他不会坐得那么直，他是能跑不走，能爬不跑，甚至还有打滚的。可以说，这就是孩子的特点。

王：您经常提到的一个字是"玩"，对学生来说是玩，在老师的教学研究中，您也说，玩呗，表面看好像很随性，其实体现了一种教育理念。您觉得"玩"意味着什么呢？

于：对于学生来说，玩就意味着保护天性，孩子只有尽情地玩才能积极学习。另外，玩也是孩子们智慧发展的一个重要渠道。过去有句话叫"淘小子出英豪"，能玩出花样来说明他智商高，智慧多。教师也是这样。其实，教师压力很大，特别是附小的老师，要看那么多材料，研究那么多问题。我说的"玩"就是要产生兴趣，研究自己喜欢的问题，在研究中获得乐趣，这样才能够持久下去，才会减少职业倦怠。

王：率性教育提出了三句话：保护天性，尊重个性，培养社会性。对这三句话应怎么理解？

于：保护天性是起点，尊重个性是重要环节，率性教育的目的是要培养社会性，为孩子们将来成为合格的公民奠定基础。

王："天性"这个词怎么理解？

于：天性很多方面是自然性、遗传性的，比如说孩子们生来个性就有差别，有的暴躁，有的温和，有的容易控制住自己，有的控制自己比较困难。孩子们的天性带来的个性差异老师要充分尊重，并充分考虑，因为只有这样才能更好地因材施教。我们教育界有一句话叫"一把钥匙开一把锁"，那么我们就要尽可能地考虑学生不同的情况。只有这样的教育才能更有效。社会性包括培养未来公民。我们侧重谈几个方面的观念，比如规则、合作、责任等。

王：附小给了孩子们特别多的自由，他们在校园中自由奔跑、自由玩耍、自由学习。那么，在自由和规则之间，附小是怎么平衡的呢？

于：其实没有绝对的自由，自由是有边界的。一年级的孩子也是这样，都是在一定规则下的自由。那么，规则怎么形成？需要遵守什么规则？附小很重视让孩子们参与。率性德育有一条叫"有道理"，就是老师要求孩子要讲出道理来，因为只有让更多的孩子认同，他才能够更自觉地去做。我觉得这是很重要的。

王：东师附小已经走过了七十年的历程，一定有着厚重的积淀。附小一直传承和不变的是什么呢？

于：我觉得就是东北师大给附小的定位。一个就是这七十年来始终坚持科学实验，不断地探索教育教学的规律，不断地研究儿童成长发展的规律；还有一个就是时时处处不要忘了附小的示范、引领作用，因为附小在省内外都有很好的影响。东北师大在选校长时就很重视这一点。我是附小的第十三任校长，其中八位校长都是来自大学的教育系或者教育系毕业的。学过教育学的人可能对教育的认识与理解更好一些，更尊重教育规律。

王：您在著作《教育哲学》中提到了教育有"三个意味"，教育到底意味着什么呢？

于：首先，教育意味着善，是使人向善的。如果通过教育使人向恶了，大概我们的教育就有问题了。其次，教育是使人学会"在"的一个过程。人不是物，人有自己的个性和尊严。我们教育的一个重要任务就是让人有创造性，有活力，而且我们确实需要培养人。

王：2016年，您被中国网评为"中国好校长"，这也是对您这么多年从事教育工作的一种肯定。2017年，"中国好校长"评选马上就要开始了，您想对"中国好校长"说些什么？

于：说到2016年评"中国好校长"，应该说我受之有愧，也特别感谢中国网，感谢各界朋友的大力支持，我一定把这个荣誉作为动力，把附小的率性教育搞好。我也祝福今年当选的，包括参与的校长能在自己的办学道路上走得更坚实，更合乎规律，更能满足儿童发展的需要。

王：您提出了"我们一直在林中路上"，这个"林中路"引自海德格尔的作品，这句话该怎么理解？

于：海德格尔的"林中路"有这样一个意义，"林中路"就意味着真理的发现过程，真理是若隐若现的，甚至是寻常看不见的，那就看你如何寻找，所以我用这样一个词，就寓意着我们探索教育的规律，探索儿童成长发展的规律。它是一个艰难的过程，不是一蹴而就的，但是我愿意在这条路上吃苦，愿意在这条路上去体验、跋涉。因此，我在附小倡导课堂就是研究室，倡导原生态生活是人类学的研究，而且我们中国的教育理论、教育学科的发展也需要这样的"临床"研究。

王：林中有歧途，殊途而同归。我们期望广大教育人能够像于伟校长这样，保护学生的天性，尊重学生的个性，培养他们的社会性，也期望我们的孩子在优秀教育人的培养下能够成为更好的自己，能够健康成长。

[本文为2017年12月10日中国网教育频道访谈整理稿]

附录二　反思与对话
——小学语文学科单元探索（寓言故事）

2019 年 4 月 27 日

于伟老师：

中外智慧故事以及中外寓言故事在整个基础教育阶段十分重要，我们的团队进行了十个左右单元的工作，这学期有几个单元正在开发，有的单元也已经告一段落了。在座大概有一半同学都程度不同地体会了设计、教学、说课等环节。今天下午，我们把主创人员请来了，王廷波副校长是小学语文特级教师和正高职教师；艾庆华是校长助理、自由校区教学管理部主任，有二十六年的语文教育管理经验；丁嫄媛是教学团队核心成员，所以我们相互交流和学习一下。

丁嫄媛：

我虽然是教课的，但其实我是演员，导演和编剧是于校长和王廷波老师，而我就是按照领导的思路把它在课堂上呈现出来。我们三年级下学期进行的是"走进中国古代寓言故事"这个大单元的学习。这个大单元一共有八个课时，一、二课时就是学习生字和生词、了解课文的大意。这部分跟以往的教学是完全不一样的，对于学生来说也是第一次尝试。比如说，今天我们学第一篇《揠苗助长》，按以前的教课方式，我们就让学生把这一课读一读，生字学了，然后学一学这个寓言的寓意，然后第二天我们再讲第二篇课文《亡羊补牢》，第三天再讲第三篇课文《惊弓之鸟》。但是，经过大单元的整合之后王廷波校长就提出："既然是大单元，就需要有一种整合的思想，最好将这三篇课文统整起来进行学习。"

我们最后具体的课程安排包括：

第一、二课时就是读这三篇课文，学习这三篇课文里的生字、生词，要让学生把它们读通顺、读明白，知道课文主要讲的是什么。

第三课时和第四课时让学生读《揠苗助长》《亡羊补牢》《惊弓之鸟》这三篇寓言故事。接着，问同学们读完这三篇中国古代的寓言之后是否能发现这三篇有什么一样的地方。学生就发现了一些相同点——题目都是四个字的、题目都是成语、无论哪一篇寓言都告诉了我们一个道理、篇幅很短小、都是古代流传下来的故事等。学生说了很多，然后老师根据学生说的，再根据老师自己提前做的预设，就可以给出相应的教学资源，从而促进学生更进一步地确认他的发现。

第五课时老师又给了学生五篇寓言故事。当时，我们给学生发了一本小册子，就是课外的中国古代寓言故事，包括《南辕北辙》《守株待兔》《塞翁失马》《鹬蚌相争，渔翁得利》，然后阅读这几篇故事。老师提出了一个中心的问题——你看这五篇寓言故事，对比一下我们课文的这三篇，它们有什么不一样的地方？学生就发现了，回答出原来题目不光是四个字的，还有八个字的《鹬蚌相争，渔翁得利》，主人公也不光是人还有动物的。我们用了三个课时让学生发现中国古代寓言的特点。

第六课时和第七课时就是让学生发现寓言有什么作用。老师给出阅读材料（阅读材料就是课文中这三篇课文的出处，即《揠苗助长》这个寓言故事是怎么来的、《亡羊补牢》的出处等等一些拓展资料）。老师把这些寓言故事的前因后果给学生找出来，让学生读，并不是老师告诉学生的，是学生自己阅读之后发现我们中国的寓言故事原来是这个样子的——都有一个开头，结尾怎么样，等等。至于课外的五篇寓言故事，老师就让学生们回家去找，找完之后带到学校来讲，课堂上大家交流所找的故事。交流之后，大家就发现，原来我们中国的寓言故事不是作者为了讲故事而讲故事，一般都是用来劝告或者是用来讽刺的。接下来，老师就请同学们归纳："我们已经学了七节课了，那你们知不知道什么是寓言呢？"学生说："寓言就是一个非常简短的故事，它有道理，能够起到劝诫或者是讽刺的作用。"学生用了两节课的时间发现了寓言的作用。

第八个课时就是尝试运用寓言。我们学了八个寓言故事后，老师就给出了一个小例文，就是怎么为这个寓言创设情境，让学生当堂创作。我记得我们班有的学生创作了《都是钢笔惹的祸》。学生通过运用寓言故事，发现中国的寓言故事已经很古老了，为什么能一代一代地流传下来呢？就是因为它非常有道理，所以寓言就这样一代一代地流传了下来。以上就是我们三年级下学期"走进中国古代寓言故事"大单元的教学课时设计。

我们这学期讲的是外国寓言。一开始，我们的定位是让小孩知道外国寓言有什么特点、它和我们中国的寓言有什么不一样，并引导学生通过阅读中外寓言故事，对二者进行比较，进一步使学生认识到寓言这种文体的独特性。在指导备课的时候，王廷波校长说："寓言的独特性，小孩在三年级的时候已经掌握得挺好了。它叫寓言自然就有这样的特点，那这一方面就不应该作为你们这个学期教学开发的一个重点，应该把落脚点放在中外寓言有什么不一样、为什么会不一样上来。"校长说得特别有道理，我们就赶紧调整了我们的教学框架。

这个大单元一共有七个课时：

第一课时就是单元的起始课——回顾我们三年级学习过的中国古代寓言故事，请学生们谈一谈当时的学习收获。接着，老师又让学生谈一谈我们中国有寓言故事，那外国有没有寓言故事。小孩说外国也有寓言故事，也读过一些外国的寓言故事。其实，这个说的都是他自己的阅读经验。然后，老师又帮学生梳理了一下外国寓言故事的发展历程是什么样的。

第二课时和第三课时就是阅读外国寓言故事。我们这次找了八篇外国寓言故事，包括二年级学过的《狼和小羊》。在二年级时，读这篇故事后小孩仅仅会感觉狼很凶残，羊很可怜，因为不管羊怎么辩解，狼都把它给吃了——这是二年级学生的认识。现在学生们已经升入四年级了，他们的认识发展了，所以我们就又选了这个经典的寓言故事。除《狼和小羊》之外，还有《爱美的梅花鹿》（这是语文书中的一篇课文），剩下的几篇故事也都是选的比较具有代表性的，不光是聚焦于《伊索寓言》，还包括《克雷洛夫寓言》《托尔斯泰寓言》《拉·封丹寓言》等。小孩阅读后就发现外国寓言也有一些特点，比如说都是以动物作为题目的，比如《狼和小羊》《爱美的梅花鹿》《云雀和农夫》《鹿和葡萄》等；寓言的主人公主要是动物，道理一般都是在文章的末尾出现，就是作者直接写出这个故事说明了什么道理；外国寓言故事的篇幅很短小，都是独立成篇的。第二、三课时的教学目标就是发现外国寓言故事的特点。

第四课时和第五课时就是对比中外寓言故事，说出有什么相同之处和不同之处。老师着重讲一些不一样的地方，如题目上的不一样、主人公的不一样，又如叙述风格、呈现的方式不一样，等等。

第六课时和第七课时就是初步探讨中外寓言故事为什么不一样。一是作者的身份不一样；二是作者的成长经历不一样，一个是学者、大臣，一个是奴隶，身份不同，创作的目的也就不一样。中国的寓言故事主要是为了劝谏君王，让君王能够采纳自己的主张。伊索的寓言有的是对生活经验的总结，有的是对奴隶主残暴统治的讽刺。另外，还有一点就是倾听的对象也不一样。中国的寓言故事几乎是统治者来听，外国的寓言故事主要是伊索讲给他的同伴听，包括奴隶，也包括他获得自由之后的平民。还有一个就是它的文明类型不一样。中国是一个典型的农耕文明，而希腊恰恰相反，它是典型的海洋文明。不同的地域造成了人们不同的思维方式，不同的思维方式又反映在了文学作品中，所以就出现了不一样的地方。

王廷波老师：

我认为丁嬿媛的课有几个环节，她设计得还是有一些自己比较独特的思考。比如说有一个细节处的教学环节，于校长记得特别深刻，当谈到伊索身份的时候，提问：怎么理解小羊代表什么？狼代表什么？这个细节我觉得挖掘得既深入又恰到好处。老师一提到伊索的身份，学生一下子就豁然开朗了，但老师不提身份这一细节信息可能学生们就不会有那么强烈的感受。

艾庆华助理：

丁老师刚才说的这些，如果没听课的人会觉得教学内容怎么那么难，因为这里面既有文化的东西，又有文体的东西，就非常的硬，像压缩饼干一样咬不动。然后，老师在上课的过程当中将其转化成学生可学的东西，有利于学生思考和操作，而且学生听了之后都很兴奋。为什么兴奋？不是因为老师设计得好，是因为学生学得非常好，愿意学，而这就是所谓的有兴趣。可以说，这一部分是值得交流的。

于伟老师：

我听了你的这几节课，特别到最后六七节的时候，涉及原因分析的时候，我和廷波都觉得，这节课的一些环节已经达到了初中甚至高中学生要求的程度，涉及政治、经济、文化包括地理条件等对文学作品的影响。到这个层面显然就不仅仅是小学学的，但是孩子们并不觉得非常难，是因为老师对学习材料的功夫下得比较多，材料找得比较适合。虽然内容难，但是梯子搭得好，由此可以看出学习材料对于学生更好地理解所学知识起到了关键作用。

丁嬿媛：

因为小孩虽然经过了二、三课时和四、五课时的学习，老师也给出了一些材料，但对于小孩来说还是比较零散的。所以，学习材料很重要，但是这个学习材料没有现成的东西，就是靠老师自己去写，自己去创造。

于伟老师：

我记得你给孩子们提供了两个图，一个是战国七雄的那个图，一个是希腊地图，包括文字也都是经过精心选择的。这些刚一看可能没有什么，仔细读才发现里边有奥妙。

丁嫄媛：

这个材料是我自己编的，大概花了一两个礼拜的时间。小孩通过阅读这个材料，要知道它为什么不同，或者是读完之后，能找出一两点不同来。老师也不能有太高的期望，让学生一下子就可以找到很多，或者是说得很透，但是起码他们有这样的一种认识。在给学生的学习提示里面，我也是从这个方面去引导他们的。

学习提示很简单，就是阅读材料，然后用笔画一画导致中外寓言不同的原因。但是，我在下面的学习提示中就给了他们一些引导，比如说讲故事的人有什么不一样、听故事的有什么不一样、国家状况有什么不一样等。这样，在学生读材料的时候就会关注到老师给的提示。学生关于国家状况的回答是最有趣的，因为学生一开始就关注了，所以学生就说："中国的是适于耕种的，希腊适于航海。"

这里面有一个问题，就是土地耕种和适合航海，这是它的地理情况。但是，地理为什么会影响文学作品？这个是他们不知道的。在学习材料里面，我也没有办法给学生讲清楚这件事儿，但是学生在自学的时候肯定会有意识，比如我们班级有一个学生，他解释得非常有趣："因为希腊沿海，海里的动物很多，所以希腊的故事就是以动物为主；中国都是田地，没有那么多动物，就以人为主。"其实他猜的也不是很准确，所以我说："那你看《伊索寓言》里面是海洋动物多还是陆地动物多？"

接着，我给他们展示了几幅岩画，有非洲的，有中国的，也有欧洲的。这样就让他们明白世界各地的先民们，在最开始的生活中都离不开动物。我给出岩画的目的就是学生一看就知道 1 万年甚至 2 万年之前人类是怎样生活的。由于我们中国的地理环境特别好，我们中国的祖先还勤劳聪明，一来二去就弄明白怎么种田了，这样就不用出去狩猎了；还学会了养牲畜，想吃肉的时候宰杀就行了；又知道怎么去耕种，就过上了农耕的生活，这样人与动物就离得越来越远。所以，他们的关注点就在人的身上了。

于伟老师：

这个点给我留下了深刻印象，为什么要用狼和羊来写寓言故事？小孩说："他不敢直接说，如果说了，他就没命了。"

王廷波老师：

寓言故事、童话故事、神话故事在小学的教材里是很重要的内容。这类故事既是一种写实性的文学作品，但是它更多的还是一种虚化性的、幻想性的，所以这类故事的占比比较大。因此，如何找到这类文本教学的规律值得我们探索。

这几年，语文学科组开发了几个单元，包括丁老师三年级时候上过的《神笔马良》，归纳概括出中国民间故事的叙事特点，即都有一个好人，都有一个坏蛋，还得有一个神仙，而神仙都有一个好宝贝，并且神仙赋予这个宝贝一种超能力给好人，好人拿了这个宝物后惩恶扬善。中国所有民间故事的叙事框架和叙事规律大体都是这样的。通过有限的学习给学生归纳出一类的特点，这个体现了于校长提出来的"有过程的归纳教学"。这个"点"在哪儿？丁嫄媛老师还可以继续谈一些细节，因为她有亲身经历，而我们都是旁观者。

语文教学主要包括中学语文教学、高中语文教学，还有大学语文教学。大学主要讲文体和文学的赏析。对于中小学的语文教学来说，叶圣陶谈到"少慢差费"。什么原因导致"少量差费"？语文教育界"三老"——张志公（1918－1997）、叶圣陶（1894－1988）、吕叔湘（1904－1998）这三位老先生提出的。为什么"少慢差费"的痼疾很难医治好？其中一个很重要的原因是中小学语文教学多分析内容。我们每个人都经历了中小学语文教学，但是分析表达的少，分析它讲什么的多，分析它为什么这么讲的少。如果再进一步说，不这么讲，还可以怎么讲？目前，研究是什么的多，研究为什么和怎么样的少。

还有一个问题就是我们现在都倡导引导小孩海量阅读，这是对的，但是海量阅读的背后，学语文最后的目的是什么？一个是有阅读和鉴赏的能力和水平，增长知识，还有一个就是有无指导。这个很关键。传统语文教学，重阅读，轻习作，轻表达，而且读得多，写得少。翻阅教材会发现，一本教材有三十多篇课文，但是表达和习作才八个，一个单元才一个，练得远远不够。

丁嫄媛老师她们的中外寓言故事的对比研究值得我们认真总结和反思。这里面值得反思的东西很多，其中核心的是如何比较好地给教材定位？教材要达到的教学目标到底是什么？这是很重要的。一旦目标和方向错了，怎么做都是事倍功半，甚至适得其反，讲的越多可能越不好。比如，外国寓言故事《爱美的梅花鹿》，我记得我十几年前在一线教学的时候，我肯定没有丁嫄媛她们这个团队讲得这么好，因为那时候对教学的理解等还不清晰。那时候就是咬文嚼字，给一个寓言故事，高水平的老师也就是再给几篇寓言，读完之后，让学生理解一下这个寓言反映了什么样的哲理、影射了一个什么道理、讥讽什么、弘扬什么，仅此而已。一般优秀的老师能达到这一步就不错了，但是我觉得丁嫒嫒老师的这个课远远高于我们的预期。她已经追溯到寓言故事产生的文化背景和文化土壤，如，中国的寓言故事会有什么样的规律？外国寓言也是一样的，作者为什么这么讲故事？伊索为什么要这么讲？克雷洛夫为什么这么讲？一定是有民族宏大的背景来支撑。

伊索为什么这么讲故事？因为他是一个奴隶，他接触到的都是现实生活中他能触碰到的，还有一个就是他要考虑他的受众，讲故事给同伴。因为见不到大臣，所以伊索只能讲猪、狗、羊等，这个就很好玩。这个给四年级孩子的信号是任何一类文章的创作，都是有道理、有过程、有根源的，所以他这么讲故事一定是有道理的。也就是说，教师用七八个课时让小孩明白了一个道理。将来，学生再到初中、高中遇到类似这样的或者不类似这样的文本，比如说散文，包括边塞诗等为什么这么写，送别诗为什么这么写，等等，都是一个"类"的特征，而这非常重要。

原来我也担心，丁嫒嫒老师他们也担心，因为毕竟不是大学的文学鉴赏课，即：我们讲的内容会不会太抽象？是否远离文本、远离小孩的现实生活？内容是不是太难了？事实证明，她们做得非常好，学生对文本的理解、高思维阶梯的学习都很好，核心素养也体现得很好。语文学习除了文化传承、审美之外，还有就是发展孩子的思维，引导孩子去思考问题。不管将来他从不从事跟文字有关的工作，读一本书的时候，他都会想为什么这么写。这种思维会引导他去思考其他的问题，而这就是思维的迁移。

这个单元是有价值的，课时也不是很多，容量却是很大的。我们要给学生高级的学习、深度的学习，一定要给他们最有营养、最有价值的内容。在长期的语文教学过程中，这个单元的教学已经打破了低层次的、文章解析式的教学模式。附小这两年逐步在深度、高度、广度上都有发展和创造，这里面很多补充的材料包括布置给孩子的学习任务，都是很有营养的东西，是孩子最能吸收的，是有利于他消化的。我想这个是非常不错的，丁老师这两个课时上得非常精彩。

于伟老师：

这个让我有非常深的印象，有点震撼。说到"身份"这块，老师转折得恰到好处，谈到伊索的身份，紧接着转得很好，即：为什么写《狼与小羊》？狼意味着什么？小羊意味着什么？为什么以动物为主角？孩子紧接着给出回应。老师说到了"身份"，又说了什么是"奴隶"？这是一个"扣"，把这个"扣"解开了，主题也好、内容也好、内涵也好，都会令人豁然开朗。这种课可遇而不可求，要求师生之间得有默契，而且学生配合得很好。

王廷波老师：

其实，我们见证了这个班级孩子的成长。如，有一个孩子就说到了科举制度。

于伟老师：

这一句话就暴露出学生至少有初二、初三的水平，而且起码这个学生懂中国教育史。

王廷波老师：

我记得有几个小女孩表达得特别清楚。

丁嫄媛：

那天有老师问我："你用了什么方法，回去加分还是给好吃的？"我说："没有，因为校长在这儿，学生发言就积极了。"

于伟老师：

主要体现的是教学相长，还有就是整合，学生和老师之间有默契。兴趣、读书量相互推动，而不是因为校长去，校长去只能是一时的兴奋。

丁嫄媛：

讲完寓言后，孩子就问："什么时候说中国古代诗词？"我说："以后会有机会的。"

王廷波老师：

四年级的小孩就表现出未来的潜力，这样的孩子在附小经历六年丁老师的教学后，到了初中，起码语文、历史、政治没问题，因为基本上已经形成了知识的系统化。这其实也反映出有过程的归纳教学。我跟丁老师说，三年级讲的是中国寓言故事（《守株待兔》《亡羊补牢》等），四年级涉及外国寓言故事，这是一个环环相扣的过程。三年级讲中国寓言故事为孩子开启了一个崭新的篇章，让孩子去初步探索中国寓言故事的规律。四年级的时候，学生在三年级学习的基础上，通过对比的方式探讨外国寓言故事的特征，寻找中国寓言故事和外国寓言故事的相同点、不同点，探讨它们为何相同或不同。这就厉害了，完全可以写一篇硕士论文——关于中外寓言故事对比研究的思考。

于伟老师：

会是很扎实的一篇论文。

王廷波老师：

因为他所有找的材料，都是他们通过搜集大量的资料所获得的。

于伟老师：

这是筛选材料的过程。从多少材料进行选择，有哪些是比较多的，又是经过怎样的修改，课堂上呈现的是几分钟的内容，有的人可能就看到怎么讲了，没看到为什么这么讲、如何讲。

王廷波老师：

从第一课时到第七课时，把每课时小孩读的这些东西放在一起，就会看出老师的思想在里面，学生学习的痕迹在里面，而这些远远超过教材所涵盖的内容。

于伟老师：

我们能看出这个单元的设计以及整个教学设计的过程。比如，对学材的整理经历了反复酝酿、反复筛选的过程。在向孩子们讲授的过程中，教师通过孩子们的反应再做进一步修改，从而符合孩子的需求。这里面可能还有一句话，即不仅满足孩子的需要，还要引领孩子们的需要，要引发需要。其实，"学材"就是老师引领，引发需要。这个单元开发都可以做博士论文，就是以一个单元为主，小中见大，写率性教育。我认为核心不是写"率性教育"，也不是写什么教学，就是通过这个单元来体现，通过细节加以辨识。

你们提一提，我们来探讨，算是头脑风暴。我们下一步将探索如何不断完善、发展和提升。

周凡：

我直观的感受是周四听的那两节课，第一节课和第二节课的对比还是很强烈的：第一节课孩子和老师的互动很流畅，第二节课的授课老师可以看出是一位年轻老师。

这两节课给我的一个直观的感觉是：第一节课反响很好，第二节课老师和学生之间的互动有点尴尬。老师抛出的问题，学生没有及时给予回应，可能因为是年轻老师。我最近有一个教育评价，我是负责这个专题的。年轻老师在课上用的否定的评价比较多。学生如果没有按她的思路走，她就会给"否"。这一点也不好，在一定程度上会打击孩子的积极性。整体来看，第二节课孩子的积极性比较差。我在想，课程开发，一是对老师素养的要求会比较高，二是学生在课下准备的东西也会比较多。像第二节课，孩子们可能准备得不够。因为这类课程对学生和老师的要求都会比较高，所以推行的话有什么困难呢？

艾庆华助理：

这里面一定是师生有共同的话题，没有这个前提是不能进行下去的。上周我们讲庄子，来自呼和浩特的校长就说："跟这些学生探讨，我们是幼儿园，他们说的话我们听不懂。"到那节课为止，关于庄子寓言，我们的学生最多的读了54遍，最少的也读了20遍，所以小孩和老师之间说的那些话，如果没读的话，可能听都听不懂。确实是这样的，刚才丁嫄嫒说是校长去学生积极发言，其实不是这样的，因为他们如果都不读的话，师生没有积淀，那么谁去都不行，所以这里面有内在动机的问题。第一是课上的共鸣、认知冲突非常好，就是不断地引发；第二就是新颖，但太新颖了学生接受不了，所以应是适度新颖。这两个是非常重要的。

丁嫄嫒：

这位同学听了这个课的感觉是：这个班的学生怎么这么积极举手发言？这个问题可能很难，但是小孩都特别踊跃，这位老师是不是之前布置了，或者老师向学生提出问题，让学生回家自己去查找？我想这位同学可能是这个看法。我们班级的那位同学表现得特别好，我就跟他妈妈说："你儿子表现特别好，今天校长也表扬他了。"她就问我："你明天讲什么，我们预习一下。"我给她的回复就是："不用预习，早点休息，积极发言。"老师没有留什么预习题，就是在课堂上常规化的学习和教学。

于伟老师：

附小的课是真实的，这个很重要。有的课可能很精彩，如果是事先重复练了几遍的，效果就打折扣了，所以好课得真实，不要排练。比如作业，第一次做和第二次做都不一样。尤其做研究课，不要录课，因为我们是在研究和研讨，这是附小很重视的。我听了800多节课了，我的一个重要收获就是我知道这课是真是假。这个很重要，就像看小孩画的画，一眼就能看出家长有没有帮忙——这里需要长期的积累。我们今天为什么要花时间跟团队的主创人员在一起交流，因为它有价值、真实而且朴实。

周凡：

但是这样的话，素质高的小孩能跟上，素质相对差的小孩就可能落下了。拉大了差距，他就接不住老师抛出来的东西。这两节课就让我们觉得孩子之间的素质好像也有差距。

艾庆华助理：

你说的这个特别重要，我一直以来也在想这个问题。比如说王廷波老师发现的，在个别学习的过程里，每个人都有思维的果实，最后都有成果，但这是他自己的发现，如果他的发现太深奥的话，就很难接受。这个东西就像压缩饼干一样，需要把它"泡软了"，"泡软了"之后跟大家分享，别人才能消化。这个过程也是一个学习的过程，我现在听了很多课也有这种感觉。它在于理解，就是你说的我听不懂，我不理解，而为了达成理解就得拽着他，所以这里面还需要一个过程，而这个过程就是不断地举例子。比如，讲庄子的寓言故事，那个小孩说出了一点之后，别的小孩不知道他在说什么。这个时候，老师一定要停下来，试着用举例子来说明哪一篇文章也是说这样的，然后再举个例子，因为一举例子小孩就听懂了。你说的是特别重要的一件事，有的经验是别人能够理解的，但是必须有一个过程。

于伟老师：

周凡提了一个很重要的问题，我是这么理解的，附小有一句话叫"尊重个性"。实际上，孩子们的遗传是有差异的。上小学后，虽然一个班的都是六岁、八岁或九岁的孩子，但一定是有差异的，这是一个重要的点。刚才你说学生有差异，而且孩子们提的问题有差异，回答也有差异，应怎么看？有人曾说过，牛顿定律提出来可能需要多少年，但是让老师教会一个孩子就只需要很短的时间。

什么意思呢？一道题不是谁都能回答的，但是有的学生能答出来，而别的孩子一下就理解了。一旦他说出来了，好多孩子就能理解。理解不了就看老师的经验，老师需要再说几句，强化一下。

丁嫄媛：

我的感受就是老师在设计教学的时候，要从孩子的视角去设计，比如说我们都知道什么是"奴隶"，但是小孩不一定知道，或者是他只知道一点。伊索是一个奴隶，然后我就问学生什么是奴隶。第一个小孩说："奴隶就是帮人干活的，比如说保姆。"奴隶确实是帮人干活的，但是保姆有自由，不想干了可以辞职。第二个小孩说："但是不给钱。"其实他就是补充了第一个孩子的发言。第三个小孩说："主人让他干什么他就得干什么。"这个时候我就追问了一句："要是不干呢？"他说："那我就打你。"第四个小孩说："奴隶像东西一样可以被买卖。"其实，小孩对奴隶的认知不是非常全面。第五个小孩很聪明，他总结了前面人的经验，说："奴隶就是替别人劳动，还不给他钱，然后主人让他干什么他就得干什么。"

他说的就很接近了，因为他总结了前面那几个小孩的答案。这个时候，老师就给出"奴隶"的定义，还给出配图以帮助学生理解。第一幅图就是奴隶在市场里被买卖，第二幅图就是奴隶运的东西很沉，很辛苦，而图的下面就是对奴隶的介绍性文字等等。所以，要让小孩理解，就要站在学生的视角。就像艾庆华助理说的，你给他一块压缩饼干，例如，直接给出幻灯片，小孩读了之后也知道奴隶挺惨的，但是他没有一个自己去理解和消化的过程。因为二年级的小孩读过《狼和小羊》，所以他们对这个故事很熟悉，而经过学习之后，他们现在又知道了伊索是奴隶、羊代表奴隶、狼就是奴隶主。

接下来的这个问题是：伊索为什么要以动物为主人公？这是这个小板块里面的一个终极问题，但是这个问题我没有通过老师的嘴去问他。前几天我在讲课的时候，一个学生当时就猜是因为外国作家怕得罪人，所以他就以动物为主人公，其实那个时候学生很显然并不知道伊索的身份的特殊性。然后，我问同学们这位同学的话是否正确，学生们都说对，然后我就问那位学生："你觉得你猜得对不对？"他说："对。"但是通过这堂课，他的认识更清晰了。

王廷波老师：

她这个材料用得特别好，帮助小孩理解了故事内容。

于伟老师：

刚才丁嫄媛说了几个细节特别关键，如，小艾刚才提到"泡软"了，维果斯基说的最近发展区，就是说"摘桃子"的时候有一个高点是孩子要达到的，但是一下摘不到。实际上，老师的作用就是滋润、软化。刚才丁嫄媛说的五个孩子在她的指导下搭了"梯子"，孩子就爬上去了。比如，什么叫奴隶、什么是资本、什么是平等……都是这类概念。对于这类概念，一个孩子说了大家可能不理解，但几个孩子从不同角度说了，大家的理解最后渐渐就上去了。

支架式教学完全是受维果斯基影响的结果。为什么搭支架？就是没有支架从现有水平难以升到新水平上。丁嫄媛这节课是比较典型的"搭梯子"，而且搭得比较自然，孩子能迈上去，不是很费劲。所以，"搭梯子""泡软了"这几个词值得我们研究，是有价值、有意义的问题。刚才廷波说到了"类"，如，通过单元学习，孩子们对寓言就都理解了。

这节课尤其适合小学高年级和中学。附小虽然是小学，但是孩子们擅于从高起点来看一些问题。史校长、高夯教授20多年前就提出过"高观点下的初等数学教学"。我们的语文教学就是高观点下的小学语文教学，

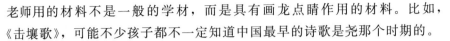

老师用的材料不是一般的学材，而是具有画龙点睛作用的材料。比如，《击壤歌》，可能不少孩子都不一定知道中国最早的诗歌是尧那个时期的。

丁嫄媛：

我买过一本中国经典的古诗词选集，第一篇就是《击壤歌》。

于伟老师：

"日出而作，日落而息"，我们都知道这句话，但是不知道它的出处，但老师找了几张图片，所以给孩子们留下了很深的印象。

王廷波老师：

我们每个人都经历过中小学各门学科的学习，上了无数节课，但是你越往后越发现能让你记住的课并不多，但是有些课会给你留下深刻的印象，这个绝不夸张。

因此，老师给孩子什么样的材料，让他对什么东西有一个认识，是很重要的。好的语文课应该是在课堂过程中让师生可以相互成就的。公开课是一个放大镜。放大镜是好的也放大，不好的也放大。年轻老师在教学的过程中可能感觉到很局促，其实是把老师教学的实践性知识中最薄弱的地方放大了，他可能在自己班上课的时候不一定那样。所以，学生能够说得非常好、理解得非常有深度以及知识面非常广等，是因为老师平时的引导。

学生在学习的过程中的思考和学习也促进老师要往"根"上刨，要求老师追根溯源，并对学科课程和教材进行深度挖掘。因此，我总强调语文老师备课最难的就是深入浅出。

我们小时候学习的时候，老师会给出概念，学生们都背下来，但是你现在回头想想，根本记不住。你不要一下子教给学生概念，因为直接给他的东西肯定不行。因此，这个环节其实就反映出老师怎么从孩子的视角，把一个相对比较概念化的东西和现实生活联系起来。

丁嫄媛：

如，小孩对"孔子""孟子"的"子"是一知半解的，我说为什么叫"子"呢？第一个小孩说："因为这样好听。"第二小孩说："他有学问，所以人们尊称他为'子'。"第三个小孩说："我猜是因为他很谦虚，他认为自己应该像学生一样不断地学习。"其实虽然他们知道有孔子、孟子，但是究竟什么是"子"，其实小孩并不完全清楚，至少不是所有的小孩都清楚，所以这个时候就需要给他时间才能"泡开"。然后，老师出示了字典里的解释，随后又出示了一个诸子百家的图，这样学生就理解了。

于伟老师：

我想到了"冰山理论"。像这样的一节课对老师的要求很高。我经常提到的老师也好、导演也好、演员也好，会在教学过程中做大量的案头工作。其实，老师这个职业就这一特点，即，做了那么多准备，在课堂上能够表现出来的可能是很小的一部分。在这方面，丁媛媛做得很好。比如说《亡羊补牢》，中国的寓言故事大多是某一篇里的一部分，这一篇没有"亡羊补牢"这四个字，这四个字是别人给起的。但是，老师把《亡羊补牢》整个故事的原文放在那里，学生就理解了，原来并没有这个题目，而且文章只是整体内容中的一部分。有些材料组织得恰到好处，事先准备得很充分，就有利于帮助孩子理解中国寓言故事的特点。

学生的思考的起点在哪儿？起点就是让孩子联系自己的实际，符合孩子的生活经验。在这节课中，孩子们能结合自己的经验一步一步升华，像史校长说的"学会沉思"，其中就有推理过程，而深思就意味着推理。有的语文课文，学生能背下来，但看不出思考的作用。我们的语文课引发孩子们思考，这是大突破。

思考就意味着推理。从这个意义上来说，语文比数学难，语文推理如果老师不鼓励、不引导孩子，孩子们都不知道应如何推理。

深入浅出是小学老师的功夫，大学老师都不一定有。我是学教育学原理出身的，学教育学原理如果不能站在田野里、站在课堂里思考教育，这个教育研究就容易虚。

王廷波老师：

附小孩子学习的风格、思维的品质的确是高水平的，所以更应该探讨是什么造就了这种学习的特征和风格，比如四年级学生说话你会想为什么学生的思考这么深刻呢？

男孩和女孩的语言表达方式不一样，比如那几个学习好的男孩，低水平的问题是不会举手的；有的孩子在课堂上提出科举制，另一个学生就说隋唐之后才逐步出现科举。这样的知识一定不是老师在课堂中教授的，一定是通过读书或者家庭教育获得的。丁老师班级中的女孩的说话方式是儿童的方式，是非常真实的，比如有一个小女孩说："伊索小时候还是个哑巴……我也没弄明白哑巴为什么能成为寓言大师。"小孩子的语言特点就是真率性，不会猜老师想要得到什么答案。

丁媛媛：

我有一个感受，就是上公开课之前有的老师很怕准备不足、没有人发言，就给学生准备了很多问题，留着回家预习。但是，这样的话课堂上有一些东西就生成不出来，那么课堂就不会那么有意思了。

艾庆华助理：

课堂要通过相互对话活跃气氛。

丁嫄媛：

如果课前我告诉同学们回家查资料，明天老师提问，那么上课的时候就不会有精彩的发言，因为大家都跟字典上说的一模一样，就没有什么可进一步补充的地方了。

王廷波老师：

在大量阅读跟课文主题有关甚至是毫无关联的内容的过程中，老师要经历一个筛选的过程，这样才能发现什么东西对孩子有益。不经历大量筛选的过程，老师也不知道什么有用、什么没用。比如，丁嫄媛老师对这个单元资料的搜集远远超过我和于校长，因为我们没有教学驱动，我们只是直观感觉应该是什么样的，我们只是凭直觉感觉探讨东西方文化的内容可能会让孩子挖掘出来点东西，但究竟能挖出来什么东西我们也不知道。

为什么说只有经过大量的阅读才能筛选出什么东西？因为老师太了解学生、太有经验了。丁嫄媛老师的教学更注重的是：第一步，找到什么东西，把内容都准备好；第二步，什么时候呈现出来？呈现出来的目的是什么？

于伟老师：

年轻老师的问题说得不少，也很主动、积极，甚至有时候很强势，节奏控制得很紧，如，我知道的就都得告诉学生，学生都要跟上老师的节奏。

丁嫄媛老师的课把握得非常好，看起来不经意，也不是喋喋不休地说，但是丁老师备课前有大量的预设，而且有大胆预设。课堂可能会出现多种情况，丁嫄媛老师把能想到的都想到了。这节课至少有 10 处令人印象深刻的地方，比如清末的时候，《伊索寓言》在广州禁止发行，这个细节就有画龙点睛的作用。

丁嫄媛：

有人说《伊索寓言》不适合儿童看，讽刺性特别强。但是，小孩没上过这个课，刚开始会觉得这些寓言讲的是狮子、老虎等，而上过这个课的孩子们就会觉得这不是讲狮子、老虎的，是讲当时的社会矛盾的。

于伟老师：

我想到这么几个词——"引而不发""含而不露""顺其自然""水到渠成"。这几个词是可以做文章的。

陈元晖先生曾说过，《学记》不是一个人写出来的，是一群人写出来的，总结了上千年的教学经验。

王逢贤老师留给我、留给学生的财富就是思考问题的方式。他说："教育学的奥秘是课堂。"王逢贤老师说自己是当不了教育家的，就是纸上谈兵，还得是中小学老师。中小学老师是最有资格讲教育学、教学规律的，虽然大学老师讲有大学老师讲的优势，但是符不符合实际呢？是不是拍脑袋、查文献查出来的？文献需要查，但是更需要我们扎根教育大地。教育学像临床医学，今天我们围绕着单元开发、丁嫄媛老师的课谈感想就是一种"临床"教育学的研究范式。这样能唤起我们的很多思考，就像医生看病一样，不光要写文章、看文献，还要操作。

叶澜老师是搞教育基本理论较早的觉悟者之一。1994年，她辞去华东师范大学副校长职务，到中小学去搞基础教育。叶老师指明了教育学原理这一学科到底该怎么建设、教育原理从哪里来等。

今天的研讨不仅仅是一次研讨，也体现了我们今后的方向。现在，大家讲扎根中国大地，但对基层来说光扎根中国大地还不够，太抽象。我认为，要扎根中小学课堂这片沃野。对此，丁嫄媛老师有发言权，像一线的医生一样。看花容易绣花难，教育学不仅是看花的事，是绣完花再看花。今天说的这几个词，像"泡软了"，没有教学功夫的人是说不出来的，虽然很口语化，但这是经过长期积淀的。

艾庆华助理：

这是非常关键的一个问题，如果没有经过这样一个"泡开"的过程，那些认知水平高的学生和认知水平低的学生会拉开很远的距离。我们不管上什么课，一定要关注全体，所以老师必须想办法拉近学生之间的这个距离。

周凡：

其实，在这个过程中，老师的作用是很重要的，尤其是老师的授课水平，所以我想这就需要老教师和新教师要就单元开发的授课过程多磨合。

艾庆华助理：

肯定需要磨合。其实，每位老师在课堂上搜集呈现的资料和老师的风格有很大关系。

丁塬媛：

我最开始在对"群英降马"单元进行拓展的时候，想讲金庸的武侠小说，因为金庸小说的情节发展带有很多中国式的演绎——先出来一个菜鸟，接着出来一个高手把他消灭了，接着又出来一个更厉害的高手。王廷波校长说，这样也行，但还不够好，中国传统文化中的马或许更有研究价值。

王廷波老师：

"中国传统文化中的马"做得非常好，有大量素材，有现实意义，而且属于我们中国。

于伟老师：

"中国智慧故事"专题选得也很好，主题设计好，是我们说的"肥沃的土壤"。

艾庆华助理：

其实，我们做一个单元专题，不能提前提出问题让孩子们去准备。因为老师课堂引导得好，交流的氛围才会非常轻松。在这种非常轻松的氛围中，孩子们的交流才能越来越好。课堂环境越宽松，孩子们就越敢尝试。

校长之前提到过"逻辑性思考"，这个词我开始想了两三年也没参透，但是前一段听了很多课之后我有了一些感悟：孩子们发现一个观点或主张，不是课本里教的，也不是读课文能读出来的，而是他想到的，而他想到之后就会去寻找支撑观点的根据。我们刚才提到，一节课中得出一个结果需要三四个人一起搭梯子，首先需要三四个孩子提供理由，然后又有孩子在这个基础上举例子予以佐证，让这个理由站得更稳，更有说服力。其实，这个过程就体现了逻辑性思考，即有人提出观点，有人提出理由，有人提供例子。

于伟老师：

到了一定年龄之后，这一整个推理的链条是集中在一个人身上的。但是，人在成长过程中，比如七八岁时，可能需要多个人扶着他，多个人共同努力，才能形成一个完整的推理链条。

艾庆华助理：

就像王廷波校长说的，好比摸象，一个人摸到腿，一个人摸到耳朵，所以这就需要一个省思的过程。其实，我们的课上有很多省思的环节。

于伟老师：

"盲人摸象"就是一个人摸到腿，一个人摸到耳朵，但是在小学课堂上，要经过老师的引导才能为学生呈现出一个完整的"大象"。

艾庆华助理：

对，这是孩子们最后归纳的东西。

于伟老师：

我们在课堂上就是要把孩子们不同的观点集中在一起，形成一个完整的观点。也就是说，从不同的角度观察得出的结果，形成了一个完整的推理链。

艾庆华助理：

我们时常说的"框架"，就是这样搭建出来的。

王廷波老师：

那天，同学们帮忙查的 500 年前的拉丁文，我们在课堂上也用上了。

于伟老师：

其实，这也是优势互补。在课堂教学方面上，我们一线教师的经验更丰富，研究生们在文献检索和研究上有一定优势。这样，我们就在各个方面、层面上都有触及，可以形成研究共同体。

丁嫄媛：

其实，我的孩子是我很重要的教学资源。我的孩子现在读三年级，我教四年级，所以每次备课的时候，我都会把准备好的资料让她看一遍，看她能不能读懂。比如，对比国内外寓言的区别，我会问她："你觉得这两篇文章有什么不一样？"她会说："一个是奴隶，一个是学者；一个是讲给国王的，另一个不是。"我看孩子差不多能读懂，就运用到课堂上了。如果她说读不懂，就说明这个材料的选择有问题，需要修改。我认为，教学需要把教学系统转变为学习系统，这样我们的教学对学生才能有效。

周凡：

我和室友讨论完咱们的大单元教学之后，她们有一个困惑：我们附小搞大单元开发，很多精力要放在对材料的综合性整合上，通过这种方式训练孩子的思维能力，那我们的评价方式会随着单元开发过程进行相应的配套或改动吗？如何确定孩子们的学习是否达到了我们想要的效果？这种教学怎样和现有的评价机制相结合？咱们现在的考试肯定还是注重知识技能的考查。

丁嫄媛：

一方面，老师要进行课堂观察，比如孩子在课堂上能一直跟着老师的思路，那他基本能达到我们的预期。如果孩子能一直跟着老师想问题，并且能说出自己的观点，这就说明他和课堂教学的融合性好，这样他就会一步一步达到我们预设的目标。另一方面，当这节课结束了一段时间，比如一周或者一个月之后，老师可以再问问学生：中外寓言故事有什么区别？如果这个时候孩子回答出来了，就说明孩子不仅记住了这个问题，还深深地印在了脑子里。

有一个故事，讲一个读书人，屡次考试不中，于是放弃科举考试，跟着大舅哥出海了。他们到了一个小岛上之后，他看到一种不认识的果子，但长得挺好，于是他就摘下来吃。吃完之后他去上了厕所，结果发现以前写的文章只剩下一两篇能记清。他大舅哥告诉他，这种果子的功效就是帮助人忘记一些东西，只留下深入人心的。

其实，孩子们也是这样，如果孩子是照着笔记或者作业本说的答案，肯定都是没记住的，只有通过自己的理解说出来的，才是真正记住的。

周凡：

所以，我们还是通过学生对相对成形的知识记忆情况来判断他的收获，是这样吗？

丁嫄媛：

还有一方面是思想的迁移。为什么我们班孩子上课愿意推测、愿意想问题呢？这就是课堂环境的营造和知识的迁移。

比如这学期我们讲的《一千根弦》，是根据《命若琴弦》改编的，但原文很长，在选入教材时不能占用那么多篇幅，所以进行了改编。这篇文章我自己也很喜欢，所以在正常的教学环节结束之后，我问孩子们："你们再看看这篇文章，有没有什么漏洞？"孩子们就有各种想法。然后，我引导孩子们看文章结尾，说主人公已经拉完 1 000 根弦了，但他还是看不见，然后他就把琴弦给徒弟了，让他继续拉。那徒弟跟了师傅这么久，他知不知道药方的秘密呢？他知不知道师傅已经拉完 1 000 根弦了呢？孩子们说应该知道了。那么，在知道的情况下徒弟为什么还会这么做呢？这可能是文章在改编的过程中，由于缩减篇幅而出现了漏洞。

这个时候我就给孩子们讲了一下原文的大概情节：徒弟生病了，师傅就让他在庙里等着自己，说自己去找人看病，治好了眼睛给他带好吃的回来。他的徒弟也是盲人。师傅出去之后才知道药方只是一张白纸，他还是什么都看不见。所以他回来之后，就跟徒弟讲，是他记错了，不是 1 000 根弦，是 1 200 根弦，师傅少拉了 200 根。几天之后，师傅就去世了。去世之前师傅对徒弟说，要拉断 1 200 根弦。实际上，这是师傅给徒弟的一个活下去的希望。

后来，我们又讲了一篇课文，叫《野荷塘》。这篇文章是写景的文章，但前面有很长一段故事性的内容是描述小男孩是怎么带主人公去看野荷塘的。这篇课文讲完之后，我又让孩子们分析这篇文章有没有漏洞，结构安排上有没有问题。孩子们有了之前的经验，就指出："这是一篇写景的文章，重点应该写景色多么美，那前面为什么用这么长的篇幅写小孩？"另一个孩子说："我推测这篇文章是节选。"

孩子们为什么会这样推测？就是学《一千根弦》之后打下的基础。然后，我接着问大家想不想看原文，他们说想看，然后我就呈现给大家。文章的后面还有一部分是讲夜晚的荷塘的，那两个小孩知道这个主人公第二天就要离开了，就摘了两片荷叶给他，说这里不让摘荷花，送你两片荷叶吧！于是，主人公（也就是作者）就把这两片荷叶夹到本子里了，并说自己每次见到那两片荷叶，都会想起祖国边塞的野荷塘，想起那两个热情的少年朋友。

孩子们知道整个事情的来龙去脉之后特别兴奋。正因为我们平时总是这样引导孩子，所以孩子们在课堂上愿意推理、愿意表达。

艾庆华助理：

对于孩子的评价我们要宽容一点，不要纯粹针对知识点，要看学生对知识技能的掌握。

王芳老师的孩子给我留下很深刻的印象，带给我很多启发。这个孩子一年级的时候不愿意说话，我们也看不出她的特别。今年，她还是不愿意说话，但是我们明显能看出来，她的倾听能力比别的孩子高出很多。如，班级上孩子有发言的时候，其他的孩子基本上都是坐在那里听，但是她会很自然地转身，看着那个人——真的像向日葵一样盯着说话的人，表情也很自然。再比如，有的孩子很少会主动捡掉到地上的东西，但是她会很自然地捡起来。

我和其他老师一起研究了一下这个孩子。我们经过观察发现，她在捡东西的整个过程中都很缓慢，很放松，这些行为已经内化成她一种很自觉的习惯。有一次，语文老师给她打了字头，想让她练练字。第二天上学之后，老师问她写没写，她说："没写，昨天晚上妈妈带我去看了一个小弟弟。"她很诚实地告诉老师没有写，然后又过了一天，她说："于老师，我写了。"所以，她就是在非常自然地长大，面在这种自然宽松的环境下，一些行为习惯的养成是根深蒂固的。

于伟老师：

周凡提的这个问题，这几年也一直有人问。比如，质疑附小这种快乐的教育方式、我们的探索能不能改变中国教育等等。我也一直在想：附小这样做的好处到底在哪儿？我们教育教学改革的动力在哪儿？这是需要信念支撑的，如果没有信念的支撑，遇到一点困难就退缩，那么我们就什么也做不了。一所好学校，一位好老师，带给孩子的可能是三个方面的改变：

第一是习惯。在附小相当多的课堂里，我们能看出老师在培养孩子们的学习习惯，比如如何听课、如何发言、如何倾听、如何有根据地说话、如何查资料等等。附小的孩子们为什么敢说？一方面，因为孩子们不怕说错，不怕失败，甚至不怕有人笑话自己；另一方面，因为孩子有自信，习惯了发言，而这些都离不开老师的培养和鼓励。

第二是方法。比如，怎样思考、分析、归纳问题，怎样推理，这些不仅是让学生学会某个知识点，也不是答对了某道题或是背下来某个知识点，但真正理解知识还是要用思考的方法。我请史校长给附小题字，他想了一会儿后就写下了"学会思考"。其实，史校长最开始提的是"沉思"。他认为附小的孩子，想快乐大概不是难事，但是孩子会不会思考，能不能沉思，能不能在相对长的时间里想一个问题，这个很重要。

我们现在倡导进行有过程的归纳教学，举十归一，让学生闻一知十。说到底，知识是背不完的，题是做不完的，作品也是读不完的，那么我们就要用有限的时间给孩子们最有营养的方法。

第三就是态度。其实，最重要的态度就是喜欢。如果只告诉孩子有用，但孩子不喜欢，那么一切都归零。所以，孩子愿意听老师的课，喜欢这个老师是硬道理。

国宁：

刚才老师提到了在课堂上老师给学生搭框架。搭框架的重要方法就是老师跟同学一起解决一个问题，把大的问题进行细化，拆分成很多个小问题。在这个过程中，老师会有很多自己的预设。例如，丁老师的课是分析、探讨不同的寓言产生的原因。丁老师的预设可能就是三个方面，而在把这些问题细化成小问题的过程中，其实就是引导学生逐渐接近答案的过程。

那么，丁老师如何设定的这三个预设？为什么一定要确定这三个方面来分析这个问题？

我看这个问题的时候，可能我的思考方式就想不到这三个角度。如果不是一个特别成熟的老师，学生的想法不在老师的预测范围内，老师又不知道属于哪个类型，那就不会做出相应改变。如果这个老师很成熟的话，就可以随机应变。这个其实很考验老师预设框架的能力。

丁嫄媛：

上课的时候如果是有过程的归纳的话，其实是让小孩在经历一个发现的过程。

国宁：

对，有老师的预设之处，所以我想知道是怎么提出这样的框架的。

丁嫄媛：

像于校长说的，老师的案头工作要做很多。我们在给三年级学生讲中国寓言故事的时候，当时我们也有一个想法，就是有一个课时是对中外寓言故事进行比较研究。当时我们在集体备课的时候，王廷波校长就问过这个问题了。他说："中外寓言故事为什么不一样？"当时，我就从自身理解的角度考虑，我说："讲故事的人不一样，听故事的人不一样。"王廷波校长说我说对了一部分，但还不完全。后来，于校长到繁荣校区参与了"走进中国寓言故事"专题的备课，并提出建议："中外寓言故事对比对于三年级小孩来说有点难，你们可以把这个往后放一放。所以，这学期我们就进行了中外寓言故事的比较研究。我看过王力的《中国古代文化常识》，其中提到了国家的环境对于人的思想的塑造性。不同的文明类型催生了不同的文明，影响着人们的思维。我们附小的课堂是老师课前的功课要做得多、做得足，不要给学生增加负担。老师的功课要做得足，要在课堂上让学生觉得他能够通过努力完成任务，然后老师帮助他去搭建一个脚手架。当然，这里面也有同伴互助。

听者不同，作者身份不一样，讲的目的不一样，类型不一样，所以我们就预设了这几个方面。自从开展率性教学以来，我认为有过程的归纳教学的好处就是发动了所有学生。例如，学生在小组里边学习时，学生会把自己的意见说出来，有一些意见可能特别一致，有一些意见则可能出现一些争议，但是学生会将其写到板子上。这样做的好处就是发动了学生，老师能看到所有学生的想法。

当然，也会出现学生提出的问题不在老师的预设范围内的情况，所以那天教学的时候我就先请了最早完成小组学习的学生。他说了四个观点，大家都很认同，还有的组为他做了补充，证明他说的是有道理的。所以，

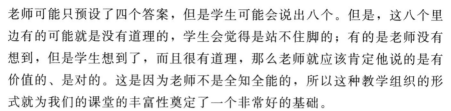

老师可能只预设了四个答案，但是学生可能会说出八个。但是，这八个里边有的可能就是没有道理的，学生会觉得是站不住脚的；有的是老师没有想到，但是学生想到了，而且很有道理，那么老师就应该肯定他说的是有价值的、是对的。这是因为老师不是全知全能的，所以这种教学组织的形式就为我们的课堂的丰富性奠定了一个非常好的基础。

于伟老师：

第一，我们可以看出老师做了很充分的准备。实际上，附小的语文老师在课堂上说话的机会很有限，而这对老师来说是残酷的。附小现在的教学强调给孩子表达、表现的机会，因为表达就是一种体验。孩子接受老师所说的和他自己说的、与同伴反复说的，有时不是一回事。老师准备得多，讲得少，这是附小老师的一个特点。

第二，预设和生成。比如说老师预设了 10 个观点，但孩子们说出 21 个，一定会有这个情况。超出老师的预设范围，说明老师引发得好。总之，我们应有预设，但不拘泥于预设。

附小的课堂是热热闹闹的，而这恰恰是好课，因为敢让孩子看、让孩子读、让孩子思考。上课不是表演，教是为了学。就像丁嫄嫄的课，老师的话语不多，更多的是看、想，并在关键的时候抛出东西。我们对年轻老师不要要求太高，要让年轻老师有个成长过程。

王廷波老师：

多助攻少射门，做幕后的推手，只有推动孩子才是高水平的。

于伟老师：

好的老师不容易，不亚于导演。

王廷波老师：

其实，在所有的课堂教学中，最简单的就是老师讲，而最没有办法的办法就是老师讲学生听。以前，大家认为这是最有效的，其实不然。

于伟老师：

现在还有一种更高效的方法，就是放 PPT。学生要是能脱稿讲出来，就说明孩子理解了，所以让孩子讲很重要。只有能够讲出来才能看出孩子是否理解，看出孩子理解到什么程度。

王廷波老师：

这个单元的教学，老师让学生充分地自学、思考，组织小组学生之间进行交流，然后通过师生、生生互动的方式，让孩子自己去探索、发现。从语文课堂教学的角度来看，这个过程其实是一个高难度的教学过程，因为老师要冒着很大的风险，课堂上会随时发生很多不可控的状况。这是因为你不知道孩子会说什么，孩子的思维会转向哪里去，所以需要老师在短时间之内做出准确的判断和应对，而这个是极难的。

有很多小孩乒乓球打得好，实际上，他们的教练才是高手。语文老师其实也一样，所以我们总说高水平的语文老师要善于"装傻"、善于"整景儿""找碴儿""和泥"，要给孩子创设他认为有意思的问题和有悬念的情境。同时，老师要善于"找碴儿"，没问题能捕捉问题，在不断的思维碰撞过程中，引导学生碰撞出思维的火花。我个人认为，这样的教学是高难度的教学。

于伟老师：

要关注刚才廷波说的这几个本土化的概念，这也是他长期观察、反思梳理出来的几个关键词——"装傻""整景儿""找碴儿""和泥"。比如说"装傻"，这里边有非常深刻的道理，符合苏格拉底"我知道我无知"的理念。在小学范围内，受过科班训练的老师，面对七八岁的孩子，大概多数问题都是有把握的，但是为了鼓励孩子们大胆思考，老师就得装出无知来，而这在一定意义上和苏格拉底的思想是一致的，即不断地鼓励你去想，一步一步地深入思考。所以，"装傻""整景儿""找碴儿""和泥"这四个词值得研究，就像刚才说的"泡软了"一样。可以说，一个关键词里边有丰富的内涵，这四个关键词是接地气的，虽然听起来有点儿土，但实际上这里有大智慧。

后　　记

　　《率性教育之思》是近十年来的文章汇编。遵照学部安排，选文四十余篇（其中有几篇是与团队成员合作撰写的），均系期刊、报纸、报告中的旧作，加以分类整理，集结成书，便于查考。书分五编，实为三题：理论前思、儿童哲学、率性教育。本书既有少量象牙塔内的纯思，又有大量基于附小田野之考量。"率性"二字贯串全书，意在借古开今，推陈出新，不揣谫陋，求教方家。如果或有几丝新见，归于东师附小优秀团队的探索启迪，归于学术团队的头脑风暴，归于海内外学术前辈、同人的鼓励、唤醒与襄助。

　　本书顺利出版，应感谢论文最初发表的期刊，如《教育研究》《教育学报》《中国教育学刊》《中国教育科学》《人民教育》《中国教师报》《教育科学研究》《外国教育研究》《全球教育展望》《湖南师范大学教育科学学报》等；感谢东北师范大学教育学部对学术论著出版提出的要求和鼎力支持。我的学生在文字编辑、整理、校订中做了不少工作，在此一并致谢，他们是张聪、高晓文、白倩、周丽丽、张志慧、苏慧丽、国宁、梁力元、周凡、任平平、李婷、许瑞琪、白钧溢、周梦圆等。同时，感谢东北师范大学出版社副社长兼副总编张恰的尽心支持及相关人员的付出。

于　伟

2019 年冬至于东师附小工作坊

图书在版编目（CIP）数据

率性教育之思/于伟著. —长春：东北师范大学
出版社，2019.12
（元晖学者教育研究丛书）
ISBN 978 - 7 - 5681 - 6635 - 5

Ⅰ. ①率… Ⅱ. ①于… Ⅲ. ①儿童教育－研究 Ⅳ.
①G61

中国版本图书馆 CIP 数据核字（2019）第 283024 号

SHUAIXING JIAOYU ZHI SI
□策划编辑：张晓方
□责任编辑：刘 婕 □封面设计：上尚印象
□责任校对：王玉辉 □责任印制：许 冰

东北师范大学出版社出版发行
长春净月经济开发区金宝街 118 号（邮政编码：130117）
电话：0431—84568046
传真：0431—85691969
网址：http：// www.nenup.com
东北师范大学音像出版社制版
辽宁新华印务有限公司印装
沈阳市张士经济技术开发区
中央大街六号路 14 甲－3 号（邮政编码：110021）
2019 年 12 月第 1 版 2019 年 12 月第 1 次印刷
幅面尺寸：169 mm×239 mm 印张：26 字数：453 千
定价：79.00 元